U0745012

福建省选调生考试

综合教材

【第三版】

优公教育◎主编

厦门大学出版社 国家一级出版社
XIAMEN UNIVERSITY PRESS 全国百佳图书出版单位

图书在版编目（CIP）数据

福建省选调生考试综合教材 / 优公教育主编. -- 3
版. -- 厦门：厦门大学出版社，2023.6（2025.6 重印）
公务员事业单位录用考试专用教材
ISBN 978-7-5615-9028-7

Ⅰ．①福… Ⅱ．①优… Ⅲ．①公务员-招聘-考试-
中国-自学参考资料 Ⅳ．①D630.3

中国版本图书馆CIP数据核字(2023)第101709号

策划编辑	姚五民
责任编辑	潘　瑛
美术编辑	张雨秋
技术编辑	许克华

出版发行　厦门大学出版社

社　　址　厦门市软件园二期望海路 39 号
邮政编码　361008
总　　机　0592-2181111　0592-2181406(传真)
营销中心　0592-2184458　0592-2181365
网　　址　http://www.xmupress.com
邮　　箱　xmup@xmupress.com
印　　刷　厦门市明亮彩印有限公司

开本　889 mm×1 194 mm　1/16
印张　20.5
字数　606 千字
版次　2021 年 9 月第 1 版　2023 年 6 月第 3 版
印次　2025 年 6 月第 3 次印刷
定价　61.00 元

厦门大学出版社
微信二维码

厦门大学出版社
微博二维码

本书如有印装质量问题请直接寄承印厂调换

编委会

前　言

选调生是各省党委组织部有计划地从高等院校选调品学兼优的应届大学毕业生到基层工作，作为党政领导干部后备人选和县级以上党政机关高素质的工作人员人选重点培养的人才。

福建省选调生考试由福建省自主命题，考试分为笔试和面试两个环节。福建省选调生笔试重点测试从事党政机关工作应具备的政治修养、认知水平、实践能力等综合素质，包含行政职业能力测验和申论两个学科。

优公教育选调生考试教研团队贴合福建省选调生考试命题规律，对福建省选调生考试的历年考情做了详细的分析和梳理。本书囊括了行测试题中的常识判断、言语理解与表达、判断推理、数量关系、资料分析五大部分以及申论试题中的常考核心考点，在每个模块的核心考点后面，还提供了配套的经典例题。我们希望本书能让广大考生更好地掌握福建省选调生考试常考核心考点，并利用经典习题进行针对性训练，从而更从容地应对福建省选调生考试。

本书具有以下特色：

一、紧贴福建省选调生考情

历年真题集中体现了命题人的思维，在复习备考中起着非常重要的作用，而福建省选调生是福建省自主命题，具有福建本土特色。为此，优公教育选调生考试教研团队深入研究分析了福建省选调生考试的命题规律和考情。本书所有核心考点及经典例题均根据福建省选调生考试进行总结提炼，方便考生进行针对性学习。

二、核心考点精讲

本书知识点均基于福建省选调生考试历年真题学科分布特点设置，涵盖了福建省选调生笔试中所涉及的常识判断、言语理解与表达、判断推理、数量关系、资料分析以及申论的所有核心知识点。优公教育选调生考试教研团队将知识概念考点化，逐一讲解每个知识点，并搭配使用表格和图表，以便考生抓住知识点间的关联，使得复习过程更直观、透彻，更容易掌握考试的核心考点。

三、注重实战演练

本书对核心考点的讲解通过"讲"+"练"的模式进行，每个知识点后精选经典例题（以真题为主），将理论知识实践化，将作答过程步骤化，总结归纳每个题型的解题技巧，帮助考生学以致用，举一反三，加强对知识点的记忆和理解，快速解题。考生在学习之后，再加以熟练运用，融会贯通，便可大大缩短作答时间，提高准确率。

碍于本书篇幅，为给广大考生提供更多的备考资料和更好的服务，广大考生可以关注"优公选调生"微信公众号，我们将通过此公众号向考生提供最新的福建省选调生考试公告信息、考情以及很多已经被成功录取的福建省选调生备考心得和复习干货。备考的过程也许困难重重，百般枯燥，但只要遵循正确的备考方法并坚持不懈，就会距离成功越来越近。

本书所用真题，均来源于网络和根据学员回忆整理。

编者：高信

2023 年 6 月

目 录

第六篇　资料分析

第七篇　申论

第一篇　福建省选调生备考指南

一、什么是选调生？

选调生是省委组织部门有计划地从高等院校选调品学兼优的应届大学本科及以上毕业生到基层工作，作为党政领导干部后备人选和县级以上党政机关高素质的工作人员人选进行重点培养的群体的简称。按照中共福建省委组织部发布的公告显示，选调生选拔旨在深入学习贯彻习近平总书记关于加强和改进选调生工作的重要指示精神，培养储备适应新福建建设需要的高素质专业化干部人才。

二、选调生与公务员的区别

选调生属于公务员系统，但与普通公务员的选拔还是有一定区别的。

1. 报名条件

选调生的报名条件除符合一般国家公务员的报名条件外，还要求是政治素质好、有志于从事机关工作并有发展潜力的优秀毕业生，主要选调本科生、研究生中品学兼优的优秀大学应届毕业生。研究生（博士研究生、硕士研究生）、本科生大学学习期间应担任学生干部，并获得一定的表彰、奖励和取得优秀的学习成果。

综合各方面要求，以下人员比较适合：热爱中国共产党，热爱人民，具备从事机关工作的基本素质和党政领导人才的潜质，适应基层艰苦环境，在校期间综合表现优秀，有一定的学生干部经历，学习成绩良好，群众威信较高的高校毕业生。（福建省报考条件参见：三、福建省选调生考试情况分析）。

2. 招录对象

选调生招考对象是应届毕业生（仅限当年度毕业的本科、硕士、博士应届毕业生），而公务员招考对象是应届生（含已毕业未就业应届生）和社会考生。

3. 招录学历

选调生招考需具备本科及以上学历，而公务员招考需具备大专及以上学历。

4. 培养目标

选调生的培养方向主要是党政领导干部后备人选和县级以上党政机关高素质的工作人员人选，而公务员是非领导职务国家公务人员。

5. 选拔程序

选调生的选拔采取本人自愿报名、院校党组织推荐、组织（人事）部门考试考核相结合的办法。公务员只需满足岗位报考条件通过报名审核即可参加笔试和面试，不需院校党组织推荐。

6. 培养管理

选调生到基层工作采取岗位培训、脱产轮训等多种形式进行重点跟踪培养。选调生在基层工作期间，至少要脱产培训一次，时间一般不少于 3 个月。每年福建省在选调生报到后，均会由各地市统一组织岗前培训，之后也会定期组织至省委党校集中学习培训。公务员主要采取岗位培训的形式，在工作初期一般不安排脱产培训。

7. 管辖调动范围及工作安排

选调生是省委组织部的后备干部，放到基层锻炼，人事权归省委组织部管辖，委托接收单位考评。调动范围是全省建有党组织的各级党政机关、事业单位、人民社团，可以将其理解成一种特殊的干部身份。

安排去向：（1）博士选调生：根据"双向选择"结果确定工作单位。（2）硕士、本科党政类选调生：原则上安排回生源地所在县（市、区），硕士选调生可安排到县（市、区）党政机关或乡镇；本科选调生原则上安排到乡镇。（3）硕士、本科法检类选调生：硕士选调生，由设区市委组织部牵头负责统筹安排到有编制及职数空缺的县（市、区）法院、检察院；本科选调生，原则上安排回生源地所在县（市、区）法院、检察院，如果编制或职数没有空缺，由设区高委组织部牵头负责统筹安排到其他县（市、区）法院、检察院。（4）平潭综合实验区的硕士、本科选调生分配，由平潭综合实验区党工委党群工作部按相关规定办理。

选调生不得安排录用后即构成公务员法第七十四条第一款所列情形的职位，也不得安排与本人有夫妻关系、直系血亲关系、三代以内旁系血亲关系以及近姻亲关系的人员担任领导成员的用人单位的职位。

新录用的选调生实行最低服务期限制度。录用到设区市级机关的，在所在设区市或平潭综合实验区应服务满4年（含试用期，下同）；录用到县级以下机关的，在所在县（市、区）应服务满4年，其中录用到乡镇（街道）的，在所在乡镇（街道）应服务满3年；定向录用到23个原省级扶贫开发工作重点县的，须签订最低服务期限协议，在所在县（市、区）应服务满5年。

新录用的选调生须到基层锻炼。（1）省、市两级机关的选调生及公安机关的选调生：试用期满后安排到基层锻炼。其中，省级机关的选调生试用期满后，结合本单位定点帮扶等工作，安排到县（市、区）、乡镇（街道）锻炼2年，并至少安排1年到村任职；市级机关的选调生试用期满后，安排到村任职2年。（2）县乡两级机关的选调生：招录后一般直接安排到村任职2年。（3）法院、检察院机关选调生到基层锻炼2年期间，至少安排1年到村任职。

选调生是将符合录用的人才筛选出来后，再进行工作岗位的分配；本科、硕士研究生报考前只知道自己去的生源地；博士研究生可以根据自己意愿报考时选择想去的地市，通过选拔考试后，再根据意愿进行双向选择。

公务员是针对具体职能的职位，人事权一般归该单位人事机构或上级单位人事机构或人事厅管辖。一般只要有人事权的单位都有管辖权。调动范围取决于人事归属单位，在该单位人事管理范围内调动。考生在报考时就已经基本明确工作地点、工作单位、岗位大致职责等。

8. 编制

选调生是行政编制，公务员是行政编制或事业编制。

9. 发展前景

选调生是省、市、县委组织部掌握的后备干部。选调生的提拔速度比公务员快得多，一般本科毕业生定科员，硕士定副科级，博士定正科级。我国干部队伍中，许多年轻有为的领导干部都是选调生出身。所以，组织部门一直把选调生工作视为优秀年轻干部的"源头工程"。

三、福建省选调生考试情况分析

福建省选调生考试全流程：

第一步：网上报名，获取考试资格

你的审核状态为：确定获得考试资格

你的缴费状态为：无须缴费。

说明：

回退考生信息或者未提交：表示还没有提交，或者提交后管理员退回了，请考生详细核对修改信息再提交！

未审核：进入审核初始状态，请你耐心等待结果。

正在审核：表示你的个人资料正在审核中，请你耐心等待结果。

资格审查通过：表示你的个人资料已经通过初步审核。

资格审查不通过：表示你的个人资料没有通过初步审核。

拟获得考试资格：表示你已经拟获得考试资格，省外高校考生按要求打印申请表，经所在高校有关部门审核并加盖公章后邮寄至福建省委组织部干部队伍建设规划办公室，等待省委组织部复核，确认你的考试资格。

获得考试资格：表示你已经获得了考试资格，等待分配准考证号后打印准考证。

未获得考试资格：表示你通过了初审，但很遗憾，没有获得选调考试的资格。

资料填写不完整：表示你的资料填写得不完整，请马上补充完整，并耐心等待工作人员的审核。

第二步：参加笔试

本科和硕士：	博士：
你的行政能力测试成绩为：70.6 分 你的申论成绩为：83 分 你的总成绩为：153.6 分 查看详细	你的申论成绩为：76.5 分 你的总成绩为：76.5 分

第三步：通过笔试，成为考察人选

本科和硕士：	博士：
恭喜你已进入厦门市党政类选调生考察人选范围（非定向）	恭喜你的选调生资格考试成绩达到考察人选最低合格分数线，进入考察人选范围。最低合格分数线以上的考生，可参加"双向选择"，招录名额及具体人选根据省直机关单位和设区市、平潭综合实验区实际需求和编制等情况，以及考察人选的选择意愿确定。

第四步：进行考察

选调1组			选调2组			选调3组			选调4组			选调5组		
A	B	C	D	E	F	G	H	I	J	K	L	M	N	O

第五步：参加体检

你的体检结果为：合格

说明：

未体检：你还没有体检。

合格：你的体检结果为合格。

待定：你还需要进一步检查。

不合格：很遗憾，你的体检结果为不合格。

第六步：拟录用公示

拟录用情况：

经研究，你已被确定为福建省 2025 年选调生拟录用人选，待公示后公布是否确定为录用人选。你的录用类别为：厦门市党政类选调生

第七步：正式录用

你的选调结果为：

恭喜你已被确定为福建省 2025 年选调生录用人选！

福建省选调生选拔考试的情况：

（一）近年福建省选调生招考数据分析

1. 近三年福建省选调生招考时间信息表

年份	公告发布时间	报名时间	笔试时间	成绩查询时间	考察时间
2025	2024 年 11 月 25 日	2024 年 11 月 25 日 10：00 起至 12 月 7 日 24：00	2025 年 1 月 19 日	2025 年 3 月 1 日	2025 年 3 月 17 日开始
2024	2023 年 11 月 21 日	2023 年 11 月 22 日 8：00 至 12 月 11 日 24：00	2024 年 1 月 21 日	2024 年 3 月 1 日	2024 年 3 月下旬
2023	2022 年 11 月 21 日	2022 年 11 月 22 日 8：00 至 12 月 11 日 24：00	2023 年 1 月 10 日	2023 年 2 月 21 日	2023 年 3 月底

从上表可以看出，福建省选调生公告发布的时间集中在每年的 11 月中下旬，而笔试时间在次年的 1 月中下旬，中间间隔时间约 2 个月，各位考生务必提前备考，做好充足准备。

优公教育温馨提醒：

值得注意的是，11 月中下旬发布公告后，考生可网上报名。报名结束之后高校除了对报考学生进行资格审查，还需对满足条件的同学择优推荐考试人选。考生在 12 月中下旬才能在网上查询是否获得考试资格，这时距考试仅仅剩余 1 个月左右，甚至不足 1 个月的时间，这会影响到学生备考。优公教育建议广大考生务必提前备考，切勿等到确定获取考试资格后再备考。

2. 近三年福建省选调生招考人数

年份	党政类	法院类	检察院类	博士选调生	本硕总计	博士进入考察人数
2025	355	25	20	从省内外高校、科研院所 2025 年全日制应届博士优秀毕业生中，通过"双向选择"方式选拔一定数量选调生，不限生源地，名额不作指令性安排	400	
2024	355	25	20	从省内外高校、科研院所 2024 年全日制应届博士优秀毕业生中，通过"双向选择"方式选拔一定数量选调生，不限生源地，名额不作指令性安排	400	总人数：340 过线：206 引进生：134
2023	350	25	25	从省内外高校、科研院所通过"双向选择"方式选拔一定数量选调生，名额不作指令性安排	400	477

从上表可以看出,福建省选调生招收人数总体比较稳定,招考人数变动不大。

特别说明:参加福建省 2025 届引进生综合管理(博士)职位选拔面试成绩合格且符合福建省 2025 年度博士选调生报考资格条件的,根据考生个人意愿,可作为福建省 2025 年度博士选调生考察人选。

3. 2025 年福建省选调生招录人数

2025 年度福建省硕本选调生资格考试推荐名额分配表

高校		总数	类别					
			党政类		法院类		检察院类	
			沿海类	山区类	沿海类	山区类	沿海类	山区类
类别Ⅰ高校	厦门大学(含嘉庚1)	41	20	13	2	2	2	2
	华侨大学	27	13	8	1	2	2	1
	福州大学(含至诚1)	50	21	21	2	2	2	2
	福建师范大学(含协和1)	39	16	17	1	2	2	1
	福建农林大学(含金山1)	40	16	20	1	1	1	1
	福建医科大学	8	4	4				
	福建中医药大学	6	3	3				
	集美大学(含诚毅1)	22	10	8	1	1	1	1
	闽南师范大学	17	6	7	1	1	1	1
类别Ⅱ高校	福建理工大学	9	4	5				
	福建警察学院	4	2	2				
	福建江夏学院	5	3	2				
	福建技术师范学院	5	2	3				
	福建商学院	4	2	2				
	泉州师范学院	5	3	2				
	莆田学院	6	3	3				
	闽江学院	5	2	3				
	厦门理工学院	6	3	3				
	三明学院	4	2	2				
	龙岩学院	4	2	2				
	武夷学院	4	2	2				
	宁德师范学院	3	2	1				
	厦门医学院	2	1	1				
	仰恩大学	4	2	2				
	闽南理工学院	1		1				
	福州外语外贸学院	1		1				
	泉州信息工程学院	1		1				
	厦门工学院	1		1				
	阳光学院	1		1				
	厦门华厦学院	1		1				
	福州理工学院	1		1				
	闽南科技学院	1		1				
	福州工商学院	1		1				
	泉州职业技术大学	1		1				
省内高校小计		330	144	146	9	11	11	9

续表

高校		总数	类别					
			党政类		法院类		检察院类	
			沿海类	山区类	沿海类	山区类	沿海类	山区类
类别Ⅲ 高校	省外高校		70					
省内外高校合计		400	355		25		20	

注：

（1）根据分配名额计划数，各高校一般按照1∶10控制比例推荐硕本毕业生参加考试人选。省外高校各类别推荐计划名额，视实际报名情况统筹使用。

（2）类别Ⅰ高校所属独立学院（嘉庚学院、至诚学院、协和学院、金山学院、诚毅学院）只招录定向到19个山区原省级扶贫开发工作重点县的党政类选调生。

（3）类别Ⅱ高校只招录定向到23个原省级扶贫开发工作重点县的党政类选调生。

注：（1）沿海：福州市、厦门市、漳州市、泉州市、莆田市、平潭综合实验区；（2）山区：三明市、南平市、龙岩市、宁德市。

（二）报名须知

以下信息参照2025年考试公告。

1. 报考方式

根据福建省选调生选拔公告，符合条件的毕业生须在规定期限内登录福建人才联合网"福建省2025年选调生报名系统"，凭本人身份证号注册报名，按要求如实填写"福建省2025年选调生申请表"。

填报志愿：博士研究生不受生源地和选调类别限制；硕士研究生、本科生选调志愿类别分为党政、法院、检察院三类，每位考生仅限报1类，原则上按照生源地（即参加高考时本人户籍所在地）填报志愿地区。报考全省法院、检察院类选调生的，均须通过国家司法考试或统一法律职业资格考试，其中硕士研究生、本科生第一专业须为法学类。

2. 招考流程

省内高校：（1）考生报名后高校资格审查，其中硕士研究生、本科生一般按推荐名额1∶10比例（博士研究生不受限制，下同）推荐人选，报省委组织部复核。（2）高校对推荐考试人选进行为期5个工作日的公示后，统一打印、分发报名表，并要求核对无误后签字确认。报名资格审查通过后到2025年1月19日前，由高校统一打印分发准考证。（3）高校将《福建省2025年度选调生推荐人选花名册》《福建省2025年度选调生报名表》（各一式三份）报送省委组织部。

省外高校：（1）考生报名后省委组织部资格审查，其中硕士研究生、本科生一般按推荐名额1∶10比例确定参加考试初步人选。（2）考生从网上打印报名表（一式三份），核对无误后签字确认，经高校学生工作部门审查后盖章，尽快通过EMS特快专递邮寄至福建省委组织部进行资格条件审核。（3）报名资格审查通过后到2025年1月19日前，考生从网上打印准考证。

3. 报考条件

研究生、本科生大学学习期间应担任学生干部，并获得一定的表彰、奖励和取得优秀的学习成果。

（1）博士研究生在本科或研究生学习期间应担任学生干部不少于1学年。

（2）硕士研究生在本科或研究生学习期间应担任党支部委员、团支部委员、班委及以上学生干部不少于1学年。

（3）沿海（包括福州市、厦门市、漳州市、泉州市、莆田市、平潭综合实验区，下同）生源的本科生，应担任党支部书记、团支部书记、班长或校级团委、学生会部门负责人副职、院（系）级团委、学生会部门负责人正职及以上学生干部不少于1学年，或应担任党支部副书记、团支部副书记、副班长或院（系）级团委、学生会部门负责人副职及以上学生干部不少于2学年。

（4）山区（包括三明市、南平市、龙岩市、宁德市，下同）生源的本科生，应担任党支部副书记、团支部副书记、副班长或院（系）级团委、学生会部门负责人副职及以上学生干部不少于1学年。

（5）23个原省级扶贫开发工作重点县（包括：永泰，云霄、诏安、平和，建宁、宁化、泰宁、清流、明溪，顺昌、浦城、光泽、松溪、政和，武平、长汀、连城，霞浦、寿宁、周宁、柘荣、古田、屏南，下同）生源的本科生，应担任党支部委员、团支部委员、班委及以上学生干部不少于1学年。

报考全省法院、检察院类选调生的，均须通过国家司法考试或统一法律职业资格考试，其中硕士研究生、本科生第一专业须为法学类。

定向培养、委托培养、在职培养（含报考非定向研究生取得全日制学历，但行政关系或工资关系仍在原工作单位的）、现役军人和自学考试、函授教育、网络教育、成人教育等毕业生，以及按全日制教育方式培养、但学历证书明确为"非全日制"的应届毕业生，按照有关规定不得推荐报考。

有违法违纪违规行为、学术不端和道德品行问题的，在校学习期间受过处分的，曾放弃福建省选调生录用人员资格的，未满福建省选调生最低服务期限取消公务员录用或者被辞退的，公务员和参照公务员法管理的机关（单位）工作人员被辞退未满5年的，以及存在公务员法等法律法规规定不得录用为公务员情形的，不得推荐报考。

4. 确定考察人选

考察人选从最低合格分数线以上的人员中确定，于2025年2月21日公布。博士研究生考试成绩合格的，确定为考察人选；参加福建省2025届引进生综合管理（博士）职位选拔面试成绩合格且符合福建省2025年度博士选调生报考资格条件的，根据考生个人意愿，可作为福建省2025年度博士选调生考察人选。硕士、本科选调生考察人选按报考类别及地区选调计划数1∶2比例，从高分到低分依次确定。

5. 确定拟录用人员

根据考察人选资格审查、考试成绩、考察、体检及博士研究生"双向选择"等情况，研究确定拟录用人员。确定各设区市、平潭综合实验区硕士、本科法院类、检察院类拟录用人员时，如计划录用名额多于考察对象人数，则按照自愿原则，从符合调剂岗位报考资格条件的考察对象中，根据资格考试成绩从高分到低分依次进行调剂。优先从报考同类别且未被列为拟录用人员的考察对象中调剂；个别法院类、检察院类招录名额仍不满时，分别从报考检察院类、法院类且未被列为拟录用人员的考察对象中调剂。拟录用人员确定后，不再调剂。

（三）福建省选调生笔试、考察详细介绍

1. 笔试

根据对近三年的福建省选调生选拔公告梳理可知，考试时间的一般都为当年的1月，具体时间均为下午的14:00—17:10，考试地点除了"福州大学旗山校区"外，2025年还新增了"福建江夏学院"，具体分为：

本科生、硕士：

14:00—15:30 行政职业能力测验

15:30—17:10 申论

考点：福州大学旗山校区（地址：福州市福州大学城乌龙江北大道2号）。

博士生：

14:00—17:10 申论

考点：福建江夏学院（地址：福州市闽侯县上街镇溪源宫路2号）。

"行政职业能力测验"的考试内容为常识判断、言语理解与表达、数量关系、判断推理、资料分析。

福建省选调生考试与国家公务员考试、福建省公务员考试有一定的差异性，据参加过福建省选调生考试的考生反映，考试难度不比国考简单，考察范围也略微有所不同，尤其在常识判断部分，因为福建省选调生更加注重基层及福建省的相关知识，所以除了重点考察福建省省情及时事政治外，在题目中常常会出现一些基层政策问题、三农问题，在此考生需要特别注意，判断推理、资料分析等部分亦有差别，详见福建省选调生历年真题。

2023—2025 年福建省选调生"行政职业能力测验"试卷结构

考试时长：90 分钟　　　　　试卷总分：100 分

模块		题量	分值
第一部分	常识判断	30	0.8
第二部分	言语理解与表达	20	0.9
第三部分	数量关系	10	1
第四部分	判断推理	30	1
第五部分	资料分析	20	0.9

注：2022—2023 年福建省选调生"申论"主要考查 2 题版（1 道小题 +1 道作文题），但 2024 年为 3 题版（2 道小题 +1 道作文题），2025 年又回归 2 题版（1 道小题 +1 道作文题，其中作文字数要求 1500 字左右）。

2. 考察

（1）福建省选调生考察全流程

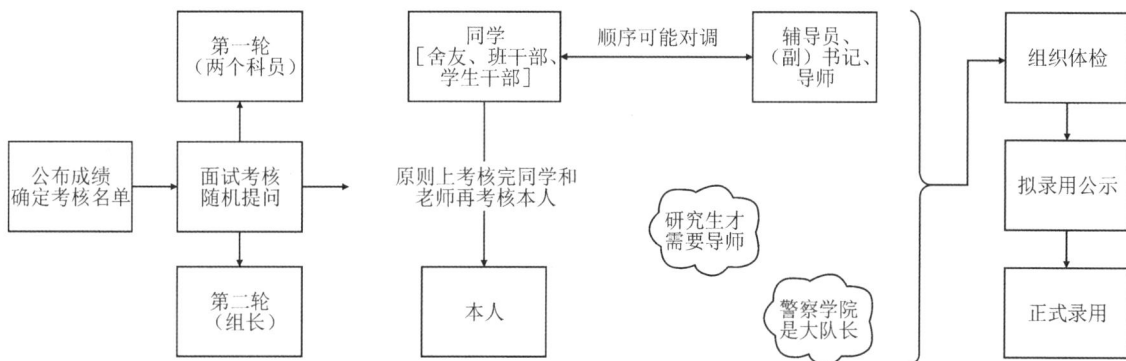

（2）福建省选调生考察选拔办法和进入考察的分数

福建省选调生面试是省委组织部会同省直有关部门根据选调生类别、报考地区以及资格考试成绩等情况，确定考察人选最低合格分数线，考察人选从最低合格分数线以上的人员中确定，在福建人才联合网公布。其中，本科、硕士选调生考察人选名单按报考地区选调计划数 1∶2 比例，从高分到低分依次确定；博士研究生考试成绩合格的，由省委组织部按考生所报志愿、综合素质和专业特长向省直有关单位和各设区市、平潭综合实验区推荐，按照"双向选择"的原则，择优确定初步考察人选名单。

关于福建省 2025 年度选调生资格考试划定考察人选最低合格分数线和确定考察人选的通知：

根据《福建省 2025 年度选调生选拔工作公告》，现将福建省 2025 年度选调生资格考试划定考察人选最低合格分数线和确定考察人选通知如下。

一、博士研究生报考选调生。（1）考察人选最低合格分数线划定为 74 分。最低合格分数线以上的考生，确定为考察人选，可参加"双向选择"。（2）招录名额及具体人选，根据省直机关单位和设区市、平潭综合实验区实际需求和编制等情况，以及考察人选的选择意愿确定。

二、硕士研究生、本科生报考党政类选调生。考察人选最低合格分数线划定为 119 分。在最低合格分数线以上的考生中，根据报考地区，按选拔计划数与考察人数 1∶2 比例从高分到低分，依次确定考察人选。

三、硕士研究生、本科生报考法检类选调生。考察人选最低合格分数线划定为 110 分。在最低合格分数线以上的考生中，根据报考地区、报考类别（法院类或检察院类），按选拔计划数与考察人数 1∶2 比例从高分到低分，依次确定考察人选。

温馨提示：硕士研究生、本科生合格分数线并非进入考察最低分，因官方每年均未公布进入考察分数线，优公教育根据晒分系统及大量学员的笔试和进入考察分数，统计了每个地市党政类、法院类、检察院类的进入考察最低分、最高分，如有需要可详询优公教育。

（3）福建省选调生考察形式

省委组织部协调省直有关部门、各设区市和平潭综合实验区组织人事部门组成考察组，每年于 3—4

月前后到高校对考察人选进行考察。2025 年福建省选调生考察从 2025 年 3 月 17 日开始。

福建省选调生考察采用半结构化形式，即面对面谈话模式，一般为两轮（有的学校仅一轮，没有组长考察），省委组织部考察组组长面谈与省委组织部科员面谈，每轮时间一般为 5 ～ 20 分钟不等，亦有出现考生面谈 30 分钟以上，需安排辅导员、院党委（副）书记进行谈话，3 ～ 4 名同学（舍友、学生干部等）进行谈话，谈话时长不固定，谈话结束后一般考生才进行面谈，亦有出现顺序调换的情况。研究生考察还需要导师进行谈话。每个人（本人＋老师＋同学）合计考察总时长一般为 1 个小时，即半天考察 3 个学生。2025 年福建省选调生考察中出现一些高校半天考察 1 个学生，考察较为详细。

特殊情况说明：

①有的高校要求学科老师、班主任、毕业设计导师参加。

②由于时间较为仓促，有时会调整顺序，省委组织部考察组组长考核阶段，有时候组长谈话取消，或采用小组面谈形式，即不再按照组长一对一和学生面谈，将 5 ～ 7 名进入选调生考察的学生一起安排在考察现场，逐一轮流进行介绍或问答，简称小组面谈。

③自我介绍一般为 3 分钟以内，但也有要求 1 分钟推销自己和 5 分钟自我介绍。

④有个别高校出现 6 个考官同时跟 1 个学生面谈的情况。

⑤因导师、同学无法到达现场，考察组也会采用视频、语音的形式进行考察。

⑥法院、检察院一般有考察案例题，但有的学校也出现没有考察的情况。

（4）福建省选调生面试真题示例

· 请做一个自我介绍。

· 请问什么是基层？／请问什么是农村？／你怎么看待乡村振兴？

· 选调薪资待遇不高，你为什么还愿意考选调生？／你为什么报考选调生？

· 如果录用后，你发现工作环境和薪资福利待遇都不太理想，请问你会怎么办？

· 你在什么情况下会选择辞职？

· 请以"我想有个女朋友"为题，做一个演讲。

· 请说说你做过最失败的事情是什么？

· 请问你为什么没有入党？（根据填写报名表提问个人问题）

· 你觉得你跟你的竞争对手 ××× 比有什么优势？说一说他有什么缺点？

· 基层那么辛苦，为什么你还愿意去？

· 你有没有做过让同学讨厌的事情？／同学有没有什么行为是让你无法容忍的？

· 请你谈谈对加班的看法？

· 担任学生干部期间，你举办过最成功的一场活动是什么？

· 大学期间，你做过最有成就感的一件事情是什么？

· 你有哪些缺点？（几乎必考）

· 你认为自己为什么能够胜任选调生的工作？

· 你最讨厌什么样的人？

· 你最喜欢跟什么样的人一起共事？

· 村民对村委会有误解，觉得村委会不作为，不支持你的工作，请问你怎么处理？（党政类人际关系）

· 请问你为什么报考检察院，而不报考法院？（法检类）

· 你是司法机关工作人员，当事人给你送红包，并说你的同事都已经收了，你怎么办？（法检类）

· 你对自己的未来有什么规划？／到岗后你对自己有什么规划？

· 你觉得你的专业在基层工作能发挥什么作用？能为基层做些什么？

· 现场给你 5 分钟，给你个题目，写一个小散文。（结合考生写的个人专长来考察）

· 结合个人资料问问题：为什么挂科？为什么没拿奖学金？为什么学生工作经历少？为什么获得的荣誉少？你是独生子／女，父母养老问题怎么样？你个人专长既然写擅长写作，那你申论怎么考这么低？

第二篇　常识判断

第一章 政治

第一节 党的二十大报告重点

1. **大会的主题**：高举中国特色社会主义伟大旗帜，全面贯彻新时代中国特色社会主义思想，**弘扬伟大建党精神**，自信自强、守正创新，踔厉奋发、勇毅前行，为全面建设社会主义现代化国家、全面推进中华民族伟大复兴而团结奋斗。

2. **三个务必**：全党同志**务必**不忘初心、牢记使命，**务必**谦虚谨慎、艰苦奋斗，**务必**敢于斗争、善于斗争，坚定历史自信，增强历史主动，谱写新时代中国特色社会主义更加绚丽的华章。

3. **过去十年的三件大事**：一是迎来中国共产党成立一百周年，二是中国特色社会主义进入新时代，三是完成脱贫攻坚、全面建成小康社会的历史任务，实现第一个百年奋斗目标。

4. **自我革命**：经过不懈努力，党找到了**自我革命**这一跳出治乱兴衰历史周期率的**第二个答案**，自我净化、自我完善、自我革新、自我提高能力显著增强，管党治党宽松软状况得到根本扭转，风清气正的党内政治生态不断形成和发展，确保党永远不变质、不变色、不变味。

5. **开辟马克思主义中国化时代化新境界**：马克思主义是我们立党立国、兴党兴国的根本指导思想。实践告诉我们，中国共产党为什么能，中国特色社会主义为什么好，归根到底**是马克思主义行，是中国化时代化的马克思主义行**。拥有马克思主义科学理论指导是我们党坚定信仰信念、把握历史主动的根本所在。

中国共产党人深刻认识到，只有把马克思主义基本原理**同中国具体实际相结合、同中华优秀传统文化相结合**，坚持运用辩证唯物主义和历史唯物主义，才能正确回答时代和实践提出的重大问题，才能始终保持马克思主义的蓬勃生机和旺盛活力。

6. 继续推进实践基础上的理论创新，首先要把握好新时代中国特色社会主义思想的世界观和方法论，坚持好、运用好贯穿其中的立场观点方法。

（1）必须坚持人民至上。（2）必须坚持自信自立。（3）必须坚持守正创新。（4）必须坚持问题导向。（5）必须坚持系统观念。（6）必须坚持胸怀天下。

7. **新时代新征程中国共产党的使命任务**

从现在起，中国共产党的中心任务就是团结带领全国各族人民全面建成社会主义现代化强国、实现第二个百年奋斗目标，以中国式现代化全面推进中华民族伟大复兴。

8. 中国式现代化，是中国共产党领导的社会主义现代化，既有各国现代化的共同特征，更有基于自己国情的中国特色。

中国式现代化的基本特征：（1）中国式现代化是人口规模巨大的现代化。（2）中国式现代化是全体人民共同富裕的现代化。（3）中国式现代化是物质文明和精神文明相协调的现代化。（4）中国式现代化是人与自然和谐共生的现代化。（5）中国式现代化是走和平发展道路的现代化。

9. **中国式现代化的本质要求**：坚持中国共产党领导，坚持中国特色社会主义，实现高质量发展，发展全过程人民民主，丰富人民精神世界，实现全体人民共同富裕，促进人与自然和谐共生，推动构建人类命运共同体，创造人类文明新形态。

10. 全面建成社会主义现代化强国，**总的战略安排是分两步走**：从二○二○年到二○三五年基本实现社会主义现代化；从二○三五年到本世纪中叶把我国建成富强民主文明和谐美丽的社会主义现代化强国。

11. 全面建设社会主义现代化国家，是一项伟大而艰巨的事业，前途光明，任重道远。前进道路上，必须牢牢把握以下重大原则。

（1）坚持和加强党的全面领导。（2）坚持中国特色社会主义道路。（3）坚持以人民为中心的发展思想。（4）坚持深化改革开放。（5）坚持发扬斗争精神。

12. 加快构建新发展格局，着力推动高质量发展

高质量发展是全面建设社会主义现代化国家的首要任务。发展是党执政兴国的第一要务。我们要坚持以推动高质量发展为主题，把实施扩大内需战略同深化供给侧结构性改革有机结合起来。坚持把**发展经济的着力点放在实体经济**上，推进新型工业化，加快建设制造强国、质量强国、航天强国、交通强国、网络强国、数字中国。

13. 实施科教兴国战略，强化现代化建设人才支撑：**教育、科技、人才是全面建设社会主义现代化国家的基础性、战略性支撑**。必须坚持科技是第一生产力、人才是第一资源、创新是第一动力，深入实施科教兴国战略、人才强国战略、创新驱动发展战略，开辟发展新领域新赛道，不断塑造发展新动能新优势。

14. 发展全过程人民民主，保障人民当家作主

我国是工人阶级领导的、以工农联盟为基础的人民民主专政的社会主义国家，国家一切权力属于人民。**人民民主是社会主义的生命**，是全面建设社会主义现代化国家的应有之义。**全过程人民民主是社会主义民主政治的本质属性**，是最广泛、最真实、最管用的民主。

15. 坚持全面依法治国，推进法治中国建设

（1）完善以宪法为核心的中国特色社会主义法律体系。（2）扎实推进依法行政。法治政府建设是全面依法治国的重点任务和主体工程。（3）严格公正司法。**公正司法是维护社会公平正义的最后一道防线**。（4）加快建设法治社会。法治社会是构筑法治国家的基础。

16. 推进文化自信自强，铸就社会主义文化新辉煌

全面建设社会主义现代化国家，必须坚持中国特色社会主义文化发展道路，增强文化自信，围绕**举旗帜、聚民心、育新人、兴文化、展形象建设社会主义文化强国**，发展面向现代化、面向世界、面向未来的，民族的科学的大众的社会主义文化，激发全民族文化创新创造活力，增强实现中华民族伟大复兴的精神力量。

17. 增进民生福祉，提高人民生活品质

江山就是人民，人民就是江山。中国共产党领导人民打江山、守江山，守的是人民的心。治国有常，利民为本。**为民造福是立党为公、执政为民的本质要求**。必须坚持在发展中保障和改善民生，鼓励共同奋斗创造美好生活，不断实现人民对美好生活的向往。

（1）完善分配制度。分配制度是促进共同富裕的基础性制度。（2）实施就业优先战略。就业是最基本的民生。（3）健全社会保障体系。社会保障体系是人民生活的安全网和社会运行的稳定器。（4）推进健康中国建设。人民健康是民族昌盛和国家强盛的重要标志。

18. 推动绿色发展，促进人与自然和谐共生

大自然是人类赖以生存发展的基本条件。尊重自然、顺应自然、保护自然，是全面建设社会主义现代化国家的内在要求。

19. 推进国家安全体系和能力现代化，坚决维护国家安全和社会稳定

国家安全是民族复兴的根基,社会稳定是国家强盛的前提。我们要坚持以人民安全为宗旨、以政治安全为根本、以经济安全为基础、以军事科技文化社会安全为保障、以促进国际安全为依托,统筹外部安全和内部安全、国土安全和国民安全、传统安全和非传统安全、自身安全和共同安全,统筹维护和塑造国家安全,夯实国家安全和社会稳定基层基础,完善参与全球安全治理机制,建设更高水平的平安中国,以新安全格局保障新发展格局。

20. 实现建军一百年奋斗目标,开创国防和军队现代化新局面:如期实现建军一百年奋斗目标,加快把人民军队建成世界一流军队,是全面建设社会主义现代化国家的战略要求。

21. 坚持和完善"一国两制",推进祖国统一

"一国两制"是中国特色社会主义的伟大创举,是香港、澳门回归后保持长期繁荣稳定的最佳制度安排,必须长期坚持。"和平统一、一国两制"方针是实现两岸统一的最佳方式,对两岸同胞和中华民族最有利。

22. 促进世界和平与发展,推动构建人类命运共同体

23. 坚定不移全面从严治党,深入推进新时代党的建设新的伟大工程

全面建设社会主义现代化国家、全面推进中华民族伟大复兴,关键在党。我们要落实新时代党的建设总要求,健全全面从严治党体系,全面推进党的自我净化、自我完善、自我革新、自我提高,使我们党坚守初心使命,始终成为中国特色社会主义事业的坚强领导核心。

(1)坚持和加强党中央集中统一领导。(2)坚持不懈用新时代中国特色社会主义思想凝心铸魂。(3)完善党的自我革命制度规范体系。(4)建设堪当民族复兴重任的高素质干部队伍。(5)增强党组织政治功能和组织功能。(6)坚持以严的基调强化正风肃纪。(7)坚决打赢反腐败斗争攻坚战持久战。

24. **五个必由之路:**全党必须牢记,坚持党的全面领导是坚持和发展中国特色社会主义的必由之路,中国特色社会主义是实现中华民族伟大复兴的必由之路,团结奋斗是中国人民创造历史伟业的必由之路,贯彻新发展理念是新时代我国发展壮大的必由之路,全面从严治党是党永葆生机活力、走好新的赶考之路的必由之路。

第二节　中共党史

会议	时间	地点	内容
中共一大	1921 年 7 月	上海 浙江 嘉兴	1.确定党的名称为"中国共产党"; 2.宣告了中国共产党的正式成立; 3.选举陈独秀为中央局书记; 4.革命纲领:推翻资产阶级政权,建立无产阶级政权
中共二大	1922 年 7 月	上海	1.分析了国际形势,制定了党的最高纲领和最低纲领; 2.指出了中国革命要分两步走; 3.第一次提出了彻底的反帝反封建的民主革命纲领(消除内乱,打倒军阀,建设国内和平)
中共三大	1923 年 6 月	广州	决定全体共产党员以个人名义加入国民党,以建立各民主阶级的统一战线,同时保持共产党在组织上、政治上的独立性
国共第一次合作	1924 年	广州	1.确定了"联俄、联共、扶助农工"的政策,并确立新三民主义; 2.国民党一大的召开,标志着第一次国共合作的正式形成

续表

会议	时间	地点	内容
中共四大	1925年1月	上海	大会着重讨论了无产阶级在民族革命运动中的地位，提出无产阶级在民主革命中的领导权问题和工农联盟问题
中共五大	1927年4月	武汉	批评了陈独秀的右倾错误，对迫在眉睫的重大问题未能做出切实可行的回答
南昌起义	1927年	南昌	打响了武装反抗国民党统治的第一枪
八七会议	1927年	汉口	1. 总结了失败教训，纠正了陈独秀右倾投降主义错误； 2. 确定了土地革命和武装反抗国民党反动派统治的总方针，提出政权是从枪杆子中取得的； 3. 瞿秋白开始担任领导工作
秋收起义	1927年	湖南	1. 文家市决策提出战略重心转移； 2. 创立了第一个农村革命根据地——井冈山革命根据地
古田会议	1929年	福建龙岩古田	提出建设新型军队，重申了党对军队实行绝对领导，提出"思想上建党、政治上建军"的原则
遵义会议	1935年1月	遵义	1. 结束了王明"左"倾冒险主义在党中央的统治，开始确立了以毛泽东为代表的新的中央的正确领导； 2. 中国共产党第一次独立自主地运用马克思列宁主义原理解决中国革命问题； 3. 中国共产党从幼年走向成熟的标志
瓦窑堡会议	1935年	瓦窑堡	决定建立最广泛的抗日民族统一战线
洛川会议	1937年8月	洛川	会议决定把党的工作重心放在战区和敌后，在敌后放手发动群众，开展独立自主的游击战争，开辟敌后战场，建立敌后抗日根据地
延安整风运动	1941年5月—1945年4月	延安	1. 通过延安整风，全党确立了一条实事求是的辩证唯物主义的思想路线，干部思想认识得到了大大的提高，党达到了空前的团结； 2. 1945年党的六届七中全会通过《关于若干历史问题的决议》
中共七大	1945年4月	延安	1.《论联合政府》提出党的三大作风：理论联系实践，密切联系群众，批评与自我批评； 2. 将毛泽东思想写入党章
七届二中全会	1949年3月	西柏坡	1. 工作重心由农村转移到城市； 2. 关于在新形势下加强党的建设的问题； 3. "两个务必"的提出
中共八大	1956年9月	北京	指出我国国内的主要矛盾是人民对经济文化迅速发展的需求同当前经济文化不能满足人民需要的状况之间的矛盾
十一届三中全会	1978年12月	北京	1.《解放思想，实事求是，团结一致向前看》，重新确立了解放思想、实事求是的原则； 2. 作出了把党的工作重点转移到社会主义现代化建设上来的战略决策，提出了改革开放的重要思想 3. 1980年5月，中央决定在深圳、珠海、汕头、厦门设立经济特区
十一届六中全会	1981年6月	北京	审议和通过了《关于建国以来党的若干历史问题的决议》
中共十二大	1982年9月	北京	邓小平提出走自己的道路，建设有中国特色社会主义

续表

会议	时间	地点	内容
中共十三大	1987年10月	北京	1. 系统地阐述了关于社会主义初级阶段的理论； 2. 党在社会主义初级阶段的基本路线：一个中心、两个基本点
邓小平南方谈话	1992年1月	武昌深圳珠海上海等	1. 社会主义的本质是解放生产力，发展生产力，消灭剥削，消除两极分化，最终达到共同富裕； 2. 革命是解放生产力，改革也是解放生产力； 3. 坚持党的基本路线，一百年不动摇； 4. 重申科学技术是第一生产力
中共十四大	1992年10月	北京	确定我国经济体制改革的目标是建立社会主义市场经济体制
中共十五大	1997年9月	北京	1. 把邓小平理论确定为党的指导思想； 2. 把依法治国确定为治国的基本方略； 3. 完整地提出和论述了党在社会主义初级阶段的基本纲领
中共十六大	2002年11月	北京	高举邓小平理论伟大旗帜，全面贯彻"三个代表"重要思想，继往开来，与时俱进，提出全面建设小康社会的奋斗目标；将"三个代表"写入党章
中共十七大	2007年10月	北京	高举中国特色社会主义伟大旗帜，以邓小平理论和"三个代表"重要思想为指导，深入贯彻落实科学发展观，继续解放思想，坚持改革开放，推动科学发展，促进社会和谐，为夺取全面建设小康社会新胜利而奋斗。将科学发展观写入党章
中共十八大	2012年11月	北京	高举中国特色社会主义伟大旗帜，以邓小平理论、"三个代表"重要思想、科学发展观为指导，解放思想，改革开放，凝聚力量，攻坚克难，坚定不移沿着中国特色社会主义道路前进，为全面建成小康社会而奋斗
中共十九大	2017年10月	北京	1. 社会主要矛盾已经转化为人民日益增长的美好生活需要和不平衡不充分的发展之间的矛盾 2. 中国共产党人的初心和使命，就是为中国人民谋幸福，为中华民族谋复兴； 3. 习近平新时代中国特色社会主义思想写入党章
中共二十大	2022年10月	北京	高举中国特色社会主义伟大旗帜，全面贯彻新时代中国特色社会主义思想，弘扬伟大建党精神，自信自强、守正创新，踔厉奋发、勇毅前行，为全面建设社会主义现代化国家、全面推进中华民族伟大复兴而团结奋斗

第三节　政府

一、我国政府是人民的政府

1. 政府的性质
我国政府是国家权力机关的执行机关，是国家行政机关，是人民的政府。

2. 政府的基本职能：管理和服务
（1）保障人民民主和维护国家长治久安（保国安民、打击敌人）。

（2）组织社会主义经济建设（宏观调控、市场监管）。

（3）组织社会主义文化建设（科学文化知识、科教文卫事业）。

（4）加强社会建设（公共设施、就业保障）。

（5）推进生态文明建设（资源环保）。

3.政府的其他职能

政府必须在党的领导下履行职能；在法治轨道上开展工作；要深化机构改革和行政体制改革，转变政府职能，简政放权，创新监管方式，增强政府公信力和执行力，建设人民满意的服务型政府。

4.政府的宗旨：为人民服务

5.政府工作的基本原则：对人民负责

（1）坚持为人民服务的工作态度，树立为人民服务、对人民负责的思想。

（2）树立求真务实的工作作风，不断完善公共服务体系，提高行政效率，增强服务意识，使政府各项工作经得起实践、群众和历史的检验。

（3）从群众中来到群众中去的工作方法，政府要广泛收集群众的意见和建议，认真对待群众的来信来访，为群众诚心诚意办实事。

二、政府的权力：依法行使

1.政府依法行政

（1）我国实行依法治国，建设社会主义法治国家；政府及其工作人员的权力由法律赋予，行使行政权力必须依据宪法和法律；依法行政是贯彻依法治国方略、提高行政管理水平的基本要求，体现了对人民负责的原则。

（2）政府要坚持法定职责必须为，勇于负责、敢于担当，纠正不作为、懒政、怠政、失职行为；政府要坚持法无授权不可为，纠正乱作为、渎职行为。

（3）政府依法行政：有利于保障人民群众的权利和自由；有利于加强廉政建设，保证政府及其工作人员不变质，提高政府的公信力和权威；有利于防止行政权力的缺失和滥用，提高行政管理水平；有利于带动全社会遵法、守法、护法，推进社会主义民主政治建设。

2.科学决策、民主决策、依法决策

（1）政府必须审慎行使权力，坚持科学决策、民主决策、依法决策。要完善决策信息和智力支持系统，提高决策的科学性；要增强决策的透明度和公众参与度，提高决策的民主性；要确保决策制度科学、程序正当、过程公开、责任明确。

（2）为了减少决策失误，我国政府正在建立健全决策问责和纠错制度。

三、政府权力的行使：需要监督

1.对政府的权力进行监督和制约

（1）权力是把双刃剑，权力运用得好，就造福人民；权力被滥用，则贻害无穷。我国是人民当家作主的社会主义国家，政府的权力是人民赋予的。要保证人民赋予的权力始终用来为人民谋利益，就必须对权力进行监督和制约。

（2）有效制约和监督权力的关键，是要健全权力运行的制约和监督体系，这个体系一靠民主，二靠法制。民主就是要切实保障人民的知情权、参与权、表达权、监督权；法制就是要用制度管权、管事、管人，让权力在阳光下运行，把权力关进制度的笼子。

（3）我国的行政监督包括行政系统外部的监督和行政系统内部的监督。

①行政系统外部的监督：国家权力机关的监督，中国共产党的党内监督，国家监察机关的监督，人民政协的监督，社会与公民的监督，司法机关的监督。

②行政系统内部的监督：上级政府，下级政府，审计部门。

（4）政府接受监督是坚持依法行政、做好工作的必要保证。政府只有接受监督，才能更好地合民意、集民智、聚民心，做出正确的决策；才能提高行政水平和工作效率，防止和减少工作失误；才能防止权力滥用，防止以权谋私，钱权交易，保证清正廉洁；才能真正做到权为民所用，建立权威政府。

2. 政务公开

（1）政务公开：决策公开、执行公开、管理公开、服务公开、结果公开。

（2）政务公开有利于规范政府及其工作人员的行政行为，提高政府公信力；有利于更好地保障公民的知情权、参与权、表达权、监督权，便于公民监督政府的工作，维护自己的合法权益。

3. 政府的权威

政府的管理和服务是否被人民认可和接受，是区别政府有无权威的标志。人民当家作主的社会主义国家性质，决定了我国政府具有历史上任何政府都不可比拟的权威。政府科学决策、依法行政、高效履职、廉洁奉公、自觉接受监督，才能树立政府的权威。

第四节　社会主义民主政治

一、坚持党对一切工作的领导

1. 中国共产党的地位

中国共产党是我国的执政党，是中国特色社会主义事业的领导核心，是领导中国人民前进，不断夺取新胜利的核心力量。（历史和人民的正确选择）

2. 坚持和加强党的全面领导

（1）坚持和加强党的全面领导是中国历史和人民的选择。

（2）中国共产党是中国最高政治领导力量，办好中国的事情关键在党。

（3）中国共产党的领导是中国特色社会主义最本质的特征，是中国特色社会主义制度的最大优势。

（4）坚持党的领导，是中国革命、建设和改革事业不断取得胜利的政治保证。党政军民学，东西南北中，党是领导一切的。

（5）坚持党的领导、人民当家作主、依法治国有机统一是社会主义政治发展的必然要求。党的领导是人民当家作主和依法治国的根本保证。

二、始终坚持以人民为中心

1. 党员和党组织的作用

党员和党组织的作用是先锋模范作用和战斗堡垒作用。

2. 党的性质、宗旨和执政理念

（1）党的性质：中国共产党是中国工人阶级的先锋队，同时是中国人民和中华民族的先锋队。

（2）党的宗旨：全心全意为人民服务。

（3）党的执政理念：立党为公、执政为民。

三、人民代表大会：国家权力机关

1. 人民行使国家权力的机关

（1）广大人民通过民主选举选出各级人大代表，由他们组成各级国家权力机关，代表人民统一行使国家权力，决定全国和各级地方一切重大事务，并由权力机关产生行政、监察、审判、检察等机关，具体行使管理国家和社会的权力。

（2）全国人民代表大会是最高国家权力机关，全国人民代表大会常务委员会是全国人民代表大会的常设机关。全国人大及其常委会行使立法权、决定权、任免权、监督权。全国人大在我国的国家机构中居于最高地位，其他中央国家机关都由它产生、对它负责、受它监督。

（3）人民代表大会的职权

①立法权是制定法律的权力。全国人大及其常委会行使国家立法权。省级人大及其常委会可以制定地方性法规；国务院也可以根据宪法和法律制定行政法规。

②决定权是各级人大及县级以上各级人大常委会决定国家和社会或本行政区域内重大事项的权力。

③任免权是各级人大及其常委会对相关国家机关领导人及其他组成人员进行选举、任命、罢免的权力。

④监督权是监督宪法和法律的实施，监督政府、监察委员会、法院、检察院的工作。

2. 人大代表

（1）人民代表大会的代表是国家权力机关的组成人员。我国各级人民代表大会的代表由民主选举产生。

（2）人民代表大会的代表，依照宪法和法律规定的职权，参加行使国家权力：

①人大代表的义务：协助宪法和法律的实施；与人民群众保持密切联系，听取和反映人民群众的意见和要求，努力为人民服务，对人民负责，并接受人民监督。

②人大代表的权利：审议各项议案的权利；表决各项决定的权利；提出议案的权利；提出质询案并要求答复的权利。

四、人民代表大会制度：我国的根本政治制度

1. 人民代表大会制度

国家政权的组织形式，叫作政体。在我国，同人民民主专政的国体相适应的政权组织形式，就是人民代表大会制度。

2. 人民代表大会制度的组织和活动原则

人民代表大会制度的组织和活动原则，是民主集中制。

（1）在人民代表大会与人民的关系上：人民代表大会的代表由民主选举产生，对人民负责，受人民监督；法律的制定和重大决策由人大代表实行少数服从多数的原则，民主决定；对违反人民意志、损害人民利益的不称职的代表，人民有权予以罢免。

（2）在人民代表大会与其他国家机关的关系上：其他国家机关由人大产生，对人大负责，受人大监督；人大负责决定，其他国家机关负责贯彻执行。

（3）在中央和地方国家机构的关系上：在中央的统一领导下，合理划分中央和地方国家机构的职权，

充分发挥国家和地方两个积极性。

3. 人民代表大会制度的基石

人民代表大会,是人民代表大会制度的基石。

五、中国特色社会主义政党制度

1. 民主党派

我国各民主党派,是各自所联系的一部分社会主义劳动者、社会主义事业的建设者、拥护社会主义的爱国者、拥护祖国统一和致力于中华民族伟大复兴的爱国者的政治联盟。

2. 多党合作和政治协商制度

中国共产党领导的多党合作和政治协商制度,是中国特色社会主义政党制度,是我国一项基本政治制度。其基本内容是:

(1)通力合作的友党关系:中国共产党是执政党,各民主党派是参政党,二者是通力合作、共同致力于社会主义事业的亲密友党。

(2)多党合作的首要前提和根本保证:坚持中国共产党的领导。中国共产党对民主党派的领导是政治领导,即政治原则、政治方向和重大方针政策的领导。

(3)多党合作的基本方针:长期共存、互相监督、肝胆相照、荣辱与共。

(4)多党合作的根本活动准则:遵守宪法和法律。中国共产党和各民主党派都必须以宪法和法律准绳,进行民主协商、相互监督。

六、中国人民政治协商会议

1. 协商民主的重要途径

(1)中国人民政治协商会议,是统一战线的组织,是多党合作和政治协商的机构,是人民民主重要的实现形式,体现中国特色社会主义制度的鲜明特点。

(2)人民政协是社会主义协商民主的重要渠道和专门协商机构,在推动协商民主广泛多层制度化发展、推进国家治理体系和治理能力现代化中发挥着不可替代的作用。

(3)协商民主是实现党的领导的重要方式,是我国社会主义民主政治的特有形式和独特优势。

2. 人民政协的职能

(1)人民政协围绕团结和民主两大主题,聚焦党和国家的中心任务,履行政治协商、民主监督、参政议政的职能。

(2)政治协商是对国家大政方针及重要举措、重要问题,在决策前和决策实施中进行协商;民主监督是对宪法和法律、国家方针政策的落实情况及对国家机关及其工作人员的工作进行协商式监督;参政议政是对国家经济、政治等方面及人民群众普遍关心的问题进行调查研究,通过调研报告、提案、建议案等形式向中国共产党及国家机关提出建议。

经典例题

1. 与邓小平理论、"三个代表"重要思想、科学发展观是一脉相承的理论是（　　　）。

A. 习近平新时代中国特色社会主义思想

B. 马克思列宁主义

C. 毛泽东思想

D. 以爱国主义为核心的民族精神和以改革开放为核心的时代精神

【答案】A。习近平新时代中国特色社会主义思想是对马克思列宁主义、毛泽东思想、邓小平理论、"三个代表"重要思想、科学发展观的继承和发展，是马克思主义中国化最新成果，是党和人民实践经验和集体智慧的结晶，是中国特色社会主义理论体系的重要组成部分，是全党全国人民为实现中华民族伟大复兴而奋斗的行动指南，必须长期坚持并不断发展。因此，本题答案为 A 项。

2. 新时代中国特色社会主义思想，明确中国特色社会主义最本质的特征是（　　　）。

A. "五位一体"总体布局　　　　　　B. 建设中国特色社会主义法治体系

C. 中国共产党领导　　　　　　　　　D. 人民利益为根本出发点

【答案】C。2017 年 10 月 18 日，在中国共产党第十九次全国代表大会上习近平总书记首次提出"新时代中国特色社会主义思想"。新时代中国特色社会主义思想是全党全国人民为实现中华民族伟大复兴而奋斗的行动指南。习近平总书记在十九大提出"八个明确"，其中就包括要明确中国特色社会主义最本质的特征是中国共产党领导，中国特色社会主义制度的最大优势是中国共产党领导，党是最高政治领导力量，提出新时代党的建设总要求，突出政治建设在党的建设中的重要地位。因此，本题答案为 C 项。

3. 中国现代化是中国共产党领导的社会主义现代化，既有各国现代化的共同特征，更有基于自己国情的中国特色。下列对于中国现代化特征的说法正确的是（　　　）。

①是人口规模巨大的现代化

②是全体人民共同富裕的现代化

③是物质文明和精神文明相协调的现代化

④是经济高速增长的现代化

⑤是人与自然和谐共生的现代化

⑥是走和平发展道路的现代化

A. ①②③④⑤　　　　　　　　　　　B. ①③④⑤⑥

C. ②③④⑤⑥　　　　　　　　　　　D. ①②③⑤⑥

【答案】D。中国式现代化的基本特征包括：（1）人口规模巨大的现代化；（2）全体人民共同富裕的现代化；（3）物质文明和精神文明相协调的现代化；（4）人与自然和谐共生的现代化；（5）走和平发展道路的现代化。因此，本题答案为 D 项。

4. 党的十九届六中全会提出，一百年来，党领导人民通过不懈努力，进行伟大斗争，积累了宝贵的历史经验。下列属于党的百年奋斗十条历史经验的是（　　　）。

①坚持党的领导 　　　　　　　　　　②坚持新发展理念

③坚持人民至上 　　　　　　　　　　④坚持武装斗争

⑤坚持理论创新 　　　　　　　　　　⑥坚持自我革命

⑦坚持实事求是 　　　　　　　　　　⑧坚持胸怀天下

A.①③④⑥⑧ 　　　　　　　　　　　B.①②④⑤⑥

C.①③⑤⑥⑧ 　　　　　　　　　　　D.②④⑥⑦⑧

【答案】C。党的十九届六中全会提出：一百年来，党领导人民进行伟大奋斗，积累了宝贵的历史经验，这就是：坚持党的领导，坚持人民至上，坚持理论创新，坚持独立自主，坚持中国道路，坚持胸怀天下，坚持开拓创新，坚持敢于斗争，坚持统一战线，坚持自我革命。因此，本题答案为 C 项。

5. 中国共产党是中国特色社会主义事业的坚强领导核心，2021 年是中国共产党建党 100 周年，关于中国共产党第一次全国代表大会，下列说法不正确的是（　　　）。

A. 参加会议的正式代表有 13 人 　　　　B. 宣告了中国共产党正式成立

C. 大会先后在上海和浙江嘉兴南湖举行 　　D. 大会制定了反帝反封建的民主革命纲领

【答案】D。中共二大，第一次提出了彻底的反帝反封建的民主革命纲领。因此，本题答案为 D 项。

6. 下列党的全国代表大会与其主要贡献正确的是（　　）。

A. 一大——确立思想建党，政治建军 　　　B. 八大——确立毛泽东思想为指导思想

C. 十三大——提出社会主义初级阶段理论 　D. 十九大——提出全面小康社会目标

【答案】C。A 项，思想建党，政治建军是在古田会议确定的，B 项，确立毛泽东思想为指导思想是在党的七大。D 项，提出全面小康社会目标是党的十八大，只有 C 项表述正确。因此，本题答案为 C 项。

7. 按先后顺序正确排列红军长征中的战斗历程的是（　　　）。

①四渡赤水　②强渡大渡河　③爬雪山过草地　④飞夺泸定桥　⑤渡过金沙江　⑥会宁会师

A.①②④⑤③⑥ 　　　　　　　　　　B.①③⑤④②⑥

C.①⑥⑤④③② 　　　　　　　　　　D.①⑤②④③⑥

【答案】D。长征主要路线按时间排序为：中央红军（红一方面军）：江西瑞金—四道封锁线（湘江战役）—强渡乌江—遵义会议—四渡赤水—巧渡金沙江—强渡大渡河—飞夺泸定桥—过雪山（夹金山）—四川懋功（四方面军会师）—毛儿盖—过草地—腊月口—吴起镇（同陕北红军会师）—会宁会师，时间是 1934—1936 年。因此，本题答案为 D 项。

8. 近年来，"大众创业，万众创新"方兴未艾。各地政府为促进"以创业带动就业"，从工商登记、资金筹措、信息咨询、技能培训、经营用地方面对农民工返乡创业给予大力支持。政府的做法履行了（　　　）。

①实施经济调节的职能 　　　　　　　②健全社会保障体系的职能

③提供公共服务的职能 　　　　　　　④协调人民利益关系的职能

A.①②③ 　　　B.①③④ 　　　C.①②④ 　　　D.②③④

【答案】B。政府高度重视"以创业带动就业"工作，解决人民群众最关心的利益问题，属于协调人民利益关系的职能和经济调节职能；提高信息咨询、技能培训等措施属于提供社会公共服务职能，故①③④正确。题干中没有体现保障体系方面的内容，排除②。因此，本题答案为 B 项。

9.全国推行政务公开,让权力在阳光下运行,对于增强政府公信力和执行力,提高人民的知情权、参与权、表达权监督权等具有重要意义,法治政府的基本职责是( )。

A.公平正义   B.公开透明

C.公众参与   D.自由平等

【答案】B。全面推进政务公开,让权力在阳光下运行,对于发展社会主义民主政治,提升国家治理能力,增强政府公信力执行力,保障人民的知情权、参与权、表达权、监督权具有重要意义。因此,本题答案为B项。

10.依法行政是法治政府的基本要求,建设法治政府则是全面推进依法行政的具体体现。下列不符合法治政府基本要求的是( )。

A.某区行政服务中心推行"不见面审批"

B.某省司法厅要求全省企业配备法律顾问

C.某县工信局向创新型企业兑现奖补资金

D.某市公检法联合发布"个人轻微违法行为依法免于处罚清单"

【答案】B。B项,某省司法厅要求全省企业配备法律顾问,法治政府要推进依法行政,法无授权不可为。是否配备法律顾问是企业的自由,不能强制要求。因此,本题答案为B项。

第二章　马克思主义哲学

第一节　总论

一、哲学

1. 哲学是系统化理论化的世界观

世界观是人们对整个世界的总的看法和根本观点。哲学是关于世界观的学说，是系统化理论化的世界观。世界观人人都有，经过教育才能形成自觉的系统的世界观（哲学思维）；哲学家是建立哲学理论的人。哲学是世界观和方法论的统一。世界观决定方法论，方法论体现世界观。

2. 哲学是对自然、社会和思维知识的概括和总结

哲学和具体科学是共性与个性、抽象与具体的关系。具体科学的进步推动哲学的发展，哲学为具体科学研究提供世界观和方法论的指导。

二、哲学的基本问题的内容

哲学的基本问题是思维和存在的关系问题，它包括两方面的内容：

一是思维和存在何者为本原的问题；对这个问题的不同回答，是划分唯物主义和唯心主义的唯一标准。

二是思维和存在有没有同一性的问题；对这个问题作出肯定的回答是可知论，否定的回答是不可知论。

三、哲学的基本派别：唯物主义与唯心主义

1. 唯物主义的三种历史形态

唯物主义的基本观点是：物质是本原的，意识是派生的，先有物质后有意识，物质决定意识。唯物主义的三种历史形态：古代朴素唯物主义、近代形而上学唯物主义、辩证唯物主义和历史唯物主义（即马克思主义哲学）。

2. 唯心主义的两种基本形态

唯心主义的基本观点是：意识是本原的，物质依赖于意识，意识决定物质。唯心主义有两种基本形态，即主观唯心主义（人的主观精神是世界的本原）和客观唯心主义（客观精神是世界的本原）。

四、马克思主义哲学

马克思主义哲学确立了科学的实践观；第一次在科学的基础上实现了唯物主义和辩证法的有机结合；第一次实现了唯物辩证的自然观与历史观的统一；第一次实现了实践基础上科学性和革命性的统一。

马克思主义哲学是科学的世界观和方法论,是人生的根本指南,可以帮助人们树立正确的世界观、人生观、价值观,可以指导人们更好地认识世界和改造世界。

第二节 唯物论

一、世界的物质性

1. 自然界的物质性

物质是不依赖于人的意识,并能为人的意识所反映的客观实在。物质的唯一特性是客观实在性。物质与物质的具体形态是共性与个性、抽象与具体的关系。

2. 人类社会的物质性

人类社会是物质世界长期发展的产物;构成人类社会物质生活条件的基本要素(人口因素、地理环境、生产方式)的都是客观的。

二、认识运动、把握规律

1. 运动是物质固有的根本属性

(1)物质和运动不可分割。运动是物质的存在方式和根本属性;运动是物质的运动,物质是运动的承担者。既要反对离开运动谈物质的形而上学唯物主义,也要反对离开物质谈运动的唯心主义。

(2)物质世界是绝对(无条件的、永恒的)运动和相对(有条件的、暂时的)静止的统一。既要反对否认绝对运动的形而上学不变论,又要反对否认相对静止的相对主义和诡辩论。

2. 运动是有规律的

(1)规律是事物运动过程中固有的本质的、必然的、稳定的联系。

(2)规律是客观的,是不以人的意志为转移的,规律不能被创造,也不能被消灭。规律是普遍的。要尊重规律,按规律办事,不能违背规律。

(3)人可以在认识和把握规律的基础上,根据规律发生作用的条件和形式利用规律,改造客观世界。

三、意识的本质

(1)**意识是物质世界长期发展的产物**。意识是自然界长期发展的产物;也是劳动和社会的产物。

(2)**意识是人脑的机能。**

(3)**意识是客观存在的反映(主观映像)**。从意识的起源、生理基础和内容看,物质先于意识而存在,物质是本原的,意识是派生的,物质决定意识。要一切从实际出发(根据客观存在的实际,决定主观的做法;意识要随着客观实际的变化而变化,做到主观与客观具体的历史的统一)

四、意识的作用

1. 人能够能动地认识世界

(1)意识活动具有目的性。人们在反映客观世界时,总是抱有一定的目的,在行动之前还要确定行动的目标、方式、步骤等。

（2）意识活动具有自觉选择性。意识对客观世界的反映是主动的、有选择性的，并不限于客观世界有什么就反映什么。

（3）意识活动具有主动创造性。意识不仅能够反映事物的外部现象，而且能够反映事物的本质和规律；意识不仅能够反映当前的对象，而且能够追溯过去，推测未来。意识的主动创造性是人能够认识世界的重要条件；世界上没有不可认识之物，只有尚未认识之物。

2. 人能够能动地改造世界

意识对改造客观世界具有指导作用；意识对人体生理活动具有调节和控制作用。正确的意识促进事物的发展，错误的意识阻碍事物的发展。

五、物质与意识的关系

物质决定意识，意识反作用于物质。正确的意识对客观事物的发展具有促进作用，错误的意识对客观事物的发展起阻碍作用。这就要求我们一切从实际出发，实事求是，在遵循客观规律的基础上，充分发挥人的主观能动性。

1. 主观能动性的含义

要尊重客观规律，从客观存在的事物出发，经过调查研究，找出事物本身固有的规律性，作为行动的依据。

2. 做好主观能动性的措施

①要把客观规律、客观实际作为想问题、办事情的基础和前提。

②要充分发挥主观能动性，解放思想，与时俱进；以求真务实的精神探求事物的本质和规律；用科学的理论武装头脑，指导实践。

③要把发挥主观能动性和尊重客观规律结合起来，既反对夸大意识能动作用，又反对片面强调客观条件，安于现状、无所作为。

第三节　辩证法

一、世界是普遍联系的

1. 联系的普遍性

（1）联系是事物之间及事物内部各要素之间的相互依赖、相互影响、相互制约和相互作用。

（2）任何事物都与周围其他事物联系着；任何事物内部各要素之间都是相互联系的；世界是一个普遍联系的有机整体。

2. 联系的客观性

（1）联系是事物本身固有的，不以人的意志为转移。

（2）事物的联系就其与实践的关系来说，可以分为自在事物的联系和人为事物的联系。

（3）人们可以根据事物固有的联系，改变事物的状态，建立新的联系。

3. 联系的多样性

事物的联系是多种多样的，有直接联系和间接联系，有必然联系和偶然联系等，要善于分析和把握事物存在和发展的各种条件，一切以时间、地点、条件为转移。

二、用联系的观点看问题

1. 坚持整体与部分的统一

整体居于主导地位，整体统率着部分，具有部分所不具备的功能；整体由部分组成，部分影响整体，关键部分的功能及其变化甚至对整体的功能起决定作用。

要坚持整体与部分的统一，既要树立全局观念，立足整体，统筹全局，实现整体的最优目标，达到整体功能大于部分功能之和；又要重视部分的作用，用局部的发展推动整体的发展。

2. 掌握系统优化的方法

要求我们用综合的思维方式来认识事物；要着眼于事物的整体性；要遵循系统内部结构的有序性；要注重系统内部结构的优化趋向。

三、世界是永恒发展的

事物之间的相互联系、相互作用，构成了事物的变化和发展。发展的实质是事物的前进和上升，是新事物的产生和旧事物的灭亡。事物的发展是通过质变来实现的，没有质变就没有发展，但并非任何质变都是发展，只有前进、上升的质变才是发展。

四、用发展的观点看问题

1. 前途是光明的，道路是曲折的

（1）事物发展的方向是前进上升的，前途是光明的。新事物是符合客观规律、符合人民群众的根本利益、具有强大生命力和远大发展前途的东西，必定战胜旧事物。

（2）事物发展的道路是曲折的。我们要对未来充满信心，支持和保护新事物；要做好充分的思想准备，克服前进道路上的困难。

2. 做好量变的准备，促成事物的质变

事物的发展总是从量变开始的，量变是质变的必要准备，量变达到一定程度必然引起质变，质变是量变的必然结果；质变又为新的量变开辟道路，使事物在新质的基础上开始新的量变。

3. 事物的发展是内因（内部矛盾）和外因（外部矛盾）共同作用的结果

内因是根据，外因是条件，外因通过内因起作用。分析事物的发展，要着重抓住内因，同时也不能忽略外因。

五、矛盾是事物发展的源泉和动力

1. 矛盾的同一性和斗争性

（1）世界上的一切事物都包含着既相互对立，又相互统一的两个方面；矛盾就是对立统一。

（2）矛盾的同一性是相对的，矛盾的斗争性是绝对的。矛盾的同一性不能脱离斗争性而存在，矛盾双方的同一是对立中的同一，是包含着差别的同一。矛盾的斗争性也不能脱离同一性而存在，斗争性寓于同一性之中，并为同一性所制约。

2. 矛盾的普遍性和特殊性

（1）矛盾具有普遍性。时时有矛盾，事事有矛盾。

（2）矛盾具有特殊性。不同事物有不同的矛盾；同一事物在发展的不同过程和阶段有不同的矛盾；同一事物中的不同矛盾、同一矛盾中的两个不同方面各有其特殊性。

（3）矛盾的普遍性（共性）和特殊性（个性）相互联结。一方面，普遍性寓于特殊性之中，并通过特殊性表现出来；另一方面，特殊性包含着普遍性。

六、用对立统一的观点看问题

1. 坚持两点论与重点论的统一

（1）主要矛盾在事物发展过程中处于支配地位、对事物发展起决定作用。主次矛盾相互依赖、相互影响，并在一定条件下相互转化。

方法论：坚持两点论与重点论的统一，既要集中力量着重解决主要矛盾，又不可忽视次要矛盾的解决。

（2）矛盾双方的力量是不平衡的，处于支配地位、起主导作用的一方是矛盾的主要方面；事物的性质主要是由主要矛盾的主要方面决定的。矛盾的主次方面相互依赖、相互排斥，并在一定条件下相互转化。

方法论：坚持两点论与重点论的统一，既着重把握矛盾的主要方面，抓主流，又要看到矛盾的次要方面。

2. 坚持具体问题具体分析

（1）具体问题具体分析，是指在矛盾普遍性原理的指导下，具体分析矛盾的特殊性，并找出解决矛盾的正确方法。

（2）具体问题具体分析是正确认识事物的基础，是正确解决矛盾的关键。

七、质量互变规律

1. 量变、质变

量变：事物数量的增减或场所的变更，是一种渐进的、不显著的变化。

质变：事物根本性质的变化，是渐进过程的中断。

量变和质变的区分标志：是否超出度。

2. 量变和质变的辩证关系

（1）量变是质变的必要准备；

（2）质变是量变的必然结果；

（3）总的量变中有部分质变。

3. 方法论意义

要重视量的积累；要抓住时机促成质变。

八、否定之否定规律

1. 辩证否定观

（1）辩证否定是事物自己否定自己、自己发展自己。

（2）辩证否定是发展的环节，是实现新事物产生和旧事物灭亡的根本途径；辩证否定是联系的环节，新事物保留旧事物的积极因素作为自己存在和发展的基础。

（3）辩证否定的实质是扬弃，即既克服又保留。

2. 否定之否定规律

任何事物的发展都要经历"肯定→否定→否定之否定"的过程，其中包括两次否定、三个阶段。这一过程在形式上是曲折的，在内容上是前进上升的。

3. 发展是前进性和曲折性的对立统一

自觉地运用否定之否定规律，有助于进行辩证的思考，防止和克服思想方法的片面性、直线性和绝对化。在实践活动中，一方面要防止直线论，另一方面又要反对无所作为的循环论。

4. 辩证法的革命批判精神与创新意识

（1）辩证法在对现存事物的肯定的理解中同时包含对现存事物的否定的理解。辩证法不崇拜任何东西，按其本质来说，它是批判的、革命的和创新的。

（2）辩证法的革命精神和批判性思维要求我们，密切关注变化发展着的实际，敢于突破与实际不相符合的陈规学说；注重研究新情况，善于提出新问题，敢于寻找新思路。

第四节　认识论

一、实践

（1）实践是人们改造客观世界的物质活动；实践是一种直接现实性活动，它可以把人们头脑中的观念的存在变为现实的存在。

（2）实践的特点：实践具有客观物质性；实践具有能动性；实践具有社会历史性。

（3）人类基本的实践活动有三种，即改造自然的生产实践、变革社会的实践、探索世界规律的科学实验。

二、实践与认识的关系

1. 实践是认识的基础

（1）实践是认识的来源。亲身参与实践活动获得的直接经验和通过知识的学习和传递获得的间接经验，都是实践的产物。

（2）实践是认识发展的动力。实践不断产生新问题、提出新要求，推动人们进行新的探索和研究；实践的发展为人们提供日益完备的认识工具；实践锻炼和提高了人的认识能力。

（3）实践是检验认识真理性的唯一标准。

（4）实践是认识的最终目的。

2. 认识对实践有反作用

正确的认识促进实践的发展，错误的认识阻碍实践的发展。

三、在实践中追求和发展真理

1. 真理是客观的

真理是人们对客观事物及其规律的正确反映。真理是客观的，客观性是真理最基本的属性。

2. 真理是具体的、有条件的

真理都是有条件的，都有自己适用的条件和范围；真理都是具体的，都是主观与客观、理论与实践具体的历史的统一。

3. 追求真理是一个过程

（1）**认识具有反复性**。认识受认识主体的实践水平、立场、知识水平、思维能力、生理素质等限制，还受到认识的客体（复杂且变化，其本质的暴露有一个过程）的限制，这决定了人们对一个事物的正确认识要经过实践到认识再到实践的多次反复才能完成。

（2）**认识具有无限性**。追求真理是一个无止境的过程。

（3）**认识具有上升性**。人类的认识是从实践到认识、从认识到实践的波浪式前进或螺旋式上升的过程；真理在发展中不断超越自身。

方法论：一切从实际出发，理论联系实际，解放思想，实事求是，与时俱进，在实践中检验和发展真理，是我们党制定路线、方针、政策的理论依据。解放思想、与时俱进是实事求是的内在要求和前提；实事求是是解放思想、与时俱进的目标和归宿。

第五节　历史唯物主义

一、社会发展的规律

1. 社会存在与社会意识

（1）社会存在决定社会意识，社会意识是社会存在的反映。有什么样的社会存在，就有什么样的社会意识；社会存在的变化发展，决定社会意识的变化发展。

（2）社会意识具有相对独立性。

（3）社会意识对社会存在有反作用。落后的社会意识对社会发展起阻碍作用，先进的社会意识可以正确地预见社会发展的方向和趋势，对社会发展起积极的推动作用。

（4）社会生活在本质上是实践的。

2. 社会基本矛盾运动

（1）物质资料的生产活动，是人类社会存在和发展的基础；生产方式决定社会的性质和面貌，生产方式的变革决定社会形态的更替。生产力的状况决定生产关系的性质，生产力的变化发展，迟早会引起生产关系的变革。生产关系对生产力具有反作用，当生产关系适合生产力发展状况时，它对生产力发展起推动作用；反之则阻碍生产力的发展。

（2）经济基础（生产关系的总和）决定上层建筑（政治法律制度及设施、各种思想观念及意识形态）。上层建筑对经济基础有反作用：当上层建筑适合经济基础状况时，它促进经济基础的巩固和完善，反之则阻碍；当上层建筑为先进的经济基础服务时，它就促进生产力的发展，推动社会进步，反之则阻碍。

（3）生产力和生产关系的矛盾，经济基础和上层建筑的矛盾，是贯穿人类社会始终的基本矛盾。生产关系一定要适合生产力状况的规律，上层建筑一定要适合经济基础状况的规律，是任何社会都起作用的普遍规律。

3. 社会历史发展的总趋势

（1）社会历史发展的总趋势是前进、上升的，发展的过程是曲折的。社会发展是在生产力和生产关系、经济基础和上层建筑的矛盾运动，是在社会基本矛盾的不断解决中实现的。

（2）在阶级社会，社会基本矛盾的解决主要是通过阶级斗争实现的，阶级斗争是推动阶级社会发展的直接动力。

（3）在社会主义社会，社会基本矛盾是非对抗性的矛盾。社会基本矛盾的解决主要依靠改革（即社会主义的自我完善和发展），而改革的根本目的，就是使生产关系适应生产力的发展，使上层建筑适应经济基础的发展。改革是发展中国特色社会主义的强大动力。

二、社会历史的主体

1. 人民群众是历史的创造者

社会历史首先是物质生产发展的历史,是人民群众创造的历史。

（1）人民群众是社会物质财富的创造者。人民群众的实践是一切物质财富和精神财富的源泉。

（2）人民群众是社会精神财富的创造者。

（3）人民群众是社会变革的决定力量。

2. 群众观点和观众路线

（1）党的群众观点的基本内容是：相信人民群众自己解放自己；全心全意为人民服务；一切向人民群众负责；虚心向人民群众学习。

（2）群众路线是中国共产党根本的领导方法和工作方法。其基本内容是：一切为了群众，一切依靠群众，从群众中来，到群众中去。坚持群众路线，就要坚持人民是决定党和国家前途命运的根本力量；就要坚持全心全意为人民服务的根本宗旨；就要保持党同人民群众的血肉联系；就要真正让人民来评判各项工作。

三、价值与价值观

1. 人的价值

（1）哲学意义上的价值是指一事物对主体的积极意义，即一事物所具有的能够满足主体需要的积极功能和属性。

（2）人的价值在于创造价值，在于对社会的责任和贡献，即通过自己的活动满足社会、他人和自己的需要。人既是价值的创造者，又是价值的享受者。对一个人的价值的评价，归根到底是看他的贡献。

2. 价值观及其作用

（1）人们在认识各种具体事物的价值的基础上，形成对事物价值总的看法和根本观点，就是价值观。

（2）价值观的作用：

①价值观对人们认识世界的活动有重要的导向作用。价值观不同，人们对事物的认识和评价就不同。

②价值观对人们改造世界的活动有重要的导向作用。价值观不同，行为选择就不同。选择正确，才能在改造世界的活动中取得成功；选择错误，就会遭到失败。

③价值观是人生的重要向导。

四、价值判断与价值选择

1. 自觉遵循社会发展的客观规律

（1）人们的价值选择，是在价值判断的基础上作出的。

（2）要树立正确的价值观，作出正确的价值判断和价值选择，就必须坚持真理，遵循社会发展的客观规律，走历史的必由之路。

（3）价值判断和价值选择具有社会历史性。随着时间、地点、条件的变化，一定事物的价值及人们关于它的价值观念也会发生变化。

2. 自觉站在最广大人民的立场上

（1）人们的社会地位不同、需要不同，价值判断和价值选择就不同。在阶级社会，价值判断和价值选择具有阶级性。

（2）价值判断与价值选择，往往因人而异。

（3）人们站在不同的立场上，就会作出不同的价值判断和价值选择。

（4）要自觉站在最广大人民（最大多数人）的立场上，把人民群众的利益作为最高的价值标准。当个人利益同人民群众的利益发生冲突时，要自觉站在人民群众的立场进行选择；当个人利益与他人利益发生冲突时，要善于从不同角度思考，理解和尊重他人的正当选择。

五、价值的创造与实现

（1）**在劳动和奉献中创造价值。**劳动和奉献在为社会创造价值的同时，也促进了个人价值的实现。

（2）**要在个人与社会的统一中实现价值。**社会提供的客观条件是实现人生价值的基础和前提。

（3）**在砥砺自我中走向成功。**实现人生价值，需要充分发挥主观能动性，需要顽强拼搏、自强不息的精神；需要努力发展自己的才能，全面提高个人素质；需要有坚定的理想信念，需要正确价值观的指引。

经典例题

1. 坚持创新在我国现代化建设全局中的核心地位，把科技自立自强作为国家发展的战略支撑。从唯物辩证法角度来看，下列关于这句话说法正确的是（　　　）。

A. 科学技术是第一生产力，人才是第一资源

B. 内因是事物变化的根据，对事物的发展起决定作用

C. 实行自力更生的基本国策，摒弃一切外来技术和文化

D. 外因是事物变化的条件，能加速或延缓事物的发展

【答案】B。A项，题干没有说到人才，不符合题意。C项"摒弃一切外来技术和文化"表述错误，D项说外因，B项说内因，我们把科技自立自强作为国家的战略支撑，说的是内因对事物发展起决定作用。因此，本题答案为B项。

2. 新时代我国载人航天工程在突破交会对接等关键技术后，又实现了空间站在轨组装建造、太空实验室建设、载人航天等"三步走"的目标，其中蕴含的哲理是（　　　）。

A. 对科学规律的认识永无止境　　　　B. 可以创造规律为人类谋福利

C. 科学技术可以解决全部问题　　　　D. 可以借人工智能取代人类意识

【答案】A。A项符合题意，空间站不断发展，科学认识永无止境。B项，规律不能被创造，C项表述太绝对，D项表述错误，人工智能不能完全取代人类意识。因此，本题答案为A项。

3. 彩虹和风雨共存，机遇与挑战并存。这是亘古不变的辩证法则。我们要把握国内外大势，加强战略性、系统性、前瞻性研究谋划，善于"在危机中育新机，于变局中开新局"。请问，前述引文蕴含的哲理主要是（　　　）。

A. 量变和质变辩证关系　　　　　　　B. 矛盾的斗争性和同一性辩证关系

C. 矛盾的普遍性和特殊性辩证关系　　D. 矛盾的主要方面和次要方面辩证关系

【答案】B。题干中的机遇与挑战并存，"在危机中育新机，于变局中开新局"，体现的就是矛盾的对立统一关系，即矛盾的斗争性和同一性辩证关系。因此，本题答案为B项。

第三章 法　律

第一节　宪法

一、宪法的含义

宪法是确立公民权利保障和国家机构权限的国家根本法。

二、宪法的特征

宪法是国家的根本法；宪法是公民权利的保障书；宪法制定、修改程序具有特殊性。

三、国家基本制度

1. 国体与政体

国体：即国家性质——人民民主专政。

政体：即政权组织形式——人民代表大会制度。

2. 基本经济制度

公有制为主体、多种所有制经济共同发展	全民所有制（国有经济）	国民经济中的主导力量,国家保障国有经济的巩固和发展
	集体所有制（集体经济）	国家保护城乡集体经济组织的合法的权利和利益,鼓励、指导和帮助集体经济的发展
	非公有制经济	国家保护个体经济、私营经济等非公有制经济的合法的权利和利益。国家鼓励、支持和引导非公有制经济的发展,并对非公有制经济依法实行监督和管理
自然资源和土地所有制度	国家所有	矿藏、水流、海域、无线电频谱资源、城市的土地、国防资产。法律规定属于集体所有的土地和森林、山岭、草原、荒地、滩涂除外
	集体所有	农村和城市郊区的土地,除由法律规定属于国家所有的以外,属于集体所有;宅基地和自留地、自留山,属于集体所有

四、国家机构

1. 全国人民代表大会

性质和地位	全国人民代表大会是全国最高的权力机关
组成和任期	全国人民代表大会由省、自治区、直辖市、特别行政区和军队选出的代表组成。全国人民代表大会每届任期五年
重要职权	（1）修改宪法、监督宪法实施、修改港澳基本法； （2）制定和修改基本法律； （3）人事任免权。包括：①选举任免权，选举和罢免国家主席、副主席；中央军委主席；最高人民法院院长；最高人民检察院检察长；国家监察委员会主任。②决定权，根据国家主席的提名，决定国务院总理的人选；根据国务院总理的提名，决定国务院其他组成人员的人选；根据中央军委主席的提名，决定中央军委其他组成人员的人选； （4）重大事项决定权：①审查和批准国民经济和社会发展计划和计划执行情况的报告。②审查和批准国家的预算和预算执行情况的报告。③决定战争和和平的问题。④批准省、自治区和直辖市的建置，决定特别行政区的设立及其制度； （5）监督权。全国人大常委会、国务院、最高人民法院、最高人民检察院对其负责并报告，国家监察委员会、中央军委主席对其负责
人大代表的权利	人大代表主要享有审议权、表决权、提名权、选举权、提出议案权、质询权、提出罢免案权、提出建议、批评、意见权、言论免责权、人身特别保护权、物质保障权等

2. 全国人大常委会

性质和地位	全国人大常委会是全国人民代表大会的常设机关，在全国人民代表大会闭会期间行使最高国家权力的机关。全国人大常委会与全国人大是隶属关系
组成和任期	（1）全国人大常委会由委员长、副委员长若干人、秘书长、委员若干人组成。他们都由每届全国人大第一次会议主席团从代表中提出人选，常委会的组成人员不得担任国家行政机关、审判机关和检察机关的职务。 （2）全国人大常委会的任期与全国人大相同，即五年。委员长、副委员长连续任职不得超过两届
职权	（1）宪法和法律解释权； （2）重大事务决定权：①决定特赦；②决定全国或者个别省、自治区和直辖市进入紧急状态；③决定同外国缔结的条约和重要协定的批准和废除；④决定全国总动员或者局部动员等

3. 中华人民共和国主席

性质和地位	中华人民共和国主席是我国的国家元首，是我国国家机构的重要组成部分，对外代表中华人民共和国。不受"连选连任不得超过两届"限制
职权	（1）公布法律，发布命令； （2）宣布人事任免权：经全国人大或全国人大常委会正式确定人选后，由国家主席宣布其任职或免职。国家主席根据全国人大常委会的决定，派出或召回驻外大使； （3）外交权：国家主席对外代表国家，进行国事活动，接受外国使节；根据全国人大常委会的决定，派遣和召回驻外全权代表，批准或废除同外国缔结的条约和重要协定； （4）荣典权：根据全国人大常委会的决定，国家主席代表国家向那些对国家有重大功勋的人或单位授予荣誉奖章和光荣称号

4. 国务院

性质和定位	最高国家权力机关的执行机关,是最高国家行政机关
组成	总理、副总理、国务委员、各部部长,各委员会主任、审计长、秘书长。国务院实行总理负责制
职权	(1)立法权:国务院有权根据宪法和法律,规定行政措施,制定行政法规,发布行政决定和命令; (2)重大事项决定权:批准省、自治区、直辖市的区域划分;批准自治州、县、自治县、市的建置和区域划分;依照法律规定决定省、自治区、直辖市范围内部分地区的进入紧急状态。 注意:全国人大常委会决定全国或者个别省、自治区、直辖市进入紧急状态。

5. 监察委员会

性质	中华人民共和国各级监察委员会是国家的监察机关
组成	主任,副主任若干人,委员若干人
任期	五年。国家监察委员会主任连续任职不得超过两届
组织和职权	(1)监察机关上下级为领导与被领导的关系; (2)独立行使监察权,不受行政机关、社会团体和个人干涉; (3)监察机关办理职务违法和职务犯罪案件,应当与审判机关、检察机关、执法部门相互配合,相互制约

6. 最高人民法院和最高人民检察院

	最高人民法院	最高人民检察院
性质	审判机关	法律监督机关、检察机关
任期	最高人民法院院长任期为五年,连续任职不得超过两届	最高人民检察院检察长任期为五年,连续任职不超过两届
领导体制	上级人民法院监督下级法院的审判工作	双重领导体制:下级人民检察院在接受上级人民检察院领导的同时,还要向本级人民代表大会及其常委会负责

第二节 民 法

一、民法的概念

民法是调整平等主体(自然人、法人和非法人组织)之间的人身关系和财产关系的法律规范的总和。

二、民法的基本原则

（1）平等原则：法律地位一律平等；

（2）自愿原则（又称意思自治原则）：按照自己的意思设立、变更和终止民事法律关系；

（3）公平原则：合理确定各方的权利和义务；

（4）诚实信用原则；

（5）合法和公序良俗原则；

（6）绿色原则（节约资源、保护生态环境）。

三、民事主体

1. 自然人

（1）自然人民事权利能力

①自然人民事权利能力的概念：指法律确认的自然人依法享有权利和承担义务的资格。

②自然人民事权利能力的开始与终止：

自然人从出生时起到死亡时止，具有民事权利能力，依法享有民事权利，承担民事义务。

自然人的出生时间和死亡时间，以出生证明、死亡证明记载的时间为准；没有出生证明、死亡证明的，以户籍登记或者其他有效身份登记记载的时间为准。有其他证据足以推翻以上记载时间的，以该证据证明的时间为准。

涉及遗产继承、接受赠与等胎儿利益保护的，胎儿视为具有民事权利能力。但是胎儿娩出时为死体的，其民事权利能力自始不存在。

（2）自然人民事行为能力

①自然人民事行为能力的概念：指自然人能通过自己的行为取得民事权利和承担民事义务的资格。

②自然人民事行为能力的分类：

	年龄	辨认能力	实施民事法律行为的效力
无民事行为能力	$X < 8$	完全不能辨认自己行为的成年人	民事法律行为须法定代理人代理实施，否则无效
限制民事行为能力	$8 \leqslant X < 18$	不能完全辨认自己行为的成年人	1. 原则上：效力待定； 2. 有效：（1）实施纯获利的民事法律行为；（2）实施与其年龄、智力、精神状况相适应的民事法律行为；（3）事前经许可及事后追认的行为 3. 无效：实施的单方民事法律行为
完全民事行为能力	$X \geqslant 18$，且精神状况健康正常	完全能辨认自己行为的成年人	可独立实施有效的民事法律行为
	$X \geqslant 16$，且以自己的劳动收入为主要生活来源		

2. 宣告失踪和宣告死亡

条件	宣告失踪	宣告死亡
条件	（1）自然人下落不明满 2 年； （2）利害关系人向法院申请； （3）法院公告 3 个月	（1）一般情况：下落不明满 4 年 + 公告 1 年； （2）意外事故：下落不明满 2 年 + 公告 1 年； （3）意外事故下落不明经有关机关证明不可能生存：无需失踪期，公告期 3 个月
后果	（1）构成离婚的法定事由； （2）产生财产代管人	发生和自然死亡相同的效果（遗产发生继承、婚姻关系解除）
二者关系	宣告失踪不是宣告死亡的必经程序。对同一自然人，有的利害关系人申请宣告死亡，有的利害关系人申请宣告失踪，符合宣告死亡条件的，人民法院应当宣告死亡	
撤销	失踪人有权要求财产代管人及时移交有关财产并报告财产代管情况	（1）婚姻关系自撤销死亡宣告之日起自行恢复，但是其配偶再婚或者向婚姻登记机关书面声明不愿意恢复的除外； （2）被撤销死亡宣告的人有权请求继承人返还财产，无法返还原物的，应当给予补偿

3. 监护

（1）含义：指由一定的自然人或组织（监护人）对无民事行为能力人或限制民事行为能力人（被监护人）的人身、财产和其他合法权益进行监管、保护等法律制度。

（2）监护人的职责：监护人应当履行监护职责，保护被监护人的人身、财产及其他合法权益，除为被监护人的利益外，不得处理被监护人的财产；无民事行为能力人、限制行为能力人造成他人损害的，由监护人承担民事责任。

四、民事权利

1. 种类

财产权包括物权、债权、知识产权。

人身权包括人格权和身份权。

2. 物权

（1）概念：指权利人依法对特定的物享有直接支配和排他的权利，包括所有权、用益物权和担保物权。

（2）分类：

①所有权（自物权）：是所有人依法对自己财产所享有的占有、使用、收益和处分的权利。

②用益物权：指对他人之物所享有的占有、使用和收益的物权，包括建设用地使用权、土地承包经营权、宅基地使用权、地役权、居住权。

③担保物权：是以担保债权为目的，即以确保债务的履行为目的的物权。包括：

Ⅰ.抵押权：即债权人对于债务人或者第三人不转移占有而提供担保的财产，在债务人不履行债务时，依法享有的就担保财产变价并优先受偿的权利。（设定抵押之后，不需要转移财产的占有）

下列财产不得抵押：土地所有权；宅基地、自留地、自留山等集体所有土地使用权，但法律规定可以抵押的除外；学校、幼儿园、医疗机构等为公益目的成立的非营利法人的教育设施、医疗卫生设施和其他公益设施；所有权、使用权不明或者有争议的财产；依法被查封、扣押、监管的财产；法律、行政法规规定不得抵押的其他财产。

Ⅱ. 质押权：即为了担保债权的实现，债务人或者第三人将其动产或权利转移债权人占有，当债务人不履行债务时，债权人有就其占有的财产优先受偿的权利。

Ⅲ. 留置权：即债权人按照合同约定占有债务人的财产，在债务人逾期不履行债务时，有留置该财产，并就该财产优先受偿的权利。

3. 债权

（1）合同之债

①合同的效力：

效力	要件或情形	法律后果
有效	当事人有相应民事行为能力 意思表示真实 内容合法	（1）债务人按约定履行义务——合同消灭； （2）债务人不履行或不适当履行——承担违约责任
无效	无民事行为能力人实施的 恶意串通损害第三人利益的 行为人与相对人以虚假的意见表示实施的 违反公序良俗或强制性法律规定的	行为自始当然无效、无约束力
可撤销	欺诈 胁迫 重大误解 显失公平（乘人之危或趁人缺乏判断能力时）	一方当事人享有撤销权，申请撤销后行为才归于无效。撤销权的行使期间：一般情况下自行为人知道或应当知道撤销事由之日起1年；重大误解的90日；被胁迫订立的民事法律行为为自胁迫事由终止之日起1年
效力待定	限制行为能力人依法不能独立实施的行为 无权代理行为	真正权利人追认则合同有效，权利人拒绝则合同无效

②违约责任：

赔偿损失：《民法典》速递：第584条【损害赔偿范围】当事人一方不履行合同义务或者履行合同义务不符合约定，造成对方损失的，损失赔偿额应当相当于因违约所造成的损失，包括合同履行后可以获得的利益；但是，不得超过违约一方订立合同时预见到或者应当预见到的因违约可能造成的损失。

支付违约金：《民法典》速递：第585条【违约金】当事人可以约定一方违约时应当根据违约情况向对方支付一定数额的违约金，也可以约定因违约产生的损失赔偿额的计算方法。

约定的违约金低于造成的损失的，人民法院或者仲裁机构可以根据当事人的请求予以增加；约定的违约金过分高于造成的损失的，人民法院或者仲裁机构可以根据当事人的请求予以适当减少。

当事人就迟延履行约定违约金的，违约方支付违约金后，还应当履行债务。

适用定金罚则：《民法典》速递：第587条【定金罚则】债务人履行债务的，定金应当抵作价款或者收回。给付定金的一方不履行债务或者履行债务不符合约定，致使不能实现合同目的的，无权请求返还定金；收受定金的一方不履行债务或者履行债务不符合约定，致使不能实现合同目的的，应当双倍返还定金。

《民法典》速递：第588条【违约金与定金竞合时的责任】当事人既约定违约金，又约定定金的，一方违约时，对方可以选择适用违约金或者定金条款。

定金不足以弥补一方违约造成的损失的，对方可以请求赔偿超过定金数额的损失。

（2）侵权行为之债

侵权行为指行为人由于过错侵害他人的财产或者人身,依法应当承担民事责任的行为,以及依照法律特别规定应当承担民事责任的其他致人损害的行为。

（3）不当得利之债

不当得利指没有法律或合同根据取得利益而使他人受到损失的行为。

不当得利一经成立,当事人之间形成债的关系,受有损失的一方享有请求返还其利益的权利,获得利益的一方负有返还利益的义务。应予返还的利益,包括原物、原物所生的孳息以及利用原物所取得的其他利益。

（4）无因管理之债

无因管理指没有法定的或约定的义务,为避免他人利益受到损害而进行管理和服务的行为。

4. 知识产权

（1）含义:指民事主体对特定智力劳动成果依法享有的专有权利,具体包括著作权、专利权、商标权。

（2）特点:专有性、地域性、时间性。

（3）种类:

①著作权:指著作权人依法对其文学、艺术、科学等作品所享有的署名、发表、出版、获得报酬的权利。

②专利权:指专利权人对取得专利的发明创造依法享有的专有权。专利权包括发明、实用新型和外观设计。期限:发明 20 年、实用新型 10 年、外观设计 15 年。注意:保护期限自申请日起算,非授予之日。

③商标权:是商标所有人依法对自己的注册商标享有的专用权,又称商标专用权。保护期限:10 年。

5. 人身权

（1）概念:指法律赋予民事主体所享有的、与其人身不可分离而无直接财产内容的民事权利,是人身关系经法律调整后的结果。

（2）分类:

①人格权:生命权、身体健康权、姓名权、肖像权、名誉权、荣誉权、隐私权。增加:自然人的个人信息受法律保护。任何组织和个人不得非法收集、使用、加工、传输个人信息,不得非法买卖、提供或者公开个人信息。

②身份权:配偶权、亲属权。

五、家庭婚姻编

1. 结婚

（1）条件:①实质条件:男女双方完全自愿;必须达到法定婚龄,即男不得早于 22 周岁,女不得早于 20 周岁;符合一夫一妻制;直系血亲和三代以内旁系血亲不得结婚。②形式条件:男女双方必须亲自到婚姻登记机关进行结婚登记。

（2）无效婚姻:①未到法定婚龄;②重婚;③有禁止结婚的亲属关系。

（3）可撤销婚姻:①受胁迫:因胁迫结婚,请求撤销婚姻的,应当自胁迫行为终止之日起一年内提出。②重大疾病隐瞒:一方患有重大疾病,婚前不如实告知的,请求撤销婚姻,应当自知道或者应当知道撤销事由之日起一年内提出。

（4）夫妻财产关系:①约定财产制;②法定财产制:婚前归个人,婚后归共有。

下列财产归个人所有:一方的婚前财产;一方因受到人身损害获得的赔偿或者补偿;遗嘱或者赠与合

同中确定只归一方的财产；一方专用的生活用品；其他应当归一方的财产。

2.离婚

（1）协议离婚：夫妻双方自愿离婚的，应当签订书面离婚协议，并亲自到婚姻登记机关申请离婚登记。

【离婚冷静期】自婚姻登记机关收到离婚登记申请之日起三十日内，任何一方不愿意离婚的，可以向婚姻登记机关撤回离婚登记申请。

前款规定期限届满后三十日内，双方应当亲自到婚姻登记机关申请发给离婚证；未申请的，视为撤回离婚登记申请。

（2）诉讼离婚：指夫妻双方就是否离婚或者财产的分割、债务的分担、子女的抚养等问题无法达成一致的意见，由一方向人民法院起诉，人民法院经过审理后，通过调解或判决解除婚姻关系的一种离婚制度。

在诉讼离婚中，有两项特别规定：①现役军人的配偶要求离婚，须征得军人同意，但军人一方有重大过错的除外。②女方在怀孕期间、分娩后一年内或终止妊娠后六个月内，男方不得提出离婚。但是女方提出离婚的或人民法院认为确有必要受理男方离婚请求的除外。

（3）离婚时的财产分割：离婚时，夫妻的共同财产由双方协议处理；协议不成时，由人民法院根据财产的具体情况，照顾子女和女方权益的原则判决。

离婚时原为夫妻共同生活所欠下的债务，应当共同偿还。其共同财产不足清偿的，或财产约定归各自所有的，应协商如何清偿；协商不成的，由人民法院判决。

六、继承编

（1）法定继承：指继承人的范围、继承顺序和遗产分配原则均由法律直接规定的一种继承方式。

（2）法定继承人的范围和继承顺序

第一顺序：配偶、子女、父母；丧偶儿媳对公、婆，丧偶女婿对岳父母，尽了主要赡养义务的，作为第一顺序继承人。

第二顺序：兄弟姐妹、祖父母、外祖父母。

（3）遗嘱继承和遗赠：指按公民生前所立遗嘱处分其遗产的一种继承方式。其中，将遗产处分给法定继承人范围内的人所有的叫遗嘱继承，将遗产处分给国家、集体或法定继承人以外的人所有的叫遗赠。

（4）遗赠扶养协议：是公民与扶养人订立的，由遗赠人将自己的合法财产的一部分或全部在其死后转移给扶养人所有，而由扶养人承担遗赠人生养死葬义务的协议。

七、诉讼时效

一般时效期间：3年。自权利人知道或者应当知道权利受到损害以及义务人之日起计算。

特殊时效：因国际货物买卖合同和技术进出口合同争议提起诉讼或者申请仲裁的期限为4年，自当事人知道或者应当知道其权利受到侵害之日起计算；人寿保险的被保险人或者受益人向保险人请求给付保险金的诉讼时效期间为5年，自其知道或者应当知道保险事故发生之日起计算。

最长诉讼时效：20年；从权利被侵害之日起计算。

第三节 监察法

一、监察机关的设立

中华人民共和国国家监察委员会是最高监察机关。省、自治区、直辖市、自治州、县、自治县、市、市辖区设立监察委员会。其具体内容如表所示：

机构名称		具体内容
国家监察委员会	产生方式	国家监察委员会由全国人民代表大会产生，对全国人民代表大会及其常务委员会负责，并接受其监督
	组成和任期	由主任、副主任若干人、委员若干人组成，主任由全国人民代表大会选举，副主任、委员由国家监察委员会主任提请全国人民代表大会常务委员会任免。国家监察委员会主任每届任期同全国人民代表大会每届任期相同，连续任职不得超过两届
地方监察委员会	产生方式	地方各级监察委员会由本级人民代表大会产生，对本级人民代表大会及其常务委员会和上一级监察委员会负责，并接受其监督
	组成和任期	地方各级监察委员会由主任、副主任若干人、委员若干人组成，主任由本级人民代表大会选举，副主任、委员由监察委员会主任提请本级人民代表大会常务委员会任免。地方各级监察委员会主任每届任期同本级人民代表大会每届任期相同

二、监察范围

监察机关对下列公职人员和有关人员进行监察：

（1）中国共产党机关、人民代表大会及其常务委员会机关、人民政府、监察委员会、人民法院、人民检察院、中国人民政治协商会议各级委员会机关、民主党派机关和工商业联合会机关的公务员，以及参照《中华人民共和国公务员法》管理的人员。

（2）法律、法规授权或者受国家机关依法委托管理公共事务的组织中从事公务的人员。

（3）国有企业管理人员。

（4）公办的教育科研、文化、医疗卫生、体育等单位中从事管理的人员。

（5）基层群众性自治组织中从事管理的人员。

（6）其他依法履行公职的人员。

三、监察权限

为履行监察职权，监察委员会可以采取谈话、询问、讯问、留置、查询、冻结、搜查、调取、查封、扣押、勘验检查、鉴定等措施。其具体内容如表所示：

权限	具体内容
取证	监察机关行使监督、调查职权,有权依法向有关单位和个人了解情况,收集、调取证据。有关单位和个人应当如实提供
谈话	(1)对可能发生职务违法的监察对象,监察机关按照管理权限,可以直接或者委托有关机关、人员进行谈话,或者进行函询,要求说明情况。 (2)在调查过程中,对涉嫌职务违法的被调查人,监察机关可以进行谈话,要求其就涉嫌违法行为作出陈述,必要时向被调查人出具书面通知
强制	监察机关根据案件情况,经依法审批,可以强制涉嫌严重职务违法或者职务犯罪的被调查人到案接受调查
询问	在调查过程中,监察机关可以询问证人等人员
讯问	对涉嫌贪污贿赂、失职渎职等职务犯罪的被调查人,监察机关可以进行讯问,要求其如实供述涉嫌犯罪的情况
责令候查	被调查人涉嫌严重职务违法或者职务犯罪,并有下列情形之一的,经监察机关依法审批,可以对其采取责令候查措施: (1)不具有留置情形的; (2)符合留置条件,但患有严重疾病、生活不能自理的,系怀孕或者正在哺乳自己婴儿的妇女,或者生活不能自理的人的唯一扶养人; (3)案件尚未办结,但留置期限届满或者对被留置人员不需要继续采取留置措施的; (4)符合留置条件,但因为案件的特殊情况或者办理案件的需要,采取责令候查措施更为适宜的
留置	被调查人涉嫌贪污贿赂、失职渎职等严重职务违法或者职务犯罪,监察机关已经掌握其部分违法犯罪事实及证据,仍有重要问题需要进一步调查,并有下列情形之一的,经监察机关依法审批,可以将其留置在特定场所: (1)涉及案情重大、复杂的; (2)可能逃跑、自杀的; (3)可能串供或者伪造、隐匿、毁灭证据的; (4)可能有其他妨碍调查行为的
管护	对于未被留置的下列人员,监察机关发现存在逃跑、自杀等重大安全风险的,经依法审批,可以进行管护: (1)涉嫌严重职务违法或者职务犯罪的自动投案人员; (2)在接受谈话、函询、询问过程中,交代涉嫌严重职务违法或者职务犯罪问题的人员; (3)在接受讯问过程中,主动交代涉嫌重大职务犯罪问题的人员。 采取管护措施后,应当立即将被管护人员送留置场所,至迟不得超过二十四小时
查询、冻结	监察机关调查涉嫌贪污贿赂失职渎职等严重职务违法或者职务犯罪,根据工作需要,可以依照规定查询、冻结涉案单位和个人的存款汇款、债券股票、基金份额等财产。有关单位和个人应当配合
搜查	监察机关可以对涉嫌职务犯罪的被调查人以及可能隐藏被调查人或者犯罪证据的人的身体、物品、住处和其他有关地方进行搜查。在搜查时,应当出示搜查证,并有被搜查人或者其家属等见证人在场。搜查女性身体,应当由女性工作人员进行
调取、查封、扣押	监察机关在调查过程中,可以调取、查封、扣押用以证明被调查人涉嫌违法犯罪的财物、文件和电子数据等信息。采取调取、查封、扣押措施,应当收集原物原件,会同持有人或者保管人、见证人,当面逐一拍照、登记、编号,开列清单,由在场人员当场核对、签名,并将清单副本交财物、文件的持有人或者保管人

续表

权限	具体内容
勘验检查	监察机关在调查过程中,可以直接或者指派聘请具有专门知识、资格的人员在调查人员主持下进行勘验检查。必要时,监察机关可以进行调查实验。调查实验情况应当制作笔录,由参加实验的人员签名或者盖章
鉴定	监察机关在调查过程中,对于案件中的专门性问题,可以指派、聘请有专门知识的人进行鉴定。鉴定人进行鉴定后,应当出具鉴定意见,并且签名
技术调查	监察机关调查涉嫌重大贪污贿赂等职务犯罪,根据需要,可以采取技术调查措施
其他	(1)可以决定通缉,由公安机关发布通缉令,追捕归案; (2)限制出境等

经典例题

1. 根据我国宪法的有关规定,下列说法不正确的是( )。

A. 全国人民代表大会代表不得担任国家行政机关、监察机关、审判机关和检察机关的职务

B. 国家监察委员会领导地方各级监察委员会的工作,上级监察委员会领导下级监察委员会的工作

C. 最高人民法院监督地方各级人民法院和专门人民法院的审判工作,上级人民法院监督下级人民法院的审判工作

D. 最高人民检察院领导地方各级人民检察院和专门人民检察院的工作,上级人民检察院领导下级人民检察院的工作

【答案】A。根据《全国人民代表大会组织法》第23条规定,人大常委会的组成人员不得兼任行政机关、监察机关、审判机关和检察机关的职务。因此,本题答案为A项。

2. 我国《民法典》规定,下列有关自然人民事行为能力的判断错误的是( )。

A. 小张已经年满18周岁,是大学一年级学生,没有任何收入,但仍应被认为具有完全民事行为能力

B. 小李17周岁,但因家庭生活困难,已经在一家企业上班,以自己的工资收入作为主要生活来源,可以视为具有完全民事行为能力

C. 小钱10周岁,属于限制民事行为能力的人

D. 小金9周岁,属于完全无民事行为能力的人

【答案】D。依据《民法典》规定,未满八周岁的未成年人是无民事行为能力人,八周岁以上的未成年人属于限制民事行为能力人,年满十八周岁的自然人具有完全民事行为能力,年满十六周岁、不满十八周岁,以自己的劳动收入为主要生活来源的自然人视为完全民事行为能力人。D项中小金9周岁,大于八周岁且未满十八周岁,属于限制民事行为能力人,D项错误。因此,本题答案为D项。

3. 我国《民法典·婚姻家庭编》规定的夫妻财产制有夫妻共同财产制、夫妻约定财产制、夫妻个人特有财产制。下列选项能确定为夫妻共同财产的是( )。

A. 甲婚前继承父母的一套房屋,婚后甲乙共同居住使用

B. 甲婚前接受了父母为其购置的婚房一套

C. 甲、乙结婚时约定婚后财产分别所有,甲婚后所取得的工资

D. 甲婚前有个人存款20万元,婚后用于投资,当年取得收益的4万元

【答案】D。《民法典》第1062条【夫妻共同财产】夫妻在婚姻关系存续期间所得的下列财产,为夫妻的共同财产,归夫妻共同所有:(一)工资、奖金、劳务报酬;(二)生产、经营、投资的收益;(三)知识产权的收益;(四)继承或者受赠的财产,但是本法第1063条第3项规定的除外;(五)其他应当归共同所有的财产。因此,本题答案为D项。

4. 根据《中华人民共和国监察法》,监察机关不对(   )进行监察。

A. 法律、法规授权或者受国家机关依法委托管理公共事务的组织中从事公务的人员

B. 国有企业普通员工

C. 公办的教育科研、文化、医疗卫生、体育等单位中从事管理的人员

D. 基层群众性自治组织中从事管理的人员

【答案】B。《中华人民共和国监察法》第15条规定,"监察机关对下列公职人员和有关人员进行监察:(一)中国共产党机关、人民代表大会及其常务委员会机关、人民政府、监察委员会、人民法院、人民检察院、中国人民政治协商会议各级委员会机关、民主党派机关和工商业联合会机关的公务员,以及参照《中华人民共和国公务员法》管理的人……(三)国有企业管理人……"B项错误。因此,本题答案为B项。

5. 老王的儿子小王(13岁)跟老李的儿子小李(12岁)发生口角纠纷,小王将小李打伤。关于赔偿责任下列说法正确的是(   )。

A. 如果监护人老王尽了监护责任,则应当适当减轻他的民事责任

B. 监护人无过错,无须担责赔偿

C. 如果小王自己有财产,应先从小王的财产中支付赔偿费用

D. 监护责任是一种垫付行为,即老王为小王先垫付,等小王成年之后再偿还

【答案】C。根据《民法典》第1188条第1款规定:无民事行为能力人、限制民事行为能力人造成他人损害的,由监护人承担侵权责任。监护人尽到监护职责的,可以减轻其侵权责任。A项应该是"可以减轻"而不是"应当",错误。B项,监护人即便主观没有过错也要承担责任,B项错误。根据《民法典》第1188条第1款规定:有财产的无民事行为能力人、限制民事行为能力人造成他人损害的,从本人财产中支付赔偿费用;不足部分,由监护人赔偿。C项正确。从法律规定可以看出监护责任是一种替代责任,而非垫付责任,D项错误。因此,本题答案为C项。

6. 《民法典》对我国现行的、制定于不同时期的民事法律规范进行全面系统地编订纂修,以下法律规范不属于民法典范围的是(   )。

A. 物权法　　　　B. 婚姻法　　　　C. 公务员法　　　　D. 侵权责任法

【答案】C。编纂《民法典》是党的十八届四中全会提出的重大立法任务,是以习近平同志为核心的党中央作出的重大法治建设部署。编纂《民法典》,是对我国现行的、制定于不同时期的民法通则、物权法、合同法、担保法、婚姻法、收养法、继承法、侵权责任法和人格权方面的民事法律规范进行全面系统的编订纂修。《中华人民共和国民法典》共7编、1260条,各编依次为总则、物权、合同、人格权、婚姻家庭、继承、侵权责任,以及附则。因此,本题答案为C项。

7. 根据我国《监察法》的规定,关于监察权限,下列表述正确的是(　　)。

A. 对涉嫌贪污贿赂、失职渎职等职务犯罪的被调查人,监察机关可以进行讯问,要求其如实供述涉嫌犯罪的情况

B. 只有在有证据能够证明被调查人存在逃跑、自杀情形时,才能将其留置在监察机关内

C. 在调查过程中,监察机关应当先行冻结被调查人及其家庭成员的所有财产

D. 为了保障被调查人的人权,搜查被调查人身体时,均应当由女性工作人员进行

【答案】A。A 项正确,根据《监察法》第二十条:"在调查过程中,对涉嫌职务违法的被调查人,监察机关可以进行谈话,要求其就涉嫌违法行为作出陈述,必要时向被调查人出具书面通知。"B 项错误,根据《监察法》第二十四条:"被调查人涉嫌贪污贿赂、失职渎职等严重职务违法或者职务犯罪,监察机关已经掌握其部分违法犯罪事实及证据,仍有重要问题需要进一步调查,并有下列情形之一的,经监察机关依法审批,可以将其留置在特定场所:(一)涉及案情重大、复杂的;(二)可能逃跑、自杀的;(三)可能串供或者伪造、隐匿、毁灭证据的;(四)可能有其他妨碍调查行为的。对涉嫌行贿犯罪或者共同职务犯罪的涉案人员,监察机关可以依照前款规定采取留置措施。"C 项错误,根据《监察法》第二十六条规定:"监察机关调查涉嫌贪污贿赂、失职渎职等严重职务违法或者职务犯罪,根据工作需要,可以依照规定查询、冻结涉案单位和个人的存款、汇款、债券、股票、基金份额等财产。有关单位和个人应当配合。冻结的财产经查明与案件无关的,应当在查明后三日内解除冻结,予以退还。"D 项错误,根据《监察法》第二十七条:"搜查女性身体,应当由女性工作人员进行。"因此,本题答案为 A 项。

第四章　人文历史

第一节　传统节日

节日	时间	主要习俗	简要介绍
春节	正月初一	祭扫、除尘、贴春联、放鞭炮、守岁、拜年等	西汉时期汉武帝实施《太初历》，将农历正月定为一年的开始
元宵	正月十五	吃元宵、赏花灯、舞龙、舞狮子、猜灯谜、踩高跷、划旱船、放孔明灯、燃放灯火	又称"上元节""春灯节""小正月"等；佛教的仪式
龙抬头	二月初二	剃龙头、吃龙鳞	又称"青龙节""春龙节"
寒食	清明节前一或二日	禁止生火、吃冷食	亦称"禁烟节"或"冷节"
清明	公历4月4日或5日	扫墓、祭祖、踏青、插柳、放风筝等	传说起源于纪念晋国大夫介子推；二十四节气之一
端午	五月初五	吃粽子，赛龙舟，挂蒿草、艾叶、薰苍术、白芷，喝雄黄酒，佩香囊，挂荷包和拴五色丝线，驱五毒	纪念屈原，又称"端阳节""午日节""五月节""重午节"等
七夕	七月初七	乞巧（穿针乞巧、喜蛛应巧、对月穿针等）、拜织女、拜魁星等	起源于牛郎织女的故事，又称乞巧节、少女节、女儿节；中国情人节2006年列入第一批国家非物质文化遗产名录
中元	七月十五	祭祖	又称"亡人节""盂兰盆会""鬼节""施孤"等
中秋	八月十五	吃月饼、赏月、玩花灯，香港有舞火龙的习俗	又称"秋夕""八月节""月夕""月节""团圆节"等
重阳	九月初九	登高、插茱萸、赏菊花、饮菊花酒	又称"重九节""踏秋节"，唐代被正式定为民间的节日

第二节 传统思想

思想家	学派	著作、观点	理论成果
孔子	儒家创始人	《论语》 主张"礼""仁""中庸之道",创立私学	四书:《大学》《中庸》《论语》《孟子》 五经:《诗》《书》《礼》《易》《春秋》
孟子	儒家	《孟子》 主张性善论,"仁政"思想	宣扬剥削阶级和被剥削阶级永远存在的合理性
荀子	儒家	《荀子》 主张性恶论	朴素唯物主义,礼法并用
老子	道家创始人	《道德经》 主张"道"是天地万物的根源,无为而治、小国寡民的政治思想,"愚民政策"	朴素的辩证法思想
庄子	道家	《庄子》(《南华经》) 主张相对主义和绝对的精神自由,主张"天地合一""清静无为"	"鹏程万里""庖丁解牛""庄生迷蝶"等
墨子	墨家	十大主张:兼爱、非攻,尚贤、尚同,节用、节葬、非乐,尊天、事鬼、非命	代表封建社会小生产者的利益,对于古代科技、武器的发展有促进作用
韩非子	法家集大成者	《韩非子》 主张进化的历史观,主张"法术势"兼用的法治	提出加强中央集权、富国强兵等一系列政策
孙武、孙膑	兵家	孙武:《孙子兵法》 孙膑:《孙膑兵法》 主张谋攻	朴素唯物论、辩证法思想
公孙龙	名家	《公孙龙子》	逻辑学
吕不韦	杂家	《吕氏春秋》 集合众说,兼收并蓄	"兼儒墨、合名法"

第三节 古代文学

时期分类	代表人物 / 作品	核心考点
先秦文学	《诗经》	我国第一部诗歌总集,其体例按音乐性质的不同划分为风、雅、颂三类,艺术表现手法为赋、比、兴
	《楚辞》	我国第一部浪漫主义诗歌总集,收录了屈原、宋玉等人的辞赋,包括屈原创作的《离骚》《九歌》《九章》《天问》等作品
两汉文学	《史记》	作者司马迁,字子长。《史记》包括十二本纪、三十世家、七十列传、十表、八书。语言艺术历来受到人们的推崇,被尊为典范,代表了骈文出现以前所谓"古文"的最高成就

续表

时期分类	代表人物/作品	核心考点
唐诗	李白、杜甫	李白有"诗仙"之称,代表作有《蜀道难》《将进酒》《黄鹤楼送孟浩然之广陵》等,有《李太白集》传世。李白诗歌创作带有强烈的主观色彩,侧重抒写豪迈气概和激昂情怀;语言风格自然、飘逸,具有清新明快的特点。杜甫的诗歌被后人评价为"诗史",代表作有"三吏"(《石壕吏》《新安吏》《潼关吏》),"三别"(《新婚别》《无家别》《垂老别》)
宋词	李清照、秦观、苏轼、辛弃疾	宋代是词创作的黄金时期,大体上呈现为两大流派:婉约派和豪放派
元曲	元曲四大家(关汉卿、马致远、郑光祖、白朴)	元杂剧中颇为有名的有四大悲剧(《窦娥冤》《梧桐雨》《赵氏孤儿》《汉宫秋》)和四大爱情剧(《西厢记》《墙头马上》《拜月亭》《倩女离魂》)
明清小说	四大名著(《三国演义》《水浒传》《西游记》《红楼梦》)	明代文人创作的小说主要有白话短篇小说和长篇小说。长篇小说的代表作有"四大奇书"《三国演义》《水浒传》《西游记》《金瓶梅》;短篇白话小说的代表作有"三言""二拍"。清代阶级矛盾、民族矛盾和思想文化的斗争,给小说创作以深刻影响。其中《聊斋志异》《红楼梦》分别把文言小说和白话小说的创作推向了顶峰

第四节 书法艺术

一、汉字发展

分类	简要介绍
甲骨文	殷商时代写在龟甲和兽骨上的占卜文字,最早出土于河南安阳(殷墟)
金文	商、周时期刻铸在钟、鼎及其他青铜器上的铭文,又称"钟鼎文"
大篆	春秋战国到秦时通行的字体,包括"籀文"和"石鼓文"
小篆	秦朝李斯统一文字为小篆,著名的秦代石刻有《泰山刻石》《会稽刻石》
隶书	由小篆演变而来,产生于秦,通行于汉,为后世楷书、草书、行书的产生和演变奠定了基础,讲究蚕头燕尾
草书	直接从隶书演变而来,汉初始有草书,特点是结构简省、笔画连绵
楷书	又称正书或真书,出现于汉末,魏晋南北朝时期通行,特点是横平竖直
行书	形成于两晋,是介于楷书、草书之间的一种字体

二、书法名家名作

时期	代表人物	类别	主要成就
秦	李斯	小篆	《泰山刻石》《会稽刻石》等
东汉	张芝	章草	有"草圣"之称
	蔡邕	隶书	创"飞白书",著有《熹平石经》

续表

时期	代表人物	类别	主要成就
魏	钟繇	楷书	创楷书,著有《宣示表》《荐季直表》
东晋	王羲之	行书、草书	"书圣",著有《兰亭序》《快雪时晴帖》《黄庭经》等,其中《兰亭序》被称为"天下第一行书"
东晋	王献之	行书、草书	"小圣",著有《洛神赋十三行》《中秋帖》《淳化阁帖》
隋	智永	工草书	《真书千字文》,典故"退笔成冢"
唐	欧阳询	楷书	欧体严谨刚劲,著有《九成宫醴泉铭》《化度寺碑》
唐	虞世南	楷书	《孔子庙堂碑》
唐	褚遂良	楷书	《雁塔圣教序》
唐	颜真卿	楷书、行书	楷书又称为"颜体",端庄雄伟,颜真卿著有《多宝塔碑》《颜勤礼碑》,其行书《祭侄稿》被称为"天下第二行书"
唐	柳公权	楷书	柳体风骨(颜筋柳骨),人称"柳字一字值千金",著有《玄秘塔碑》《冯宿碑》《神策军碑》
唐	张旭	草书	"草圣",著有《古诗四帖》
唐	怀素	狂草	"颠张醉素",著有《自叙帖》《苦笋帖》
北宋	蔡襄	楷书、行书、草书	《自书诗帖》
北宋	苏轼	楷书、行书	著有《赤壁赋》《后赤壁赋》《黄州寒食帖》,其中《黄州寒食帖》被称为"天下第三行书"
北宋	赵佶	楷书	即宋徽宗,创瘦金体,擅长花鸟画
北宋	黄庭坚	草书、行书	《诸上座帖》《经伏波神祠诗》
北宋	米芾	诸体皆工	《苕溪诗卷》《蜀素帖》《珊瑚帖》
元	赵孟頫	楷书	"元人冠冕",赵体柔媚,书法著有《洛神赋》等

三、中国绘画艺术

时期	简要介绍
春秋战国	绘画已成为一种独立的艺术,长沙楚墓出土的《妇女凤鸟图》《御龙图》是现存最古老的帛画
两汉	汉代壁画和帛画成就较高。长沙马王堆汉墓出土的彩色帛画,是汉代艺术珍品
魏晋南北朝	带有宗教色彩,以人物画为主,如东晋顾恺之《洛神赋图》《女史箴图》
隋	展子虔《游春图》
唐	阎立本《步辇图》《历代帝王图》,吴道子《八十七神仙卷》,周昉《簪花仕女图》
五代	董源《潇湘图》《夏景山口待渡图》
宋	宋徽宗赵佶代表作《瑞鹤图》《芙蓉锦鸡图》,张择端《清明上河图》,范宽《溪山行旅图》《雪景寒林图》
元	元四家(黄公望、王蒙、倪瓒、吴镇);赵孟頫《秋郊饮马图》;黄公望《富春山居图》,是中国十大传世名画之一
明	明四家(沈周、唐寅、文徵明、仇英)
清	清初四僧(石涛、朱耷、髡残和弘仁);郑板桥代表作《兰石图》《竹石图》

第五节　戏曲艺术

一、京剧

中国京剧、中国画、中国医学,被世人称为"中国的三大国粹"。京剧也称"皮黄",由"西皮"和"二黄"两种基本腔调组成其音乐素材,用胡琴和锣鼓等伴奏。京剧形成于清朝时期的北京,盛行于20世纪三四十年代,已有200年左右历史。它的表演艺术趋于虚实结合的表现手法,最大限度地超脱了舞台空间和时间的限制,以达到"以形传神,形神兼备"的艺术境界。经典剧目有《智取威虎山》《贵妃醉酒》《霸王别姬》等。

京剧的前身是徽剧,清代乾隆五十五年(1790年)起,为给乾隆祝寿,原在南方演出的三庆、四喜、春台、和春四大徽班陆续进入北京,他们与来自湖北的汉调艺人合作,同时又接受了昆曲、秦腔的部分剧目、曲调和表演方法,吸收了一些地方民间曲调,通过不断地交流、融合,最终形成京剧。京剧形成后在清朝宫廷内开始快速发展,直至民国达到空前繁荣。

京剧表演的四种艺术手法有:唱、念、做、打,也是京剧表演四项基本功。唱,指歌唱;念,指具有音乐性的念白;做,指舞蹈化的形体动作;打,指武打和翻跌的技艺。唱与念相辅相成,构成歌舞化的京剧表演艺术两大要素之一的"歌";做与打相互结合,构成歌舞化的京剧表演艺术两大要素之一的"舞"。

<table>
<tr><td rowspan="9">四行当</td><td>生</td><td colspan="2">除了花脸以及丑角以外的男性正面角色的统称,分老生、武生、小生</td></tr>
<tr><td>旦</td><td colspan="2">旦是女性正面角色的统称,分青衣、花衫、花旦、刀马旦、武旦、彩旦、老旦
四大名旦:梅兰芳、荀慧生、程砚秋、尚小云</td></tr>
<tr><td>丑</td><td colspan="2">扮演喜剧角色,因在鼻梁上抹一小块白粉,俗称小花脸;分文丑(分方巾丑、袍带丑、老丑、荣衣丑,并兼演彩旦、婆子)、武丑(又称开口跳)等</td></tr>
<tr><td rowspan="5">净</td><td colspan="2">俗称花脸,大多是扮演性格、品质或相貌上有些特异的男性人物,化妆用脸谱,音色洪亮,风格粗犷。"净"又分为以唱功为主的大花脸,分正净(重唱功,称铜锤、黑头)、架子花(重工架)、武二花、摔打花、油花(一称毛净)</td></tr>
<tr><td>红脸:褒义,表示忠义、耿直、有血性。代表人物:关羽</td><td>白脸:贬义,表示奸诈多疑,代表凶诈。代表人物:曹操、赵高</td></tr>
<tr><td>黑脸:中性,表示严肃、不苟言笑,代表猛智。代表人物:张飞、包拯</td><td>黄脸,表示凶猛。代表人物:典韦</td></tr>
<tr><td>蓝脸和绿脸:中性,草莽英雄。代表人物:程咬金、窦尔敦</td><td>金脸和银脸:表示神秘,代表妖神一类。代表人物:孙悟空</td></tr>
</table>

二、现代地方戏

名称	时间	代表作
评剧	发源于河北唐山,前身为"莲花落"	《秦香莲》《刘巧儿》
越剧	发源于浙江绍兴地区	《红楼梦》《梁山伯与祝英台》

续表

名称	时间	代表作
豫剧	又称河南梆子	《穆桂英挂帅》《花木兰》《朝阳沟》
黄梅戏	安徽,起源于湖北黄梅采茶歌	《天仙配》《女驸马》《牛郎织女》
吕剧	起源于山东	《白蛇传》《李二嫂改嫁》
昆曲	发源于苏州昆山	人类口述和非物质遗产代表作《牡丹亭》
花鼓戏	常特指湖南花鼓戏,湖北、江西等地亦有同名剧种	《打铜锣》《补锅》《刘海砍樵》

第六节　古代医学

一、医学名人名著

名称	时间	简要介绍
扁鹊	战国	扁鹊(秦越人)是走方郎中的鼻祖,他总结出望、闻、问、切四诊法,被医家奉为"脉学之宗"
《黄帝内经》	战国问世 西汉编定	我国现存较早的医书,奠定了中医学的理论基础
《神农本草经》	东汉	是我国第一部完整的药物学著作
张仲景	东汉	著《伤寒杂病论》,全面阐述了中医理论和治病原则,奠定了中医治疗学的基础。后世称他为"医圣"
华佗	东汉	华佗擅长外科,被后世称为外科鼻祖;他研制的麻醉剂"麻沸散"比西方早1600多年,被人誉为"神医"
元丹贡布	唐朝	吐蕃名医,所著《四部医典》在国内外有重要影响
《唐本草》	唐朝	世界上最早的由国家编定和颁布的药典,比欧洲早800多年
孙思邈	唐朝	所著《千金方》系统地总结了唐朝以前的医学和药物学知识;孙思邈被称为"药王"
李时珍	明朝	《本草纲目》系统总结了我国16世纪以前的药物学,被誉为"东方药物巨典"

第七节　古代选官制度

一、演变历程

时间	夏朝到春秋	汉朝	魏晋南北朝	隋唐至明清
制度	世官制	察举制、征辟制	九品中正制	科举制
办法	主要依据血缘、爵位世袭	分地方察举和皇帝征召,选官以孝、廉为主要标准	以人才优劣等级为标准	通过分科考试选拔人才

续表

时间	夏朝到春秋	汉朝	魏晋南北朝	隋唐至明清
原因	中央力量有限,地方贵族力量强大	国家统一,社会相对稳定,平民阶层兴起,汉武帝重视儒学	国家分裂,政权并立,士族势力强大	士族衰落,庶族地主力量壮大,适应加强中央集权需要
特点	官职和爵位通过血缘传承;官员选拔被限定在贵族范围内	在考选对象、内容、方式和程序上具有封闭性	由品评官评定人才优劣,仕途被世家大族垄断	择优录取,把读书、考试与做官联系起来
影响	以国王为中心的家国一体模式随之建立起来	有利于形成尊重人才、尊重知识的社会风气,促进教育的发展	在评定人才的过程中,才德标准逐渐被忽视,形成了"上品无寒门,下品无势族"的局面	打破了世家大族对官职的垄断,扩大了封建统治的政权基础,提高了官员的文化素质

二、科举制度的变化

	隋朝	最早起源于隋朝。隋文帝废除九品中正制,隋炀帝始设进士科,标志着科举制的正式诞生
科举制	唐朝	唐朝承袭了隋朝传下来的人才选拔制度,并做了进一步的完善。唐太宗、武则天、唐玄宗是完善科举制的关键人物
	宋朝	宋朝科举基本沿袭唐制,但在考试内容上也作了较大的改革。宋朝的科考分为三级:解试(州试)、省试(由礼部举行)和殿试。从宋朝开始,科举开始实行糊名和誊录,并建立了防止徇私的新制度
	元朝	元朝的科举制度基本沿袭宋朝
	明清	明清时期正式科举考试分为乡试、会试、殿试三级,科举考试在明朝达到鼎盛时期,清朝开始走向衰落。1905年正式取消科举制度开始建立新式教育体制

第八节　中国近代史

一、第一次鸦片战争(1840—1842年)

1. 时间
1840年6月—1842年8月。

2. 结果
失败,清政府被迫签订不平等条约。

条约	时间	签约国家	影响
《南京条约》	1842年	中英	英、美、法三国从中国获得协议关税、领事裁判权、片面最惠国待遇以及通商口岸传教权等
《虎门条约》	1843年	中英	
《望厦条约》	1844年	中美	
《黄埔条约》	1844年	中法	

一股向西方学习的新思潮萌发。林则徐组织编译《四洲志》，是近代睁眼看世界第一人；魏源《海国图志》中提出"师夷长技以制夷"；徐继畬《瀛寰志略》是近代中国第一部世界地理著作。

二、第二次鸦片战争（1856—1860 年）

1856 年英、法两国发动第二次鸦片战争，美、俄以调停人面目出现。1858 年，清政府被迫分别与英、法签订《天津条约》，1860 年英法联军攻陷天津、北京，火烧圆明园，迫使清政府签订《北京条约》。

条约	时间	签约国家	影响
《天津条约》	1858 年	中英、中法	英法获得割地、赔款、开放通商口岸以及内河航行权等权益；鸦片以"洋药"名义纳税进口，实现鸦片贸易合法化
《北京条约》	1860 年	中英、中法	
《北京条约》	1860 年	中俄	俄国抢占黑龙江以北、乌苏里江以东 100 余万平方千米的中国土地，还把俄方提出的边界走向强加给中国，为此后大规模侵占中国领土制造根据
《瑷珲条约》	1858 年	中俄	

三、太平天国运动

1. 过程（1851—1864 年）

1851 年 1 月 11 日，金田起义。1853 年占领南京，改名天京，定为都城。1856 年天京事变爆发，太平天国运动由盛转衰。1864 年，天京陷落，太平天国运动失败。

2. 颁布纲领

（1）前期颁布《天朝田亩制度》，提出了"有田同耕，有饭同食，有衣同穿，有钱同使"的主张，否定了封建地主土地所有制，反映农民追求社会财富平均的理想。

（2）后期颁布《资政新篇》，提出了新的社会经济政策，试图回答农民革命应当向何处去的问题。

四、洋务运动

1. 背景

内有太平天国运动；外有英法联军发动第二次鸦片战争（内忧外患）。

2. 目的

学习西方先进技术，挽救国家颓势。

3. 代表

奕䜣、曾国藩、李鸿章、左宗棠、张之洞等。

4. 内容

（1）为了自强，创办近代军事工业（官办企业），例如江南机器制造总局、福州船政局、天津机器局。

（2）为了求富，创办近代民用企业（官督商办），例如上海轮船招商局、上海机器织布局、开平煤矿等。

（3）兴办新式教育，创办培养翻译和军事人才的学校。

（4）建成了以北洋舰队为代表的新式海军。

5. 结局

随着甲午中日战争的失败而破产。洋务派希望洋务新政可以保障国家安全，抵抗外敌侵略的目的未能达到。

五、戊戌变法

1. 历史背景

《马关条约》签订，民族危机加深，维新思想兴起。康有为撰写的《新学伪经考》和《孔子改制考》为变法维新提供了理论依据。

2. "百日维新"

（1）时间：1898年6月11日—9月21日。

（2）标志：光绪帝在维新派推动下，颁布"明定国是"诏书。

（3）内容：光绪帝先后发布上百道变法诏令，涉及政治、经济、军事、文化、教育等方面除旧布新的举措，史称"百日维新"。

3. 结果

9月21日，慈禧太后发动政变，变法失败。"戊戌六君子"被杀于北京菜市口。变法期间的改革措施，除京师大学堂得以保留外，其余均被废止。

六、义和团运动

1. 历史背景

（1）《马关条约》签订后，西方列强掀起了瓜分中国的狂潮，民族危机日益加剧。

（2）西方势力深入中国城市、乡村后引发了一系列冲突。

（3）德国强占胶州湾，进一步刺激了山东民众。

2. 口号

义和团运动的口号是"扶清灭洋"。

3. 结果

义和团运动在中外势力联合镇压下，惨遭失败。

七、辛亥革命

1. 革命的准备

1894年，孙中山领导建立了资产阶级革命团体兴中会。1905年，孙中山与黄兴在日本东京创建全国性的资产阶级革命政党中国同盟会。孙中山提出"驱除鞑虏，恢复中华，创立民国，平均地权"作为同盟会纲领。

2. 概况

（1）武昌起义：1911年10月10日，新军工程营打响了武昌起义的第一枪，攻占了武汉。成立湖北军政府，推黎元洪为都督。

（2）中华民国成立：1912年1月1日，中华民国临时政府在南京成立，孙中山任临时大总统。新的共和政体诞生。

（3）《中华民国临时约法》颁布。

（4）革命结果：

①清帝退位：1912年2月，宣统帝下诏退位，清王朝统治宣告结束。

②革命果实被窃：1912年3月，袁世凯在北京正式就任中华民国第二任临时大总统，标志着北洋军阀

统治的开始。

八、新文化运动的开展

1. 开始标志

1915年9月陈独秀创办《青年杂志》。

2. 概况

（1）主要阵地：北京大学和《新青年》杂志；

（2）代表人物：蔡元培、陈独秀、胡适、李大钊、鲁迅、钱玄同等。

3. 主要内容

（1）拥护"德先生"，反对孔教、礼法、贞节、旧伦理、旧政治；

（2）拥护"赛先生"，反对旧艺术、旧宗教；

（3）要拥护"德先生"又要拥护"赛先生"，反对国粹和旧文学；

（4）一场文学革命：1917年，胡适在《新青年》发表《文学改良刍议》一文，主张以白话文作为新文学的语言。

九、五四运动

1. 导火索

巴黎和会中国外交的失败是五四运动的导火索。

2. 过程

五四运动爆发于1919年5月4日，中心在北京，学生是主力军，以"还我青岛""取消二十一条"为口号。6月5日开始，爱国运动发展到一个新阶段。上海出现大规模的工人罢工和商人罢市，标志着中国工人阶级登上政治舞台。

3. 结果

五四运动迫使北洋政府释放了被捕学生。参加巴黎和会的中国代表也拒绝在和约上签字。

经典例题

1. 下列诗句与所代表的节日对应错误的是（   ）。

A. 月色灯山满帝都，香车宝盖隘通衢。——元宵节

B. 春城无处不飞花，寒食东风御柳斜。——清明节

C. 彩线轻缠红玉臂，小符斜挂绿云鬟。——端午节

D. 他乡共酌金花酒，万里同悲鸿雁天。——中秋节

【答案】D。A项描写的是元宵节帝王之都，到处月光如水，花灯如山，装饰华丽的香艳的马车堵塞了宽敞大道，对应正确；B项描写的是春日长安城花开柳拂的景色。这是寒食节京城的白天景色。寒食节是清明节的前一天，伴随着岁月的流逝，寒食节静静地融入了清明节，对应正确；C项指古代端午时节习俗活动，对应正确；D项描写身在别人的家乡我们一起喝下这菊花酒，我们离家万里，望着大雁飞过的天空，心中有着一样的悲伤，指重阳节习俗，对应错误。因此，本题答案为D项。

2.“国无常强,无常弱。奉法者强则国强,奉法者弱则国弱。”这句话的大意是国家不会永远富强或贫弱,执行法度的人坚决,国家就会富强;执行法度的人软弱,国家就会变弱。请问,这句话出自哪里?(　　)

A.《老子》　　　　B.《商君书》　　　　C.《韩非子》　　　　D.《荀子》

【答案】C。“国无常强,无常弱。奉法者强则国强,奉法者弱则国弱”出自《韩非子·有度》,通过题干对这句话的解释,我们可以看到是诸子百家中法家的思想,而法家思想的主要内容就是提出加强中央集权、富国强兵的一系列政策。因此,本题答案为C项。

3.我国是一个富有诗情的国度,从古至今许多文人墨客都不吝文笔,给“雪”冠以不少美名。下列诗句所描写的内容与雪无关的是(　　)。

A. 玉花飞半夜,翠浪舞明年。　　　　　　B. 闲招好客斟香蚁,闷对琼华咏散盐。

C. 忽如一夜春风来,千树万树梨花开。　　D. 新年鸟声千种啭,二月杨花满路飞。

【答案】D。A项描述的是雪花在半夜飘然遗落,禾苗随风起伏,预示着明年的好收成。B项诗中将雪花比作琼华如盐一样雪白。C项将雪花比作梨花,将白雪皑皑的景象比作漫山遍野的梨花盛开。D项对于柳絮的吟咏,并没有体现雪花。因此,本题答案为D项。

4.下列哪一个成语不可以用来形容书法?(　　)

A. 颜筋柳骨　　　B. 丁真永草　　　C. 郊寒岛瘦　　　D. 胡肥钟瘦

【答案】C。A项,“颜”指颜真卿,“柳”指柳公权。颜筋柳骨指颜柳两家书法挺劲有力,但风格有所不同,排除;B项,丁真永草,是一个成语,用为赞人书法之辞,排除;C项,郊寒岛瘦原本是指孟郊、贾岛简啬孤峭的诗歌风格,后用以形容诗文类似的意境,出自宋·苏轼《祭柳子玉文》,不是用来形容书法的,当选;D项,胡肥钟瘦,成语,形容书法各擅其美。胡:三国时的胡昭;钟:三国时的钟繇。胡昭的字体肥,钟繇的字体瘦,排除。因此,本题答案为C项。

5.央视《国家宝藏》第一件藏品让我们看到了北宋的青山绿水,这一幅画作是(　　)。

A.千里江山图　　　　　　　　　B.八骏图

C.清明上河图　　　　　　　　　D.富春山居图

【答案】A。《国家宝藏》开篇首宝,就是来自18岁天才少年王希孟的《千里江山图》,也是他的“千古绝唱”。B项的《八骏图》是近代画家徐悲鸿所创作的一幅画。C项的《清明上河图》,是中国十大传世名画之一。D项的《富春山居图》是元代画家黄公望创作的纸本绘画,也是中国十大传世名画之一。因此,本题答案为A项。

6.(　　)是我国最古老的戏种之一,源于唐,成于宋,盛于明清,被誉为宋元南戏的“活化石”。

A.莆仙戏　　　B.南戏　　　C.歌仔戏　　　D.高甲戏

【答案】A。莆仙戏是我国最古老的剧种之一,源于唐,成于宋,盛于明清,被誉为宋元南戏的“活化石”。莆仙戏,因形成于兴化地区(今莆田、仙游),用兴化方言演唱,故俗称“兴化戏”,A项正确。南戏是中国北宋末至元末明初,即12—14世纪200年间在中国南方地区兴起的地方戏曲剧种,是中国戏剧的最早成熟形式之一。歌仔戏是福建及台湾的地方传统戏曲之一,起源迄今约有百余年历史。高甲戏又名"戈甲戏""九角戏""大班""土班",发祥地为福建泉州,最初源于明末清初闽南农村流行的一种装扮梁山英雄、表演武打技术的化装游行,是闽南诸剧种中流播区域最广、观众面最多的一个地方戏曲剧种。因此,本题答案为A项。

7. 在中国古代,一支从长安出发的和平使团,开始打通东方通往西方的道路,完成了"凿空之旅",这就是著名的(　　　)。

A. 张骞出使西域　　　　　　　　B. 王昭君出塞和亲

C. 郑和七下西洋　　　　　　　　D. 唐玄奘西天取经

【答案】A。习近平总书记在"一带一路"国际合作高峰论坛开幕式上的演讲指出,"公元前140多年的中国汉代,一支从长安出发的和平使团,开始打通东方通往西方的道路,完成了'凿空之旅',这就是著名的张骞出使西域"。A项正确。王昭君出塞和亲是指汉元帝时期,匈奴呼韩邪单于入朝求和亲,王昭君自请嫁与匈奴。B项错误。郑和下西洋是指明朝初年,郑和在朝廷的授意下,率领船队远航西洋。C项错误。唐玄奘西天取经是指唐太宗贞观三年(公元629年),玄奘经凉州出玉门关西行赴天竺,在那烂陀寺从戒贤受学。D项错误。因此,本题答案为A项。

8. 近代中国主张或赞同学习西方先进科学技术的人物有(　　　)。

①魏源　　②李鸿章　　③严复　　④陈独秀

A. ①②③　　　　B. ①②④　　　　C. ①③④　　　　D. ②③④

【答案】A。魏源与林则徐并称为"开眼看世界第一人",著《海国图志》,书中的西方先进科学技术知识首次在华传播。李鸿章,他是洋务派的代表人物,洋务派提倡西学中用。严复批判封建专制,要求建立民主政治,要求学习西方先进科学技术,1879年严复回国任北洋水师学堂总教习。到了陈独秀的时代,"学习西方先进科学技术"已经普及了。故不选。因此,本题答案为A项。

第五章　地理

第一节　中国地理

一、我国的地势

我国地势西高东低,呈三级阶梯状分布,具体如下:

一级阶梯	青藏高原,位于昆仑山、祁连山之南,横断山脉以西,喜马拉雅山以北,平均海拔 4000 米以上
二级阶梯	内蒙古高原,黄土高原,云贵高原,准噶尔盆地,四川盆地,塔里木盆地,平均海拔在 1000 ～ 2000 米之间
三级阶梯	东北平原,华北平原,长江中下游平原,东南丘陵,海拔多在 500 米以下

二、四大高原

青藏高原	世界屋脊,地球第三极	水能、地热资源丰富;我国太阳能最丰富的地区;冰川广布;物产:冬虫夏草、酥油茶、牦牛肉、青稞酒;世界第二大淡水库
内蒙古高原	中国第二大高原	气候干燥,地势平坦,戈壁、沙漠、草原广布,古称"瀚海""塞上江南",河套平原
黄土高原	世界最大的黄土堆积区	降水集中,植被稀疏,沟壑纵横,水土流失严重;易发泥石流灾害、旱涝灾害;典型地貌:塬、梁、峁、川
云贵高原	中国第四大高原	气候垂直差异明显;多发泥石流灾害、洪涝灾害;典型地貌:山原、盆地(坝子)、峡谷;喀斯特地貌,石林景观,地下暗河,梯田景观

三、四大盆地

塔里木盆地	世界第一大内陆盆地	塔里木河是中国最长的内流河;多风蚀雅丹地貌;发现高产油田;光照条件好,热量丰富,盛产优质棉、瓜果
准噶尔盆地	中国第二大盆地,"塞北江南"	额尔齐斯河是我国唯一注入北冰洋的外流河;风蚀地貌,魔鬼城;克拉玛依油田位于盆地西部;降水较多,农牧业发达
柴达木盆地	世界地势最高盆地	富含盐、石油以及铅锌矿等金属矿藏
四川盆地	紫色盆地	盆地西北部为成都平原,有"天府之国"之称

四、三大平原

东北平原	又称松辽平原,由三江平原、辽河平原、松嫩平原三部分组成,是中国最大的平原。新中国成立后"北大荒"变"北大仓";著名资源有:黑土地、粮食、石油(大庆油田,辽河油田,吉林油田)。东北平原是我国主要的粮食基地之一,是世界著名的玉米带,是丹顶鹤的繁殖地之一,黑龙江齐齐哈尔扎龙自然保护区有"丹顶鹤之乡"之称
华北平原	是中国第二大平原,矿产资源丰富,有煤、石油、铁矿等,有丰富的海盐;长芦盐场是我国海盐产量最大的盐场
长江中下游平原	河网纵横,湖泊众多,称为"水乡泽国";富含有色金属矿藏,煤、铁等资源较多;盛产稻米、小麦、棉花等

五、中国的河流

长江	世界第三长河,亚洲第一大河,发源于青藏高原
	流经青、川、藏、滇、渝、鄂、湘、赣、皖、苏、沪11个省级行政区,注入东海
	流域面积最大的支流是嘉陵江;支流汉江上的丹江口水库为南水北调中线的水源地,三峡电站是世界上最大的水电站,是世界上航运最繁忙的河流
黄河	亚洲第二长河,发源于青藏高原
	流经青、川、甘、宁、内蒙古、陕、晋、豫、鲁9个省级行政区,注入渤海
	中下游河床高于两岸,形成"悬河",近年来频繁出现断流现象

六、中国的湖泊

淡水湖	江西的鄱阳湖(最大)、湖南的洞庭湖、江苏的太湖和洪泽湖、安徽巢湖
咸水湖	青海湖(最大)、西藏纳木错(最高)、新疆艾丁湖(最低)

七、名山

五岳	东岳泰山——山东(杜甫"会当凌绝顶,一览众山小") 西岳华山——陕西("自古华山一条路";"谁将倚天剑,削出倚天峰") 南岳衡山——湖南 北岳恒山——山西 中岳嵩山——河南
三山	安徽黄山,天下第一奇山;江西庐山;浙江雁荡山
佛教名山	山西五台山;安徽九华山;四川峨眉山;浙江普陀山
道教名山	湖北武当山;江西龙虎山;安徽齐云山;四川青城山(与都江堰一起被评为世界文化和自然双重遗产)

八、典型地貌

喀斯特地貌	又称岩溶地貌,由水对可溶性岩石进行溶蚀形成的。典型代表有:湖南张家界、云南石林、贵州荔波、重庆武隆、四川九寨沟、贵州黄果树瀑布、广西桂林山水。名言:桂林山水甲天下,阳朔山水甲桂林
丹霞地貌	福建武夷山、广东仁化丹霞山、江西龙虎山、甘肃张掖、贵州赤水、湖南崀山,美国科罗拉多大峡谷。2010 年,"中国丹霞"入选世界自然遗产
雅丹地貌	典型的风蚀地貌,青海柴达木盆地的魔鬼城
冰川地貌	由冰川作用塑造的地貌,属于气候地貌范畴

九、中国自然环境的差异

决定我国自然环境差异的基本因素是地貌(地形)和气候。秦岭—淮河一线,经过甘、陕、豫、皖、苏等省。秦岭—淮河一线的南北差异:

	以南	以北
温度:一月份 0 度等温线	冬季河湖不结冰	冬季河湖结冰
	亚热带常绿阔叶林	温带落叶阔叶林
	亚热带	暖温带
降水:800mm 等降水量线	年降水量较大	年降水量较少,降水多集中在夏季
	湿润地区	半湿润地区
	河流的水量较大,水位变化不大,汛期时间长,河水含沙量较小	河流水量不大,水位变化大,只有夏季才形成汛期,时间也比较短,河流的含沙量较大
气候	亚热带季风气候	温带季风气候
耕种方式	水田为主	旱地为主
农作物	水稻和甘蔗、茶叶等亚热带经济作物,一年两熟或三熟	小麦和杂粮,一年两熟或两年三熟
相关谚语	橘生淮南则为橘,生淮北则为枳;北麦南稻,南船北马	

十、二十四节气

春	立春、雨水、惊蛰、春分、清明、谷雨(春雨惊春清谷天)
夏	立夏、小满、芒种、夏至、小暑、大暑(夏满芒夏暑相连)
秋	立秋、处暑、白露、秋分、寒露、霜降(秋处露秋寒霜降)
冬	立冬、小雪、大雪、冬至、小寒、大寒(冬雪雪冬小大寒)
夏至	太阳直射北回归线,北半球太阳高度角最大,一年中影子最短,白昼最长
冬至	太阳直射南回归线,北半球太阳高度角最小,一年中影子最长,白昼最短
春分、秋分昼夜等长。白露是北半球昼夜温差最大的时间	

第二节　地壳与板块运动

一、地球内部构造

地球内部由内到外分为三层：地核、地幔和地壳。

地核：主要由铁、镍元素组成。

地幔：上地幔顶部存在软流层，是岩浆的发源地。地壳在软流层上漂移，软流层的活动与下列现象关系密切：地震和火山、矿藏的形成、大陆板块运动。

地壳：含量最多的 8 种元素是氧、硅、铝、铁、钙、钠、钾、镁。含量最多的元素是氧，含量最多的金属元素是铝。水晶和沙子的主要成分都是二氧化硅。

二、板块运动

板块构造学说：1968 年法国的勒皮雄等首创板块构造学说，将全球分为六大板块：亚欧板块、非洲板块、美洲板块、太平洋板块、印度洋板块和南极板块。板块与板块交界处是地壳活跃的地带。世界上的火山、地震活动以及地热资源几乎都分布在板块的分界线附近。全球有三大主要地震带。

板块运动	全球三大地震带：环太平洋地震带；欧亚地震带（又称地中海—喜马拉雅地震带）；海岭地震带。我国处于环太平洋地震带与欧亚地震带间，地震频度高
	东非大裂谷是由非洲板块张裂形成的
	由于板块运动，南极洲现在没有森林，但冰原下有丰富的煤炭资源
	青藏高原是印度洋板块向亚欧板块俯冲，地壳隆起而形成的

经典例题

1. 关于我国山脉走向对应错误的是（　　）。

A. 弧形走向——喜马拉雅山　　　　B. 东西走向——六盘山

C. 西北—东南走向——祁连山　　　D. 东北—西南走向——武夷山

【答案】B。喜马拉雅山脉分布在我国西藏自治区和巴基斯坦、印度、尼泊尔、不丹的边境，大致东西走向并向南凸出略呈弧形山脉。A 项正确。六盘山屹立在宁夏南端及宁、陕、甘交界地带，是我国主要的南北走向山地之一。B 项错误。祁连山脉位于中国青海省东北部与甘肃省西部边境，由多条西北—东南走向的平行山脉和宽谷组成。因位于河西走廊南侧，又名南山。C 项正确。武夷山位于福建、江西两省边境。北连仙霞岭，南接九连山，呈东北—西南走向。D 项正确。因此，本题答案为 B 项。

2. 长江和黄河是中华民族著名的两大河流，孕育了灿烂的中华文明。下列关于长江和黄河的说法正确的是（   ）。

    A. 秦岭是长江流域和黄河流域的分水岭

    B. 黄河最终流入渤海，长江最终流入东海

    C. 长江、黄河的干流都流经青海省和甘肃省

    D. 长江黄河的干流上建成的最大水利枢纽分别是三峡工程和三门峡工程

【答案】B。巴颜喀拉山脉是青海省境内长江与黄河的分水岭，秦岭是黄河支流渭河与长江支流嘉陵江、汉水的分水岭，A 项不够准确。长江发源于"世界屋脊"——青藏高原的唐古拉山脉各拉丹冬峰西南侧，是中华民族的母亲河。干流流经青海、西藏、四川、云南、重庆、湖北、湖南、江西、安徽、江苏、上海 11 个省、自治区、直辖市，于崇明岛以东注入东海。黄河，中国北部大河，全长约 5464 公里，流域面积约 752443 平方公里。世界第五大长河，中国第二长河。黄河呈"几"字形，自西向东分别流经青海、四川、甘肃、宁夏、内蒙古、陕西、山西、河南及山东 9 个省（自治区），最后流入渤海。B 项正确。长江、黄河的干流都流经青海省和四川省，C 项错误。小浪底水库是黄河流域最大的水利枢纽工程；长江三峡水利枢纽工程已于 2009 年完工，是世界上最大的水库，D 项错误。因此，本题答案为 B 项。

3. 在下列四处景点中，选出符合丹霞地貌特征的是（   ）。

    A. 武夷山   B. 九华山   C. 罗布泊   D. 黄土高原

【答案】A。丹霞地貌是红色砂砾岩在内外力的作用下孕育而成的。这种地貌最早因发现于广东仁化丹霞山而得名，主要特征是：碧水丹山，精巧玲珑；方山峭壁，峰奇洞幽。武夷山属于典型的丹霞地貌。B 项属于花岗岩地貌；C 项属于风蚀地貌；D 项属于黄土地貌。因此，本题答案为 A 项。

4. 下面哪一个选项不会产生温室气体？（   ）

    A. 汽车尾气   B. 农村沼气池

    C. 植物光合作用产生的气体   D. 空调制冷

【答案】C。地球大气中起温室作用的气体称为温室气体，主要有二氧化碳（CO_2）、甲烷、臭氧、一氧化二氮、氟利昂等。汽车尾气是汽车使用时产生的废气，含有上百种不同的化合物，其中的污染物有固体悬浮微粒、一氧化碳、二氧化碳、碳氢化合物、氮氧化合物、铅及硫氧化合物等，因此汽车尾气会产生温室气体，A 项排除；农村沼气池，沼气含有多种气体成分，主要成分是甲烷（CH_4），甲烷也是温室气体，B 项排除；绿色植物在光合作用中不断地消耗大量的二氧化碳，制造氧气，所制造的氧气量大大超过自身的呼吸作用对氧气的需要量，多余的都以气体形式排放到大气中，氧气不属于温室气体，C 项符合题目要求；空调的制冷剂是氟利昂，氟利昂又称氟利昂，也是属于温室气体，D 项排除。因此，本题答案为 C 项。

5. 下面诗句与节气对应错误的一项是（   ）。

    A. 凉风绕曲房，寒蝉鸣高柳。——立秋   B. 浮甘瓜于清泉，沉朱李于寒水。——大暑

    C. 湖光迷翡翠，草色醉蜻蜓。——谷雨   D. 晴日暖风生麦气，绿阴幽草胜花时。——惊蛰

【答案】D。D 项应该是小满，麦气指的是麦子，"生麦气"表示这个时候麦子尚未成熟，所以应该是小满。小满是二十四节气之一，夏季的第二个节气。小满含义是夏熟作物的籽粒开始灌浆饱满，但还未成熟，只是小满，还未大满。因此，本题答案为 D 项。

6.下列有关地震的表述,不正确的是( )。

A.2008 年四川汶川地震是我国自 1949 年以来破坏性最强、波及范围最广的一次地震

B.我国位于世界两大地震带——环太平洋地震带与欧亚地震带之间

C.我国的地震带主要分布在台湾、西南、西北、华北、东南沿海等五个区域

D.震源的深度越浅,地震破坏力越大,波及范围也越广

【答案】D。A、B、C 项正确。D 项错误,震中到震源的深度叫作震源深度。通常将震源深度小于 60 公里的叫浅源地震,震源深度在 60 ～ 300 公里的叫中源地震,深度大于 300 公里的叫深源地震。对于同样大小的地震,由于震源深度不一样,对地面造成的破坏程度也不一样。震源的深度越浅,破坏越大,但波及范围也越小,反之亦然。因此,本题答案为 D 项。

第六章 公 文

第一节 公文与公文处理

一、公文的含义

公文,即公务文书,是国家机关及其他社会组织在行使职权和实施管理的过程中形成的具有法定效力与规范体式的文书,是进行公务活动的重要工具,包括通用公文(法定公文)和专用公文。

中华人民共和国国家标准《党政机关公文格式》(GB/T 9704–2012)于 2012 年 6 月 29 日发布,2012年 7 月 1 日实施。

(1)通用公文:也称法定公文,是指在党政机关、团体、企事业单位普遍通行适用的,具有规范体式和法定效力的公文。

(2)专用公文:是指限定在一定业务范围和工作部门内使用的特殊公文。

二、党政机关公文的含义

党政机关实施领导、履行职能、处理公务的具有特定效力和规范体式的文书,是传达贯彻党和国家方针政策,公布法规和规章,指导、布置和商洽工作,请示和答复问题,报告、通报和交流情况等的重要工具。

三、公文的分类

(1)按照公文的行文关系划分为:上行文、平行文、下行文。

(2)按照公文内容的性质划分为:规范性公文、指挥性公文、报请性公文(呈请性公文)、知照性公文、记录性公文。

(3)按照公文的来源划分为:收文、发文。

(4)按照公文时限要求划分为:急件(尽快收发)、特急件(立即收发)。

(5)按照公文内容的处理要求划分为:参阅性公文(阅件)、承办性公文(办件)。

(6)按照公文秘密程度划分为:

①秘密:是一般的国家秘密,泄露会使国家的安全和利益遭受损害。

②机密:是重要的国家秘密,泄露会使国家的安全和利益遭受严重的损害。

③绝密:是最重要的国家秘密,泄密会使国家的安全和利益遭受特别严重的损害。

第二节　党政机关公文处理工作条例

第一章　总则

第一条　为了适应中国共产党机关和国家行政机关（以下简称党政机关）工作需要，推进党政机关公文处理工作科学化、制度化、规范化，制定本条例。

第二条　本条例适用于各级党政机关公文处理工作。

第三条　党政机关公文是党政机关实施领导、履行职能、处理公务的具有特定效力和规范体式的文书，是传达贯彻党和国家的方针政策，公布法规和规章，指导、布置和商洽工作，请示和答复问题，报告、通报和交流情况等的重要工具。

第四条　公文处理工作是指公文拟制、办理、管理等一系列相互关联、衔接有序的工作。

第五条　公文处理工作应当坚持实事求是、准确规范、精简高效、安全保密的原则。

第六条　各级党政机关应当高度重视公文处理工作，加强组织领导，强化队伍建设，设立文秘部门或者由专人负责公文处理工作。

第七条　各级党政机关办公厅（室）主管本机关的公文处理工作，并对下级机关的公文处理工作进行业务指导和督促检查。

第二章　公文种类

第八条　公文种类主要有：

（一）决议。适用于会议讨论通过的重大决策事项。

（二）决定。适用于对重要事项作出决策和部署、奖惩有关单位和人员、变更或者撤销下级机关不适当的决定事项。

（三）命令（令）。适用于公布行政法规和规章、宣布施行重大强制性措施、批准授予和晋升衔级、嘉奖有关单位和人员。

（四）公报。适用于公布重要决定或者重大事项。

（五）公告。适用于向国内外宣布重要事项或者法定事项。

（六）通告。适用于在一定范围内公布应当遵守或者周知的事项。

（七）意见。适用于对重要问题提出见解和处理办法。

（八）通知。适用于发布、传达要求下级机关执行和有关单位周知或者执行的事项，批转、转发公文。

（九）通报。适用于表彰先进、批评错误、传达重要精神和告知重要情况。

（十）报告。适用于向上级机关汇报工作、反映情况，回复上级机关的询问。

（十一）请示。适用于向上级机关请求指示、批准。

（十二）批复。适用于答复下级机关请示事项。

（十三）议案。适用于各级人民政府按照法律程序向同级人民代表大会或者人民代表大会常务委员会提请审议事项。

（十四）函。适用于不相隶属机关之间商洽工作、询问和答复问题、请求批准和答复审批事项。

（十五）纪要。适用于记载会议主要情况和议定事项。

第三章　公文格式

第九条　公文一般由份号、密级和保密期限、紧急程度、发文机关标志、发文字号、签发人、标题、主送机关、正文、附件说明、发文机关署名、成文日期、印章、附注、附件、抄送机关、印发机关和印发日期、页码等组成。

（一）份号。公文印制份数的顺序号。涉密公文应当标注份号。

（二）密级和保密期限。公文的秘密等级和保密的期限。涉密公文应当根据涉密程度分别标注"绝密"、"机密"、"秘密"和保密期限。

（三）紧急程度。公文送达和办理的时限要求。根据紧急程度，紧急公文应当分别标注"特急""加急"，电报应当分别标注"特提""特急""加急""平急"。

（四）发文机关标志。由发文机关全称或者规范化简称加"文件"二字组成，也可以使用发文机关全称或者规范化简称。联合行文时，发文机关标志可以并用联合发文机关名称，也可以单独用主办机关名称。

（五）发文字号。由发文机关代字、年份、发文顺序号组成。联合行文时，使用主办机关的发文字号。

（六）签发人。上行文应当标注签发人姓名。

（七）标题。由发文机关名称、事由和文种组成。

（八）主送机关。公文的主要受理机关，应当使用机关全称、规范化简称或者同类型机关统称。

（九）正文。公文的主体，用来表述公文的内容。

（十）附件说明。公文附件的顺序号和名称。

（十一）发文机关署名。署发文机关全称或者规范化简称。

（十二）成文日期。署会议通过或者发文机关负责人签发的日期。联合行文时，署最后签发机关负责人签发的日期。

（十三）印章。公文中有发文机关署名的，应当加盖发文机关印章，并与署名机关相符。有特定发文机关标志的普发性公文和电报可以不加盖印章。

（十四）附注。公文印发传达范围等需要说明的事项。

（十五）附件。公文正文的说明、补充或者参考资料。

（十六）抄送机关。除主送机关外需要执行或者知晓公文内容的其他机关，应当使用机关全称、规范化简称或者同类型机关统称。

（十七）印发机关和印发日期。公文的送印机关和送印日期。

（十八）页码。公文页数顺序号。

第十条　公文的版式按照《党政机关公文格式》国家标准执行。

第十一条　公文使用的汉字、数字、外文字符、计量单位和标点符号等，按照有关国家标准和规定执行。民族自治地方的公文，可以并用汉字和当地通用的少数民族文字。

第十二条　公文用纸幅面采用国际标准 A4 型。特殊形式的公文用纸幅面，根据实际需要确定。

第四章　行文规则

第十三条　行文应当确有必要，讲求实效，注重针对性和可操作性。

第十四条 行文关系根据隶属关系和职权范围确定。一般不得越级行文,特殊情况需要越级行文的,应当同时抄送被越过的机关。

第十五条 向上级机关行文,应当遵循以下规则:

(一)原则上主送一个上级机关,根据需要同时抄送相关上级机关和同级机关,不抄送下级机关。

(二)党委、政府的部门向上级主管部门请示、报告重大事项,应当经本级党委、政府同意或者授权;属于部门职权范围内的事项应当直接报送上级主管部门。

(三)下级机关的请示事项,如需以本机关名义向上级机关请示,应当提出倾向性意见后上报,不得原文转报上级机关。

(四)请示应当一文一事。不得在报告等非请示性公文中夹带请示事项。

(五)除上级机关负责人直接交办事项外,不得以本机关名义向上级机关负责人报送公文,不得以本机关负责人名义向上级机关报送公文。

(六)受双重领导的机关向一个上级机关行文,必要时抄送另一个上级机关。

第十六条 向下级机关行文,应当遵循以下规则:

(一)主送受理机关,根据需要抄送相关机关。重要行文应当同时抄送发文机关的直接上级机关。

(二)党委、政府的办公厅(室)根据本级党委、政府授权,可以向下级党委、政府行文,其他部门和单位不得向下级党委、政府发布指令性公文或者在公文中向下级党委、政府提出指令性要求。需经政府审批的具体事项,经政府同意后可以由政府职能部门行文,文中须注明已经政府同意。

(三)党委、政府的部门在各自职权范围内可以向下级党委、政府的相关部门行文。

(四)涉及多个部门职权范围内的事务,部门之间未协商一致的,不得向下行文;擅自行文的,上级机关应当责令其纠正或者撤销。

(五)上级机关向受双重领导的下级机关行文,必要时抄送该下级机关的另一个上级机关。

第十七条 同级党政机关、党政机关与其他同级机关必要时可以联合行文。属于党委、政府各自职权范围内的工作,不得联合行文。

党委、政府的部门依据职权可以相互行文。

部门内设机构除办公厅(室)外不得对外正式行文。

第五章 公文拟制

第十八条 公文拟制包括公文的起草、审核、签发等程序。

第十九条 公文起草应当做到:

(一)符合国家法律法规和党的路线方针政策,完整准确体现发文机关意图,并同现行有关公文相衔接。

(二)一切从实际出发,分析问题实事求是,所提政策措施和办法切实可行。

(三)内容简洁,主题突出,观点鲜明,结构严谨,表述准确,文字精练。

(四)文种正确,格式规范。

(五)深入调查研究,充分进行论证,广泛听取意见。

(六)公文涉及其他地区或者部门职权范围内的事项,起草单位必须征求相关地区或者部门意见,力求达成一致。

(七)机关负责人应当主持、指导重要公文起草工作。

第二十条 公文文稿签发前,应当由发文机关办公厅(室)进行审核。审核的重点是:

（一）行文理由是否充分,行文依据是否准确。

（二）内容是否符合国家法律法规和党的路线方针政策;是否完整准确体现发文机关意图;是否同现行有关公文相衔接;所提政策措施和办法是否切实可行。

（三）涉及有关地区或者部门职权范围内的事项是否经过充分协商并达成一致意见。

（四）文种是否正确,格式是否规范;人名、地名、时间、数字、段落顺序、引文等是否准确;文字、数字、计量单位和标点符号等用法是否规范。

（五）其他内容是否符合公文起草的有关要求。

需要发文机关审议的重要公文文稿,审议前由发文机关办公厅（室）进行初核。

第二十一条 经审核不宜发文的公文文稿,应当退回起草单位并说明理由;符合发文条件但内容需作进一步研究和修改的,由起草单位修改后重新报送。

第二十二条 公文应当经本机关负责人审批签发。重要公文和上行文由机关主要负责人签发。党委、政府的办公厅（室）根据党委、政府授权制发的公文,由受权机关主要负责人签发或者按照有关规定签发。签发人签发公文,应当签署意见、姓名和完整日期;圈阅或者签名的,视为同意。联合发文由所有联署机关的负责人会签。

第六章 公文办理

第二十三条 公文办理包括收文办理、发文办理和整理归档。

第二十四条 收文办理主要程序是:

（一）签收。对收到的公文应当逐件清点,核对无误后签字或者盖章,并注明签收时间。

（二）登记。对公文的主要信息和办理情况应当详细记载。

（三）初审。对收到的公文应当进行初审。初审的重点是:是否应当由本机关办理,是否符合行文规则,文种、格式是否符合要求,涉及其他地区或者部门职权范围内的事项是否已经协商、会签,是否符合公文起草的其他要求。经初审不符合规定的公文,应当及时退回来文单位并说明理由。

（四）承办。阅知性公文应当根据公文内容、要求和工作需要确定范围后分送。批办性公文应当提出拟办意见报本机关负责人批示或者转有关部门办理;需要两个以上部门办理的,应当明确主办部门。紧急公文应当明确办理时限。承办部门对交办的公文应当及时办理,有明确办理时限要求的应当在规定时限内办理完毕。

（五）传阅。根据领导批示和工作需要将公文及时送传阅对象阅知或者批示。办理公文传阅应当随时掌握公文去向,不得漏传、误传、延误。

（六）催办。及时了解掌握公文的办理进展情况,督促承办部门按期办结。紧急公文或者重要公文应当由专人负责催办。

（七）答复。公文的办理结果应当及时答复来文单位,并根据需要告知相关单位。

第二十五条 发文办理主要程序是:

（一）答复。复核。已经发文机关负责人签批的公文,印发前应当对公文的审批手续、内容、文种、格式等进行复核;需作实质性修改的,应当报原签批人复审。

（二）登记。对复核后的公文,应当确定发文字号、分送范围和印制份数并详细记载。

（三）印制。公文印制必须确保质量和时效。涉密公文应当在符合保密要求的场所印制。

（四）核发。公文印制完毕,应当对公文的文字、格式和印刷质量进行检查后分发。

第二十六条 涉密公文应当通过机要交通、邮政机要通信、城市机要文件交换站或者收发件机关机要收发人员进行传递，通过密码电报或者符合国家保密规定的计算机信息系统进行传输。

第二十七条 需要归档的公文及有关材料，应当根据有关档案法律法规以及机关档案管理规定，及时收集齐全、整理归档。两个以上机关联合办理的公文，原件由主办机关归档，相关机关保存复制件。机关负责人兼任其他机关职务的，在履行所兼职务过程中形成的公文，由其兼职机关归档。

第七章 公文管理

第二十八条 各级党政机关应当建立健全本机关公文管理制度，确保管理严格规范，充分发挥公文效用。

第二十九条 党政机关公文由文秘部门或者专人统一管理。设立党委（党组）的县级以上单位应当建立机要保密室和机要阅文室，并按照有关保密规定配备工作人员和必要的安全保密设施设备。

第三十条 公文确定密级前，应当按照拟定的密级先行采取保密措施。确定密级后，应当按照所定密级严格管理。绝密级公文应当由专人管理。

公文的密级需要变更或者解除的，由原确定密级的机关或者其上级机关决定。

第三十一条 公文的印发传达范围应当按照发文机关的要求执行；需要变更的，应当经发文机关批准。

涉密公文公开发布前应当履行解密程序。公开发布的时间、形式和渠道，由发文机关确定。

经批准公开发布的公文，同发文机关正式印发的公文具有同等效力。

第三十二条 复制、汇编机密级、秘密级公文，应当符合有关规定并经本机关负责人批准。绝密级公文一般不得复制、汇编，确有工作需要的，应当经发文机关或者其上级机关批准。复制、汇编的公文视同原件管理。

复制件应当加盖复制机关戳记。翻印件应当注明翻印的机关名称、日期。汇编本的密级按照编入公文的最高密级标注。

第三十三条 公文的撤销和废止，由发文机关、上级机关或者权力机关根据职权范围和有关法律法规决定。公文被撤销的，视为自始无效；公文被废止的，视为自废止之日起失效。

第三十四条 涉密公文应当按照发文机关的要求和有关规定进行清退或者销毁。

第三十五条 不具备归档和保存价值的公文，经批准后可以销毁。销毁涉密公文必须严格按照有关规定履行审批登记手续，确保不丢失、不漏销。个人不得私自销毁、留存涉密公文。

第三十六条 机关合并时，全部公文应当随之合并管理；机关撤销时，需要归档的公文经整理后按照有关规定移交档案管理部门。

工作人员离岗离职时，所在机关应当督促其将暂存、借用的公文按照有关规定移交、清退。

第三十七条 新设立的机关应当向本级党委、政府的办公厅（室）提出发文立户申请。经审查符合条件的，列为发文单位，机关合并或者撤销时，相应进行调整。

经典例题

1. 下列公文标题不正确的是（   ）。

A.《×× 县人民政府第 × 次常务会议纪要》

B.《关于开展向 ××× 同志学习活动的决定》

C.《×× 市人民政府关于请求解决重大项目建设用地的请示报告》

D.《×× 关于进一步做好 ×× 工作的通知》

【答案】C。一份公文只能有一种公文文种，C 项包括请示和报告，故错误。因此，本题答案为 C 项。

2. 某区人民政府上报到市政府的《关于增设汛期抗洪救灾办公室的请示》得到市政府的肯定性答复。为此，需以市政府名义拟写（   ）。

A. 意见　　　　　B. 批复　　　　　C. 指示　　　　　D. 决定

【答案】B。请示，适用于下级机关向上级请求批示或批准的公文，根据题干，当上级机关收到请示后，答复下级机关的请示事项需要使用的文种应该是批复。B 项正确。A 项，意见，适用于对重要问题提出见解和处理办法，与题干无关，排除。C 项，指示，是领导机关对下级机关布置工作，阐明工作活动要点及要求、步骤和方法时所使用的一种具有指导原则的下行公文。但指示不属于党政机关使用的十五种法定公文，排除。D 项，决定，适用于对重要事项作出决策和部署、奖惩有关单位和人员、变更或者撤销下级机关不适当的决定事项，与题干无关，排除。因此，本题答案为 B 项。

3. 下列关于涉密公文的规定，正确的是（   ）。

A. 涉密公文始终不得公开发布　　　　　B. 涉密公文可由工作人员自行销毁

C. 涉密公文应当标注份号　　　　　　　D. 公文密级不得变更和解除

【答案】C。《党政机关公文处理工作条例》第 31 条规定，"公文的印发传达范围应当按照发文机关的要求执行；需要变更的，应当经发文机关批准，涉密公文公开发布前应当履行解密程序。公开发布的时间、形式和渠道，由发文机关确定。经批准公开发布的公文，同发文机关正式印发的公文具有同等效力"。A 项错误。《党政机关公文处理工作条例》第 35 条规定，"不具备归档和保存价值的公文，经批准后可以销毁。销毁密公文必须严格按照有关规定履行审批登记手续，确保不丢失、不漏销。个人不得私自销毁、留存涉密公文"。故工作人员不得自行销毁，B 项错误。《党政机关公文处理工作条例》第 9 条规定，涉密公文应当标注份号。C 项正确。《党政机关公文处理工作条例》第 30 条规定，"公文确定密级前，应当按照拟定的密级先行采取保密措施。确定密级后，应当按照所定密级严格管理。绝密级公文应当由专人管理。公文的密级需要变更或者解除的，由原确定密级的机关或者其上级机关决定"。D 项错误。因此，本题答案为 C 项。

第七章 科技成就与科学常识

第一节 我国古代科技成就

一、四大发明

类别	产生时间
造纸术	最早出现于西汉，东汉蔡伦改进造纸术（蔡侯纸）
印刷术	隋唐时期发明了雕版印刷术（现存最早的是唐代的《金刚经》），北宋时期毕昇发明了世界上最早的活字印刷术
指南针	战国时利用天然磁石制成的"司南"，是最早的定向工具；北宋时发明了人工磁化法，制成了指南针，并开始用于航海事业；南宋时指南针广泛用于航海
火药	由古代炼丹家发明，唐代已有火药配方的记载；唐末开始用于军事；宋元时火药武器广泛用于战争；明朝采矿时已应用了火药爆破法

二、天文、地理、数学及医学

	类别	时间及作者	意义
天文、地理、数学	《春秋》	春秋	世界上首次关于哈雷彗星的确切记录
	《甘石星经》	战国	世界上最早的天文学著作
	《太初历》	西汉	我国第一部较为完整的历法
	地动仪	东汉：张衡	世界上第一架地动仪
	《水经注》	北魏：郦道元	我国第一部水文地理专著
	《授时历》	元：郭守敬	我国古代最精密的历法
	《徐霞客游记》	明：徐霞客	世界上最早记述岩溶地貌并详细考证其成因
	圆周率	南朝：祖冲之	精确地计算出圆周率是在 3.1415926 与 3.1415927 之间，比外国早近一千年
其他	《齐民要术》	北魏：贾思勰	我国现存最早、最完整的农书
	《梦溪笔谈》	北宋：沈括	被誉为"中国科学史上的里程碑"
	《农政全书》	明：徐光启	建立了比较完整的农学体系，引入了《泰西水法》，介绍了欧洲先进的水利技术和工具
	《天工开物》	明：宋应星	世界上第一部关于农业和手工生产的综合著作，被誉为"中国 17 世纪的工艺百科全书"

第二节　中国近代科技成就

一、中国载人航天工程

中国载人航天工程于 1992 年 9 月 21 日由中国政府批准实施,代号"921 工程"。

中国载人航天工程发展战略:

第一步,发射载人飞船,建成初步配套的试验性载人飞船工程,开展空间应用实验。

第二步,在第一艘载人飞船发射成功后,突破载人飞船和空间飞行器的交会对接技术,并利用载人飞船技术改装、发射一个空间实验室,解决有一定规模的、短期有人照料的空间应用问题。

第三步,建造载人空间站,解决有较大规模的、长期有人照料的空间应用问题。

二、中国空间站发展历程

2021 年 4 月 29 日,中国空间站天和核心舱发射成功。

2022 年 7 月 24 日,问天实验舱发射。

2022 年 10 月 31 日,梦天实验舱发射。

2022 年 11 月 3 日,梦天实验舱实现转位,与天和核心舱、问天实验舱形成空间站"T"字基本构型组合体,神舟十四号乘组顺利进入梦天实验舱。

2024 年 1 月 17 日,天舟七号货运飞船发射成功。

2024 年 4 月 25 日,神舟十八号载人飞船发射成功。飞行乘组由叶光富、李聪、李广苏组成。

2024 年 10 月 30 日,神舟十九号载人飞船发射成功。飞行乘组由蔡旭哲、宋令东、王浩泽组成。

2024 年 11 月 15 日,天舟八号货运飞船发射成功。

2025 年 4 月 24 日,神舟二十号载人飞船发射成功。飞行乘组由陈冬、陈中瑞、王杰组成。

三、著名科学家

钱学森	"中国航天之父""中国导弹之父""中国自动化控制之父""火箭之王"
邓稼先	中国核武器研制与发展的主要组织者、领导者,被誉为"两弹元勋"
华罗庚	"中国现代数学之父""中国数学之神""人民数学家"
李四光	中国地质学之父——葛利普、章鸿钊、丁文江、李四光
袁隆平	杂交水稻之父
竺可桢	中国气象之父
孙健初、黄汲清	中国石油之父
刘东生	中国黄土之父
南延宗	中国铀矿之父

续表

赵鹏大	中国数学地质学之父
李善邦	中国地震学之父
谢学锦	中国勘查地球化学之父
刘光鼎	中国海洋地质之父
刘广志	中国钻探之父
黄旭华	中国核潜艇之父
李振声	中国小麦远缘杂交之父
王小谟	中国预警机之父
闵恩泽	中国催化剂之父
侯云德	中国干扰素之父
詹天佑	中国铁路之父

第三节　物理常识

一、光现象

光现象包括光的直射、反射和折射,光现象及其应用如下表所示:

种类	知识点	现象及应用
光的直射	(1)光在均匀介质中是沿直线传播的;(2)光在真空中传播速度最大;(3)光年:光在一年内传播的距离。光年是距离单位而不是时间单位	射击、射箭、小孔成像、激光准直、日食、月食
光的反射	(1)光在两种物质分界面上改变传播方向又返回原来物质中的现象,光路是可逆的;(2)平面镜成像特点:虚像、等大等距、对称	潜望镜、水中的倒影、车上的后视镜、玻璃幕墙、自行车尾灯的设计
光的折射	光从一种介质斜射入另一种介质时,传播方向一般发生变化的现象,其光路是可逆的	海市蜃楼、凹透镜、凸透镜、鱼的位置变浅、照相机、投影仪

二、声现象

声音传播、声音特征和声波等声现象及其应用如下表所示:

分类	知识点	现象及应用
声音传播	声音是由物体振动产生的,靠介质传播,真空中不能传声。固体传播比液体快,液体传播又比空气快	音色:闻其声知其人,根据音色辨别不同的人; 音调:曲高和寡,移商换羽,以宫笑角 超声波:声呐、B超; 次声波:产生于火山爆发、海啸地震等
声音特征	音调:声音的高低,与发声体的频率有关系 响度:声音的强弱,与发声体的振幅声源及听者的距离有关。振幅越大,响度越大 音色:与声波的振动波形有关	
声波	超声波:频率高于 20000 Hz 的声波,方向性好、穿透能力强 次声波:频率低于 20 Hz 的声波,可传播很远,易绕过障碍物,且无孔不入	

三、热现象

熔化	物质从固态变成液态叫熔化(吸热)
凝固	物质从液态变成固态叫凝固(放热)
汽化	物质从液态变为气态叫汽化(吸热,两种方式——蒸发、沸腾)
液化	物质从气态变成液态叫液化(放热,方法——降低温度、压缩体积)
升华	物质从固态直接变成气态叫升华,升华吸热(冬天冰冻的衣服干了,灯丝变细,卫生球变小)
凝华	物质由气态直接变成固态的现象,凝华放热(霜、树挂、窗花)

第四节 化学常识

一、大气污染

污染现象	原因	应对措施
臭氧层空洞	氟利昂分解产生的氯原子、哈龙分解产生的溴原子、尾气中的氮氧化物破坏臭氧	提倡使用无氟冰箱
温室效应	二氧化碳和甲烷等温室气体,主要是二氧化碳	减少温室气体排放,提倡低碳生活方式
酸雨	指 pH < 5.6 的降水,二氧化硫和一氧化碳、二氧化氮等酸性气体	工业废气经处理后再排放,燃煤和石油脱硫技术
雾霾	可吸入颗粒物(PM$_{10}$,PM$_{2.5}$)	尾气、工业废气除尘除烟
沙尘暴	沙源地是我国西北和蒙古高原的沙漠和荒漠	在沙尘源地恢复林草植被
城市早晨空气不新鲜	污染物多,早晨空气中又时有逆温层,不利于污染物的扩散	不宜早晨锻炼,宜中午、下午锻炼
城市热岛效应	城区地表硬化度高,吸热量多,热量散失慢;城区排放的人为热量多,城区大气污染物浓度大	提高绿化率,增加城区水体面积,减少人为热量的排放等

二、常见气体的用途

气体	用途
二氧化碳（CO_2）	（1）灭火； （2）干冰（二氧化碳的固体形态）可用作制冷剂和用于人工降雨——干冰升华吸热，空气中的水蒸气迅速冷凝变成水滴，就可形成降雨
一氧化碳（CO）	在冶金工业中作还原剂。另外，CO 是煤气中毒元凶——不溶或仅微溶于水，所以在煤灶上放水不能防止煤气中毒
氮气	惰性保护气（化学性质不活泼）、制造硝酸和化肥的重要原料、液氨冷冻
稀有气体 （He、Ne、Ar 等总称）	保护气、电光源（通电发不同颜色的光）、激光技术

三、其他常识

（1）食品保存：食品袋内充入二氧化碳或氮气；或在袋内放干燥剂（主要成分为生石灰、氯化钙）；或采取真空包装。

（2）雨后天晴：闪电时，空气中的有极少量氧气转变成臭氧。臭氧具有氧化能力，能够漂白与杀菌。稀薄的臭氧会给人以清新的感觉。因此。雷雨后人们会感到空气清新。

（3）陈酒更香：白酒的主要成分是乙醇，保存好的酒，放置几年后，乙醇就和白酒中较少的成分乙酸发生化学反应，生成的乙酸乙酯具有果香味。时间越长，也就有越多的乙酸乙酯生成，因此酒越陈越香。

（4）食物中的二氧化硫：二氧化硫是无机化学防腐剂中很重要的一位成员，它被广泛地应用于食品中，如制造果干、果脯时的熏硫。

（5）生抽、老抽：生抽以大豆、面粉为主要原料，人工接入种曲，经天然露晒，发酵而成。老抽是在生抽酱油的基础上，把榨制的酱油再晒制 2 ～ 3 个月，经沉淀过滤即为老抽。

（6）牙膏：牙膏是复杂的混合物，通常由摩擦剂、保湿剂、表面活性剂、增稠剂甜味剂、活性添加物、色素、香精等混合而成。

第五节 医学常识

一、血液

血液，由血浆（约占 55%）、血细胞（又称血球，约占 45%，由红细胞、白细胞、血小板组成）构成，对维持生命起重要作用。

名称	概述
静脉血	含较多二氧化碳,呈暗红色。注意并不是静脉中流的血是静脉血,动脉中流的是动脉血,如肺动脉中流的是静脉血,肺静脉中流的是动脉血
动脉血	含氧较多、二氧化碳较少,呈鲜红色。在体循环(大循环)的动脉中流动的血液以及在肺循环(小循环)中从肺回到左心房的肺静脉中的血液
红细胞	主要的功能是运送氧,红细胞较少,就会贫血
白细胞	主要扮演了免疫的角色。当病菌侵入人体时,白细胞能穿过毛细血管壁,集中到病菌入侵部位,将病菌包围,吞噬
血小板	血小板具有特定的形态结构和生化组成,在止血、伤口愈合、炎症反应、血栓形成及器官移植排斥等生理和病理过程中有重要作用

二、维生素常识

名称	可溶性	缺乏症	获取来源
维生素 A	脂溶性	夜盲症	鱼肝油、动物肝脏、绿色蔬菜
维生素 B_1	水溶性	脚气病	豆类、谷类、硬果类、水果、牛奶和绿叶菜
维生素 B_2	水溶性	口腔溃疡等	肝脏、牛奶、鸡蛋、豆类、绿色蔬菜
维生素 C	水溶性	坏血病	新鲜蔬菜、水果
维生素 D	脂溶性	软骨病	鱼肝油、蛋黄、乳制品、酵母
维生素 E	脂溶性	甲亢	鸡蛋、肝脏、鱼类、植物油
叶酸	水溶性	贫血	酵母、肝脏、绿叶蔬菜

第六节　急救常识

一、火灾

(1)立即离开危险区,不要向狭窄的角落逃避,不要往阁楼、床底、大橱内钻。

(2)选择简便、安全的通道和疏散设施,如阳台、窗口等,不要乘坐电梯。

(3)准备简易防护器材,如用毛巾、口罩等捂住口鼻。

(4)自制简易救生绳索,如用被褥、衣服、床单等撕成条,拧好成绳挂在牢固的窗台、床架、室内牢固物上,然后沿绳慢慢滑下。

(5)无法逃生时,可选择远离起火点、取水、呼救方便的地方作为避难场所等待救援,如浴室、卫生间等既无燃烧物又有水源的场所。

(6)切勿盲目跳楼。

二、地震

(1)抓紧时间紧急避震,到空旷处;或如果感觉晃动很轻,说明震源比较远,只需躲在坚实的家具旁边即可。

（2）选择合适避震空间，例如承重墙墙根、墙角，有水管和暖气管道等处；不利避震空间为没有支撑物的床上，吊顶、吊灯下，周围无支撑的地板上，玻璃（包括镜子）和大窗户旁等。

（3）做好自我保护，保持镇静，选择好躲避处后应蹲下或坐下，脸朝下，额头枕在两臂上；或抓住桌腿等身边牢固的物体，以免震时摔倒或因身体失控移位而受伤；保护头颈部，低头，用手护住头部或后颈；保护眼睛，低头、闭眼，以防异物伤害；保护口、鼻，有可能时，可用湿毛巾捂住口、鼻，以防灰土、毒气。

三、泥石流

（1）沿山谷徒步行走时，要向坚固的高地或泥石流的旁侧山坡跑去，不要在谷地停留。

（2）一定要设法从房屋里跑出来，到开阔地带，尽可能防止被埋压。

（3）发现泥石流后，要马上与泥石流成垂直方向一边的山坡上面爬，绝对不能向泥石流的流动方向走。

（4）发生山体滑坡时，同样要向垂直于滑坡的方向逃生。

经典例题

1. 下列关于中国古代著名科技文献的说法中，错误的是（　　）。

A.《授时历》——元代郭守敬等天文学家修订的历法

B.《营造法式》——我国古代最完整的建筑技术书籍

C.《伤寒杂病论》——药王孙思邈确立了中医临床基本原则

D.《天工开物》——世界上第一部关于农业和手工业生产的综合性著作

【答案】C。《授时历》是元代颁行的历法，由元代天文学家郭守敬等人在科学观测的基础上，参考历代历法修订而成，是我国古代优秀的历法。A项正确。《营造法式》是宋代李诫在两浙工匠喻皓《木经》的基础上编成的，是北宋官方颁布的一部建筑设计、施工的规范书。《营造法式》是我国古代最完整的建筑技术书籍，标志着我国古代建筑已经发展到了较高阶段。B项正确。《伤寒杂病论》是由东汉张仲景撰写的一部医学专著。此书并不是药王孙思邈所著，孙思邈的代表作是《千金方》。C项错误。《天工开物》是世界上第一部关于农业和手工业生产的综合性著作，是我国古代一部综合性的科学著作，作者是明朝的宋应星。外国学者称它为"中国17世纪的工艺百科全书"。D项正确。因此，本题答案为C项。

2. 在寒冷的冬天，可以看到户外的人不断呼出"白气"，这种现象属于（　　）。

A. 汽化　　　　　B. 升华　　　　　C. 凝华　　　　　D. 液化

【答案】D。呼出"白气"是呼出的水蒸气遇冷液化成小水滴，成为白气，是从气体到液体的转变。汽化是指物质从液态变为气态的相变过程。A项错误。升华指物质由于温差太大，从固态不经过液态直接变成气态的相变过程。B项错误。科学术语不存在凝化，应该叫凝华。凝华是物质从气态不经过液态直接变成固态的现象。C项错误。液化指物质由气态变为液态的过程，会对外界放热。D项正确。因此，本题答案为D项。

3. 大雾天气，公路两旁路灯的灯光会变得朦胧，其主要原因是（　　）。

A. 雾气吸收了路灯的光线　　　　　B. 灯光照射在雾气上发生了散射

C. 雾气吸附在灯罩表面，阻挡了灯光　　D. 雾气阻挡了人的视线

【答案】B。雾主要是由接近地面的水蒸气，遇冷凝结后飘浮在空气中的小水滴构成的。吸收光线的话会使光线变暗，但不是变得朦胧。A项错误。当光通过不均匀介质时（如雾气中的小水滴），一部分光

就会偏离原来的直线方向,改向四面八方传播,这种现象被称为光的散射。光的散射是使人们看到灯光变得朦胧的主要原因。B项正确。路灯由于发光伴随发热,灯罩的温度应该是相对高于环境温度的,雾气不会遇冷凝结在灯罩表面。C项错误。雾气阻挡人们的视线是由于光线被雾气散射所造成的。D项错误。因此,本题答案为B项。

4. 松土是农作物栽培的传统耕作措施,相关看法不合理的是(　　)。

A. 可以增加土壤的透气性,促进植物对无机盐的吸收

B. 能加快枯枝落叶、动物遗体和粪便等有机物的分解

C. 容易造成水土流失,可能成为沙尘暴的一种诱发因素

D. 降低土壤微生物的呼吸作用强度,减少二氧化碳排放

【答案】D。松土,意思是为种植而以人力翻耕土壤。松土能够增加土壤的通气量,有利于植物的根系进行有氧呼吸,并能促进其吸收土壤中的无机盐,A项正确。松土能够增加土壤的通气量,促进微生物的有氧呼吸,因而能加快枯枝落叶、动物遗体和粪便等有机物的分解,B项正确。松土能够容易造成水土流失,因而可能成为沙尘暴的一种诱发因素,C项正确。松土能够增加土壤的通气量,提高土壤微生物的呼吸作用强度,增加二氧化碳排放,D项错误。因此,本题答案为D项。

5. 在某些意外情况下,我们的身体在发生心跳、呼吸中止后会造成血液循环的停止。这时候就要进行心肺复苏的操作,以下不属于心肺复苏流程步骤的是(　　)。

A. 判断意识和畅通呼吸道　　　　　　B. 拍打背部

C. 人工呼吸　　　　　　　　　　　　D. 胸外心脏按压

【答案】B。在我们的心跳停止后,全身的血液循环也会随之停止,脑组织和许多重要脏器得不到氧气及血液的供应,很快就会出现坏死。所以这就要求我们必须先行判断遇难者意识是否清醒,然后畅通他们的呼吸道,再进行口对口人工呼吸的同时进行胸外心脏按压,人为地维持血液循环。所以不属于心肺复苏流程步骤的应该是拍打背部。因此,本题答案为B项。

6. 在发生泥石流时,下列做法正确的是(　　)。

A. 发现泥石流后,要马上向与泥石流成垂直方向一边的山坡爬

B. 发生山体滑坡时,要马上沿着滑坡方向尽力奔跑

C. 发生泥石流时,在沟底尽力爬到大树,上进行躲避,等待救援

D. 沿山谷徒步行走时,一旦遭遇大雨,发现山谷有异常的声音或听到警报时,应立即找寻较大的洞穴或巨石躲避,等大雨过后再走

【答案】A。B项,发生山体滑坡时,要向垂直于滑坡的方向逃生。C项,不要停留在低洼的地方,也不要攀爬到树上躲避。D项,沿山谷徒步行走时,一旦遭遇大雨,发现山谷有异常的声音或听到警报时,要立即向坚固的高地或泥石流的旁侧山坡跑去,不要在谷地停留。故A项正确。因此,本题答案为A项。

第八章　福建省省情

一、福建省概况

福建，简称"闽"，省会福州。位于中国东南沿海，东北与浙江省毗邻，西、西北与江西省接界，西南与广东省相连，东隔台湾海峡与台湾相望。北南最长为530千米，西东最宽为480千米。福建省现9个地级市，包括福州、莆田、泉州、厦门、漳州、龙岩、三明、南平、宁德和1个平潭综合实验区。全省大部分属中亚热带，闽东南部分地区属南亚热带。土地总面积12.4万平方千米，海域面积13.6万平方千米。陆地海岸线长达3752千米，位居全国第二位；海岸线曲折率1∶7.01，居全国第一位。森林覆盖率居全国首位。

福建的地理特点是"依山傍海"，九成陆地面积为丘陵地带，被称为"八山一水一分田"。全省山地丘陵面积约占全省土地总面积的90%；这些山地多为森林所覆盖，使得福建的森林覆盖率达65.12%，连续多年居全国第一位。福建以侵蚀海岸为主，岛屿众多，岛屿星罗棋布，共有岛屿1500多个，海坛岛现为全省第一大岛；且由于福建位于东海与南海的交通要冲，由海路可以到达南亚、西亚、东非，是历史上海上丝绸之路、郑和下西洋的起点，也是海上商贸集散地，和中国其他地方不同，福建沿海的文明是海洋文明而内地客家地区是农业文明。依山傍海的特点也造就了福建丰富的旅游资源；且除了鼓浪屿、武夷山、泰宁、清源山、白水洋、太姥山等自然风光外，还有土楼、安平桥、三坊七巷等人文景观。

福建的民族组成比较单一，汉族占总人口的97.84%，畲族为最主要的少数民族，占总人口1%，还有少量回族、满族等，其他民族人口多为近现代迁居而来，比重极小。福建汉族内部语言文化高度多元，分化成多个族群。

二、地理环境

1. 位置境域

福建地处中国东南部、东海之滨，陆域介于北纬23°33′至28°20′、东经115°50′至120°40′之间，东隔台湾海峡，与台湾相望，东北与浙江省毗邻，西北横贯武夷山脉与江西省交界，西南与广东省相连，连接长江三角洲和珠江三角洲，与台湾隔海相望，是中国大陆重要的出海口，也是中国与世界交往的重要窗口和基地。全省陆域面积12.14万平方公里，海域面积13.63万平方公里。

2. 地形地貌

福建境内峰岭耸峙，丘陵连绵，河谷、盆地穿插其间，山地、丘陵占全省总面积的80%以上，素有"八山一水一分田"之称。地势总体上西北高东南低，横断面略呈马鞍形。因受新华夏构造的控制，在西部和中部形成北（北）东向斜贯全省的闽西大山带和闽中大山带。两大山带之间为互不贯通的河谷、盆地，东部沿海为丘陵、台地和滨海平原。

陆地海岸线长达3752千米，以侵蚀海岸为主，堆积海岸为次，岸线十分曲折。潮间带滩涂面积约20万公顷，底质以泥、泥沙或沙泥为主。港湾众多，自北向南有沙埕港、三都澳、罗源湾、湄洲湾、厦门港和东山湾等六大深水港湾。岛屿星罗棋布，共有岛屿1500多个，海坛岛现为全省第一大岛，原有的厦门岛、东山岛等岛屿已筑有海堤与陆地相连而形成半岛。

3. 气候特点

福建靠近北回归线，受季风环流和地形的影响，形成暖热湿润的亚热带海洋性季风气候，热量丰富，全省70%的区域≥10℃的积温在5000～7600℃之间，雨量充沛，光照充足，年平均气温17～21℃，平均降雨量1400～2000毫米，是中国雨量最丰富的省份之一，气候条件优越，适宜人类聚居以及多种作物生长。气候区域差异较大，闽东南沿海地区属南亚热带气候，闽东北、闽北和闽西属中亚热带气候，各气候带内水热条件的垂直分异也较明显。

4. 水系

福建水系密布，河流众多，河网密度达0.1公里/平方公里。全省河流除交溪（赛江）发源于浙江，汀江流入广东外，其余都发源于境内，并在本省入海，流域面积在50平方公里以上的河流共有683条，其中流域面积在5000平方公里以上的主要河流有闽江、九龙江、晋江、交溪、汀江5条。闽江为全省最大河流，全长577千米，多年平均径流量为575.78亿立方米，流域面积60992平方公里，约占全省面积的一半。由于属山地性河流，河床比降较大，水力资源丰富，水力资源蕴藏量居华东地区首位。

5. 土地资源

土地面积12.38万平方千米，现有农业耕地123.47万公顷，主要集中在沿海平原、沿河流域、山间谷地与低丘陵梯田等地。红壤、黄壤为福建省主要土壤类型，砖红壤性土与砖红壤化红壤也有分布。

三、旅游景点

福建的旅游资源丰富而且独特。厦门市鼓浪屿风景名胜区（2007年）、南平市武夷山风景名胜区（2007年）、福建省土楼（永定·南靖）旅游景区（2011年）、三明市泰宁风景旅游区（2011年）、泉州市清源山景区（2012年）、宁德市白水洋—鸳鸯溪旅游区（2012年）、宁德市福鼎太姥山旅游区（2013年）、福州市鼓楼区三坊七巷景区（2015年）、龙岩市上杭县古田旅游区（2015年）、莆田市湄洲岛妈祖文化旅游区（2020年）、厦门市厦门园林植物园景区（2024年）、福建省龙岩市冠豸山景区（2024年）等12个国家AAAAA级旅游景区景色奇异秀丽。

"海峡旅游"是福建旅游最突出的主题，"山海一体，闽台同根，民俗奇异，宗教多元"是福建旅游鲜明的特色。福建现有世界文化与自然双遗产武夷山、世界文化遗产福建土楼、世界自然遗产与世界地质公园泰宁，世界地质公园宁德白水洋、太姥山、白云山，以及海上花园温馨厦门、温泉古都有福之州、海上丝路文化泉州、朝圣妈祖平安湄州、成功起点光辉古田、滨海火山日出东山、东海麒麟神奇平潭等独具特色的旅游品牌。

福建现有8座中国优秀旅游城市、12个国家5A级旅游景区、18个国家级风景名胜区、16个国家地质公园、5座国家历史文化名城、15个国家级自然保护区、29个国家森林公园、137个全国重点文物保护单位、19座历史文化名镇、57个全国历史文化名村。自然保护区、森林公园、风景名胜区的面积占全省土地面积的8%，形成了人与自然和谐共处的良好环境。

福建文化旅游资源灿烂多元，悠久的历史孕育了闽南文化、客家文化、妈祖文化、闽越文化、朱子文化、海丝文化等六大精品文化，以及茶文化等一批内涵深刻、特色鲜明的地域文化。

福建宗教多元，佛教、道教、伊斯兰教等遗址广为分布，泉州有"世界宗教博物馆"之称，妈祖、陈靖姑、保生大帝、清水祖师等民间信仰在海峡两岸影响很大。闽剧、莆仙戏、梨园戏、高甲戏、芗剧等是福建五大地方剧种。此外还有20多种民间小戏分布于全省各地。

福建物产丰富，福州的脱胎漆器、寿山石雕、武夷山的大红袍和安溪铁观音等名茶，惠安的影雕，德化的瓷器，漳州的水仙花、中成药片仔癀，古田的食用菌，莆田的荔枝、龙眼等享誉海内外。闽菜是全国八大菜系之一，佛跳墙、鸡汤氽海蚌均为一绝。

福建省著名景点

福州	三坊七巷、鼓山涌泉寺、福州仓山旧领事馆区遗址、福州西湖、马尾船政学堂、福州熊猫世界、福州国家森林公园、石竹山、青云山、海坛岛
厦门	鼓浪屿、园林植物园、集美嘉庚公园、海沧大桥旅游区、日月谷温泉主题公园、天竺山森林公园、胡里山炮台、园林博览苑、同安影视城、翠丰温泉旅游区、海沧青礁慈济祖宫景区、北辰山旅游景区、方特梦幻王国、环岛路、中山路步行街、南普陀寺、厦门大学、台湾民俗村、五缘湾湿地公园、梵天寺、大嶝小镇·台湾免税公园、灵玲国际马戏城
漳州	南靖土楼、东山岛、三平寺、马銮湾、火山地质公园、抽象画廊、云水谣、云洞岩、灵通岩、龙池岩
宁德	白水洋、太姥山、白云山（世界地质公园）、翠屏湖、临水宫
龙岩	古田会议会址、冠豸山、永定土楼（世界文化遗产）、汀州古城墙
泉州	五里桥、清源山老君岩、崇武古城、清净寺、洛阳桥
三明	桃源洞、天鹅洞、狐狸洞、泰宁丹霞地貌（世界自然遗产）
莆田	广化寺、湄洲岛
南平	武夷山（世界自然与文化双遗产）、万木林及归宗岩风景区

四、民俗文化

1. 语言

福建省历来以方言复杂著称。全国汉语方言有七大类，福建境内就占有其五——闽方言、客方言、赣方言、吴方言和官话方言。方言的形成主要是由于社会的分裂、人民的迁徙、民族的融合和地理的阻隔。福建境内现存的各种方言都有自己独特的形成过程。

从总的方面说，就古民族和古方言的源流而论，福建方言是多来源的；就方言差异的积存和共同语的影响而论，福建方言是多层次的；就内外关系及其相互作用的结果而论，福建方言是多类型的。

2. 特产

福州特产：寿山石、牛角梳、橄榄、福橘、龙眼、闽姜、芙蓉李、茉莉花茶、脱胎漆器、木画、木雕、纸伞、贝雕、瓷器等。

莆田特产：盛产鳗鱼、对虾、梭子蟹、丁昌鱼等海产品，龙眼、荔枝、枇杷、文旦柚"四大名果"驰名中外。

龙岩特产：连城地瓜干、连城白鹜鸭、连城兰花、龙岩花生、长汀豆腐干、上杭萝卜干、武平猪胆干、永定菜干、河田鸡等。

泉州特产：各种瓜果、名木花卉、德化瓷器、惠安石雕、安溪乌龙茶（安溪铁观音）、老范志万应神曲、永春老醋、源和堂蜜饯、泉州木偶头、永春漆篮、人造花等。

漳州特产：水仙花、茶花、兰花等"三大名花"和青梅、芦柑、荔枝、天宝香蕉、龙眼、平和蜜柚、菠萝等"七大名果"；还有各种海产干货、片仔癀牌片仔癀、八宝印泥、片仔癀珍珠膏、珍贝漆画饰板、水仙花牌风油精，布袋戏等。

厦门特产：各种亚热带瓜果、馅饼、鱼皮花生、菩提丸、青津果、厦门珠绣、漆线雕、厦门彩塑、厦门瓷塑、香菇肉酱、厦门药酒、海产干货等。

南平特产：武夷岩茶（大红袍）、竹笋、香菇、莲子。

宁德特产：茶叶、食用菌、四季柚、槟榔芋、晚熟荔枝、晚熟龙眼、油柰、无核柿、板栗等畅销海内外，宁德还盛产大黄鱼、石斑鱼、对虾、二都蚶、剑蛏等海珍品。

五、城市荣誉——福建之最

福建商人最典型的文化标记——妈祖崇拜。

我国最早出现烧制瓷器的阶级窑——福建德化在分室龙窑基础上发展起来的阶级窑。

年代最早的天妃宫——泉州天后宫始建于宋庆元二年,是现存妈祖庙中建筑规格最高、规模最大、年代最早的一座。

我国现存最大的道教石雕——福建泉州清源山老君岩的老君造像,建于宋朝。

我国最古老最完好的伊斯兰圣迹——福建泉州丰泽区灵山伊斯兰教圣墓,建于唐朝。

我国最早最古老的伊斯兰教寺——福建泉州鲤城区涂门街清净寺,建于宋朝。

我国现存最早的海港大石桥——福建泉州惠安洛阳的洛阳桥,建于宋朝。

现存最早保护最好的三世佛石雕像——泉州清源山碧霄岩喇嘛教三世佛造像,建于元朝。

我国现存最完整的花岗岩滨海石城——惠安崇武古城,建于明朝。

六、福建省知名历史人物

1. 卢嘉锡（1915—2001）

台湾台南人,生于厦门。物理化学家、教育家、社会活动家和科技组织领导者。其工作涉及物理化学、结构化学、核化学和材料科学等多种学科领域。在结构化学研究工作中有杰出贡献,曾提出固氮酶活性中心的结构模型,从事结构与性能的关系研究等,对中国原子簇化学的发展起了重要推动作用,他所指导的新技术晶体材料科学研究,也取得了重大成绩。他早年设计的等倾角魏森保单晶 X 射线衍射照相的 Lp 因子倒数图,载入国际 X 射线晶体学手册,称为"卢氏图"。

2. 陈景润（1933—1996）

福建福州人,当代数学家,厦门大学数学系毕业。曾任中国科学院数学研究所研究员,中国科学院学部委员。陈景润在解析数论研究领域多项重大成果。1973 年在《中国科学》发表了"1+2"详细证明,引起世界巨大轰动,被公认是对哥德巴赫猜想研究的重大贡献,是筛法理论的光辉顶点,国际数学界称之为"陈氏定理",至今仍在"哥德巴赫猜想"研究中保持世界领先水平。著有《初等数论》等。

3. 林可胜（1897—1969）

厦门人,生于新加坡。我国近代最杰出的科学家之一,我国现代生理学的主要奠基人,美国国家科学院第一位华人院士、中央研究院首届院士。著名生理学家,发现肠抑胃素,是中国人在国内首先发现的胃肠道激素。著有《生理学概论》等。

4. 林巧稚（1901—1983）

生于厦门鼓浪屿基督教徒家庭,医学家。她在胎儿宫内呼吸、女性盆腔疾病、妇科肿瘤、新生儿溶血症等方面的研究作出了贡献,是中国妇产科学的主要开拓者、奠基人之一。

5. 萨本栋（1902—1949）

字亚栋,闽侯人,蒙古族。出生于福建省闽侯县,物理学家、电机工程专家、教育家,中央研究院第一届院士,国立厦门大学第一任校长。他的重要贡献是提出双矢量方法解决电路的计算和分析问题,开拓了电机工程的一个新研究领域,在国际上很受重视。

6. 林语堂（1895—1976）

福建龙溪人,原名和乐,后改玉堂,又改语堂。中国现代著名作家、学者、翻译家、语言学家,新道家代表人物。曾任联合国教科文组织美术与文学主任、国际笔会副会长等职。于 1940 年和 1950 年先后两度获得诺贝尔文学奖提名。曾创办《论语》《人间世》《宇宙风》等刊物，作品包括小说《京华烟云》《啼笑皆非》、散文和杂文文集《人生的盛宴》《生活的艺术》以及译著《东坡诗文选》《浮生六记》等。

7. 陈嘉庚（1874—1961）

著名的爱国华侨领袖、企业家、教育家、慈善家、社会活动家，福建省泉州府同安县集美社人（今厦门市集美区）。伟大的爱国主义者，为中国人民革命胜利作出了重要贡献。毛泽东主席称誉为"华侨旗帜，民族光辉"。一生为辛亥革命、民族教育、抗日战争、解放战争、新中国的建设作出了卓越的贡献。晚年的陈嘉庚，请人在鳌园刻录"台湾省全图"，念念不忘国家统一。

8. 陈化成（1776—1842）

字业章，号莲峰，汉族，福建同安县（今属厦门市）人。鸦片战争中抗英名将。行伍出身，习水性，精武艺，累迁至总兵。

9. 施琅（1621—1696）

字尊侯，号琢公，福建省泉州府晋江县（今晋江市龙湖镇衙口村）人，祖籍河南固始，明末清初军事家，清朝初期重要将领，康熙时领军收复台湾。康熙皇帝把台湾的回归看成是施琅为清朝"扫数十年不庭之巨寇，扩数千里未辟之遐封"。封施琅为靖海将军、靖海侯。施琅是清朝初期一位重要历史人物，也是我国历史上著名的爱国将领。

10. 郑成功（1624—1662）

名森，表字明俨、大木，幼名福松，我国明末清初著名的民族英雄。郑成功原为中国南明政权的大将军，因蒙南明绍宗赐明朝国姓朱，赐名成功，世称"国姓爷""郑赐姓""郑国姓""朱成功"，又因蒙南明昭宗封延平王，称"郑延平"。尊称"延平郡王""开台尊王""开台圣王"等。福建南安人，明末清初军事家，民族英雄。郑成功一生，抗清驱荷，以赶走荷兰殖民主义者、收复宝岛台湾的业绩载入史册，海峡两岸均立像树碑纪念。有《延平王集》行世。

11. 朱熹（1130—1200）

字元晦，又字仲晦，号晦庵，晚称晦翁，谥文，世称朱文公。宋朝著名的理学家、思想家、哲学家、教育家、诗人，闽学派的代表人物，儒学集大成者，世尊称为朱子。朱熹是唯一非孔子亲传弟子而享祀孔庙，位列大成殿十二哲者中。朱熹是程颢、程颐的三传弟子李侗的学生，任江西南康、福建漳州知府、浙东巡抚，做官清正有为，振举书院建设。官拜焕章阁侍制兼侍讲，为宋宁宗皇帝讲学。

12. 柳永（约 971—1053）

初名三变，字者卿，字景庄，排行第七，又称柳七，福建崇安（今福建崇安）人。北宋著名词人。

13. 严复（1853—1921）

乳名体干，初名传初，改名宗光，字又陵后名复，字几道，晚号愈野老人，福建侯官（后并入闽县，称为闽侯，今福州市）人。中国近代启蒙思想家、翻译家。

14. 林觉民（1887—1911）

福建省福州市人。字意洞，号抖飞，又号天外生。中国民主的先驱，革命烈士。黄花岗七十二烈士之一，为黄花福州十杰之一。

15. 郑振铎（1898—1958）

生于浙江温州，原籍福建长乐。作家，文学史家，著名学者，字西谛，有郭源新、宾芬等多个笔名，是中国民主促进会发起人之一。中国现代杰出的爱国主义者和社会活动家、作家、诗人、学者、文学评论家、文学史家、翻译家、艺术史家，也是著名的收藏家、训诂家。

16. 冰心（1900—1999）

原名谢婉莹，福建长乐人，中国民主促进会（民进）成员。中国诗人，现代作家，翻译家，儿童文学作家，社会活动家，散文家。笔名冰心取自"一片冰心在玉壶"。晚年被尊称为"文坛祖母"。冰心的父亲谢葆璋是一位参加过甲午战争的爱国海军军官。

经典例题

1.（　　）自隋唐起就是东南沿海重要对外贸易中转地，是国家首批历史文化名城，是闽南文化发祥地。

A. 福州　　　　　　B. 泉州　　　　　　C. 厦门　　　　　　D. 漳州

【答案】B。泉州是国务院首批公布的 24 个历史文化名城之一，是古代"东方第一大港""海上丝绸之路"的起点，同时泉州也是闽南文化的发源地与发祥地，闽南文化保护的核心区与富集区，历史文化深厚、名胜古迹众多，有"海滨邹鲁""光明之城"的美誉。泉州是中国海上丝绸之路的起点，宋元时期泉州港被中世纪世界著名旅行家马可波罗誉为"世界第一大港"，与埃及的亚历山大港齐名。因此，本题答案为 B 项。

2. 她一生亲自接生了 5 万多婴儿，被称为"万婴之母"，堪称中国版的特蕾莎修女。请问被称为"万婴之母"的是（　　）。

A. 林巧稚　　　　　B. 乐以成　　　　　C. 凌筱瑛　　　　　D. 苏祖斐

【答案】A。林巧稚（1901—1983 年），福建省厦门鼓浪屿人，医学家、中国妇产科学的主要开拓者之一。她是北京协和医院第一位中国籍妇产科主任及首届中国科学院唯一的女学部委员（院士）。林巧稚一生亲自接生了 5 万多婴儿，在胎儿宫内呼吸，女性盆腔疾病、妇科肿瘤、新生儿溶血症等方面的研究作出了贡献，是中国现代妇产科学的奠基人之一。林巧稚终生未嫁，但她却有最赤诚的爱。她没有子女，却是最伟大的母亲。她一生亲自接生了 5 万多婴儿，被称为"万婴之母"，堪称中国版的特蕾莎修女。因此，本题答案为 A 项。

3. 在抗倭斗争中作出贡献的泉州籍人物是（　　）。

A 戚继光　　　　　B 郑成功　　　　　C 俞大猷　　　　　D 施琅

【答案】C。俞大猷（1503—1579 年），字志辅，又字逊尧，号虚江，晋江（今福建泉州）人，是明朝中后期的著名军事将领，在抗倭上功勋卓著，是与戚继光齐名的"抗倭英雄"。戚继光，山东登州（今山东蓬莱市）人，祖籍濠州定远（今安徽定远县）。因此，本题答案为 C 项。

4.《习近平在厦门》《习近平在宁德》《习近平在福州》《习近平在福建》系列采访实录，为我们深入理解和把握习近平新时代中国特色社会主义思想提供了鲜活教材。下列哪项是习近平总书记在福州工作时亲自倡导和践行的优良作风？（　　）

A."滴水穿石"　　　B."弱鸟先飞"　　　C."马上就办"　　　D."四下基层"

【答案】C。1991 年 2 月 20 日，在福州市委工作会议上，习近平第一次向全市干部明确提出，"要大力提倡'马上就办'的工作精神，讲求工作时效，提高办事效率，使少讲空话、狠抓落实在全市进一步形成风气、形成习惯、形成规矩。"而"四下基层"作风、"弱鸟先飞"意识、"滴水穿石"精神是习近平在宁德地区担任地委书记时提出来的。因此，本题答案为 C 项。

第三篇　言语理解与表达

第一章　逻辑填空

逻辑填空是福建省选调生考试的常规题型,考查的是考生对词语含义的正确理解、对语言基础知识的掌握和对相关专业用语的熟悉程度。逻辑填空考查方式主要有语境辨析、语义辨析。

第一节　语境辨析

语境,即文段的语言环境,能提示我们做题所需要的信息,是对文段所选内容的限制和补充。语境辨析主要是上下文关系的分析,厘清上下文之间的逻辑关系,锁定文段的关键信息,帮助我们找到合适的词语填入横线处。

在逻辑填空中,关联词是重要的语境提示,考试中常考的关联词有转折关系、递进关系、并列关系三大类。

一、关联词

1. 转折关系

转折关系是指后一分句(正句)表述的意思同前一分句(偏句)的意思相反或相对。

提示类词:但是,不过,可是,相对,然后,却,其实,事实上,……

如果看到横线前出现转折关联词,那么我们就可以从这个空入手。因为转折关联词表示前后语义相反或感情倾向相反,所以我们只需要找出与前文相反的一个词语即可。

【例1】当前,中国粮食安全形势持续稳定好转,但也要_____。粮食事关国计民生,粮食安全这根弦片刻不能放松。

填入画横线部分最恰当的一项是(　　　)。

A. 严阵以待　　　　B. 居安思危　　　　C. 持之以恒　　　　D. 高瞻远瞩

【答案】B。分析语境,根据转折提示词"但"可知,前后语义或倾向相反,横线处所填词语应表达"即便当前中国粮食安全形势好转,但是不能放松警惕"之意,对应B项"居安思危",即指虽处在平安的环境里,但也要想到有出现危险的可能,指随时有应对意外事件的思想准备。A项"严阵以待"指摆好严整的阵势,等待来犯的敌人,语境中并无"来犯的敌人",故排除;C项"持之以恒"指长久地坚持下去,D项"高瞻远瞩"形容眼光远大不能与前文形成转折,故排除C、D项。因此,本题答案为B项。

【例2】为了让基层干部敢于担当作为,让他们感到有关心、有支持,上级领导要多一些俯下身子的耐心,少一些高高在上的盲目指挥;多一些换位思考的理解包容,少一些_____的简单问责。在管理干部时,_____必不可少,但要与厚爱有机结合,尤其应当注重厚爱。

依次填入画横线部分最恰当的一项是（　　）。

A.不分皂白　薄惩　　　　　　　　B.罔顾实际　严管

C.咄咄逼人　问责　　　　　　　　D.草草了事　教育

【答案】B。第一空由"多一些换位思考的……少一些……"的句式可知，横线处所填词语与前文"换位思考"构成反义关系对应。"换位思考"指站在对方的立场、角度来思考问题。在文段语境下，"换位思考"即站在基层干部的角度看问题，看清实际情况。A项，"不分皂白"指不分黑白、不辨是非；C项，"咄咄逼人"形容气势汹汹，盛气凌人；D项，"草草了事"指草率地把事情办完。这三者均不能与"换位思考"构成反义关系，排除A、C、D项。B项，"罔顾实际"指不管实际情况，填入与"换位思考"相对。第二空，"严管"与"厚爱"也构成反义对应，且符合"管理干部"这一语境，填入正确。因此，本题答案为B项。

2. 递进关系

递进关系是指后一分句表示的意思和内容在程度、范围上较前一句的意思更进一层。分句之间的顺序固定，不能随意变动。

提示类词：而且，甚至，尤其，特别，更，……

如果我们看到横线前面出现递进关联词，那么我们要填入横线的词语需与递进关联词之前的含义相关，且程度加深。如果横线后面出现递进关联词，那么填入横线的词语与递进之后的含义相关，但程度递减。

【例】君子之德要求坚守正道、深明大义、矢志不移，乃至_____不为各种威逼利诱所降服。这就是孟子所谓"富贵不能淫，贫贱不能移，威武不能屈，此之谓大丈夫"。君子要讲和谐，但不能随波逐流，更不能_____。《中庸》所谓"君子和而不流"，就是指在大是大非面前不能有丝毫含糊。

依次填入画横线部分最恰当的一项是（　　）。

A.以身殉道　人云亦云　　　　　　B.杀身成仁　口是心非

C.视死如归　沆瀣一气　　　　　　D.舍生取义　同流合污

【答案】D。分析语境，第一空，由"乃至"可知，横线处所填词语应比前文的"坚守正道、深明大义、矢志不移"语义程度更重，C项，"视死如归"形容不怕牺牲生命。与其他三项相比，不含为道义、正义牺牲之意，排除。第二空，由"更不能"可知，横线所填词语应与"随波逐流"构成语义上的递进。"随波逐流"指没有坚定的立场，缺乏判断是非的能力。B项，"口是心非"指口所言说的与心中所思的不一致。填入与句意不符，排除。A项，"人云亦云"指没有主见，只会随声附和。与"随波逐流"意思相近，不能构成语义上的递进，排除。D项，"同流合污"填入符合句意。因此，本题答案为D项。

3. 并列关系

并列关系是由两个或两个以上的分句并列组成，各分句间所表示的意思、事件或动作没有主次之分。并列结构包括正向并列和反义并列。

提示类词：

（1）正向并列：同时，此外，另外，与此同时，或，且，和，有的……有的……

（2）反义并列：不是……而是……，是……而不是……

如果我们看到横线前面出现正向并列关联词，可知要填入横线的词语与并列关联词前面词语为同义词，语义相关但不相同的选项为正确答案。如果我们看到横线前面出现反向并列关联词，反向并列作用相当于转折作用，需要找出与前文相反的一个词语。

【例1】家中_____的藏书和频繁造访的文学界人士，是她踏上文学之路的启蒙，而严肃理性与唯美浪漫并重的家庭教育，则培养她从小具备独立人格与深刻思想。

填入画横线部分最恰当的一项是（　　　）。

A. 俯拾皆是　　　　　　　　　　B. 浩如烟海

C. 鳞次栉比　　　　　　　　　　D. 寥若星辰

【答案】B。分析语境，第一空所填词语修饰"藏书"，通过"和"与"频繁造访"构成并列关系，应体现书多之意，对应 B 项，"浩如烟海"形容典籍、图书等极为丰富，特指书多；A 项，"俯拾皆是"形容只要低下头来捡取，到处都是，语义侧重于容易得到，语境中无易得之意，排除；C 项，"鳞次栉比"一般用来形容房屋或船只等排列得很密很整齐，与"藏书"搭配不当，排除；D 项，"寥若星辰"指稀少得好像早晨的星星，指为数极少，与文意相悖，排除。因此，本题答案为 B 项。

【例2】纵观现代化历程，中国改革一直是在争论中推进的，之所以能够顺利推进并取得举世瞩目的成就，就是因为主流意识形态具有强大的_____力量，总是能够超越左与右，促使社会形成新的共识。而主流意识形态有这样强大的力量，恰恰是从不同社会思潮中汲取智慧，而不是_____的"任性"。

依次填入画横线部分最恰当的一项是（　　　）。

A. 整合　刚愎自用　　　　　　　B. 平衡　剑走偏锋

C. 吸收　泥古不化　　　　　　　D. 柔化　恃才放旷

【答案】A。本题的突破口在第二空，根据关联词"是……而不是……"可知前后形成反义并列，填入词语应与"从不同社会思潮中汲取智慧"意思相对，表示封闭守旧。A 项"刚愎自用"指倔强固执，自以为是，与前面的内容形成了反义关系，且与后面的"任性"形成语义上的照应。B 项，"剑走偏锋"指用不同以往的办法来解决问题。D 项，"恃才放旷"指倚仗着自己的才能而对自己的行为不加以约束。两词均不符合文意，排除 B、D 项。C 项"泥古不化"指拘泥于古代的成规或古人的说法而不知变通。文段并没有体现出主流价值意识墨守古人成规的含义，排除。代入验证第一空，"整合力量"搭配恰当。因此，本题答案为 A 项。

二、标点符号

1. 顿号、分号、逗号可表并列

如果我们看到横线前面出现并列关联词或表示并列关系的标点符号，则提示要填入横线的词语与并列关联词前面词语为同义词，语义相关但不相同的选项为正确答案。

【例1】中国对世界的贡献，不仅有中国资金、中国_____、中国市场，还有中国对策、中国_____、中国经验，更有中国思想、中国_____、中国愿景。

依次填入画横线部分最恰当的一项是（　　　）。

A. 技术　方案　智慧　　　　　　B. 技术　智慧　方案

C. 智慧　技术　方案　　　　　　D. 智慧　方案　技术

【答案】A。分析语境，根据"、"可知，三空均为并列结构。第一空，根据"中国资金，中国市场"可知，所填词应与经济有关，体现出一种经济属性，相较于"智慧"，"技术"更能体现出经济属性，排除 C、D 项。第二空，根据"中国对策，中国经验"可知，所填词应体现出"对策、经验"之意，即解决问题的方法。A 项

"方案"指一种方法或计划,符合文意,当选。B项"智慧"指聪明才智,更侧重表示一种能力,而非方法,排除。代入验证第三空,"智慧"指聪明才智,可与"思想""愿景"相对应,符合文意,当选。因此,本题答案为A项。

【例2】壶口还是不能尽收这一川黄浪,于是又有一些各自_____的,乘隙而进的,折返迂回的,它们在龙槽两边的滩壁上散开来,或钻石觅缝,_____如泉;或淌过石板,潺潺成溪;或被夹在中间,哀哀打漩;还有那顺壁挂下的,亮晶晶的_____。

依次填入画横线部分最恰当的一项是(　　)。

A.另觅出路　哗哗　状如丝缕　　　　B.夺路而走　汩汩　如丝如缕

C.狼奔豕突　淙淙　如丝如缕　　　　D.横冲直撞　涓涓　状如丝缕

【答案】B。分析语境,第一空,所填词语和"乘隙而进""折返迂回"构成并列,均是以拟人的手法来形容"一川黄浪"的流势。A项,"另觅出路"意为这条路不通,需要重新寻找一条路,文段并无此意,仅是描写其多样的流淌状态,排除;C项,"狼奔豕突"比喻敌人奔逃时的惊慌状态,为贬义词,与文段的感情色彩不符,排除。第二空,所填词语用以表达"钻石觅缝"的黄河水呈现与泉水一致的特征,且由分号可知,所填词语与后文中的"潺潺"这一形容流水声音的词语构成并列,D项,"涓涓"意指溪水缓流的样子,与泉水的特征不符,排除;B项,"汩汩"为象声词,形容水或其他液体流动的声音,符合语境。第三空代入验证,"如丝如缕"置于此处形象地描绘出"那顺壁挂下的"河水的流势,当选。因此,本题答案为B项。

【例3】在实现中华文化伟大复兴的历史征程中,悠久的诗教传统具有了_____的土壤与需求。诗教不仅可以"兴观群怨",可以提升人格、净化精神世界,更可以通过今天所提倡和大力加强的"美育"与"德育",复兴这一传统文化精神,凝聚人心,_____,推动当代伟大实践。

依次填入画横线部分最恰当的一项是(　　)。

A.勃兴　成风化人　　　　B.蓬勃　春风化雨

C.发展　和风细雨　　　　D.兴旺　潜移默化

【答案】A。本题可从第二空入手,所填词语与"凝聚人心"形成并列,表示"诗教通过美育与德育",对"大众"的积极教育作用。A项,"成风化人"指通过倡导树立一种社会风气来影响、教育感化社会大众,符合文意。B项,"春风化雨"比喻良好的熏陶和教育,常用于"教师对学生、长辈对晚辈"的个体教育,一般不用于大众教育的语境中,排除。C项,"和风细雨"比喻方式和缓,不粗暴,体现不出对大众的教化作用,排除。D项,"潜移默化"指人的思想或性格不知不觉受到感染、影响而发生了变化,置于文段主体应为"大众",而非"诗教",排除。代入第一空验证,"勃兴"指蓬勃兴起,"悠久的诗教传统具有了勃兴的土壤和需求"符合语境。因此,本题答案为A项。

2.冒号、破折号、逗号可表解释说明

如果我们看到横线后面出现表示解释说明的标点,则提示要填入横线的词语与后文解释说明要形成对应。

【例1】索尔仁尼琴的终极关怀,与托尔斯泰和陀思妥耶夫斯基_____,他们共同勾勒出俄罗斯文学的近现代_____。在某种意义上,索氏就是两位先贤的_____:不仅同样叙写反抗黑暗和寻找光明的先知话语,而且擅长文学叙事。

依次填入画横线部分最恰当的一项是(　　)。

A.如出一辙　画卷　翻版　　　　　B.一脉相承　轮廓　传人

C.异曲同工　轨迹　回响　　　　　D.不谋而合　图景　后学

【答案】A。本题突破口在第三空,横线处所填词语搭配"先贤"且冒号之后的内容对其进行解释说明,根据冒号后"同样"可知,索氏与先贤做法趋于一致,A项,"翻版"指翻印的版本,强调两者有许多共同之处,符合文意,当选。B项,"传人"即接班人,后文未体现传授关系且无法与"同样"进行对应,排除;C项,"回响"指声音一再地发出回声,常搭配"声音",与"先贤"搭配不当,排除;D项,"后学"指学问居于人后的学者、读书人,多作谦辞,用以自称,与文意不符,排除。前两空代入验证,A项,"如出一辙"比喻两件事情非常相似,对应后文"共同",符合文意;"勾勒画卷"搭配得当,当选。因此,本题答案为A项。

【例2】近年来,信息技术的发展日新月异,数字化、网络化、智能化成为知识呈现新方式,面对信息技术带来的海量知识内容与多元知识类型,如何_____,搬取最有价值的知识内容与知识类型,成为个体知识学习面临的新挑战。

填入画横线部分最恰当的一项是(　　)。

A.兼收并蓄　　　B.披沙拣金　　　C.扬长避短　　　D.薪火相传

【答案】B。由文段可知,所填词语应表示在海量知识内容和多元知识类型中搬取最有价值的知识内容和知识类型。A项,"兼收并蓄"指把不同的人或事物都收容包罗进来。B项,"披沙拣金"指拨开沙子来挑选金子,比喻从大量的东西中选取精华。C项,"扬长避短"意思是发扬长处,回避短处。D项,"薪火相传"比喻学问和技艺代代相传。只有"披沙拣金"意思是大量事物中选取精华,符合文意。因此,本题答案为B项。

三、提示类信息

如果语境中没有出现关联词或者是需要填入词语的特征,且根据句子之间的逻辑关系无法判定,那么可以通过画横线的位置来把握要填入的词语和横线前后词句的语义关系,由此来寻找提示信息,从而判断要填入词语的特征。

【例1】"山一程,水一程,身向榆关那畔行,夜深千帐灯。"文化节目《经典咏流传》的舞台上,当纳兰性德的《长相思·山一程》被棋手柯洁用深情的歌声唱出时,这句_____的词句还是给予我惊艳和陌生。那份数百年前的故园情思、羁旅感慨因悠扬的旋律被再度激活,令人_____。

依次填入画横线部分最恰当的一项是(　　)。

A.目知眼见　心旷神怡　　　　　B.驾轻就熟　焕然一新

C.耳熟能详　耳目一新　　　　　D.耳闻能诵　赏心悦目

【答案】C。第一空,由文段开头提示可知,作者听到歌手演唱经典诗词时,对熟悉的词句产生了不熟悉的陌生感,横线处的词语要体现作者对这句诗很熟悉。C项,"耳熟能详"意思是指听得烂熟,可以详尽复述出来,符合文意,当选。A项,"目知眼见"意为亲眼所见,形容熟悉了解,形容具体人或事物,而不能搭配"诗句",排除。B项,"驾轻就熟"比喻技艺娴熟,毫不费力,形容技艺,而不能搭配"诗句",排除。D项,"耳闻能诵"意为听过就能背出来,形容记忆力强,与文意无关,排除。验证第二空,根据文段"词句给我惊艳和陌生",可知熟悉的诗句带来了新鲜的感觉,C项"耳目一新"意思是听到的、看到的跟以前完全不同,令人感觉到很新鲜,符合文意,当选。因此,本题答案为 C 项。

【**例2**】办实事,不要_____办"小事",勿以善小而不为。一说办实事,有些干部就想着办大事,而不屑于办小事,其实许多看似_____的小事,却与群众的工作、生活息息相关。

依次填入画横线部分最恰当的一项是(　　)。

A.排斥　排难解纷　　　　　　B.轻忽　旁枝末节

C.拒绝　一枝一叶　　　　　　D.低估　无关痛痒

【**答案**】B。第一空,根据"勿以善小而不为""有些干部就想着办大事,而不屑于办小事"可知,横线处所填词语应体现不重视、不认真对待"小事"之意。A 项"排斥"指使别人的人或事物离开自己这方,此处强调的是不重视,而非完全排除在外,文意不符,排除;B 项"轻忽"指不重视、不注意、轻率疏忽,符合文意,保留;C 项"拒绝"指不接受(请求、意见或赠礼等),程度过重,排除;D 项"低估"指过低估计,若置于此处应直接表述为"低估小事",与"办小事"搭配不当,且"低估"侧重于对事物的判断出现偏差,而文段重点在于态度上的不重视,与文意不符,排除。代入验证第二空,搭配"小事"。B 项"旁枝末节"比喻不重要的或次要的事情,与"小事"搭配恰当。因此,本题答案为 B 项。

第二节　词义辨析

词义辨析通常使用语素联想法。

所谓"语素",从语法层面来说,是指组成词语的最小单位。

语素联想法就是通过词语之间不同语素对词语展开联想并辨析的方法。语素联想法常用于实词。

实词即具有实际意义的词,包含成语和其他实词(名词、动词、形容词等)。

一、成语应用

通过构词语素的含义分析成语的意思。

【**例1**】亲力亲为的财富管理方式,就是自己规划自己的财务。_____并不表示你在财务管理上失去自主权,一切任由理财专员为你决定。相反的,你仍须设定财务目标,再由专业理财人士为你量身打造理财计划,以让你达到追求的目标。

填入画横线部分最恰当的一项是(　　)。

A.听之任之　　B.乘间取利　　C.假手于人　　D.越俎代庖

【**答案**】C。根据语境分析可知,此处所填词语应与"亲力亲为"意思相反,描述一种在理财专员协助下进行财富管理的方式。A 项,"听之任之"用语素法分析为听他随他,指任凭事物存在发展而不去过问,与"并不表示你在财务管理上失去自主权"意思相悖,排除。B 项,"乘间取利"用语素法分析为利用空隙取得利益,指利用对方力量薄弱的地方袭击取胜;C 项,"假手于人"用语素法分析为利用去做某事,指利用别人做某种事来达到自己的目的;D 项,"越俎代庖"用语素法分析为主祭祀的人跨过礼器去替代厨师办事,指超出自己的业务范围去处理别人所管的事。与"亲力亲为"相对,C 项"假手于人"用来描述借助专业人士进行理财的方式更恰当。因此,本题答案为 C 项。

【例2】近年来,国产精品剧_____,主旋律作品"爆款"频出,一部《山海情》实现了电视遥控器在家庭的代际统一,我们今天的幸福生活就是《觉醒年代》的续集,观众的真心点赞和真切感慨,体现了优秀国产剧的深厚观众缘,也证明了好作品的强大_____。

依次填入画横线部分最恰当的一项是(　　)。

A.异军突起　感召力　　　　　　　　B.拨云见日　凝聚力

C.数不胜数　创造力　　　　　　　　D.层出不穷　生命力

【答案】D。分析语境,第一空横线搭配"国产精品剧",且横线后面提示"主旋律作品'爆款'频出",接着举例证明,则横线处所填成语要表达出国产精品剧既多又频繁地出现,对应D项"层出不穷",意为接连不断地出现,没有穷尽,符合文意,保留。A项"异军突起"强调新的派别或新的力量突然兴起,B项"拨云见日"比喻疑团消除,心里顿时明白,均不能体现国产精品剧既多又频繁地出现之意,不符合文意,排除;C项"数不胜数",意为数都数不过来,形容数量极多,根本数不过来,程度过重,排除。代入验证第二空,"也证明了好作品的强大生命力"符合文意。因此,本题答案为D项。

二、其他实词应用

分析语素差异,可通过分析词语间不同语素的侧重含义,并用不同的语素进行组词(组常见的词),进而找到词语间的区别。

【例1】传统美德,是一片_____的土地,生长着本真的人生体验,孕育着鲜活的道德追求。

填入画横线部分最恰当的一项是(　　)。

A.丰收　　　　　B.丰饶　　　　　C.丰产　　　　　D.丰盛

【答案】B。分析语境,横线处修饰的是"土地",横线后提示"生长着本真的人生体验,孕育着鲜活的道德追求",可知横线需要表达出这片土地有着很多"人生体验""道德追求"等精神财富,对应B项"丰饶",意为富饶,符合文意,当选。A项"丰收"指收成好,一般指农作物,C项"丰产"在农业上指比一般产量高,D项"丰盛"一般用来形容物质,均无法和后文的精神财富形成对应,排除。因此,本题答案为B项。

【例2】打卡的本意是_____人们按时完成相应任务或活动,培养良好的学习生活习惯,确实有不少人因此受益良多。只是,对未成年人来说,频繁打卡对其自身和家长来说都可能是一种_____。比如个别打卡活动难度大、不符合孩子的年龄特征,需家长配合才能完成;一些打卡活动还有额外支出,可能会增加家庭经济压力。

依次填入画横线部分最恰当的一项是(　　)。

A.督促　负担　　　　B.监督　累赘　　　　C.鞭策　包袱　　　　D.催促　义务

【答案】A。本题突破口在第二空,根据"比如个别打卡活动难度大……可能会增加家庭经济压力"可知,横线处词语应体现频繁打卡增加了家长的任务和经济压力。A项"负担"指所承担的工作、责任、费用等,符合文意,保留。B项"累赘"指多余的负担、麻烦,侧重"多余",文段并非强调频繁打卡是多余的,而是强调频繁打卡使得家长所要承担的内容增加了,与文意不符,排除;C项"包袱"指用布包起来的衣物包裹,比喻精神上的负担,文段并非只强调精神方面的负担,还有经济负担,排除;D项"义务"指公民按法律规定应尽的责任,与文意无关,排除。代入验证第一空,根据"按时完成相应任务或活动,培养良好的学习生活习惯"可知,横线处词语应体现打卡是为了监督、约束人们按时完成任务或活动之意。A项"督促"指监督催促,符合文意。因此,本题答案为 A 项。

【例3】贾岛"推敲"是中国古代一个名声颇显的故事,语出后蜀何光远的《鉴戒录·贾忤旨》,反映了创作诗歌过程中对字句的反复_____。在平时,无论阅读或写作,我们_____有一字不肯放松的谨严。文学借文字表现思想情感,文字上面有含糊,就显得思想还没有_____,情感还没有_____。

　　依次填入画横线部分最恰当的一项是(　　)。

　　A.斟酌　必须　透彻　凝练　　　　　　B.琢磨　必需　精确　凝练

　　C.琢磨　必须　精确　丰富　　　　　　D.斟酌　必需　透彻　丰富

【答案】A。第一空,从搭配角度看,排他性不强。第二空,从词性上分析,"必须"是副词,指一定要。"必需"是动词,指一定要有。横线处后文已有动词"有",排除 B、D 项。第三空,所填词语应与"含糊"语义相对。"精确"指精密而准确,不能用来形容"思想",排除 C 项。"透彻"指(了解情况、分析事理)详尽而深入,意思与"含糊"相对,符合句意。验证第一空和第四空,"斟酌字句""凝练情感"均搭配恰当。因此,本题答案为 A 项。

三、词语搭配

(1)搭配一个词:瞻前顾后找准搭配的对象。

(2)搭配多个词:横线处所填词语搭配由"和、及、与"引导的并列结构,需与并列结构搭配恰当。

搭配思维:

(1)运用语素联想法,找到词义侧重。

(2)联系上下文。如果是一个句子中的词语,应该遵循"词不离句"的原则来理解,联系上下文字找出其正确解释。

(3)结合生活实际理解。有些词语与我们的生活密切相关,此时借助生活经验理解词语就是一种很好的方法。

【例1】好的作品会对一些人的人生产生重大和深远的影响。它能让人变得更加坚强,让人生目标更加_____。曾几何时,一部《钢铁是怎样炼成的》,一部《平凡的世界》,成为许多青年人精神世界的"圣经",成为他们一生中经受_____、战胜苦难的强大精神动力。

　　依次填入画横线部分最恰当的一项是(　　)。

　　A.笃定　磨难　　　B.确定　波折　　　C.淡定　磨炼　　　D.镇定　挫折

【答案】A。第一空,搭配"人生目标",C 项,"淡定"指遇事沉着、冷静,一般形容人的性格或遇事时的表现;D 项,"镇定"一般指遇到紧急情况不慌乱。这两个词语均不能用来搭配"人生目标",排除 C、D 项。"目标更加确定"指的是目标变得更加明确、清晰,"目标更加笃定"指的是实现目标的决心更加坚定、不动摇。文意为好的作品能给人战胜苦难的动力,让人坚定地朝着自己的人生目标前进。故 A 项"笃定"更契合文意。代入验证第二空,"波折"的语义程度较轻,与"圣经""苦难""强大的精神动力"表现程度较重的语境搭配,用"磨难"更恰当。因此,本题答案为 A 项。

【例2】受多种因素影响,部分网贷机构出现风险。各省区市第一时间进行动员部署,多措并举,维护社会稳定和金融稳定,保护出借人合法权益。依法打击转移资金、跑路等恶性退出行为;_____资金流向，_____高管人员，_____问题机构良性退出；依法缉捕外逃人员，全力做好追赃挽损；回应和解决群众合理诉求。

依次填入画横线部分最恰当的一项是（　　）。

A.监管　掌控　引导　　　　　　B.掌控　监测　强迫

C.引导　监测　监管　　　　　　D.监测　管控　引导

【答案】D。本题突破口在第二空，第二空搭配的是"高管人员"，所以所填词语要和"人"搭配。A项，"掌控"是指掌握控制，后面常与搭配"单位、组织或者权力"等，一般不与"人"搭配，排除A项。B、C项，"监测"是指监视检测，例如监测卫星，环境监测，一般不直接修饰人，排除B、C项。D项，"管控"是指管理控制，管制，可以和人搭配，符合文意，当选。代入验证第一、第三空。"监测"资金流向，"引导"良性退出搭配恰当。因此，本题答案为D项。

【例3】坚持从长远谋划当前，进行产业差异化布局，避免"一哄而上"，我们才能找准自身定位、发挥_____优势。避免搞封闭小市场、自我小循环，依法查处不正当竞争行为，破除区域壁垒、打通循环堵点，充分发挥市场作用，才能在更大的经济循环中_____发展空间。

依次填入画横线部分最恰当的一项是（　　）。

A.技术　赢得　　　　B.比较　拓展　　　　C.区域　争取　　　　D.核心　打造

【答案】C。第一空，搭配"优势"，且根据"进行产业差异化布局，避免'一哄而上'，找准自身定位"可知，横线处所填词语应体现其优势是相对独特的。B项"比较"指对比几种同类事物的异同、高下，C项"区域"指土地的界划、地区区域自治，或国家管辖范围以外的海床和洋底及其底土；均可体现发挥独特优势之意，且"比较优势"和"区域优势"都是常见热词搭配，保留。A项"技术"指在劳动生产方面的经验、知识和技巧，也泛指其他操作方面的技巧；D项"核心"指中心、主要部分；均与文意不符，排除。第二空，搭配"发展空间"。根据"避免搞封闭小市场……充分发挥市场作用""更大的经济循环"可知，横线处所填词语应体现扩大发展空间之意。B项"拓展"指开拓、扩展，与"发展空间"搭配恰当，且体现扩大发展空间之意，当选。C项"争取"指力求获得或实现，侧重于努力获取，无法体现扩大发展空间之意，与文意不符，排除。因此，本题答案为C项。

四、固定搭配

固定搭配主要是一些专业术语，包含政治、法律、经济专业术语，难度较大，容易混淆。因此，平时要加强对专业术语的积累。

【例】党中央从全局高度进行战略_____，发挥中国特色社会主义集中力量办大事的制度优势，聚全国之力、汇全民之智、集各方之志，党政军民学总动员，东西南北中齐发动，形成了全社会参与扶贫的强大_____。

依次填入画横线部分最恰当的一项是（　　）。

A.勾画　支撑　　　B.规划　动力　　　C.擘画　合力　　　D.谋划　助力

【答案】C。分析语境，第一空搭配"战略"，B项"规划"指做规划，C项"擘画"指筹划、布置，D项"谋划"指筹划、想办法，三项均搭配恰当。A项"勾画"指勾勒描绘，用简短的文字描写，常搭配"蓝图""愿景"等，与"战略"搭配不恰当，排除。第二空，根据"发挥中国特色社会主义集中力量办大事的制度优势，聚全国之力、汇全民之智、集各方之志，……"可知，所填词语应体现出"汇集各方力量，一起扶贫"的意思。

C 项"合力"指一起出力,符合文意,当选。B 项"动力"比喻推动工作、事业等前进和发展力量,D 项"助力"指帮助的力量,均体现不出各方力量合作之意,与文意不符,排除。因此,本题答案为 C 项。

五、感情色彩

根据感情色彩,词语可分为褒义词、贬义词、中性词。需要根据现有句子所提供的语境,判断作者的感情态度和褒贬意味,是解题的关键。

【例】在产品广告和自媒体营销号中,我们经常看到对"防癌食品""抗癌保健品"的_____许多营销文案还能列出一篇篇的科学文献,动不动就说"某著名大学发现""某权威医学期刊证实"等,显得"很有科学依据"。其实,科学领域说的"致癌"和"防癌",跟广大公众心中所想的"致癌""防癌"_____。

依次填入画横线部分最恰当的一项是(　　)。

A. 鼓吹　相去甚远　　　　　　B. 宣传　毫不相干

C. 正名　判若云泥　　　　　　D. 炒作　南辕北辙

【答案】A。分析语境,第一空,由后文对营销文案的批评可知,作者对产品广告和自媒体营销号中号称"防癌""抗癌"的所谓标榜是不认可的,此处应填一个含有贬义的词语,"宣传""正名"填入不恰当,排除 B、C 项。第二空,A 项,"相去甚远"指互相之间存在很大差异和距离;D 项,"南辕北辙"比喻行动和目的相抵触。此处是在说明科学领域说的"致癌""防癌"和大众心中想的有差距,不一致,"相去甚远"填入符合句意,排除 D 项。因此,本题答案为 A 项。

六、程度轻重

有些词语在词义上可能区别并不大,但是在表达的轻重程度上会有不同。如果文段的语境里没有特别的标志,一般倾向于选择语义较轻的;当带有特殊的语境信息时,可以选择语义较重的,如文段的表达倾向为消极、否定的意味,一般选择语义较重的词语。

【例】转型,必须用新的理念、新的视野、新的方法、新的标准_____部队建设,推进战斗力提升。装备好不等于战斗力强,只有在近似实战的环境中_____,才能脱毛换羽、涅槃重生。

依次填入画横线部分最恰当的一项是(　　)。

A. 审查　锻炼　　B. 审视　淬炼　　C. 检视　历练　　D. 检查　磨练

【答案】B。分析语境,第一空搭配"部队建设"。A 项"审查"即对某项情况的核实;B 项"审视"即仔细地看、反复分析,均可搭配"部队建设";C 项"检视"、D 项"检查"侧重检验查看,常与"现场""工作"等搭配,均与"部队建设"搭配不当,排除。第二空,根据"脱毛换羽、涅槃重生"可知,文段表述程度较重。A 项"锻炼"比喻通过实践,提高工作能力和思想水平,程度较轻,排除;B 项"淬炼"即反复经受考验、磨练,程度重,当选。因此,本题答案为 B 项。

第二章　片段阅读

第一节　中心理解题

中心理解题是考试频率最高的一种题型，所占比重很大，属于片段阅读中的常考题型。中心理解题主要是考查考生对于文段主要内容的概括归纳能力。

中心理解题要求考生理解文段中心意思，解题时可从关联词、文段结构两个主要技巧入手，也可以从主题词、举例论证、反面论证等辅助技巧入手，从而锁定文段关键信息，进而将关键信息进行同义替换，选择四个选项中与文段关键信息对应最好的一项。

中心理解题可以通过提问方式识别题型。

中心理解题的提问方式：

1. 这段文字主要讲述 / 谈论 / 强调 / 旨在说明 / 阐明 / 分析 / 说明的是……
2. 这段文字的主旨 / 主题 / 观点 / 主要目的 / 意思是……
3. 对这段文字概括 / 复述 / 归纳 / 总结最准确的是……
4. 这段文字的关键词 / 中心议题是……
5. 概括这段文字所包含的道理……
6. 给公务员 / 我们工作带来的启示 / 启发……

其中，"给我们 / 给公务员工作带来的启示 / 启发是……"提问方式较特殊，本质仍为中心理解题。这类题目文段通常为一则故事或寓言，正确选项应体现故事或寓言隐含的道理、揭示的启示，而不应只停留在表述故事内容的层面。

一、关联词

关联词多作为区分文段主次的重要提示信息，在中心理解题文段中，常见的关联词有五类，分别是转折关系、因果关系、递进关系、必要条件关系、并列关系。

关联词可以出现在主旨句中，也可以出现在论证说明中，所以必须先分清层次，再考虑关联词。只有主旨句中的关联词需要重点关注。

1. 转折关系

转折关系词具有否定前文信息，从而引出文段重点的观点、结论的作用。转折关系的文段中，转折词引出的观点句和结论句往往是文段的关键信息。

转折关系提示类词：

典型格式：虽然……但是……

非典型格式：其实；事实上；实际上；当然；只是；殊不知；截然不同；截然相反；全新的研究；一种误读；相对而言；……

在做中心理解题时，应先识别文段为转折关系，准确分析转折之后观点句强调的内容，再选出可与转折之后观点句进行同义替换的选项。

在这类题目当中，错误选项常常对应文段转折之前的非重点信息。题目较为复杂时，可先排除对应文段非重点信息的错误选项。

【例】当面临问题时，有些人在外界压力下试图追求极致的问题解决方法。而事实上，如果他们可以排除外界影响，避免追求那些极致的问题解决方法，转而在理性的基础上限定自己的探索，发现满意的问题解决方法即可，那么他们就能最大程度地提升效率。

这段文字意在强调（　　　）。

A. 面临问题时，不应该因外界压力追求极致的问题解决方法

B. 面临问题时应排除外界影响，基于理性来限定自己的探索

C. 有时候，追求极致的解决问题的方法并不一定是最经济的

D. 有时候，不一定要在外界压力下找到极致的问题解决方法

【答案】B。由"而事实上"可知，文段为转折结构，转折后的内容为文段重点。文段重点强调了面临问题时，如果可以排除外界影响，转而在理性的基础上限定自己的精密，就能最大程度提高效率。B项是该观点句的同义转述。A、C、D项均未提到文段的重点"在理性的基础上限定自己的探索"，排除。因此，本题答案为B项。

2. 因果关系

因果结论词具有总结前文，得到观点或者对策的作用，在因果关系的文段中，因果关联词引出的往往是重点的观点句和对策句。

因果关系提示类词：
于是；总之；由此可见；照此看来；综上所述；概而言之；言而总之；导致；造成；致使；使得；因为／由于……所以……；之所以……是因为；之所以……归根结底

因果关联词在文段的位置不同，产生的作用也不同。结论之后，文段有可能直接结束，也可能会有论据。如果结论词在尾句，往往是总结的全文，是全文的结论句；如果结论词出现在开头或者是段中，解题关键是分析结论句与后面句子逻辑的关系，确定文段强调的关键句，对关键句进行同义替换。如果不加分析，随意将结论词之后的语句当作关键句，则可能会被表象蒙蔽。

与转折关系类似，因果关系对应的题目错误选项一般为结论之前的非重点信息。

【例1】很难说哪种思想，乐观的或悲观的，是对人工智能导致的"创造性破坏"的正确评价。希望是乐观的观点，概括了未来发展的创造性特征。正如历史所展示的，革命性的技术运动在最后实现时，能发展出更好的社会，即使其曾经是非常具有破坏性的，伴随着公司的起起伏伏，熟练技术代替大量的非娴熟技术。因此，对于积极的观点，一个重要的前提是这个社会准备好通过教育学习和研究来掌控未来，愿意接纳变化，应对未来不确定性，包括"创造性破坏"的弹性。

根据文段内容，以下与作者观点最为接近的一项是（　　　）。

A. 应该审慎对待革命性的技术运动

B. 人工智能对未来技术革新造成的影响是难以被评价的

C. 乐观看待技术革新带来的"创造性破坏"，并积极应对

D. 未来的社会有能力承受一系列变化,包括"创造性破坏"

【答案】C。文段解释了关于"人工智能导致的'创造性破坏'"的积极观点,最后一句通过"因此"这一结论词,针对这种积极观点提出我们应该要做到的前提准备,也就是要积极应对人工智能带来的问题,对应 C 项。A 项强调审慎对待革命性的技术运动,文段中未提及,而是介绍了如何对待技术运动带来的结果,排除;B 项强调人工智能对未来技术革新造成的影响是难以被评价的,而文段说的是很难说哪种评价是正确的,排除。D 项强调未来的社会一定有能力承受变化,文中并未提及,排除。因此,本题答案为 C 项。

【例 2】在数字遗产涉及死者相关隐私问题上,网络运营商所承担的关于保护用户隐私的义务,是指使用相关技术等协助用户的使用,不得让用户的私人信息遭到泄露,这个义务不应该阻碍用户使用、转让及交易数字财产权利行使。所以,面对隐私权与继承权的冲突,可以在继承程序中制定一个充分保护隐私的规范,即在充分考虑死者个人意愿的前提下,继承前由网络运营商保护死者隐私,继承后由继承人保护死者隐私。继承者在继承数字遗产的同时需承担起保护相关隐私的义务,否则将承担相应的责任。这样分工明确既可以不损害继承者的继承权,也不会损害死者的相关隐私。

这段文字意在强调(　　)。

A. 网络运营商应主动承担保护死亡用户隐私的义务

B. 应在数字遗产的继承程序中制定保护隐私的规范

C. 数字遗产的继承应充分考虑死者的个人意愿

D. 数字遗产继承者应承担保护用户隐私的义务

【答案】B。文段开篇指出在数字遗产涉及死者隐私问题上,网络运营商所承担的关于保护用户隐私的义务。第二句通过"所以"得出结论,面对隐私权与继承权的冲突,可以在继承程序中制定一个充分保护隐私的规范,后文具体解释如何保护,所以文段为分总分结构,重点是第二句,即面对数字遗产涉及死者隐私时,可以在继承程序中制定一个充分保护隐私的规范,对应 B 项。A 项对应解释说明中"网络运营商"应承担的责任,表述片面,排除;C 项对应解释说明的部分内容,非重点,排除;D 项对应解释说明中"继承者"应承担的责任,表述片面且非重点,排除。因此,本题答案为 B 项。

【例 3】研究显示,外貌相关基因多于人体其他部位的相关基因。非常多的基因参与了面部结构、头发、眼睛及肤色这些千变万化的容貌特征的构建。因此,人脸所呈现出来具有明确的遗传特性。但是,基因多样性也是有限的,只有那么多。人们会有这样某个时刻,你手里会出现同样一副牌是一个道理。

这段文字意在说明(　　)。

A. 脸部特征的丰富性源自于基因的多样性

B. 人类撞脸是由于脸部基因的多样性有限

C. 脸部的遗传特征性在家庭成员内部更明显

D. 区分个体相貌的能力能使人类得到好处

【答案】B。文段首先介绍了外貌相关基因的多样性及人脸具有明确的遗传特性的结论,然后通过"但是"进行转折引出文段重点,表明在街上认错人源于基因的多样性是有限的,并以洗牌的例子进一步说明。可知,文段意在表明外貌基因为多样性是有限的,只有 B 项符合,当选。A、C 项为文段次要内容,不是重点。D 项内容文段未涉及。因此,本题答案为 B 项。

3. 必要条件关系

必要条件关系的文段，往往通过标志词引出解决问题的对策，故这类文段也称为"问题对策类"。

必要条件关系文段旨在通过作者的论述解决文段提出的问题，故由标志词引导的、包含解决对策的语句为此类文段关键句。

必要条件关系提示类词：只有……才……；不……就不……

必要条件可转化为问题的对策。

例句：①只有国家强大了，才不会受人威胁。②想要不受人威胁，国家必须强大起来。

对策提示类词：

应该／应当／必须／务必／需要／亟须／亟待／呼吁／倡导／提倡／提醒／建议＋做法

中心理解题考查必要条件或者对策时，解题时要找到文段中关于对策的明确表述，这往往是解决题目的重点，需要对它进行同义替换或者精简压缩。

但有时候对策的文段，原文并不会明确给出对策，但对策已在原文有所暗示，有所体现。比如文段分析"监督制度有许多问题、危害"，则一般正确选项表述为"完善监督制度"，即选择来自文中具有针对性的对策，而不可选择延伸总结的、与文段无关的错误对策（如错误对策"政府应保持廉洁"）。

对策文段一般的错误是问题或者是不具有针对性的对策。

【例1】有网友感慨，进入了自媒体时代，新闻越来越多，离真相却越来越远。的确，浮夸自大的文风套路，看似抄了"10万＋"的近路，实则误入新闻生产的歧路。全媒体时代，真实客观理性的新闻准绳没有变，新鲜有趣优质的价值取向没有变，平实求实务实的文风导向也没有变。只有创作者自律自觉，将文风与世风勾连，给流量和情绪松绑，方能写出真正从容自信的作品。

上述文字意在指出（　　　）。

A. 新闻媒体浮夸自大的文风影响深远

B. 许多新闻媒体误入了新闻生产的歧路

C. 新闻报道来不得半点虚假和浮夸

D. 全媒体时代新闻创作的正确文风导向

【答案】D。文段开篇引用了网友的感慨，之后引出作者对于"浮夸自大的文风套路"的不认同。紧接着指出"全媒体时代"的新闻特点，最后通过必要条件关联词引出重点，即"只有创作者自律自觉，将文风与世风勾连，给流量和情绪松绑，方能写出真正从容自信的作品"，对应D项。A、B项对应第二句内容，非重点，排除。C项，"来不得半点虚假和浮夸"表达不明确，排除。因此，本题答案为D项。

【例2】回望中华民族，因为有那些熠熠生辉的华彩诗章留存，漫长的朝代更迭便不再单调，中华文明愈显璀璨。今天我们在谈论保护环境、建设生态文明时，不妨先从古诗词中感受美、培养提高审美能力。毋庸讳言，诗词已日渐小众化，能从中有深切体会者，也不在多数，这是无法强求的。但通过大众化形式的包装，让更多人通过诗词贴近自然，感受变化，体会生命的节律，从而领略自然之美，并由此生发出爱护自然、保护自然的责任意识，无疑是一件正能量的事情。

这段文字意在说明（　　　）。

A. 中华民族有热爱诗歌、爱护自然的传统　　B. 建设生态文明需要汲取传统文化的滋养

C. 诗词日渐小众化，需要大众化形式包装　　D. 赏析古诗词有助于培养大众的环保意识

【答案】D。文段由华彩诗章使中华文明愈显璀璨引出"今天我们在谈论保护环境、建设生态文明时，

不妨先从古诗词中感受美、培养提高审美能力"的观点,后文进一步强调通过对古诗词进行大众化形式的包装,让更多人通过诗词领略自然之美,从而生发出环保意识。由此可知,文段主旨在于论述古诗词对培养大众环保意识的作用,D项与此相符。A、C项未提到古诗词与环保意识的关系,B项"传统文化"表述过于笼统,文段论述的对象为"古诗词"。因此,本题答案为D项。

【例3】中小企业是我国经济发展和社会稳定的重要支撑。近年来,国家出台了一些针对中小企业的税收优惠政策,但中小企业的税负依然不轻。税收负担削弱了中小企业的竞争能力、盈利能力和工资增长能力,也进一步拉大了中小企业员工与国有大企业、三资企业员工之间的收入差距。

以下对上述文字概括最准确的一项是(　　)。

A. 中小企业对经济发展和社会稳定具有重要作用

B. 当前中小企业的税负对其发展造成影响

C. 国家对中小企业采取了税收优惠政策

D. 应该进一步减轻对中小企业的税负

【答案】D。文段为"提出问题—分析问题"的结构,文段首先指出"中小企业"很重要,接着指出"中小企业"是有"税收优惠政策"的,之后出现转折关联词"但",引出"中小企业的税负依然不轻"的问题,接着对问题的不良后果进行具体分析,因此重在强调对策,应减轻"中小企业"的税负,对应D项。A项对应文段首句内容,C项对应文的转折前的内容,非文段重点,排除;B项"造成的影响"是危害,而文段意在解决问题,故非文段重点,排除。因此,本题答案为D项。

4. 递进关系

递进关系在福建省选调生考试中考查频率较低。

递进关系的本质是话题递进、观点递进,即后文信息会围绕递进词引出的观点展开论述,或文段由浅及深、层层深入,最终由递进词引出最重要的对象。递进之后语气加强、程度加重,是文段重点内容。

> 递进关系提示类词:
> 不但……而且……;不仅……还……;更;甚至;根本;关键;核心;真正的是……;尤其;重要的是……

【例】科学研究起源于哲学,而哲学研究所建立的逻辑化正是科学方法的一个关键内容。在使用哲学的逻辑化开展科学研究的过程中,定量化是必不可少的。没有定量化,就无法通过归纳建立模型,也无法通过对模型的演绎做出预言,并被进一步的观测或者实验检验。数学研究所建立的各种计算方法和工具,使得科学研究和现在一般意义上的哲学研究分道扬镳,而科学研究的定量化又使得科学研究的成果能够得到实际应用,这是科学和哲学彻底分离的最显著标志。

这段文字意在强调(　　)。

A. 科学与哲学的渊源及区别　　　　B. 定量化在科学研究中的意义

C. 开展科学研究的基本方法　　　　D. 哲学和数学对科学研究的贡献

【答案】B。文段采取层层递进的方式,由科学研究起源于哲学,引出哲学中的逻辑化,又由科学研究中的逻辑化进而引出"定量化"的问题;接着具体阐述了定量化在科学研究中的重要性;最后指出正是定量化使得科学与哲学彻底分离,即定量化使得科学成为一门独立于哲学外的学科。可见,文段意在强调的是"定量化"对于科学研究的意义。"定量化"是文段的核心话题,四个选项中只有B项体现了"定量化"。A项说的是科学与哲学的关系,而文段中提到哲学只是为了引出科学研究院的定量化,并突出定量化对于科学研究的意义，排除。C 项范围太大，没有体现重点，排除；D 项只是文段的部分内容，排除。因此，本题答案为 B 项。

5. 并列关系

并列关联词表示从多个并列的角度描述事物，并列前后的内容重要程度一致。

并列关系的文段外在特征比较明显，解题时应根据并列标志词快速、准确识别文段，分别并列前后的关键信息，带着关键信息比对选项。并列文段错误选项往往是表述片面。

并列关系提示类词：

标志词：此外；另外；与此同时；再说；加上；以及……；既……又……；有的……有的……；一边……一边……

标点符号：顿号、逗号、分号

并列文段正确答案形式有两种：

第一种概括全面：文段并列各部分要素以并列形式体现在选项中。但应注意，并列加和是将文段并列前后介绍的要点进行加和，而不是并列前后信息的随意嫁接。

例：妈妈很善良，经常帮助左邻右舍。此外，妈妈很健谈，经常讲有趣的故事给我听。

上述语句是以"此外"为标志的"并列关系"，并列之前强调"妈妈很善良"，并列之后强调"妈妈很健谈"，则加和表述应为"妈妈很善良并且很健谈"。若表述为"妈妈很善良，经常讲有趣的故事给我听"或"妈妈经常帮助我和左邻右舍"，均为不合理的加和，所述观点与文段不一致。解题时要关注观点内涵，不要只看外在形式。

第二种提取共性：提取各并列分句的共同点，以一句话概括。提取的共性往往是抽象层面的，一般无法直接从文段提取。解题时应勾画并列各部分关键信息，先排除表述片面的选项，再结合话题进行选择。

例：妈妈很善良，经常帮助左邻右舍。此外，妈妈很健谈，经常讲有趣的故事给我听。

上述语句意在表明（　　）。

A. 妈妈很善良　　　B. 妈妈很健谈　　　C. 妈妈很坚强　　　D. 妈妈很优秀

这道题直接选择时会认为没有正确答案，这是比较复杂的真题的常见考查方式。解题时，明确并列前后强调的要点，先排除表述片面的 A、B 项；对比 C、D 项，C 项，"坚强"与文段要点"善良、健谈"无关，选项无中生有，排除；D 项，"优秀"广义体现"好"，"善良""健谈"同属积极的、正向的特点，提取共性，"优秀"最能体现文段要点，对比择优，D 项当选。

【例】近年来，许多优秀影视作品受到观众普遍欢迎。脱贫攻坚题材电视剧《山海情》之所以热播，除了动人的故事情节和细腻的情感刻画之外，还因为它鲜明地体现出中国人自强不息的奋斗精神和同舟共济的互助理念。这样的精神理念超越了西海固这块土地，引起观众强烈的情感共鸣和价值认同。电影《长津湖》热映，其深层原因也在于它将爱国主义、集体主义和英雄主义有机融为一体，有力呼应着人们的爱国情怀，呼应着铭记历史、致敬英雄的深厚情感。

这段文字意在强调（　　）。

A. 文艺作品普遍反映着时代的风貌　　　B. 思想和价值观是文艺创作的灵魂

C. 影视剧的成功在于贴近群众生活　　　D. 要大力激发文艺作品的创新活力

【答案】B。文段为并列结构，文段开篇引出优秀影视作品受到观众欢迎的背景，接着指出《山海情》热播的原因是其体现出中国人自强不息的奋斗精神和同舟共济的互助理念，《长津湖》热映的原因是其将爱国主义、集体主义和英雄主义有机融为一体，呼应了人们的爱国情怀和铭记历史、致敬英雄的情感，两部影视作品形成并列说明了文艺创作的成功在于其传递的精神理念和价值观，对应 B 项。A 项，"反映着时代的风貌"文段未提及,属无中生有,排除;C项强调影视剧的成功在于贴近群众生活,而文段强调影视剧的成功在于其体现出的"思想和价值观",排除;D项"要大力激发文艺作品的创新活力"文段未提及,无中生有,排除。因此,本题答案为B项。

二、行文结构

行文结构可以理解为行文脉络,也就是作者的写作思路。考查行文结构的文段没有明显的关联词提示重点,需要分析句子之间的关系,确定文段观点(即关键句),进而将观点同义替换后与选项进行对应。

文段的行文结构,一般分为"总—分""分—总""总—分—总""分—总—分""分—分"五种关系。所谓"总"是指文章中的论点,"分"是指文章中的论据。

我们可以通过梳理文段的行文脉络把握文段的中心句。

1. 总—分

若文段首句点明作者的观点,后文围绕首句观点展开论述,通过举例论证、道理论证、原因解释等方式论证首句观点,则文段为"总—分"结构,此时文段关键句位于段首。

比较简单的题目,关键句信息明确、简洁,可以直接对应正确答案。比较复杂的题目,关键句会比较冗长,且信息量较大,此时可适当结合论据确定关键句侧重强调的内容;或先排除对应论据的错误选项,再结合主题词进行选择。

2. 分—总

若文段先介绍背景、现状或引出话题,辅以举例论证等方式进行论证,在前文论证的基础上得出结论,则文段为"分—总"结构。此时文段关键句位于段尾,其内容多是对全文的总结概括、由前文得出的结论或针对问题提出的对策。

3. 总—分—总

若文段在"总—分"的基础上,在尾句上进行观点或对策总结,形成首尾呼应,则文段为"总—分—总"结构,此时首尾都可以作为文段重点。

4. 分—总—分

若文段先以背景等内容进行铺垫,进而引出文段观点,最后论述观点,则文段为"分—总—分"结构,此时关键句位于段中,其内容通常承接上文的话题,提出观点或对策,或反驳前文铺垫的内容,提出一个新的观点。

5. 分—分

"分—分"也就是并列文段,根据并列提示类词,找到并列的方面或者内容,对两个或多个层次的内容进行概括或者提取共性。

【例1】牙釉质是人体中最坚硬的天然生物材料,可实现高硬、高弹、高强、高韧等多种相悖力学性能的结合。牙釉质结构复杂、无法再生,修复牙釉质一直是仿生领域的一项艰巨挑战:难以获得与天然釉质多级结构相同的大面积修复层,也难以复刻天然牙齿的各项性能。据了解,牙釉质主要是由规则平行排列的羟基磷灰石纳米线复合少量生物蛋白质组装而成,对其结构的精细解析表明羟基磷灰石纳米线间还具有无机非晶间质层,这种多级微纳结构是牙釉质具有优异力学性能的关键。由于缺乏一维纳米线的宏观尺寸可控组装的方法,以及无机非晶纳米材料在制备及形貌调控方面的技术瓶颈,多尺度模仿牙釉质的多级结构以期在人造工程材料中实现甚至超过牙釉质的优异力学性能是一个巨大的挑战。

这段文字意在说明（　　）。

A. 修复牙釉质的挑战 　　　　B. 人体牙釉质的特点

C. 牙釉质的独特结构 　　　　D. 天然的事物难以仿制

【答案】A。文段为"分—总—分"结构，开篇介绍牙釉质概念，接下来提出观点，强调修复牙釉质一直是仿生领域的一项艰巨挑战，并通过冒号进行解释说明，最后具体论述修复牙釉质的困难之处，由此可知第二句为文段主旨句，对应A项。B项"特点"和C项"结构"属于解释说明部分，非重点，排除。D项缺少"牙釉质"这一核心话题。因此，本题答案为A项。

【例2】为了真正地把握社会现实，不仅需要坚实彻底的理论，还需要使这样的理论深入到社会的实体性内容中去，并通过这样的深入实现其全面的具体化。之所以这么说，是因为现实本身是具有实体性内容的，并因而是具体的。遗忘了这一点，再高明的理论也只能被当作"外部反思"来加以运用，也就是说，被当作某种公式来教条地加以运用。

这段文字意在强调（　　）。

A. 理论应当深入实践并实现全面的具体化

B. 人们不应当遗忘现实本身是实体而且具体的

C. 好的理论不能只被当成"外部反思"的工具

D. "外部反思"有可能将理论公式化和教条主义化

【答案】A。文段开篇引出观点，即理论是需要深入到实体内容中并且要实现其全面的具体化。之后通过原因进行解释说明，最后通过反面论证来进一步解释说明。故文段为"总—分"结构，重点在首句，对应A项。B项"不应当遗忘"属于解释说明，并且表述不明确，排除；C、D项，"外部反思"属于解释说明，非重点，排除。因此，本题答案为A项。

【例3】劳动教育是中国特色社会主义教育制度的重要内容，直接决定社会主义建设者和接班人的劳动精神面貌、劳动价值取向和劳动技能水平。长期以来，各地区和学校坚持教育与生产劳动相结合，在实践育人方面取得了一定成效，同时也要看到，近年来一些青少年中出现了不珍惜劳动成果、不想劳动、不会劳动的现象，劳动的独特育人价值在一定程度上被忽视，劳动教育正被淡化、弱化。对此，全党全社会必须高度重视，采取有效措施切实加强劳动教育。

这段文字主要说明了（　　）。

A. 开展劳动教育的原因 　　　　B. 劳动教育的重要作用

C. 现阶段劳动教育的不足 　　　　D. 加强劳动教育的必要性

【答案】D。文段开篇先介绍劳动教育的定义及意义，然后指出青少年中出现了一些不好的现象，即"劳动教育正被淡化、弱化"，尾句针对问题提出对策，即"加强劳动教育"。文段为"分—总"结构，尾句的对策句是文段的主旨句，对应D项。A项强调原因，B项强调作用，C项强调现阶段的不足，均非重点，排除。因此，本题答案为D项。

【例4】从外观上看，集装箱的结构太简单，甚至让人们觉得不屑一顾。但在集装箱出现之后，货运变得如此便宜，以至于某件产品产自东半球，运至纽约销售。远比在纽约近郊生产该产品来得划算。运输过程中成本的节省来自于工具和技术的改进，而这个工具和技术就来自于集装箱看似简单却发挥着神奇功能的独特构造。所以说，简单的技术能带来世界的变革，影响到整个世界的进程。

这段文字意在说明（　　）。

A. 小设计改变大世界　　　　　　　　B. 全球化消除了区域藩篱

C. 货运成本影响着商品价格　　　　　D. 简洁成为未来设计的主要趋势

【答案】A。首句引出话题，简单的设计虽然让人觉得不屑一顾但是却影响很大，尾句用表示结论的词引导出来重点，简单的技术带来了世界的变革，"总—分—总"的文段，两个总的观点都是对于世界影响的体现。因此，本题答案为 A 项。

三、辅助技巧

1. 主题词

主题词即文段强调的核心话题。

中心理解题的正确选项绝大多数情况包含文段主题词（少数情况包含文段主题词的同义词），故准确识别文段主题词可快速锁定正确答案。

当文段话题比较明显或考生在两个选项中纠结时，可考虑利用主题词解题。解题时，应根据主题词的特点，准确识别文段主题词。

主题词四大特征：

①多为名词；②一般高频出现，也可能只出现一次；③话题常围绕主题词展开；④前有引入，后有解释说明。

【例1】面对用地紧张、交通拥堵等"城市病"，地下空间在一定程度上打开了城市生长的新维度。同时，地下空间具有密闭性和环境稳定性，有利于构建综合性地上地下一体化防灾体系，通过合理开发和利用，成为构建韧性城市的关键。能够有效减轻"大城市病"的症状，促进资源的高效集约利用，打造环境友好型城市，推动城市向高质量发展迈进。

以上文字旨在说明（　　）。

A. 怎样去提高城市治理的水平　　　　B. 城市地下空间特点和作用

C. 发展城市地下空间的必要性　　　　D. 地下城市生长的全新维度

【答案】C。文段开篇介绍在"城市病"的背景下，开发城市地下空间成为开辟城市生长新维度的有效举措，随后通过并列关联词"同时"，指出地下空间具有密闭性、环境稳定性，合理开发和利用有利于构建韧性城市，尾句进一步阐述发展城市地下空间对城市发展所带来的诸多益处。故全文围绕主题词"城市地下空间"论述，意在通过论述"城市地下空间"在应对"城市病"方面所发挥的积极作用，强调发展城市地下空间的必要性，对应 C 项。A 项"提高城市治理的水平"、D 项"地下城市"均偏离文段主题词"城市地下空间"，排除；B 项，文段阐述城市地下空间的特点和作用，是为了强调发展城市地下空间对于城市发展的必要性和重要性，而非简单介绍，故该项偏离了文段的核心主旨，排除。因此，本题答案为 C 项。

【例2】一个建筑一旦建成，不管你喜欢不喜欢，它都在那里。建筑的美丑会潜移默化地影响公共审美。精美的建筑是城市的亮丽风景线，装点着城市的外在形象，传承着城市甚至国家的文脉。我们看到斗兽场，就会想到古罗马；看到巴洛克建筑，就会想到意大利文艺复兴；看到榫卯结构的木构建筑，就不由自主地赞叹中国古人的智慧。这些流传至今的优秀建筑其实是承载民族叙事的有形容器，无声地向世人诉说着本民族的历史文化。

这段文字意在强调（　　）。

A. 建筑美丑会影响公共审美　　　　　B. 精美的建筑是城市的风景线

C. 精美的建筑传承着地域的文脉　　　D. 精美的建筑代表城市甚至国家形象

【答案】C。文段开篇引出建筑的美丑这一话题，接着重点强调精美建筑的重要作用，即"传承着城市甚至国家的文脉"，然后通过精美建筑的例子论证之前的观点，最后再次强调精美建筑传承文化的观点，故文段论述的是"精美的建筑"与"文化/文脉"的关系，主题词为"精美的建筑""文化/文脉"，对应C项。A、B、D项均缺少"文化/文脉"这个主题词，排除。因此，本题答案为C项。

2. 举例论证

中心理解题的文段较长，但实际上关键的观点或对策句子都比较短，文中会有很大篇幅在叙述例子，而例子是起到例证观点的作用，不可能作为正确答案，所以当找中心句时，可以通过例子提示词判别例子，加快阅读速度；或者当找不到中心句时，可以通过例子的位置来判断中心句的位置，例子的后面或者前面往往出现文段的中心句。

> 例子提示类词：
> 比如；例如；譬如；以……为例；就是一个例证；年份；人名；地名；数据；调查报告；经验显示；……

【例1】今天，中国的大学不仅承载着培养人才、科学研究、服务社会的功能，还承载着文化传承的重要使命。而高水平的学术讲座，正是中国大学完成文化传承使命的重要载体。正因如此，已经有越来越多的高校打造了自己的讲座品牌，如武汉大学的弘毅讲堂、中山大学的博雅讲座、北京大学的才斋讲堂、清华大学的人文讲坛等。在学校内外，这些讲座品牌均已经形成或正在形成一定的社会影响力。

关于这段文字，以下理解准确的是（　　）。

A. 中国大学可以通过打造高水平的学术讲座以承载文化传承的使命

B. 部分大学通过打造本校的讲座品牌以扩大学校的社会影响力

C. 中国大学与其他国家大学的区别在于中国大学还需完成文化传承的使命

D. 大学的学术讲座在培养人才、科学研究、服务社会上起到重要作用

【答案】A。文段首句通过递进关联词"不仅……还……"强调中国大学承载文化传承的重要使命，然后通过程度词"正是"进一步指出，高水平的学术讲座是完成文化使命的重要载体，下文通过举例进一步解释说明，故文段重在强调高水平的学术讲座对传承文化使命的重要性，对应A项。B项，由"正因如此"可知，部分大学打造讲座品牌是为了传承文化，而非"扩大社会影响力"，表述不准确，排除。C项"中国大学与其他国家大学的区别"在文段中并未提及，无中生有，排除。D项，根据文段首句可知，"培养人才、科学研究、服务社会"为大学的功能，而不是"学术讲座的作用"，偷换概念，排除。因此，本题答案为A项。

【例2】十二世纪后期，泉州及漳州已是中国南部最发达的棉纺织业地区。黄道婆自海南岛乘海船返回松江府，乘坐的应该是泉州的商船，至泉州逗留，然后经海路转至杭州，去松江府；她在松江府"教以做造捍弹纺织之具"的经验亦应传自泉州和漳州，因为南宋时只有泉、漳两地才有"轮车"和"弹弓"的明确记载，而海南、松江则无。黄道婆只有从泉州中转，才可以学到这些工具的制造技术，教会乡人制造、使用。

这段文字的主旨是（　　）。

A. 介绍黄道婆自海南岛到松江府的行程

B. 黄道婆纺织工具的制造技术学自泉州

C. 从海南岛乘海船到松江府，需在泉州中转逗留

D. 泉州漳州在十二世纪后期已有发达的棉纺织业

【答案】D。文段开篇直接提出观点"十二世纪后期,泉州及漳州已是中国南部最发达的棉纺织业地区"。接着用"黄道婆"举例子,来证明首句观点,对应D项。A、B、C项均围绕举例论证部分论述,非重点。因此,本题答案为D项。

四、反面论证

反面论证是指提出观点之后,从反面来对该观点进行论证,也就是说假设不按照前面提出的观点来做,就可能导致某种不理想的结果。

> 反面论证的提示:
> 没有 / 如果不 / 如果没有 / 倘若 / 假使 / 一旦……+ 假设危害;对策 / 观点 + 否则 / 不然 + 假设危害

当文段有正面的观点或对策时,反面论证只是起到加强语气的作用,可以略读。当反面论证用"如果不……那么……"表示时,若反面论证前面没有出现主题句,那么文段的主旨就是与这个反面论证假设内容相反的意思。通过反面论证推导可以得到文段的主旨。反面论证题目的错误选项特征往往是把危害变为意义。

【例1】只有敢于进行舆论监督的媒体才更有公信力和影响力。在互联网、手机等新技术条件下,一个地理位置上极为偏僻的地方发生的一件事,只要其本身具有足够的社会关注度,要不了多久,地球人都会知道。在这种情况下,主流媒体如果对一些不正常的现象、问题不揭露,对一些事件背后的隐性矛盾不分析,公众就不太会信任你,最终还会离开你。不断失去读者,主流媒体就会逐渐边缘化。而这,将直接导致党和政府的主张、意图、决策等不能有效地传递。

下列选项中,最恰当地概括了上文意思的一项是(　　　　)。

A.新技术条件下,媒体的监督责任更加重大

B.不进行舆论监督的媒体会失去生命力

C.主流媒体必须取得大众的信任

D.主流媒体的舆论监督和政策宣传必须两者并重

【答案】B。本段文字结构为"提出观点 + 反面论证",首句论述舆论监督对于媒体的重要性,后三句进一步从反面详细阐述"新技术条件下不进行舆论监督—失去公信力—受众流失—边缘化—不能有效传递信息(即失去影响力)"。可见首句是文段中心句,不进行舆论监督的媒体会失去公信力和影响力,也就是失去生命力。文段侧重的是媒体进行舆论监督对媒体自身生存的影响,而非论述舆论监督是媒体的社会责任,A项中的"媒体的监督责任更加重大"在原文中并无反映,排除;C项过于宽泛,没有扣住"舆论监督"这一中心,排除;D项过度引申,文段中有关"党和政府的主张、意图、决策等"的有效传递是对主流媒体公信力和影响力的举例说明,并不是文段讨论的核心内容,排除。因此,本题答案为B项。

【例2】当前,新闻媒体正在深入推进融合发展。新闻作品版权是媒体的核心资产,但目前加剧的侵权现实让人无奈。作为新闻媒体,一般乐见自己的作品被广泛传播,但前提是尊重原创劳动,并得到授权方能使用。如果对未经授权擅自使用、传播新闻作品的行为置之不理,传统产业的发展将受到严重影响,媒体的融合发展也会面临严重困难。

这段文字意在强调(　　　　)。

A. 新闻媒体的融合有利于版权保护

B. 新闻媒体的融合发展面临严重困难

C. 新闻媒体应避免自己的作品被随意转载

D. 推动新闻媒体融合发展，必须做好版权保护

【答案】D。文段首先引出媒体融合的话题，接着指出现在新闻作品侵权的问题，尾句通过反面论证"如果对未经授权擅自使用、传播新闻作品的行为置之不理，传统产业的发展将受到严重影响，媒体的融合发展也会面临严重困难"强调对策，即我们要做好版权的保护，对应D项。A项，文段开头指出新闻媒体融合带来侵权加剧的现象，表述与文意相悖，排除；B项，问题表述，且文中是假设表述，而选项把假设变现实，排除；C项，文段提到"作为新闻媒体，一般乐见自己的作品被广泛传播"，表述不符合文意，排除。因此，本题答案为D项。

第二节 细节理解题

细节理解题是片段阅读中非常耗时间的一类题型，在福建省选调生考试中考查频率仅次于中心理解题，需要考生引起重视。

文段细节指易被忽略、混淆的信息。细节理解题要求考生根据文段查找关键信息、辨别重组后的语句是否符合文段细节，主要考查考生准确定位文段细节、比对选项和原文的能力。

> 细节理解题的提问方式：
> 以下对文段理解正确 / 不正确的是……
> 符合 / 不符合这段话意思的是……
> 下列说法正确 / 不正确的一项是……
> 下列说法符合 / 不符合文意的是……

命题人经常在选项上设置陷阱迷惑考生。细节理解题常见的选项错误类型有偷换范围、偷换程度、偷换数量、偷换话题、偷换逻辑关系、偷换时态、偷换情态和无中生有八种类型。

1. 偷换范围

选项出现较多的范围扩大和范围缩小的相互偷换。

范围扩大的词语有"一切""所有""都""完全""各个""全部""历代"。

范围缩小的词语有"没有""无""微乎其微""几乎没有""只有""唯一""仅仅"。

这就要求在做题时要留意观察选项中出现的表示范围的副词，确认原文和选项中的相应细节表述从范围的角度来说是否吻合，有没有范围扩大或是范围缩小。

2. 偷换程度

表示程度的词语有"较""很""非常""最"。

这就要求在做题时要留意观察选项中出现的表示程度的副词，确认原文和选项中的相应细节表述从程度的角度来说是否吻合。

3. 偷换数量

选项出现较多量和较少量的相互偷换，或者将原文的中间量偷换为较多量或较少量等错误。

表示较多量的词语有"大多数""大部分""广大""较大的"。

表示较少量的词语有"少数""少部分""一点儿""较少的""个别""稍"。

表示中间量的词语有"有些某些""部分"。

这就要求在做题时要留意观察选项中出现的表示数量的词语,确认原文和选项中的相应细节表述在数量上是否吻合。

4. 偷换话题

有些干扰选项设置会省略材料中话题前面的修饰语,或将材料中话题改换为意思相近但不相同的词语,或直接改换为另一个话题,从而造成偷换话题的错误。

这就要求在做题时要保持论述对象的一致性,确保选项与原文谈论的是同一件事情、同一主体、同一客体。

5. 偷换逻辑关系

偷换逻辑关系通常有几种情况:

(1)原文所表述的是并列关系,选项变为其他关系;

(2)原文是必要条件关系,选项变为充分条件关系;

(3)原文有特定的因果关系,选项把因果颠倒;

(4)原文是肯定选项变否定,原文是否定,选项变成肯定的肯否矛盾、混淆是非的错误。

这就要求在做题时要留意观察选项中出现的关联词语,确认原文和选项中的相应细节表述在逻辑关系上是否吻合。

6. 偷换时态

选项出现已然和未然的相互偷换。

表示过去时的词语有"已""已经""曾经""过了"。

表示进行时的词语有"现在""目前""正在"。

表示将来时的词语有"将""要""将要""不久""很快""趋势"。

这就要求在做题时要留意观察选项中出现的表示时态的词语,确认原文和选项中的相应细节表述在时态上是否吻合。

7. 偷换情态

选项一般会出现将可能性偷换成确定性的错误。

表示可能性的词语有"可能""也许""大概""几乎""不一定"。

表示确定性的词语有"是""有""总是绝对""一定""永远"。

这就要求在做题时要留意观察材料和选项中出现的表示情态的词语,确认原文和选项中的相应细节表述从情态的角度是否吻合。

8. 无中生有

无中生有,即原文甲和乙没有联系,而选项中将二者强拉关系;或者是主观臆断,即过度引申做出材料并未提及且与材料无关联的判断。

这就要求在做题时留意原文和选项中出现的带有关系性质的表述和推测性表述。

【例1】此前,人们对于哺乳动物睡眠行为进行了一系列的研究,发现人类以及其他哺乳动物的入睡时间、睡眠持续时间以及睡眠质量主要由生物钟和睡眠压力来调节。其中睡眠时间的长短主要与睡眠压力有关,也就是说,我们处于清醒状态的时间越长,大脑积累的损伤就越多,也就需要更长的休息时间来修复。研究人员猜测 DNA 损伤的积累到一定阈值或许是触发哺乳动物睡眠的"驱动因素"。哺乳动物在清醒状态下的神经元活动会诱导神经元 DNA 双链断裂,同时神经元中 DNA 的损伤修复会比正常分裂细胞慢,从而导致损伤持续积累。而睡眠状态会降低 DNA 损伤水平。

根据这段文字,下列选项正确的是( )。

A.更长时间的睡眠,对健康更有利

B.人在清醒状态时间越长越渴望睡眠

C.睡眠时间不够,会影响神经元中DNA的修复

D.生物钟不同,修复受损DNA所需的睡眠时间不一样

【答案】C。A项,根据"大脑积累的损伤就越多,也就需要更长的休息时间来修复"可知,睡眠时间并非越长越好,表述错误,排除;B项,根据"我们处于清醒状态的时间越长,大脑积累的损伤就越多,也就需要更长的休息时间来修复"可知,文段意在说明人清醒时间越长,大脑需要的修复时间就越长,而选项中仅体现"渴望睡眠",并未说明所需时间的长短,排除;C项,根据"哺乳动物在清醒状态下的神经元活动会诱导神经元DNA双链断裂,同时神经元中DNA的损伤修复会比正常分裂细胞慢"可知,睡眠时间不够对神经元中DNA修复确有影响,表述正确,当选;D项,文段并未介绍不同生物钟和修复受损DNA所需的睡眠时间的关系,无中生有,排除。因此,本题答案为C项。

【例2】21世纪全球数字化趋势显著,伴随人类的深度数字化与数字的日益智能化,数字异化现象也随之出现,并成为一个亟待解决的时代问题。近年来,算法偏见、数据歧视、数字鸿沟、数字霸权等数字异化问题逐渐成为社会关注的热点。事实上,在数字技术对人类社会的日常生活方式与思维方式、国家治理方式等全范围重塑的当下,数据作为一种新型的生产要素,其对人类社会形态与文明的构建使得现有的伦理秩序遭遇到严峻挑战,基于数据的数字化转型以无所不在的方式从物质和精神两个维度渗透在人类社会的方方面面。而上述两个维度的融合必将使技术与人类福祉之间的摩擦更为尖锐,进而使对这种摩擦的应对与破解也越发迫切。

根据这段文字,下列说法不合适的是( )。

A.伴随数字化,人类的伦理秩序将遭受冲击

B.数字化对某些群体的排斥属于数字异化

C.数字化的物质维度和精神维度将会融合

D.数字化的全方位渗透有损于人类福祉

【答案】D。A项,根据"数据作为一种新型的生产要素,其对人类社会形态与文明的构建使得现有的伦理秩序遭遇到严峻挑战"可知,人类的伦理秩序会因数字化而遭受冲击,表述正确,排除;B项,根据"近年来,算法偏见、数据歧视、数字鸿沟、数字霸权等数字异化问题逐渐成为社会关注的热点"可知,数字化对某些群体的排斥,如数据歧视、数字鸿沟、数字霸权等属于数字异化,表述正确,排除;C项,根据"基于数据的数字化转型以无所不在的方式从物质和精神两个维度渗透在人类社会的方方面面。而上述两个维度的融合必将使技术与人类福祉之间的摩擦更为尖锐"可知,数字化的物质维度和精神维度将会融合,表述正确,排除;D项,根据"上述两个维度的融合必将使技术与人类福祉之间的摩擦更为尖锐,进而使对这种摩擦的应对与破解也越发迫切"可知,技术的发展与人类对福祉的追求之间出现了一些摩擦,但这并不意味着数字化的全方位渗透就一定会对人类福祉造成损害,过度推断,当选。因此,本题答案为D项。

【例3】威慑其实是让假想敌人的内心产生恐惧,从而阻止他做出对自己不利的事情来。但是这种恐惧的根源有两个:第一,对手要认可威慑方所具备的实力,很难想象一个弱小的国家能够威慑强大的美国;第二,对手还要相信威慑方动用实力来达到目的的决心,换句话说,对手要确认威慑方的意图。如果对手认为威慑方并不具备真实的进攻性意图,那么简单地展示实力或者言语威胁就毫无意义了。

根据这段文字,以下说法正确的是( )。

A.威慑方通过让潜在对手相信自己的实力以达到威慑的目的

B.威慑的目的在于阻止强大对手的攻击并使其产生惧怕

C.威慑方真实明确的意图更能给对手带来恐惧

D.威慑的成功与否关键在于被威慑方的认知

【答案】D。本文段通过关联词语"但"阐述了威慑的根源,即对手认可威慑方的实力,同时对手要确认威慑方的意图,只有满足这两个条件才能达到威慑的目的。而这两个条件正好是被威慑方所决定的,A、B项都是围绕威慑的目的来阐述的,而威慑的目的是让假想敌人的内心产生恐惧,从而阻止他做出对自己不利的事情来。A、B项均表述错误,曲解了文意。C项属于无中生有的选项,文段中没有强调威慑方明确的意图会给对方带来恐惧。因此,本题答案为D项。

第三节　态度观点题

态度观点题属于福建省选调生考试的选考题型,出现频率不高,相对来说难度也较小。

态度观点题和中心理解题类似,在解题过程中需要掌握作者表达的主要内容或意图,但是同时需要判断作者对某事的态度、看法或对某事的评价。主要侧重考查考生掌握作者态度或倾向性的能力,需要考生对文段有深刻的理解和掌握。

> 态度观点题的提问方式:
> 作者认为……
> 作者对他们所持的看法是……
> 作者对 ××× 的态度是……

文段中作者的态度观点可分为直陈观、没有观点、隐含观点三种。

知识点		解题思路
文段中有观点引导词		文段中有诸如"我认为""我觉得""依我看""笔者认为"的引导词,那么引导词之后的语句就是作者的观点,直接选择与其意思最接近的一项即可
文段中有观点引导词,但只是作者客观引用别人的观点,不做任何评价		文段中作者没有观点
文段中没有观点引导词	存在关联词语	转折关系:"虽然A,但是B",转折之后B是作者的观点 条件关系:"无论A,都B"结论B是作者的观点,A没有观点
	存在态度倾向词语	诸如"遗憾的是""所谓的""破碎""断裂""虚无""严重破坏",这些词都带有消极的否定的倾向性,由此可以判断作者的态度倾向
	存在否定句和反问句	双重否定表示肯定。肯定形式的反问句表示否定意义;否定形式的反问句表示肯定意义
	存在特殊标点符号	双引号具有引用、强调和反语三个作用,当给一个褒义词加了双引号,通常是表示反语;感叹号和问号在不同语境中的不同用法也可以表示作者不同的态度立场
	存在辅证	反面论证:"如果A,那么B(负面)",作者的观点是 -A 正向援引:正如、如同、像……一样,这些词表明作者的观点和援引意思一致

【例1】关于中国传统文化将成为21世纪的主导性文化的观点,十分流行。西方一些学者也持有此类

观点,对此,我则持怀疑态度。

"我"认为中国传统文化将成为 21 世纪的主导性文化吗?（　　　）

A.无所谓　　　　B.不可能　　　　C.怀疑　　　　D.肯定会

【答案】C。文段首先说明"中国传统文化将成为 21 世纪的主导性文化的观点,十分流行",接着表明了"我"的观点,从文段中"我则持怀疑态度"可见,"我"对此事的态度是"怀疑"。对应选项,C 项当选。A、D 项与文段表述相悖,排除。B 项为完全否定的含义,作者只是对这一观点存疑,并不意味着其完全反对此观点,排除。因此,本题答案为 C 项。

【例 2】科学技术的发展加速了生产、贸易和消费的跨国化,从而最终导致民族国家的某些功能性变化。但是,在分析这一过程时应该防止过分地夸大民族国家的衰亡。事实上,当代世界日益全球化的经济和文化关系没有发展出与之相应的新的政治形式,全球化的经济过程仍然是以民族国家体系作为其政治保障的。

根据这段文字,作者最有可能认同（　　　）。

A.科学技术的发展使民族国家走向衰亡

B.民族国家全面地介入当代世界的社会关系

C.民族国家在全球化过程中仍具有重要作用

D.民族国家正在以积极的姿态干预经济过程

【答案】C。文段开篇引出民族国家变化的话题,随后通过转折关联词"但是"指出不应过分夸大民族国家的衰亡,最后通过转折关联词"事实上"引出文段重点:"全球化的经济过程仍然是以民族国家体系作为其政治保障的",即民族国家体系对全球化至关重要,对应 C 项。A 项,"民族国家走向衰亡"与文意相悖,排除;B 项,文段并未提及"社会关系",排除;D 项,文段并未提及"干预经济过程",排除。因此,本题答案为 C 项。

【例 3】很多人都认为癌症是"现代病",因为"从前听都没听说过"。最近,貌似又有些研究支持这一观点。近日,英国《每日邮报》一则报道被引入国内,并引起了很多人的关注:两位科学家通过研究木乃伊,发现古人无癌,癌症是"人造现代病",甚至说"工业革命以来,人类的死亡率开始急速飙升"。对医学史以及癌症稍有了解的人大概都会觉得这个结论非常怪异,"人类的死亡率"从来都是 100%,何来"飙升";自然界中的各种致癌因素,比如紫外线、环境毒素、霉变食物、致癌病毒等,也都古已有之。不过,报道所描述的研究倒是真实存在的,相关论文发表于最新一期《自然癌症综述》。

作者认为（　　　）。

A.癌症与工业化关系密切　　　　B.现代人患癌症的比例增大

C.癌症应归咎于环境污染　　　　D.癌症从古到今都是存在的

【答案】D。由原文中"很多人都认为""貌似""非常怪异"等词可知,作者对于癌症是"现代病"的观点是持否定态度的。换言之,即作者认为癌症并非"现代病",应是从古到今均有发生的病症,故 D 项为正确答案。A 项,属于其他人的观点,而非作者的观点,A 项错误;B 项属于科学家的研究成果,而非作者的观点,B 项错误;C 项,"环境污染"文中没有体现,C 项错误。因此,本题答案为 D 项。

【例 4】现在我深刻理解了"文学源于生活而高于生活"这句话是什么意思,文章都有个主题,但是生活没有。生活不是写文章,能提炼出一个中心思想,最后还要总结升华,生活真的只是一个过程而已。不过我仍旧怀揣美好的希望,希望在未来的某一天,能为我珍藏的好故事找到一个好的主题。

从这段文字中我们可以看出,作者认为"生活的主题"(　　)。

A. 高于文章的主题

B. 是文学主题的来源

C. 是自己寻求的一种期望

D. 是对生活过程的提炼和升华

【答案】C。文段开篇对"文学源于生活而高于生活"进行解释,生活不像文章那样有主题,生活只是一个过程,最后通过"不过"引出作者的态度,即希望寻求生活的主题,对应 C 项。A 项,文段并未把生活的主题与文章的主题进行比较,排除;B 项,"文学主题的来源"文段未提及,排除;D 项,由文段"生活不是写文章,能提炼出一个中心思想,最后还要总结升华……"可知,与文意相悖,排除。因此,本题答案为C 项。

第四节　标题填入题

标题填入题是指找到最适合做文段的标题的一种题型,在福建省选调生考试中是一类常考题目,侧重于考查考生对于文段核心内容的提炼概括能力。

> 标题填入题的提问方式:
> 以下最适合做上文标题的是……

标题填入题是一种较为传统的题型,需要考生在综合考虑文段内容的基础上,首先考虑到概括性与可读性,并且能够从文体及语言风格等方面比较标题与文段的匹配程度,总体难度较低。

按照文段体裁的不同可将标题填入题分为议论型标题选择、说明型标题选择、新闻报道型标题选择和记叙型标题选择四种类型。

1. 议论型标题选择

议论文标题直接指向论点本身,或是论点语义中关键的对象、话题。议论文标题风格比较直接和犀利,通常是观点或对策的表述,往往带有号召性。

议论型文段选择标题的方法:首先,需要根据中心理解题的解题技巧把握材料的主旨,往往要寻找观点句对策句或通过归纳概括得出;其次,在中心句基础上提炼关键词,也就是主旨对象、话题;最后,选择包含这个关键词且风格上与材料匹配的选项。此外,议论文的标题要做到基于文意,不过度推断;要简洁概括,不拖沓冗赘。

2. 说明型标题选择

说明文标题要具有较强针对性。不仅要包含说明对象,还要包含材料所涉及的说明对象的相关概念。此外,说明文标题风格往往比较客观,不带有作者的感情倾向。

说明文选择标题需要紧紧抓住说明对象及其特征,不管是事物还是事理,考生需要把握其本身,概括表面的意思。此外,说明文的标题还不能片面,材料所谈及的方面都应该概括进来。

3. 新闻报道型标题选择

新闻正文通常由导语、主体和结尾组成,而导语是整个新闻中的核心环节。导语是消息的开头部分,一般以简要文字突出最重要、最新鲜或最具吸引力的事实。

新闻报道选择标题的方法,通常只需要阅读并提炼文段第一句或第一段话的内容,也就是导语部分,即可把握新闻的核心意思。新闻报道的标题需要具有实际语义,避免虚化的空洞言说;同时,标题表述的意义要完整,一般是主谓式或者动宾式的短语;新闻标题还应该尽量包含能够突显新闻事实核心信息的关键词语,且用语应简明平实。

4.记叙型标题选择

记叙文标题不仅要具有概括性,感情倾向性也要与文段的感情倾向性一致。当材料讲述故事、轶事的时候,标题往往具有很强的凝练性和哲理意味或趣味性。

记叙文标题往往不再是字面含义,需要揣摩作者的写作目的,深入理解文段中蕴含的某种思想感情。

【例1】质检报告是产品质量的"体检证"、消费行为的"安全证"、市场经济的"以信用证"。一些商家为提升销量伪造质检报告,一些电商平台不对质检报告真实性加以甄别,一些认证机构推出虚假认证服务,这些问题的存在并不意味着我们不需要质检报告。恰恰相反,随着人们对产品品质的要求更高,加上网购普及和虚拟交易的流行,科学严谨的质检报告成为消费者作出购买决策的重要参考,正因此,全社会都应更加重视质检报告,依法建立健全监管机制,确保整个行业规范运行在法治轨道上。

最适合作为上述语段标题的是(　　)。

A.质检造假,拿什么支撑群众的安全感

B.激浊扬清,提高质检行业信誉度

C.真伪难辨的"质检报告"

D.让"质检报告"经得起质检

【答案】D。文段开篇介绍质检报告的重要性,接着指出一些商家、电商平台、认证机构关于质检报告存在的问题,最后通过结论词"正因此"提出对策,强调全社会都应更加重视质检报告,依法建立健全监管机制,故文强调的是要重视质检报告,对应D项。A、C项均为问题表述且是结论前的内容,非重点,排除;B项表述不明确,解决的问题应该是"质检报告",排除。因此,本题答案为D项。

【例2】"网红城市"往往对应的是消费者的"打卡",这是典型的符号消费。但对于城市来说,以高质量的产业和服务,吸引消费者"沉浸",营造持续的心流体验,远比拍摄几张美照、几段点赞量高的短视频,更能让人产生长久的城市认同。这需要在城市形象建设中科学处理"虚实"业态的关系,将虚拟空间造景和实体空间造境有机结合,合理配比"吃住行游购娱"等文旅产业和商业服务,始终将城市的文化品格作为价值追寻。

最适合做这段文字标题的是(　　)。

A."网红城市"的流量秘钥　　　　　　　B.合理配比城市的商业服务

C.如何构建城市文化品格　　　　　　　D."网红城市"该如何"长红"

【答案】D。文段开篇引出话题"网红城市",并指出消费者打卡"网红城市"是典型的符号消费,随后通过转折词"但"指出以高质量的产业和服务、营造持续的心流体验等更能让人产生长久的城市认同,最后通过"这"指代前文,并通过"需要"提出多方面的对策,科学处理"虚实"业态的关系、合理配比文旅产业和商业服务、将城市的文化品格作为价值追寻。故文段重在对"网红城市"如何让人产生长久的城市认同给出对策,对应D项。A项"流量秘钥"表述不够明确,文段重点强调"网红城市"如何让人产生长久的城市认同,排除;B项"合理配比城市的商业服务"、C项"构建城市文化品格"均对应尾句对策之一,表述片面,排除。因此,本题答案为D项。

【例3】拥有120年历史的道琼斯通讯社宣布,聘请新华在线在中国独家代理其信息产品。这意味着,今后,国内新闻媒体和政府机构同步使用道琼斯中文语言财经消息、评论成为可能。据悉,道琼斯通讯社以其独立、领先的财经新闻闻名于世,每24小时发布8000多则市场消息。此次,新华在线专门推出"引擎计划",为道琼斯服务中国本土开路。它还入乡随俗,接受国内个别用户的财政信息服务要求。

最适合做上面一段新闻标题的是（　　　）。

A.道琼斯通讯社大力拓展中国市场

B.道琼斯通讯社以其独立、快捷的信息赢得了中国的市场

C.道琼斯通讯社以其独特的服务和本土化的战略满足用户的信息需求

D.新华在线为道琼斯代理信息发布

【答案】D。对于新闻通讯而言，标题一般从首句导语提炼。这则新闻的导语是"道琼斯通讯社宣布，聘请新华在线在中国独家代理其信息产品"，导语主要表达"新华在线为道琼斯代理信息发布"，D项最适合做材料的标题。A、B、C项均未提到新闻的另一重要主体"新华在线"，均排除。因此，本题答案为D项。

【例4】4月8日下午，湖南人胡国辉和彭孝良，路过广州白云机场航站楼9号门时，拾到一个白色手提袋，内有35.6万美元，折合230余万元人民币。"飞来横财"并没有诱惑到生活拮据的农民工，他们毅然将手提袋原封不动交给机场派出所。据报道，胡国辉和彭孝良拾金不昧的事迹曝光后，他们的身份和生活状况成了网友们热议和欲知的细节。许多网友猜测这两位拾金不昧者，属于受过高等教育的高素质高收入人群。总之，这句话的潜台词似乎是："只有高素质的人才不会眼红这飞来的横财，只有高收入群体才能抵抗巨款的诱惑"。

这段文字的议题是（　　　）。

A.道德约束力　　　B.规范有效性　　　C.金钱诱惑力　　　D.标签化解读

【答案】D。文段开篇讲述两位农民工拾金不昧的事迹，接着引出网友的观点"这两位拾金不昧者，属于受过高等教育的高素质高收入人群"，尾句出现"总之"，是对前文网友观点的总结，根据尾句"只有高素质的人""只有高收入群体"可知，网友将拾金不昧的行为仅仅定位到了"高素质的人"和"高收入群体"这两类人身上，由此可以对应到D项"标签化解读"。A项"道德"、B项"规范"、C项"金钱诱惑"均与文段重点强调的网友对于拾金不昧事件的观点无关，排除A、B、C项。因此，本题答案为D项。

第五节　词句理解题

词句理解题要求考生正确理解阅读材料中指定词语的准确含义，考查考生把握词语或语句在具体语境中特定含义的能力。这类题型不同于选词填空题，并非考查考生对词语具体含义的准确理解和搭配能力，因此考生作答这类题目时要做到结合文段语境进行分析。

词句理解题可以细分为代词指代题和词句理解题。

一、代词指代题

代词指代题常考代词和指示代词。

代词包括人称代词（我、你、他）、指示代词（这、那）、疑问代词（谁、哪）。

指示代词包括"这（些）""那（些）"，文言代词"其""此"也时有考查。

做题时可以从形式、语境、内容上进行解题：

从形式上，运用"就近原则"，根据代词出现的位置，选择在句法结构上与其最靠近的词句为正确选项。

从语境上，分析所问代词的前后语境，确定逻辑关系。语境限定的逻辑关系是引导、暗示所问的词语

或句子的含义的,它可以用事例说明,原因证明,理论支撑,引用支持或结果正反加强,也可以用特定的标点符号(冒号、破折号)等支持。在判断时要注意主体和话题一致的原则。

从内容上,确定代词指代的对象正是代词所在语句中谓语所描述的对象。如果代词就近位置是一个复句,就不能只从其中一个分句中寻找答案;如果代词就近位置是一个时间状语,就不能在时间状语里寻找答案。注意不能机械地运用"就近原则"。

【例1】艺术是民众创造的,离不开民众的生活。而在民众的社会生活中,经济因素又是一个非常重要的因子。具体到戏曲而言,它在宋代形成,和当时的演艺市场日益商品化有密切关系。可以说,这是戏曲赖以形成、生存和发展的重要原因。

最后一句话中的"这"指的是(　　)。

A.民众的社会生活 　　　　　　　B.宋代的艺术环境

C.演艺市场的商品化 　　　　　　D.戏曲艺术的大众化

【答案】C。重点需要找到"这"指代的内容即"这"之前的内容,根据临近的一句话"具体到戏曲而言,它在宋代形成,和当时的演艺市场日益商品化有密切关系"可知,"这"即指"演艺市场日益商品化",对应C项。A项只是开头背景,并非尾句"这"所指原因,排除;B、D项文段均未提及,属无中生有,排除。因此,本题答案为C项。

【例2】尽管新儒家学者无一例外地夸大了儒家哲学的精神义理在现代社会中可能产生的作用和影响,因而是需要否定和批判的;但此种影响的实际存在倒确实是毋庸置疑的。

这段话中的"此种影响"是指(　　)。

A.儒家哲学的精神义理可能对社会发生的影响

B.对儒家哲学作用的夸大所造成的影响

C.新儒家学者对人类社会发展的影响

D.儒家哲学在过去产生过的实际影响

【答案】A。"此种影响"出现在最后一句,指代前文。根据"新儒家学者无一例外地夸大了儒家哲学的精神义理在现代社会中可能发生的作用和影响"可知"此种影响"指的是儒家哲学的精神义理在现代社会中可能产生的作用和影响,对应A项。B项,文段并未提及夸大造成了哪些影响,排除;C项,文中提到的是儒家哲学的精神义理,而不是新儒家学者对人类社会发展的影响,排除;D项,无中生有,排除。因此,本题答案为A项。

二、词句理解题

词句理解题所考查的词、短语或句子往往是与阅读文段语义相关的,或者是具有特殊深意的、处于特定语境中的关键词,比如在文段的语境中被赋予临时含义的词语。

> 词句理解题的提问方式:
> 文中画横线的 ×× 表示……
> ×× 的意思是……
> 对 ×× 的理解正确的是……(其中"××"是一个词语或短语)

把握词语或短语在具体语境中的特定含义,主要是分析上下文语境与所问的词语的逻辑关系,可以从语境中的一些标志信息入手:

1. 标点符号

考查词语后出现冒号、破折号，则标点符号后的语句是对这个词语的解释说明，解题的关键是把握后面句子的含义。

2. 标志词语

考查词语后面出现"是""即""成为""也就是说"等表示解释说明的标志词语时，可以通过标志词语之后的语句来理解所问词语的含义；考查词语后面出现"比如""例如""因为""由于""原因是"等标志词语时，其后面的内容是对所问词语的举例或原因论证，可以通过把握例子和原因来理解所问词语的含义。

3. 标志句式

考查词语出现在"是 A，也是 B""有的 A，有的 B""不是 A，而是 B""因为 A，所以 B""虽然 A，但是 B"等由关联词引导的特殊句式中，可以通过 A 和 B 的逻辑关系来理解 A 或 B 中的所问词语。

4. 修辞手法

考查词语使用了比喻、借代等修辞时，要理解该词语在语境中的含义，即找到该词语比喻、借代的对象，通过喻体、借体来判断本体。寻找比喻、借代的对象要遵循主题一致和感情倾向一致的原则。

【例 1】古史不是断片的杂记，便是顺接年月的纂录；自出机杼，创立规模，以驾驭去取各种史料的，从《史记》始司马迁的确能够贯穿经传，整齐百家杂语，成一家言。他明白"整齐"的必要，并知道怎样去"整齐"：这实在是创作，是以述为作。他这样将自有文化以来的三千年间君臣士庶的行事，"合一炉而冶之"，却反映着秦汉大一统的局势。

本文中"整齐"指的意思是（　　）。

A. 裁剪文章，使中心明确，重点突出，结构完整

B. 对材料加以取舍和裁剪，使结构完整，体例划一

C. 指按照一定的标准取舍材料，建立自己的体系

D. "整"指内容的条理性，"齐"指体例的一致性

【答案】D。明确"整齐"出现的位置在文段第二句，论述的是司马迁的做法，"整齐百家杂语"，并说明他为什么要"整齐"。接着尾句出现"这样"指代前文司马迁的做法，具体解释"整齐"的做法，即"将自有文化以来的三千年间君臣士庶的行事，'合一炉而冶之'"，将所有内容整合在一起，合成统一的体系，对应 D 项。A、B、C 项属无中生有，排除。因此，本题答案为 D 项。

【例 2】在学习压倒一切评价体系下，孩子们面临着严重的伙伴关系缺失和游戏缺失。中国青少年心理成长基地的专家表示，现实给不了的东西在网络中可以轻松获得，然而孩子一旦接触到网络，便会被其深深吸引。如果缺乏自制力和正确引导，孩子就可能沉迷进去而无法自拔。

文中的"现实给不了的东西"指的是（　　）。

A. 自我认可　　　　　　　　　B. 学习压力下的放松

C. 自制力和正确的引导　　　　D. 伙伴关系和游戏

【答案】D。根据"就近原则"可知，"现实给不了的东西"是指前文中孩子们所"缺失"的"伙伴关系"和"游戏"。文段当中并没有提到自我的认可，排除 A 项；学习压力只是背景的介绍，排除 B 项；自制力和正确的引导指的是网络，并不是现实中给不了的东西，排除 C 项。因此，本题答案为 D 项。

第三章　语句表达

第一节　语句排序题

语句排序题主要考查考生准确判断句子逻辑关系和规范、优化表达的能力。同时，语句排序题也是在解题时耗费时间较长的一类题型。

> 语句排序题的提问方式：
> 对上述语句排序正确的一项是……
> 下列句子按语序排列组合最连贯的一项是……

需要提醒考生们注意的是，在做语句排序题时，一定要摒弃两种比较常见的错误做法：①不看选项，直接将给出的句子自行排序；②将四个选项一一代入试验一遍。

这两种方法都是不可取的，不仅浪费答题时间，正确率也大打折扣。所以，我们需要通过做题方法将给出的句子与选项结合起来，在最短时间内选出最佳选项。作答时可以结合选项判断首尾句，也可以结合题目中的关键词（关联词、代词）或文段逻辑确定排序。

1.结合选项判断首尾句

根据选项可以确定题目可能的首句和尾句，再根据首句和尾句的特征来判断。

适合作为 文段首句的形式	（1）背景铺垫（时间、地点状语；随着……的变化／发展等） （2）援引观点（正如……所说；……曾说过） （3）下定义：引出话题（……就是／是指／即）
不能作为 文段首句的形式	（1）结论性表述（因此、所以、于是、可见等） （2）搭配使用的关联词中的后半个分句（"不但……而且……"中"而且"引导的句子"既…… 又……"中"又"引导的句子等） （3）代词（这、此、他、它等） （4）反面论证（否则、不然等）
适合作为 文段尾句的形式	（1）结论性表述（因此、所以、于是、可见等） （2）对策性表述（需要，应该，亟须等）

【例1】①我们要感恩大自然造就我们的生命，给我们来到世界的机会，感恩大自然赋予我们丰富的生活所需资源。

②宋代张载指出："乾曰父，坤曰母"，就是说天就是我们的父亲，地就是我们的母亲。

③我们要树立与天地万物同属一个生命世界，生死与共的天人观，树立感恩自然、爱护自然的大自然观、大环境观和大生态观。

④大自然是我们生命所来与所归的地方，从来自自然，在自然中生息，到最后又回归到自然。

⑤阳光、空气和水，人们须臾不可离，没有大自然，人就无法生活和生存，人与自然生死攸关。

⑥没有自然界，就没有我们的一切。

将上述 6 个句子重新排列，语序正确的是（　　　）。

A.⑥④②⑤①③ B.③①⑤④②⑥

C.②④③①⑥⑤ D.④②⑥①⑤③

【答案】D。首先观察选项确定首句。发现④引出"自然界"这一核心话题，⑥讲述"没有自然界，就没有我们的一切"，为反面论证的表述，故④在⑥前，排除 A 项；③是对策的表述，应该放在"自然界"概念之后，且适合做尾句，排除 B 项。②中讲述"天就是我们的父亲，地就是我们的母亲"，②是对④"大自然是我的生命所来与所归的地方"的进一步解释说明，故④在②前，排除 C 项。验证 D 项逻辑，④引出"自然界"这一话题，②引用"张载"的话进行解释说明，⑥①⑤用反面论证阐述观点，③给出对策，逻辑正确。因此，本题答案为 D 项。

【例 2】①对于所有希望中国成功转型的知识分子来说，承认这一点也许十分痛苦，但却远比抱着精英心态，充满登高一呼应者云集的幻觉更有价值。

②知识阶层需正视自己的影响力但不必悲观，知识分子的特性就在于外界因素很难消磨其与生俱来的使命感。

③知识阶层倡导的符合世界潮流的观念在社会上未必具有压倒优势，这与其解读为是对知识阶层所谓"脱离群众"的嘲讽，不如当作传统深厚的国度里常识扎根之难的一个证明。

④先贤有云："士不可以不弘毅，任重而道远"，勉乎哉！

⑤如果说中国的改革开放是对世界潮流的一种靠拢，那么这样一个过程并非顺风顺水，其中还有反复乃至回流。

⑥因此，尽管经过看似深刻而剧烈的全方位变革，中国的变化还远远没到知识阶层可以乐观的地步，更没到根据这种乐观的估计而进行规划的时候。

将以上 6 个句子重新排列，语序正确的是（　　　）。

A.③⑥①②⑤④ B.⑤⑥①③②④

C.②④⑥①③⑤ D.④⑤⑥②①③

【答案】B。从选项中判断首句，四个选项首句均不同，③为客观事实的陈述，⑤为中国改革开放现状的介绍，②为以"需"为标志的对策性表述，④为引用先贤说的话，即得出的道理。对策通常在问题后，如直接做首句并不清楚其要解决什么问题，故不做首句，排除 C 项。观察 A、B、D 项，B、D 项均有⑤⑥、①③集团的捆绑，先看⑤⑥，存在共同信息为"改革、变革"且⑥是⑤这一大背景下导致的结果表述，⑤⑥集团正确，排除 A 项。B、D 项的差别在于，⑤⑥集团后连接的是①还是②，①中出现了指代词"这一点"，根据指代词捆绑可知，"这一点"指代的是⑥中"中国的变化还远远没到知识阶层可以乐观的地步，更没到根据这种乐观的估计而进行规划的时候"，因为承认"这一点"才比较痛苦。而不是②中的正视自己的影响力，排除 D 项。因此，本题答案为 B 项。

【例 3】清明节即将来临，将下列关于清明节的叙述重新排列，语序恰当的一项是（　　　）。

①创设清明这个节日的人，无疑是智者

②这一切，都在一种"大同"之中实现了

③水因山而不浊，山因水而不枯；日因月而不烈，月因日而不晦

④一个汉字"同"，道尽天地间的秘密，也道尽了中国文化的秘密

⑤何谓"清明"？ "山水"同在为"清","日月"同在为"明"

⑥无水之山少了情韵，无山之水少了风骨；无日之月少了热烈，无月之日少了温柔

A. ⑥⑤③②①④　　B. ①⑤④⑥③②　　C. ④①⑤③⑥②　　D. ⑤⑥②③①④

【答案】B。从选项中判断首句，四个选项首句均不同，①引出"创设清明"的话题，⑤介绍"清明"的含义，所以⑤句是对①句的解释说明，故⑤不适合作首句，排除 D 项；④围绕"同"字展开，⑥句论述"山"与"水"、"日"与"月"的关系，观察发现，④和⑥均是对⑤话题的展开论述，故④、⑥不适合作首句，排除 A、C 项。代入 B 项验证：①引出"清明"这一话题，⑤具体介绍"清明"的含义，④、⑥和③均承接⑤的话题展开论述，②通过指代词"这"总结前文，符合逻辑顺序，当选。因此，本题答案为 B 项。

2. 结合关键词、文段逻辑判断衔接

在首尾句不能直接判断答案的情况，可以结合关键词、文段逻辑判断。

确定方式	关键词	解题方法
巧抓关键词	代词	代词在句中起复指作用。当某句中出现代词时，要根据语意找准它所指代的对象，因为这个对象所在的句子与代词所在的句子一般是紧密相承的（代词开头的句子往往不能作为首句）
	关联词	关联词在句中明确表示了语句间的逻辑关系，对判断句子衔接是否连贯起着重要的作用。对于关联词来说，可以根据习惯搭配，直接判断句子之间的衔接
	具有关联性或指示性的词语	根据词语在意思上的关联、照应，如时间上的照应、地点上的照应、方位上的照应、人物的关联、景物的关联等，判断句子的衔接
确定恰当的逻辑表达	记叙——时间顺序	时间顺序一般由表示时间的词语或暗含时间概念的词语表示，如果是记叙事件的语句还要注意情节的先后、行踪的变化、动作行为的承接等
	议论——逻辑顺序	议论的表达方式一般使用逻辑顺序。逻辑顺序主要有：由概括到具体，由整体到局部，由主要到次要、由现象到本质，由原因到结果，由特点到用途等。逻辑顺序常以推理过程来表现，这就要求对语段的表意和层次进行细致分析；通常情况下，以相应的关联词为标志
	说明——空间、事理	在说明事物的形状，位置大小，结构等时，使用由上到下由下到上、由内到外、由表及里、由整体到局部等空间顺序，这样能够让读者有条理地了解对象的信息；在说明事物的功能、特点、关系、用途、程序等时，使用事理顺序，按照事情发生的先后顺序或自然规律排序，比如先落叶后结冰，先开花后结果，并要注意读者心理接受、感应的顺序
	描写——空间、事理	描写采用空间顺序时，首先应选好立足点和观察点，使景物依次呈现；其次要注意观察和描写的角度，是仰视、平视，还是俯视，是远观还是近看，是由点到面还是由面到点

【例 1】①《诗》与礼、乐结合，借助艺术形式的诠释，就成了礼仪教化的理想载体，旨在培养出美善合一的理想人格。

②"诗教"在周代被广泛应用于现实生活。

③如《仪礼》乡饮酒礼仪式，就伴随着《诗》乐的吟唱和演奏，整个活动就像一场规模宏大的礼乐演出。

④"诗教"也因此逐渐成为社会伦理道德和文化建设的重要部分。

⑤当时社会祭祀、宴饮、举行射礼等场合都要歌《诗》。歌《诗》并配以礼、乐、舞蹈，是为了培养受教

育者"动辄以礼"的意识,形成对个人品德、言语、行动的自我约束。

⑥人们通过观看、体验乡饮酒礼歌《诗》的每一个艺术化环节,受到礼乐熏陶,并通过一乡一地的努力,使得普天之下都在礼乐的影响中。

将以上6个句子重新排列,语序正确的是(　　　)。

A.①②⑤③⑥④　　　　　　　　　B.①⑤③⑥②④

C.②⑤③⑥①④　　　　　　　　　D.②③①⑤⑥④

【答案】C。根据选项判断首句,①句提出《诗》与礼、乐结合的目的,②句提出"诗教"在周代被广泛应用于现实生活,二者皆可做首句,不好确定。⑤句出现代词"当时",对比选项,确定②⑤组合还是①⑤。只有②句提出时词"周代",所以是②⑤捆绑,排除B、D项。对比A、C项,确定是①的位置是②⑤③⑥前还是后,⑤③具体指出礼仪场合需要《诗》,①句提出《诗》与礼、乐结合,根据逻辑是先引出"诗"的话题,再论述"诗"和"礼、乐"的结合,所以⑤③在①的前面,排除A项。因此,本题答案为C项。

【例2】①既然是团圆饭,春晚的味道如何显然已不是最重要的。

②它年复一年地陪伴百姓迎接新年钟声、陪伴无数家庭包饺子、吃年夜饭,陪伴一代代孤独的海外游子感受浓浓的中国年味儿。

③如今,春晚就像过年回家的车票,大年三十晚上的团圆饭一样,一样都不能少。

④从1983年至今,从"全民联欢"到"全民吐槽",春晚这桌"年夜饭"已经做了30多年。

⑤相反,如果不看春晚,这个春节或许会让人觉得多少有些遗憾。

⑥实际上,一道已经吃了30多年的大餐,要想年年有新意、场场有突破,要想让每一名观众都满意,根本没有可能。

将以上6个句子重新排列,语序正确的是(　　　)。

A.③②④⑥①⑤　　B.③④②①⑤⑥　　C.④②③①⑤⑥　　D.④③②①⑥⑤

【答案】D。观察首句,③介绍"如今"的春晚,④介绍"从1983年至今"的春晚,按照时间先后顺序,④早于③,④作首句,故排除A、B项。观察C、D项,④②③还是④③②都可以,不好判断,区别在于⑤⑥还是⑥⑤,观察⑤,⑤"相反"表示转折,之后提到"如果不看春晚,这个春节或许会让人觉得多少有些遗憾",即不看春晚还不行,还是要看春晚的,⑥则强调"要想让每一名观众都满意,根本没有可能",即春晚不好看了,观众不爱看了。⑤⑥意思前后相反,且⑥在⑤之前,D项当选。代入D项验证,逻辑通顺。因此,本题答案为D项。

【例3】①这不仅表明了工业社会对于文化生产的接管、改造和重新规划,而且,技术的意义开始占据前所未有的份额。

②电影的诞生是技术介入艺术的里程碑事件。

③技术始终是文化生产的组成部分。

④尽管如此,技术从未扮演艺术的主角。

⑤庄子、杜甫、苏东坡,《窦娥冤》《红楼梦》,这些经典令人敬重的原因是深刻的思想和洞察力,而不是由于书写于竹简,上演于舞台,或者印刷在书本里。

⑥从青铜铸鼎、笔墨纸砚到瓦舍勾栏的兴盛、印刷时代的降临,艺术符号的制作及其传播从来没有离开技术的支持。

将上述6个句子重新排列,语序正确的是(　　　)。

A.③⑤④⑥②①　　B.⑥⑤④②①③　　C.③⑥④⑤②①　　D.⑥④⑤③②①

【答案】C。分析选项，判断首句，③介绍技术始终是文化生产的组成部分，引出技术话题，且⑥中出现的"青铜铸鼎、笔墨纸砚到瓦舍勾栏的兴盛、印刷时代的降临，艺术符号的制作及其传播"都是文化生产中的代表，具体介绍技术对文化的重要性，对比可发现，⑥是对③进行的解释说明，③更适合做首句，并且应③⑥捆绑，排除A、B、D项。验证全文，文段开头论述技术对文化生产的重要性，之后由"尽管如此"表转折，强调技术虽然重要，但却从未扮演过艺术的主角，并进行解释说明，最后通过电影的诞生强调技术虽不是主角，但其作用却越来越凸显，符合文段的逻辑顺序。因此，本题答案为C项。

第二节　语句衔接题

　　语句衔接题通常是给定一段文字，要求考生选择最为恰当连贯的一个句子填入横线处，主要考查考生的阅读能力、逻辑思维能力及语言表达能力。

> 语句衔接题的提问方式：
> 填入画横线部分最恰当的一句是……

　　语句衔接题就是通过填入语句进行衔接，让整个文段成为一个整体。语句衔接题在实质上与逻辑填空题一致，都离不开文段的前后文，且必须立足于材料所给内容和语境。
　　解题时，可以从形式和内容来判别语句衔接。

1. 形式上的语句衔接判别

　　要想起到很好的衔接作用，填入的句子需在形式上要与整个文段相一致。此处所谓的"形式"，可以包括关联词搭配、标点符号、句式一致等。

知识点	解题方法
关联词搭配	如果横线的前后文有关联词出现，那么填入横线的句子必须保证与前后的关联词搭配恰当，同与句子之间呈现出的逻辑关系相一致
标点符号	如果横线前后有特殊的标点符号，例如表示解释说明作用的冒号"："、破折号"——"，或表示并列关系的分号"；"、顿号"、"等，那么要确保填入横线的句子在文段中所起到的作用能与标点符号相匹配
句式一致	如果文段中有句式一致的情况出现，比如"有的××，有的××"形式，那么填入横线的句子极有可能与前文句式相一致，也是"有的××"

2. 内容上的语句衔接判别

知识点	解题方法
话题照应	话题照应是指空格前一句提出的话题，空格后仍然围绕这个话题展开，那么为了保证语句表达的连贯衔接，空格上要填入的语句要保持原来的话题不变
逻辑关系照应	逻辑关系照应是指空格上要填入的语句与空格前后的句子可能存在某种逻辑关系，所填入的语句必须符合这种逻辑关系的要求 常考查的逻辑关系有因果关系、转折关系、递进关系、并列关系和条件关系等
问答照应	问答照应是指材料中出现设问句，或者"提出问题—解决问题"的行文思路时，后面的答案要与前面的问题在语义上形成照应，不能犯所答非所问的错误

知识点	解题方法
行文脉络照应	行文脉络照应是指如果给定材料是"总—分"的行文脉络,需要填入的语句处于"总"的位置,那么就要看"分"的部分论证的观点或者话题是什么,从而形成前后照应。如果给定材料是"总—分—总"的行文脉络,需要填入的语句处于材料末尾,那么就需要考虑材料首句的观点或话题是什么,从而形成首尾照应
指代照应	指代照应是语句表达连贯衔接的一个重要手段,若选项中的语句带有单独的指示代词的语句,这个指示代词通常可以指代前文的内容,这时只需要判断谓语部分是否与上下文形成照应即可。若选项中语句带有人称代词或指示性短语(指示代词 + 名词),则需要判断其指代内容与前文谈论的话题是否一致,能否衔接

【例1】_____。车让人、人守规,才能形成良性循环。大力倡导车辆礼让行人,并不意味着放松对行人的要求。车与人抢道要治,人与车抢道也要管。不遵守交通信号灯指示、过马路玩手机等行为,不仅干扰交通秩序、影响通行效率,也给行人自身安全带来隐患。提升交通文明,需要涵养规则意识,也需要加强引导和监管。比如,有的地方除了在路口设置交通管理员,启用具有人脸识别功能的自动抓拍系统,还通过媒体和网络平台对不文明交通行为进行曝光,收到良好效果,使"车让人、人守规"成为各方共识。

填入画横线部分最恰当的一项是(　　)。

A.礼让一小步,文明一大步

B.一条斑马线,也是一道治理考题

C.尊重是双向的,文明亦需要共建共护

D.文明出行始于足下,习惯养成久久为功

【答案】C。横线居于句首,故起到总结作用,需要概括文段重点。文段首先阐述"车让人、人守规"才能形成良性循环,即车辆礼让行人的同时,也需要行人遵守交通规则,接着引出人与车抢道的问题,并说明如何解决。文段末尾通过举例分析再次强调了"使'车让人、人守规'成为共识"。所以横线处应体现"车让人、人守规",双方共同努力之意,对应C项。A项强调"礼让",只讲到"车让人",片面,排除;B项强调斑马线的治理,偏离文段核心话题,排除;D项,无中生有,排除。因此,本题答案为C项。

【例2】中小企业普遍资金相对不足、研发能力较弱,与高校院所科研力量紧密结合,不仅能及时跟踪前沿技术,也有助于推动科研成果快速产业化。从长远看,在技术对接和转化中,也将为企业培养更多技术人才,壮大创新发展的有生力量。_____。这既需要政府部门建好平台,让企业的技术需求与科研院所的研究成果对接起来,也需要企业自身加强研发能力,更好承接高校科研成果。

填入画横线部分最恰当的一项是(　　)。

A.由于中小企业抗风险能力较低,科研机构与其合作的意向不强

B.高校院所亦可以在与中小企业的合作中不断提高研发能力从而实现双赢

C.中小企业只有掌握了前沿技术,将核心装备牢牢掌握在自己手中才能壮大

D.当前在产学研融合过程中,一定程度上存在资源"找不到"、成果"用不好"的困境

【答案】D。横线在文段中间,需考虑与前后文的衔接。横线前介绍中小企业与高校院所科研力量结合将产生诸多积极影响。横线后通过"需要"提出对策,强调在政府部门建好平台的同时企业自身加强研发能力,以便对接和承接科研成果。故横线处所填句子应围绕企业与科研院所合作展开论述,且要体现出从"科研成果"方面存在的问题,对应D项。A项,文段未提及"合作的意向不强",无中生有,排除;B、C项均未提及后文核心话题"科研成果",排除。因此,本题答案为D项。

【例3】以敦煌壁画为代表的中国石窟壁画,是中国美术史乃至世界艺术史上的一颗璀璨明珠,其主要用色即为矿物色。在敦煌莫高窟北魏时期壁画中,我们可以看到丝绸之路沿线文明对其主题、纹饰、色彩等方面的诸多影响,以及古代东西方文明交流的历史印记。而唐代岩彩壁画中的形体塑造方式,同样显现出东西方审美理念的相互融合。_____,不仅成就了岩彩画自身的多元魅力,也使其成为文化交流的桥梁。

填入画横线部分最恰当的一句是( )。

A.这一兼容并包的艺术特质 B.丝绸之路的文明交流史

C.东西方壁画理念的融合 D.敦煌壁画的独特色彩运用

【答案】A。横线出现在结尾,且为尾句的分句,故需依据横线前内容以及横线所在尾句内容进行分析。文段开篇介绍以敦煌壁画为代表的中国石窟壁画具有很高的艺术价值,主要用色为矿物色,接着通过并列结构介绍,敦煌莫高窟北魏时期壁画和唐代岩彩壁画具有东西方文明交流、审美理念融合的特点,故横线处应围绕"交流""融合"展开论述,介绍这样的特点使得岩彩画具有多元魅力,也使其成为文化交流的桥梁,对应A项。B项"丝绸之路"、D项"敦煌壁画"均仅对应"敦煌莫高窟北魏时期壁画"部分内容,表述片面,排除;C项"理念的融合"仅对应"唐代岩彩壁画"部分内容,表述片面,排除。因此,本题答案为A项。

【例4】许多企业正遭遇来自网络罪犯前所未有的攻击。有数据显示,"想哭"病毒仅攻击网络一次,就能造成高达40亿美元的损失。网络罪犯擅长兜售自己成功的战略,他们将所谓的勒索软件当成一种服务,其中涉及一种许可软件,可冻结公司的电脑文件直至对方付款。这些黑客不一定都是自由职业者,事实上,当今绝大多数灾难性的网络攻击都有某些组织的支持。遭受攻击的企业寻求执法人员帮助存在风险,因为不但企业费时费钱,而且会增加将敏感信息公之于众的风险。因此,_____。

填入画横线部分最恰当的一项是( )。

A.政府应该加强监管,帮助企业应对黑客攻击

B.企业为了减少损失,寻找私人网络安全公司

C.新的行业应运而生,网络安全成为热门行业

D.要将黑客绳之以法,减少网络罪犯攻击企业

【答案】C。横线出现在段尾,且由结论词"因此"引导,说明尾句是对上文内容的总结。文段首先介绍网络环境不安全,许多企业正遭遇来自网络罪犯的攻击,接着介绍网络罪犯如何实施犯罪,最后介绍企业遭受攻击后不方便寻求政府帮助。因此尾句应提出遭受攻击后的企业如何解决网络安全问题。C项,"新的行业应运而生"是对前文问题提出的合理性对策,且"网络安全"契合文段谈论的核心话题,当选。A项,前文论述受攻击后的企业应该怎么办,政府监管只是预防措施,无法解决受攻击后的问题,排除;B项,"企业为了减少损失"表述错误,根据文意可知,企业应是为了避免风险,排除;D项,前文阐述遭受攻击的企业不方便寻求执法机关的帮助,故"将黑客绳之以法"不符合语意逻辑,排除。因此,本题答案为C项。

第三节 结语推断题

结语推断题为福建省选调生考试中的选考题型,题量较少,难度也较低,要求考生在理解给定文段主要内容的基础之上,对上下文进行合理的推测,选出与文段最为连贯的一项。

结语推断题的提问方式：
作者接下来最有可能讲述的是……
接下来最不可能讲述的是……

首先要明确的是，如果是给定文段中已经介绍过的内容，一般不会成为下文主要讨论的话题，所以接下来最不可能论述的就是前文已经介绍过的内容。要推断一段话接下来可能谈论的内容，主要是看这段话的最后一句谈论的内容。因为在一段材料词的语句中，尾句往往起着承上启下、提示下文的作用。

解答结语推断题时主要从三个方面入手，即话题、倾向、行文脉络：

话题一致原则	接下来要谈论的话题与给定文段尾句所谈论的话题应该保持一致，给定文段可能始终用一个话题 A 进行论述，那么下文也仍然要围绕该话题 A 展开；给定文段前半部分提出话题 A，而文段尾句由话题 A 又引出话题 B，那么下文应该围绕尾句新提出的话题 B 或者话题 A 与 B 的关系展开。通过话题一致原则，通常可以直接得到正确选项或者排除干扰选项
倾向一致原则	接下来要谈论的内容应与给定文段所谈论的内容在态度倾向上保持一致，也就是说作者对所谈论话题的态度倾向要保持一致，当利用话题一致原则不能直接得出答案时，可以通过把握作者的态度倾向进一步排除干扰选项
行文脉络一致原则	通过行文脉络，即作者思路或行文规律来推断下文可能谈论的内容。这时仍然要考查给定文段的尾句，看作者的行文思路进行到了哪一步。若文段开始提出问题，在尾句分析问题产生的原因，那么下文可能谈论解决问题的对策；若文段开始交代背景，在尾句提出问题，那么下文可能分析该问题产生的原因；若在文段尾句作者提出一个观点，那么接下来很可能对这个观点进行论证

【例1】通过气候灾害风险教育和灾种自救互救是提升基层民众在气候巨灾中的逃生技能、自救互救能力和风险防范意识的主要途径，随着自媒体的蓬勃发展，可非常方便地通过气候灾害风险教育和灾种自救互救能力提升来实现灾害的自救互救，但气候巨灾风险在网络平台中引发的"气候巨灾风险舆情"对灾害风险治理和社会稳定的影响也令人关注，尤其是"气候巨灾风险舆情"一旦偏离事实本质，往往会影响社会稳定、经济发展，甚至国家安全。

根据上述文字，作者紧接下来最可能阐述的是（　　）。

A.气候巨灾风险的人文防御能力分析　　　B.气候巨灾风险的舆情影响因素分析

C.气候巨灾风险设防能力的基础建设　　　D.气候巨灾风险防御能力的网络建设

【答案】B。重点关注文段最后谈论的核心话题。文段开篇介绍"气候灾害风险教育"和"灾种自救互救"是提升民众风险防范意识的主要途径，并通过提升它们的能力能够实现灾害的自救互救。接着通过"但"强调网络平台引发的"气候巨灾风险舆情"的影响也令人关注，尾句通过反面论证表明它的重要性。因此文段接下来应继续围绕"气候巨灾风险舆情"的话题展开论述，对应 B 项。A、C、D 项话题与"气候巨灾风险舆情"不一致，排除。因此，本题答案为 B 项。

【例2】中秋节是农历八月最重要的节日。作为民间大节，中秋节的民俗活动十分丰富，包括拜月、赏月等。圆月与人间的团圆、丰收联系了起来，赋予了节日美满、喜庆的气氛。俗话说，民以食为天，中秋节的食俗也是多种多样，各地的中秋美食令人无限神往。

由此可推，作者接下来最可能重点写作的内容是（　　）。

A.各地的中秋美食

B.概括中秋节的民俗活动

C.各地的中秋赏月活动

D.各地中秋节的民俗活动

【答案】A。文段开篇说中秋节很重要，接着论述中秋节民俗活动多，最后说各地的中秋美食令人无限神往，所以下文必然会出现各地的中秋美食，A 项符合文段要求。B、D 项都是属于文段开头论述过的话题，且偏离尾句"各地的中秋美食"这一话题，排除。C 项"赏月活动"属于民俗活动中的一种，在文段开头已经出现，偏离尾句"各地的中秋美食"这一话题，排除。因此，本题答案为 A 项。

【例 3】大家都知道中国文化需要"走出去"，但是很少有人清楚地知道文化方面什么东西要走出去。正如商家做营销，你要推销产品，首先必须有产品。营销只是包装和策略问题，营销得当就能够逐步确立人们对产品的认同感。但无论如何，首先必须有高质量的产品。如果产品质量低下，营销做得再好也无济于事。
　　这段文字接下来最有可能讲述的是（　　）。
　　A. 营销与产品的相互关系
　　B. 如何建立文化产品的质量标准
　　C. 目前中国文化"走出去"所面临的困境
　　D. 中国文化"走出去"应确立的主要产品
【答案】D。文段首先指出，很少有人知道中国文化什么东西应该"走出去"，接着以"营销"为例进行详细说明，指出想营销必须先有产品，且需要高质量的产品，故文段强调的是中国文化想要"走出去"应明确"走出去的具体内容"，下文最有可能围绕"走出去"的"产品"展开论述，对应 D 项。A 项，"营销与产品"仅为文段中的例子，其目的是强调"走出去"的中国文化需明确"产品"，故与文段核心话题衔接不当，排除；B 项，未提及"中国"这一话题，且"质量"非重点，文段重在强调应确定"中国文化走出去的产品"，排除；C 项，"困境"无中生有，与文段衔接不当，排除。因此，本题答案为 D 项。

【例 4】近年来，市场监管、司法等部门纷纷开展了告知承诺制度的积极探索。告知承诺制度是指行政机关在办理有关事项时，以书面形式把法律法规中规定的证明义务和证明内容一次性告知申请人。申请人书面承诺已符合告知 的条件、标准和要求，愿意承担不实承诺的法律责任，行政机关便不再索要有关证明，直接予以办理。该制度的创新之处是以一种"合同式"治理的方式来替代以往反复的行政审批。
　　以下最适合接在这段文字后面的是（　　）。
　　A. 告知承诺制度已经在多个部门里面进行了推广使用，但是也有群众说造成了新的不便，那么下一步应该如何解决新的问题，值得深入思考、研究
　　B. 告知承诺制度已经取得了一定的实践经验，应当考虑如何进一步宣传推广方案，最终取代反复的行政审批
　　C. 显然，告知承诺制已经迈出了简约治理的第一步，接下来要怎么走下去，各个部门都应该结合自身实际，加以整改落实
　　D. 尽管告知承诺制度已经在许多行政领域开展了应用探索，也取得了一些成绩，但实施中存在的问题不容忽视，应当积极解决，进一步完善这一制度
【答案】C。文段开篇介绍市场监管、司法等部门开展告知承诺制度的探索，接下来介绍告知承诺制度的实质，尾句论述该制度以"合同式"方式替代"以往反复的行政审批"，该制度即"告知承诺制度"是"简政"上的创新，结合文段最后讨论的核心话题，对应 C 项。A 项，"也有群众说造成了新的不便"、D 项，"实施中存在的问题"文段均未提及，无中生有，排除。B 项，"应当考虑进一步宣传推广方案"，文段开头已提到"市场监管、司法等部门纷纷开展了告知承诺制度的探索"，可见前期推广工作已完成，属于前文论述过的内容，排除。因此，本题答案为 C 项。

第四章　语文基础知识

第一节　病句辨析

病句是指不符合语言规范的句子,即违反了语法结构规律或客观事理逻辑的句子。

病句辨析主要测查考生对句法结构正确掌握与词语正确使用的能力,需要考生在语言表达的规范性和准确性上具有较高水平,重点在于对句子成分搭配不当、逻辑矛盾、语序不当、句子成分残缺或多余、用词不当五个方面对主要语病类型有深刻的认识。考生应了解病句考查的类型,并通过不断练习使自身的语感和做题技巧得到提高,以达到考试的要求。

一、句子成分搭配不当

知识点	解题方法
主谓搭配不当	主谓搭配不当通常由两方面原因造成: (1)主语和谓语使用的词语语义范围不能相容; (2)主语和谓语搭配不当,一主多谓或一谓多主,不能全部搭配
谓语和宾语 (包括补语)搭配不当	句子的谓语和宾语搭配不当通常由两方面原因造成: (1)谓语和宾语(包括补语)使用的词语语义范围不能相容; (2)一谓多宾(补)或一宾(补)多谓,不能全部搭配
主语和宾语搭配不当	句子的主语和宾语搭配不当通常由两方面原因造成: (1)主语和宾语使用的词语语义范围不能相容; (2)一主多宾或一宾多主,不能全部搭配
中心语和修饰语搭配不当	修饰语是指句中的定语、状语和补语成分,中心语是指受到修饰语修饰和限定的句子主要成分,包括主语、谓语、宾语。修饰语和中心语所使用的词语不能够搭配,通常由中心语和修饰语的词语语义范围不能相容造成
两面对一面搭配不当	句子中使用"能否""是否"等类似的表示正反两面的词语时,与之搭配的状况也必须包含有两面对一面搭配不当正反两方面的情况,否则就造成了正反两方面只与一种正反情况相关,与句子原意发生冲突,也就产生了一面对两面搭配不当的语病

二、逻辑矛盾

1. 时态矛盾

句子中出现动作发生的时态矛盾的逻辑现象,导致整个句意时态不明。

2. 肯否矛盾

句中出现前后句肯定与否定之间表达关系不一致,导致整个句意前后矛盾。

3. 因果倒置

事物的发展是存在着因果关系的,语言表达需要体现这种关系才能使理解顺利完成,因此在语句中如果把原因和结果位置互换了,就造成了因果倒置的语病。

4. 主客倒置

在正确的语句表达中,动作的主体与客体之间关系应该是确定的,不能随意变换,否则就会产生逻辑混乱,表现在句子中则是主语与谓语的关系必须与客观相一致。

三、语序不当

1. 修饰语语序不当

句子成分语序不当通常考查定语语序不当和状语语序不当两个方面。

知识点	解题方法
定语语序不当	句子定语有其自身固定的顺序,不能随意变更,否则就会使句子意义混乱。多项定语的排列顺序为: (1)表示领属或时间处所的定语; (2)表示名称或数量的短语; (3)动词或动词短语; (4)形容词或形容词短语; (5)名词或名词短语(带"的"的定语要放在不带"的"的定语之前)
状语语序不当	多项状语的排列顺序为: (1)表示目的、方式或原因的介宾短语; (2)表示时间的名词或介宾短语; (3)表示处所的名词或介宾短语; (4)表示范围或频率的副词; (5)表示情态的形容词或动词; (6)表示对象的介宾短语。

2. 中心语语序不当

同一语法位置的多个中心语共同存在时,其顺序也不是随意的,中心语的顺序安排反映了一定的逻辑关系,如先后顺序、轻重缓急、大小因果等关系,如果不能呈现这样的顺序,就会产生中心语语序不当的语病。

3. 句式杂糅

把两种不同的句法结构混杂在一个表达式中,就会造成语句结构混乱、语义纠缠,这种类型的语病就叫句式杂糅。句式杂糅的分析较为困难,是病句中较为复杂的一类,需要理清语法关系才能发现其错误所在。

四、句子成分残缺或多余

1. 句子成分残缺

句子成分可以省略,但省略是有条件的,即语义必须明确。因此省去的词语都可以补出,必要的成分不能欠缺,否则就会造成句子成分残缺。

句子成分残缺包括缺主语、缺谓语、缺宾语、缺定语、缺状语和缺中心语。

2. 句子成分多余

成分多余是指句子成分累赘造成了重复啰唆、表意不清或意义相反,影响和改变了表达效果的一种语病。这种类型的语病通常由两方面原因造成:一是否定词语反复叠加,最后句子与想要表达的意思相反；二是相同相近意义的词语组合连接，造成句子啰唆表达不清。

最常见的有主语、谓语、定语等成分的多余。

五、用词不当

知识点		解题方法
实词用词不当	成语用词不当	在考查病句时，成语使用不当是经常出现的情况，考生需要对此心中有数，掌握成语的正确含义，才能快速地解决这类问题
	其他用词不当	其他用词不当包括：名词用词不当、动词用词不当、形容词用词不当、代词用词不当、数量词用词不当等 在用词不当的命题中，对于数量词的使用是考查重点，考生应准确掌握。其中关于数量词的误用主要有以下几点： （1）不合事理：句中出现"减少、缩小、降低、下降"或"增加、增加了、增加到"等词语时，要考虑倍数、分数、百分比的运用与具体语境是否符合事理。增加要用倍数；下降、减少要用分数；升幅、增长率要用百分比 （2）使用累赘：一些句子常用"大约""超过""将近"后面跟整数来表示约数，再跟约数只会造成表意赘余，因而"大约""超过""将近"之后接"左右""上下""多"等这样的表述就存在语病 （3）范围失当：句中有"至少""最多""最高""最低""近""约""超过"一类词语时，要注意之后的搭配应是确数，而不能是概数 （4）量词误用：汉语的量词大量且丰富，在使用过程中需要准确对应，否则就会造成量词误用，引起语病 （5）位置不当：在复杂的定语成分中，弄错数量短语的修饰对象也会造成位置不当的语病
虚词用词不当	关联词用词不当	关联词语使用不当的情况可以分为两类：第一类是关联词语的选择和使用错误，包括错误选择了关联词和关联词的搭配不当；第二类是关联词语使用的位置不当，有时不能将所统摄的对象全部置于关联词后
	其他虚词用词不当	其他虚词用词不当包括：介词用词不当、连词用词不当等 出现其他虚词使用不当的错误可分为两类：第一类是选词错误，不能表达句子所需要表达的意义；第二类是位置不当，不能将所统摄的内容全部置于其后

【例1】下列各句中，没有语病的一句是（　　　）。

A. 现在医学发达，移植记忆也许不是完全可能的事。

B. 一部文学作品具有强大的生命力在于能否为读者奉上丰富、新颖、优质的精神食粮。

C. 在金融危机席卷全球的形势下，广大出口加工型企业只有大力开拓国内外市场，学会内销与外销两条腿走路，才能逐步完善企业销售网络，实现自救。

D. 当代大众文化以其消遣娱乐作用满足了人的感性需要，从而在一定程度上解决了理性的压抑，因此具有某种历史的合理性。

【答案】C。A项，根据"现代医学发达"可知，句子强调移植记忆是可能实现的，"不是完全可能"表示否定含义，肯否矛盾，应改为"不是完全不可能"或"是完全可能"，排除；B项，"生命力"对应"能否为读者奉上精神食粮"属于一面对两面，应改为"是否具有强大的生命力在于能否……精神食粮"或"具有强大的生命力在于能……精神食粮"，排除；C项，句子没有语病，句意明确，当选；D项，"解决了理性的压抑"解决不能搭配压抑，应把"解决"改为"解除"，排除。因此，本题答案为C项。

【例2】下列各句中，没有语病的一句为（　　　）。

A. 今年持续升温的房地产市场，以及越调越高的畸高房价让"房地产泡沫"一词一直为大家所热议。

B.不管载人深潜对深海潜水器硬件和软件的挑战都非常巨大,技术人员仍克服难关,顺利自主设计并研制出中国第一台载人深海潜水器"蛟龙"号。

C.这一服装品牌发展到今天,在商业上获得巨大的成功,但却离设计者追求艺术的原始初衷越来越远。

D.女人依靠自己的能力在现代社会中生存发展,实现自我价值也未尝不是一种不好的生活方式。

【答案】A。B项关联词运用不当,把"不管"改成"尽管";C项搭配不当,"品牌"与"但却离设计者追求艺术的原始初衷越来越远"搭配不当。同"原始初衷越来越远"搭配的只能是产品,品牌并不会离设计者追求艺术的原始初衷越来越远。D项肯定与否定搭配不当。"未尝""不是""不好"是三重否定,三重否定还是否定,所以原文的意思是"女人依靠自己的能力在现代社会中生存发展,实现自我价值不是一种好的生活方式"很明显不对。因此,本题答案为A项。

第二节　修辞对应

修辞是修饰文字词句、运用各种表现方式,使语言表达得准确、鲜明而生动有力。

常用的修辞手法有:比喻、比拟、借代、夸张、对偶(对仗)、双关、顶真、互文、反复、对比等。

知识点	解读
比喻	抓住两种不同性质的事物的相似点,用一事物来喻另一事物。通常出现"本体"也出现"喻体"。 (1)明喻。典型形式是:甲像乙。本体喻体都出现,中间用比喻词"像、似、仿佛、犹如"等相联结。例:月亮像镰刀。 (2)暗喻。典型形式是:甲是乙。本体喻体都出现,中间没有比喻词,常用"是""成了""变成"等联结。 例:马克思主义和中国革命的关系,就是箭和靶的关系。
比拟	把物当作人来写,或把人当作物来写,或把此物当作彼物来写。 例:杜甫川唱来柳林铺笑,红旗飘飘把手招。
借代	不直接说出所要表述的人或事物,而借用与其相关的事物来代替。它强调两事物间的相关点。 (1)特征代本体:用特征、标志去代替本体事物的名称。例:大胡子凶神恶煞地吼叫着。 (2)具体代抽象:用具体事物代替相关的抽象事物。例:不拿群众一针一线。 (3)专名代泛称:用具有典型性的人或事物的专用名称代替本体事物的名称。例:我们的时代需要千千万万个雷锋。 (4)人名代著作:用具体的人名代替其作品。例:我们要多读点马列。 (5)部分代整体:用事物具有代表性的部分代替本体事物。例:两岸青山相对出,孤帆一片日边来。
夸张	为追求某种表达效果,对原有事物进行合乎情理的扩大或缩小。 例:飞流直下三千尺,疑是银河落九天。
对偶 (对仗)	一对字数相等、词性相对、结构相同、意义相关的短语或句子。 例:墙上芦苇,头重脚轻根底浅;山间竹笋,嘴尖皮厚腹中空。
双关	在一定的语言环境中,利用语义和语音的条件,有意使语意具有双重意义,言在此而意在彼,这种修辞方法就是双关。双关主要有谐音双关、语意双关。 例:日出东边西边雨,道是无晴却有晴。
顶真	它是用上文结尾的词语作下文的开头,使语句递接紧凑而生动畅达的一种修辞方法。 例:从前有座山,山上有座庙,庙里……
互文	上下两句或一句话中的两个部分,看似各说一件事,实则是互相呼应,互相阐发,互相补充,说的是一件事。例:将军百战死,壮士十年归。
反复	为了强调某个意思,或某种感情,有意重复某个词语或句子。
对比	把两个相对或相反的事物,或者一个事物的两个不同方面并举出来,相互比较。 例:有的人活着,他已经死了;有的人死了,他还活着。

【**例1**】对下面一段话所用修辞手法概括正确的是（　　　）。

这是最好的时代，这是最坏的时代；这是智慧的时代，这是愚蠢的时代；这是信仰的时期，这是怀疑的时期；这是光明的季节，这是黑暗的季节；这是希望之春，这是失望之冬；人们面前有着各样事物，人们面前一无所有。

A.暗喻、排比、夸张、顶真　　　B.暗喻、排比、对比、对仗

C.顶真、比喻、对比、夸张　　　D.顶真、对仗、比喻、对比

【**答案**】B。文段中没有出现顶真的修辞手法，排除A、C、D项。因此，本题答案为B项。

【**例2**】判断下列句子中使用的修辞手法，不正确的一项是（　　　）。

A.墙上芦苇，头重脚轻根底浅；山间竹笋，嘴尖皮厚腹中空。（对偶）

B.雷锋说："大嫂，别问了，我叫解放军，就住在中国。"（借代）

C.古老的神州是一头沉睡未醒的睡狮，一旦觉醒，定会横空出世。（比拟）

D.燕子去了，有再来的时候；杨柳枯了，有再青的时候；桃花谢了，有再开的时候。（排比）

【**答案**】C。C项句子的修辞手法为比喻，更确切地说，是比喻中的暗喻。比喻与比拟比较明显的区别在于：①句法结构有明显的不同。比喻句一般都是"主—谓—宾"式，主语与宾语之间通常靠"好像""是""仿佛"等比喻词连接；而比拟句一般为"主—谓"式，谓语一般由表示某个动作或情状的动词或形容词充当。②比喻句中可以本体与喻体同时出现，也可省略本体，但无论如何必须出现喻体，在本体中喻体为"一头沉睡未醒的睡狮"；比拟句中一般不出现拟体，只出现本体，例如："沙果笑得红了脸，西瓜笑得比蜜甜，花儿笑得分了瓣，豌豆笑得鼓鼓圆。"在这个比拟句中，作者把沙果、西瓜、花儿、豌豆都比作人，但"人"这个喻体却没有出现。因此，本题答案为C项。

第三节　词语使用

词语使用主要考查考生的汉语言词汇基本功底，它的考查形式多样，主要包括一词多义、近义词、正确使用词语等。

知识点	解题方法
一词多义	一词多义是指一个词语具有多种含义（包括基本意、引申义或衍生义等） 解答这类题目，要结合具体语境进行思考。词语的运用离不开语境，只有结合语境，才能正确判断词语具体的含义 如"算账"一词在"你别打扰他，他正在算账呢。"一句中意为计算账目。在"好了，这回算你赢，下回我再跟你算账！"一句中意为吃亏或失败后与人较量
近义词	近义词是指词汇意义相同或相近的词语。 它主要有两种考查方式，一种是找出各组词语意思最相近的一项，一种是词语替换。前者主要考查平时的积累；后者要求考生能够准确迅速地理解题干中画线部分指定的词语，同时能对所提供的四个选项进行区分，找出它们之间的相同语义和不同语义，然后选定一个进行替换。替换时要注意内容、情感不发生改变，同时不发生语法错误

续表

知识点	解题方法
正确使用词语	正确使用词语,包括实词、成语和虚词 它的考查重点是成语的正确使用。解答这类题目,应根据成语的含义,结合语境,从成语的适用对象、感情色彩和轻重程度等方面来解题

【例】下列各句中加下划线的成语,使用最正确的一项是(　　)。

A. 王英杰就读于美国一所著名大学,作为一名<u>莘莘学子</u>,他心中一直有一个想法,那就是博士毕业后一定要回到祖国建设家园。

B. 不可否认,娱乐明星确实为大众带来了欢乐,但近年来娱乐明星们的出场费动辄上千万的现象已<u>蔚然成风</u>,造成了不良的影响。

C. 刘大柱是一个瘦瘦高高的中年人,面颊黝黑,眼眉低垂,一见到陌生的外乡人就紧张,两腮通红,嘴里也<u>期期艾艾</u>说不出话来。

D. 他俩一个是体坛的巨星,一个是时尚界的宠儿,婚后家里家外的日子过得顺风顺水,夫妻俩<u>相濡以沫</u>,生儿育女,成就一段佳话。

【答案】C。A项,"莘莘学子"指众多的学生,前面不能用数量词"一名"修饰,排除;B项,"蔚然成风"形容一种事物逐渐发展、盛行,形成风气,多用于积极的语境中,而文段强调"造成了不良的影响",感情色彩偏消极,与文段感情色彩不符,排除;C项,"期期艾艾"形容人口吃,说话不流利,能体现"一见到陌生的外乡人就紧张,两腮通红"的状态,使用正确,当选;D项,"相濡以沫"比喻在困难中以微小的力量互相帮助,而文段说的是"日子过得顺风顺水",没有体现困难的处境,用法不当,排除。因此,本题答案为C项。

第四篇　判断推理

第一章　图形推理

　　图形推理一般给出一套或两套图形,要求考生通过观察分析找出图形排列的规律,选出符合规律的一项。在福建省选调生考试中,图形推理的占比不大,但考查的范围比较广泛,除了常规图形特征之外,还会以物理、化学等方面的内容为载体出题,比如结合电路图考查亮灯的灯泡个数、结合苯环考查原子个数等。因此,图形推理的学习既需要各位考生打好基本功,也需要拓宽思路,灵活应对。

第一节　位置规律

　　位置规律是考查图形与图形之间的静态位置和图形的动态位置变化。所谓静态位置,是指图形与图形之间的相对位置是固定的,而动态位置变化是指元素发生了位置上的平移或者旋转和翻转。

一、静态位置

知识点	解读	图例
相离	图形与图形之间没有任何交集	
相交	(1)图形与图形之间有交集 (2)面与面之间有交集	
	相交具体可分为相交于点、相交于线、相交于面,以及特殊的相交。 (1)相交于点 (2)相交于线,也就是面与面之间有公共边,常考公共边的数量、长短 (两个面之间有两条公共边) (3)相交于面,常考面的形状是几边形,或者是否与主体图形相似 (两个图形的相交面是四边形) (4)特殊的相交,几个面用点或线串联,彼此之间无公共边 (两个圆之间用线条串联)	
相压	一个图形覆盖另一个图形,被覆盖的线条往往用虚线表示或者不直接体现	
功能元素	利用小元素来标记某些位置	(小黑点标记了角的位置)

【例】从所给的四个选项中,选择最合适的一项填入问号处,使之呈现一定的规律性。( )

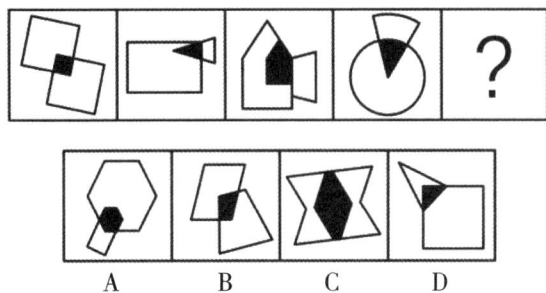

【答案】A。观察题干图形,发现所有图形都含有黑色部分,且这些黑色图形都与其中一个主体图形形状相似,只有A项符合规律。因此,本题答案为A项。

2.功能元素

功能元素中常考小黑点和箭头,其主要功能是起到标记的作用,如标记长边、短边、锐角、钝角、直角、相交面、特殊面,曲直、交点等。当题干图形有且只有两个小黑点时,可对两个小黑点进行连线,从而观察线条与主体图形的位置关系。

【例1】把下面的六个图形分为两类,使每一类图形都有各自的共同特征或规律,分类正确的一项是( )。

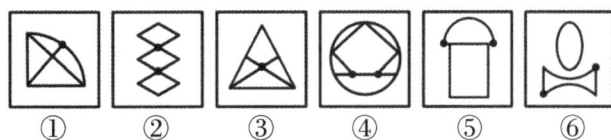

A.①②③,④⑤⑥ B.①③⑥,②④⑤
C.①⑤⑥,②③④ D.①④⑥,②③⑤

【答案】C。观察题干图形,发现所有图形都含有小黑点,且这些小黑点都在线条相交处,其中①⑤⑥中小黑点标记了曲线和直线的交点,②③④中小黑点标记了直线和直线的交点。因此,本题答案为C项。

【例2】从所给的四个选项中,选择最合适的一项填入问号处,使之呈现一定的规律性。( )

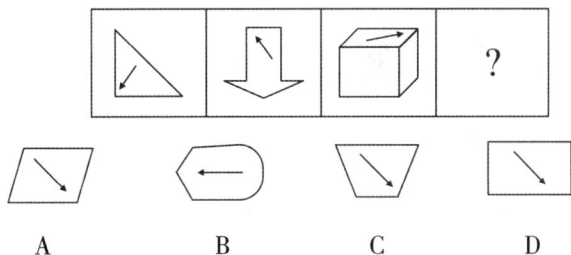

【答案】D。观察题干图形,发现所有图形都含有箭头,且这些箭头都指向直角,只有D项符合。因此,本题答案为D项。

二、动态位置

1. 平移

平移指元素按照一定的方向移动一定的步数。例如：

（黑块顺时针每次平移一格）

在解这类题的过程中需确定移动的主体、方向、步数、路径等，具体如下：

（1）确定移动主体

平移常以黑白块作为载体进行考查，在分不清楚移动主体的时候可利用"临近假设"的方法进行确定。所谓临近假设，就是给黑块标序，假设该黑块在下一幅图走到离上一幅图最近的位置，参考下图：

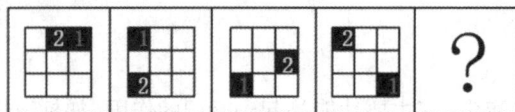

（2）确定移动方向

常考方向有上下平移、左右平移、顺逆时针平移。

知识点	图例
上下平移	
左右平移	
顺逆时针平移	

（3）确定移动步数

常考步数有恒定、递增、周期变化。

知识点	图例
恒定	（黑块每次顺时针平移1格）
递增	（黑块顺时针依次平移1、2、3格）
周期变化	（黑块顺时针依次平移1、2、1、2格）

（4）确定移动路径

直线型移动路径常考"循环"和"反弹"。所谓循环，可生动理解为"穿墙"，元素走到头之后穿墙回到另一端；所谓反弹，亦可生动理解为"调头"，元素走到头之后调头往回走，移动方向发生变化，具体如下图：

知识点	图例
循环（穿墙）	（穿墙之后移动方向仍然相同，如：↗）
反弹（调头）	（调头之后移动方向发生变化，如：↘↙）

【例】从所给的四个选项中，选择最合适的一项填入问号处，使之呈现一定的规律性。（　　　）

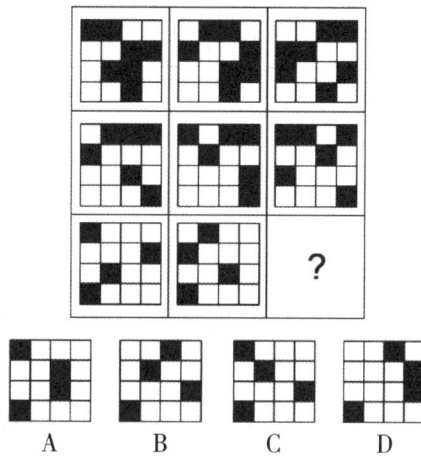

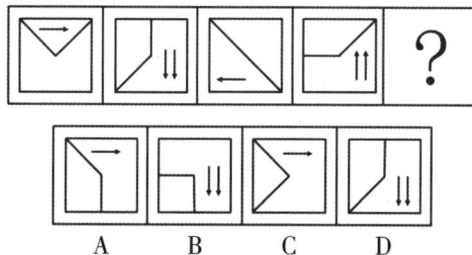

【答案】B。观察题干图形，九宫格每一横行黑块个数相同，考虑平移，每一横行中的前三小行黑块都是从左往右平移一格，并且移动路径为"穿墙循环走"，最后一小行的黑块位置不变，只有 B 项符合规律。因此，本题答案为 B 项。

2. 旋转

旋转指图形顺时针或逆时针转动一定的角度。例如：

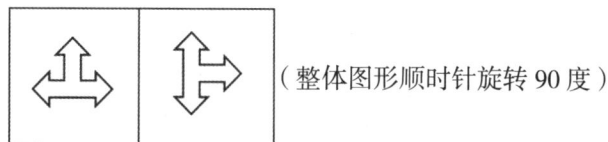

（整体图形顺时针旋转 90 度）

旋转确定方向和角度即可，一般常见的角度有 45 度、90 度、180 度。

【例】从所给的四个选项中，选择最合适的一项填入问号处，使之呈现一定的规律性。（　　　）

【答案】C。观察题干图形，每幅图都有两条短线，图一、图三有一个箭头，图二、图四有两个箭头，"?"处要选择一个箭头的图形，排除B、D项。比较A、C项的差异，有一条短线的位置不同，可利用临近假设的方式进行验证，1号线条依次逆时针旋转90度，2号线条依次逆时针旋转45度，只有C项符合规律，具体可参考下图所示。因此，本题答案为C项。

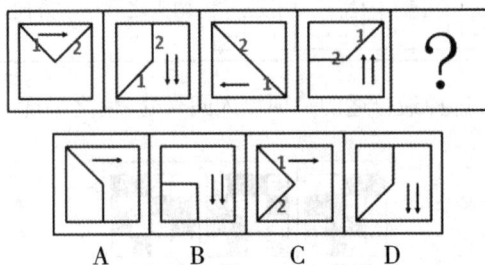

3. 翻转

翻转指图形沿着一条轴进行翻转，翻转后的图形与原图形关于该轴对称。

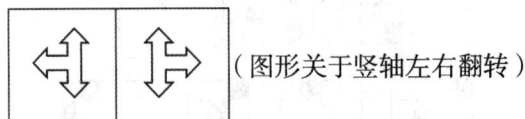（图形关于竖轴左右翻转）

翻转的考点较为简单，一般会在视觉中存在对称轴，各位考生细心即可。

【例】从所给的四个选项中，选择最合适的一项填入问号处，使之呈现一定的规律性。（　　　）

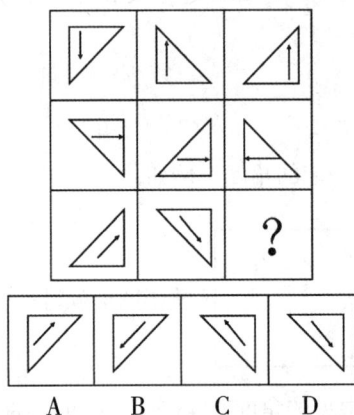

【答案】B。观察题干图形，元素组成相同，每行中图一上下翻转得到图二，图二左右翻转得到图三，只有B项符合规律。因此，本题答案为B项。

第二节 样式规律

样式规律指各个图形不完全相同但存在相同的部分。样式规律的知识点包括样式识别、样式遍历和样式运算。

一、样式识别

样式识别主要考查在一定范围中找到具有相同或者相似元素的图形。识别样式的范围可以在整体或者邻图中识别。

知识点	解读	图例	
整体识别	观察整体图形有何共同点		（所有图形都含有三角形的面）
邻图识别	比较相邻图形有何相同或不同		（相邻图形有且只有一个元素相同）

【例1】从所给的四个选项中，选择最合适的一项填入问号处，使之呈现一定的规律性。（　　　）

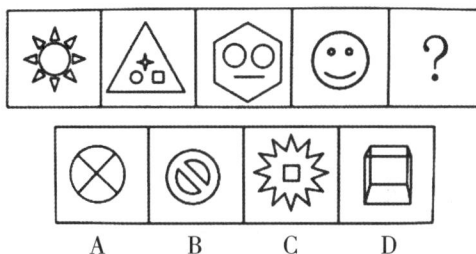

【答案】B。观察题干图形，图中元素都是相离关系，且每幅图都含有单独的圆，A项并不存在元素相离的关系，排除；C、D项均不存在圆，排除；只有B项符合规律。因此，本题答案为B项。

【例2】从所给的四个选项中，选择最合适的一项填入问号处，使之呈现一定的规律性。（　　　）

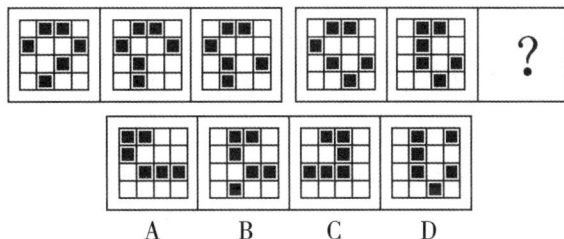

【答案】D。观察题干图形，比较相邻两个图形，有且只有一格黑块位置不同，只有D项符合规律。因此，本题答案为D项。

二、样式遍历

遍历是所有元素都经历之意。样式遍历指每行（列）中含有完全相同的若干个样式，但样式排列组合的顺序不同，需要找到缺少的样式。

样式遍历主要分为元素遍历、数量遍历和位置遍历。

知识点	解读
元素遍历	相同元素出现的次数相同，缺少哪种元素就补充哪种元素
数量遍历	元素遍历无规律的情况下，让每种元素出现的总次数相同，即构造常数列
位置遍历	相同元素出现的位置均相同，或均不相同

【例】从所给的四个选项中，选择最合适的一项填入问号处，使之呈现一定的规律性。（　　　）

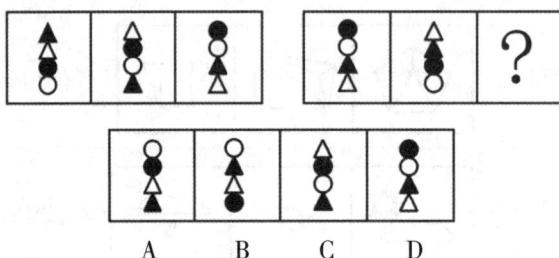

【答案】A。观察题干图形，每幅图都含有相同四种元素，但相同元素出现的位置均不重复，只有 A 项符合规律。因此，本题答案为 A 项。

三、样式运算

样式运算是指给定两个图形样式，根据一定的运算规则，得到一个新样式的规律。

样式运算有加、减、同、异和自定义运算。加减同异除了简单考法之外，还会结合旋转、翻转进行考查，这要求考生提高对图形的敏感度。

知识点	解读	图例
加减同异	（1）加：两幅图形线条简单叠加得到第三幅图	
	（2）减：两幅图形线条相减得到第三幅图	
	（3）同：保留两幅图形的相同线条得到第三幅图	
	（4）异：去掉两幅图形的相同线条，保留不同线条得到第三幅图	

知识点	解读	图例
自定义运算	图形分割方式相同,元素个数不同,考虑相同位置进行运算,因每道题运算规则可能不同,故称之为自定义运算	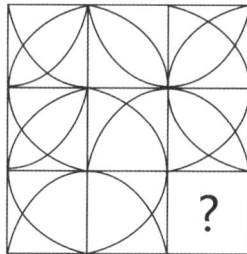 1. ● + ● = ;2. ○ + ● = ○; 3. ○ + ○ = ;4. ● + ○ = ○。 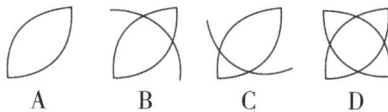 ● + 空白 = 空白;空白 + 空白 = ○;空白 + ● = 空白。 在此提醒,不能忽略空白

【例1】从所给的四个选项中,选择最合适的一项填入问号处,使之呈现一定的规律性。( )

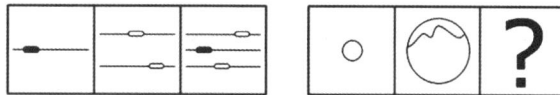

【答案】D。观察题干图形,线条组成相似,考虑样式运算,发现每一横行前两幅图求异得到第三幅图,只有D项符合规律。因此,本题答案为D项。

【例2】从所给的四个选项中,选择最合适的一项填入问号处,使之呈现一定的规律性。( )

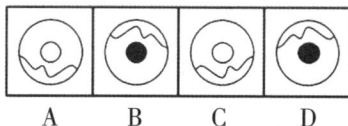

【答案】A。观察题干图形,线条组成相似,考虑样式运算,发现第一组图的图二上下翻转之后和图一叠加得到图三,第二组图运用该规律,只有A项符合规律。因此,本题答案为A项。

【例3】从所给的四个选项中,选择最合适的一项填入问号处,使之呈现一定的规律性。( )

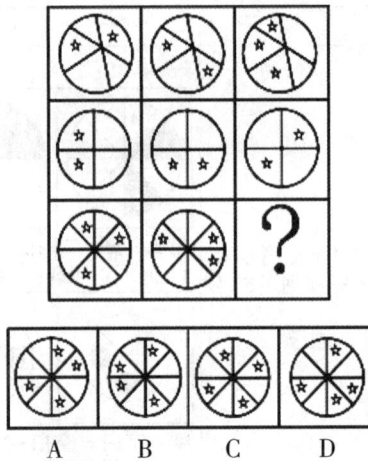

【答案】A。观察题干图形，每一横行图形分割方式相同，元素个数有所不同，考虑自定义运算，相同位置进行运算可得☆+☆=☆；☆+空白=空白；空白+空白=☆；空白+☆=空白。第三横行运用该规律，只有A项符合规律。因此，本题答案为A项。

第三节　属性规律

属性规律是从整体上直观地分析图形，从而能更快速地辨别图形特征。属性规律的知识点包括对称性、开闭性、曲直性、连通性。

一、对称性

对称性的题目往往会出现等腰三角形、等边三角形等此类等腰元素，以及平行四边形、S、Z等此类中心对称元素。

对称性的考查主要有轴对称、中心对称、轴对称且中心对称三类。

知识点	解读	图例
轴对称	图形沿着一条直线折叠后，直线两旁的部分能够互相重合	
中心对称	图形绕着中心点旋转180°，旋转后的图形能够与原图形重合	
轴对称且中心对称	此类图形一定会存在两条垂直的对称轴	

轴对称图形常考对称轴方向和数量，对称轴与主体图形点线面的关系等。在此提醒，以黑白块为载体考对称是近几年的热门考法。

【例1】从所给的四个选项中,选择最合适的一项填入问号处,使之呈现一定的规律性。(　　)

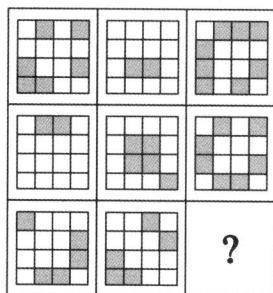

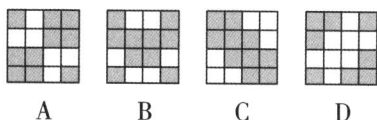

【答案】B。观察题干图形,所有图形都是轴对称图形,画出对称轴,可发现每行对称轴方向都是"╱""│""╲","?"处选择对称轴方向"│"的图形,只有B项符合。因此,本题答案为B项。

【例2】请将下面六个图形分为两类,使每一类图形都有各自的共同特征或规律,分类正确的一项是(　　)。

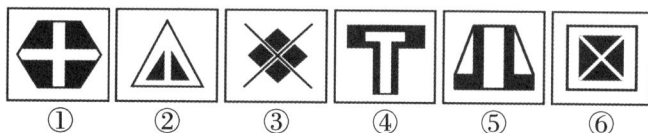

A.①②⑤,③④⑥ 　　　　B.①④⑤,②③⑥

C.①③⑥,②④⑤ 　　　　D.①②③,④⑤⑥

【答案】C。观察题干图形,全都是轴对称图形,仔细比较差异,发现①③⑥图形含有多条对称轴,且每幅图既是轴对称图形又是中心对称图形,②④⑤图形有且只有一条对称轴,属于普通的轴对称图形。因此,本题答案为C项。

【例3】从所给的四个选项中,选择最合适的一项填入问号处,使之呈现一定的规律性。(　　)

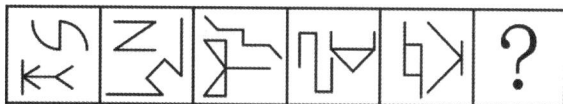

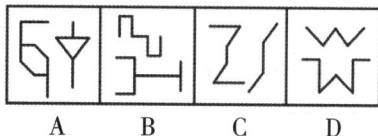

【答案】B。观察发现,题干图形出现了三角形、"S""Z"字变形图等,故优先考虑对称性。再观察,题干图形均由两部分组成,且一个为中心对称图形,一个为轴对称图形,选项中只有B项符合。因此,本题答案为B项。

二、开闭性

开闭性的题目往往会出现汉字、字母、数字、粗线条图形、生活化图形。

开闭性的考查主要有纯开放图形、纯封闭图形、半开放图形。

知识点	解读	图例
纯开放图形	线条不封闭	C
纯封闭图形	线条完全封闭	B
半开放图形	图形有封闭部分,也有未封闭部分	A

开闭性的考题常考分组分类,一般以纯开放的为一组、非纯开放的为一组居多。

【例】把下面的六个图形分为两类,使每一类都有各自的共同特征或规律,分类正确的一项是(   )。

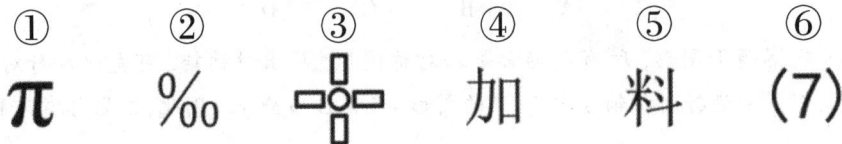

① π   ② ‰   ③ 🞣   ④ 加   ⑤ 料   ⑥ (7)

A.①⑤⑥,②③④   B.①②③,④⑤⑥

C.①②⑥,③④⑤   D.①③⑤,②④⑥

【答案】A。观察题干图形发现,图①⑤⑥均为全开放图形,图②③④均为带有封闭区域的图形,故图①⑤⑥为一组,图②③④为一组。因此,本题答案为A项。

三、曲直性

曲直性的题目往往会出现纯曲图形、简笔画图形。
曲直性的考查主要有纯曲图形、纯直图形、曲直结合图形。

知识点	解读	图例
纯曲图形	图形所有线条都是曲线	C
纯直图形	图形所有线条都是直线	A
曲直结合图形	图形既有直线也有曲线	B

【例】从所给的四个选项中,选择最合适的一项填入问号处,使之呈现一定的规律性。(   )

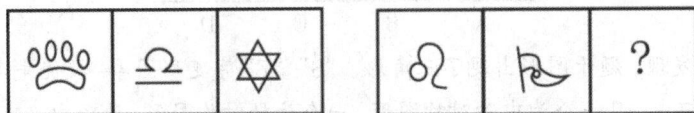

A   B   C   D

【答案】B。观察题干图形发现,第一组图形的图一是纯曲线图形,图二是曲直结合图形,图三是纯直线图形,则第二组图形也遵循此规律,故"?"处需要一个纯直线图形,只有 B 项符合。因此,本题答案为 B 项。

四、连通性

连通性的题目往往会出现粗线条图形、生活化图形。

连通性的考查主要为图形的部分数,默认连在一起即为一部分图形。

知识点	解读	图例
连通图形	整体图形连在一起,只有一部分	（该图形所有线条都连在一起,为连通图形）
非连通图形	图形有分开,存在多部分	（该图形线条有分开,为三部分图形）

【例1】把下面的六个图形分成两类,使每一类图形都有各自的规律和特性,分类正确的一项是（　　）。

①　②　③　④　⑤　⑥

A.①②⑤;③④⑥　　　　B.①②⑥;③④⑤
C.①③④;②⑤⑥　　　　D.①⑤⑥;②③④

【答案】B。观察题干图形发现,图①②⑥均由一部分组成,图③④⑤均由多部分组成。图①②⑥为一组,图③④⑤为一组。因此,本题答案为 B 项。

【例2】从所给的四个选项中,选择最合适的一个填入问号处,使之呈现出一定的规律性。（　　）

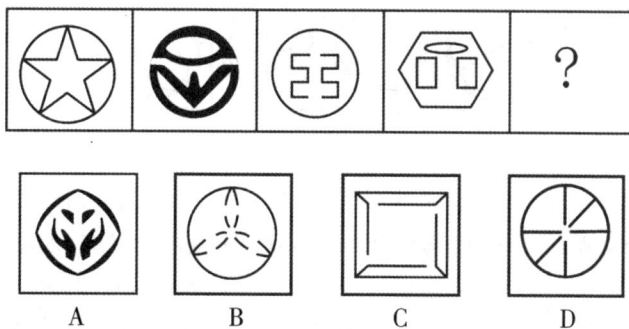

A　B　C　D

【答案】A。观察题干图形，图二是绿色食品标志，图三是工商银行标志，线条较粗可优先数部分数，部分数依次为1、2、3、4、？，则"？"处应选择由5部分组成的图形，只有A项符合规律。因此，本题答案为A项。

第四节 数量规律

数量规律主要是对图形中的数量信息进行分类提取，其所涉及的知识点较多，包括点数量、线数量、角数量、面数量、素数量以及笔画数，内容较为复杂。

一、点数量

点，一般是指线与线相交产生的交点，即普通交点。此外，还有线条末端的点，即端点。

知识点	解读	图例
端点	简单理解为线条末端的点	Y（图中标记的三个点均为端点）
交点	线条与线条相交的点	T（图中标记的点为横线与竖线的交点）
	图形与图形相交的点	PP（图中标记的点为图形"P"与图形"P"的交点）

点数量的考查有以下几种类型：

（1）图形简单，线条出头可数交点数量；

（2）图形都有外边框，内部线条交叉，可分位置数交点数量；

（3）图形组成相似，可数图形与图形的交点数量。

【例1】从所给的四个选项中，选择最合适的一项填入问号处，使之呈现一定的规律性。（ ）

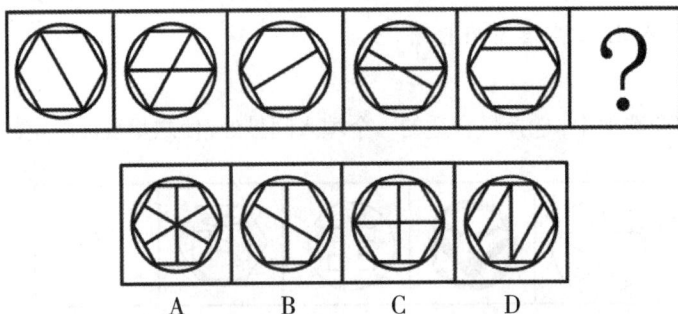

【答案】B。观察发现，图形线条交叉明显，故优先考虑交点数。题干图形的交点数分别为6、7、8、9、10、？，则"？"处图形的交点数应为11，选项中只有B项符合规律。因此，本题答案为B项。

【例2】从所给的四个选项中，选择最合适的一项作为题干的第五幅图，使之呈现一定的规律性。（ ）

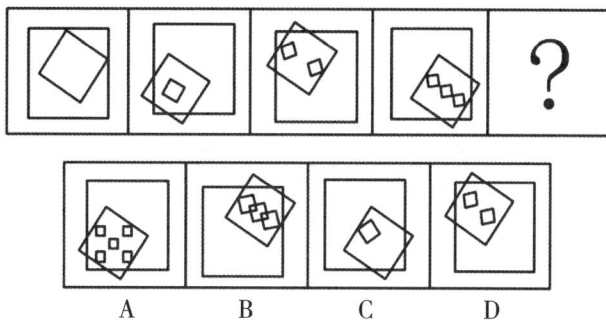

【答案】B。观察题干图形发现，全都只有方块这种元素，且方块个数分别为2、3、4、5、？，按此规律，"？"处应选择有6个方块的图形，但并没有这样的选项。再考虑数方块间的交点数量，分别为2、4、6、8、？，按此规律，"？"处应选择方块与方块间有10个交点的图形，只有B项符合规律，具体交点如下图所示。因此，本题答案为B项。

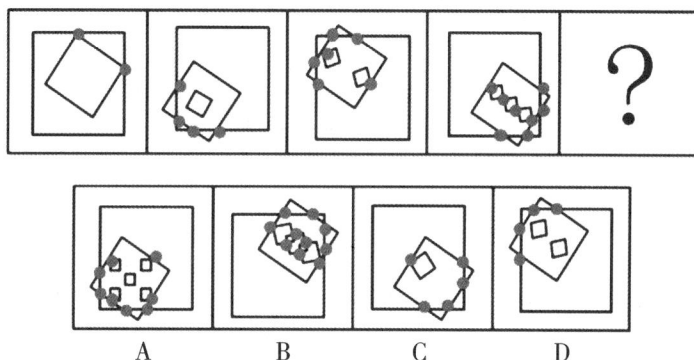

二、线数量

线，一般是指直线和曲线。

线数量的考查有以下几种类型：

（1）出现纯直图形、纯曲图形、单一直线、单一曲线时，可分样式数线数量；

（2）出现图形简笔画可优先数线数量，特别是曲线数量；

（3）图形都有外边框，内部线条明显，可分位置数线数量，如线框和框内线条；

（4）平行线明显时，可数平行线组数和条数。

【例1】从所给的四个选项中，选择最合适的一项填入问号处，使之呈现一定的规律性。（　　　）

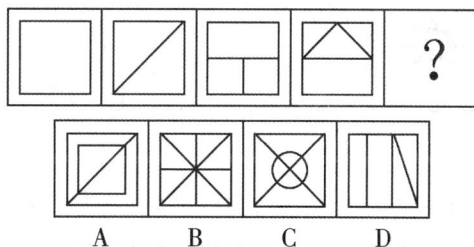

【答案】B。观察题干图形可知，图形外边框都是正方形，内部线条数量不同，优先数内部直线数量，分别为0、1、2、3、？，按此规律"？"处应选择内部4条直线的图形，只有B项符合规律。因此，本题答案为B项。

【例2】从所给的四个选项中,选择最合适的一项填入问号处,使之呈现一定的规律性。(　　)

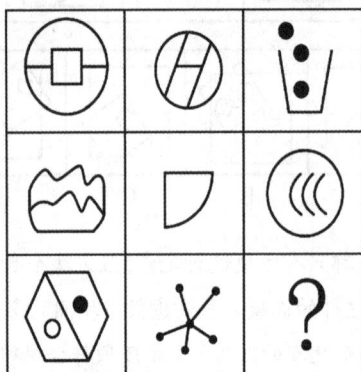

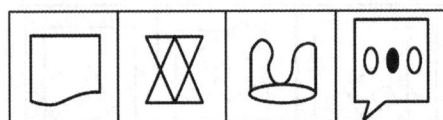

A　　B　　C　　D

【答案】A。观察题干图形出现单一曲线以及纯直图形,可数曲线和直线数量,其直线数量如下:

6	3	3
1	2	0
7	5	?

仔细观察发现,每列的图一直线数＋图二直线数＝图三直线数,则"?"处应选择直线数量为3的图形,只有A项符合规律。因此,本题答案为A项。

【例3】从所给的四个选项中,选择最合适的一项填入问号处,使之呈现一定的规律性。(　　)

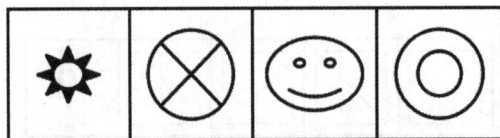

A　　B　　C　　D

【答案】C。观察发现,题干图二和图四都有圆,选项中出现笑脸的简笔画图形,优先考虑曲线数。题干图形的曲线数依次为0、1、2、3,则"?"处应填入有4条曲线的图形,只有C项符合。因此,本题答案为C项。

【例4】从所给的四个选项中,选择最合适的一项填入问号处,使之呈现一定的规律性。(   )

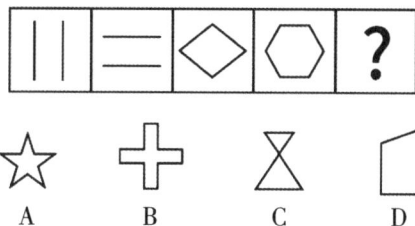

【答案】A。观察题干图形,图一和图二都是单一直线,优先考虑线数量,线数量分别为:2、2、4、6、?,观察数字规律可知相邻两幅图的线数量相加=下一幅图的线数量,则"?"处应选择线数量=4+6=10的图形,只有A项符合规律。因此,本题答案为A项。

三、角数量

角,指两条直线相交所形成的角。角可以分为锐角、直角和钝角。

角数量的考查有以下几种类型:

(1)出现扇形可数角数量;

(2)出现折线可优先数锐角数量;

(3)出现垂直线可优先数直角数量。

值得注意的是,一般角是不重复数的,但不排除极个别情况,各位考生基于考题灵活应变即可。如下图所示,一般默认角数量为两个。

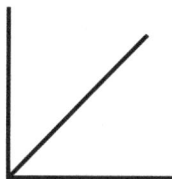

【例】从所给的四个选项中,选择最合适的一项填入问号处,使之呈现出一定的规律性。(   )

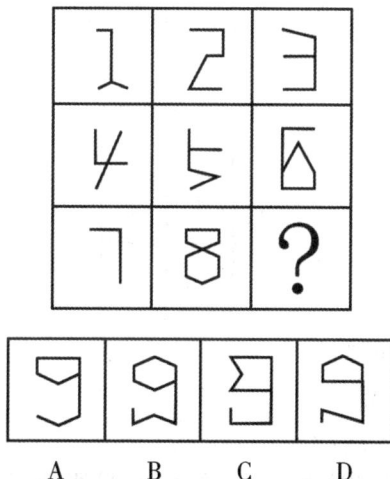

【答案】D。观察题干图形,发现图形出现多处线条垂直的情况,可优先数直角数量,前两行直角数量

依次为 1、2、3；第三行运用该规律，直角数量为 1、2、？，则"？"处应选择有 3 个直角的图形，只有 D 项符合规律。因此，本题答案为 D 项。

四、面数量

面，指的是由线条构成的空白的封闭区域。

面数量的考查有以下几种类型：

（1）出现粗线条图形可数面数量；

（2）每幅图都含有最大或最小面时，可看最值面的形状和面积；

（3）出现特殊形状的面，可数特殊形状的面数量或者特殊形状的图形个数。

在此需要注意二者的区别，具体如下图所示。图中三角形的面有 2 个，而三角形有 3 个，即数图形个数时需要重复数。

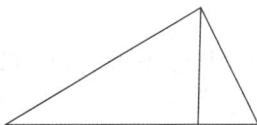

【例 1】从所给的四个选项中，选择最合适的一项填入问号处，使之呈现一定的规律性。（　　　）

【答案】D。观察题干图形，面多可优先数面数量，九宫格具体面数量如下：

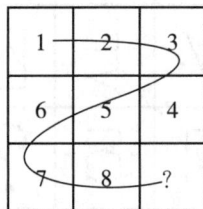

仔细观察面数量呈"S"形等差数列，则"？"处应选择面数量为 9 的图形，只有 D 项符合规律。因此，本题答案为 D 项。

【例 2】从所给的四个选项中，选择最合适的一项填入问号处，使之呈现一定的规律性。（　　　）

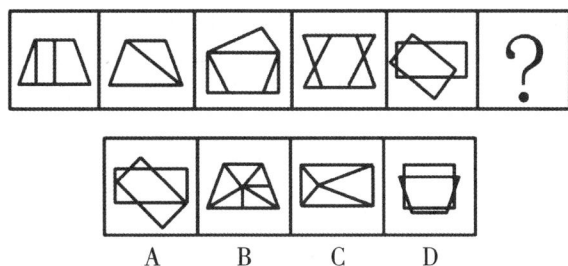

【答案】B。观察题干图形，三角形面较多，可优先数三角形的面数量分别为1、2、3、4、5、？，则"？"处应填写一个三角形面数量为6的图形，只有B项符合规律。因此，本题答案为B项。

【例3】把下面的六个图形分为两类，使每一类都有各自的共同特征或规律，分类正确的一项是（　　　）。

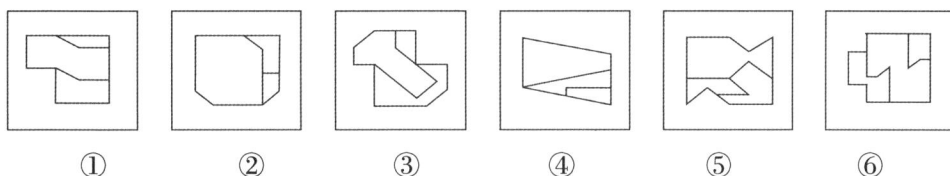

①　　　　②　　　　③　　　　④　　　　⑤　　　　⑥

A.①②③，④⑤⑥　　　　　　　　B.①②④，③⑤⑥
C.①②⑥，③④⑤　　　　　　　　D.①③⑥，②④⑤

【答案】C。所有图形均明显存在最大面且最大面出现等腰元素，可优先考虑最大面的对称性，其中图①②⑥最大面均为中心对称图形，图③④⑤最大面均为轴对称图形，则图①②⑥一组，图③④⑤一组。因此，本题答案为B项。

五、素数量

素，指图形的组成元素。

素数量的考查有以下几种类型：

（1）出现小元素时可数元素个数和种类；

（2）个数和种类无规律时，可进行元素之间的计算。

【例1】从所给的四个选项中，选择最合适的一项填入问号处，使之呈现一定的规律性。（　　　）

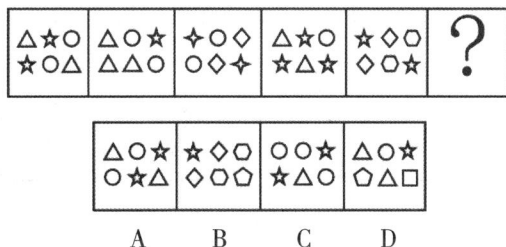

A　　　　B　　　　C　　　　D

【答案】C。观察题干图形，小元素多可优先看元素的种类和个数特征，发现每幅图元素个数都是6个，元素种类都是3种，细化看这三种元素的个数比例，依次为（2：2：2）、（3：2：1）、（2：2：2）、（3：2：1）、（2：2：2）、？，则"？"处应选择三种元素比例为（3：2：1）的图形，只有C项符合规律。因此，本题答案为C项。

【例2】从所给的四个选项中,选择最合适的一项填入问号处,使之呈现一定的规律性。(　　)

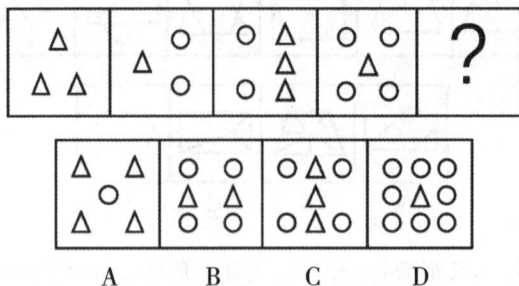

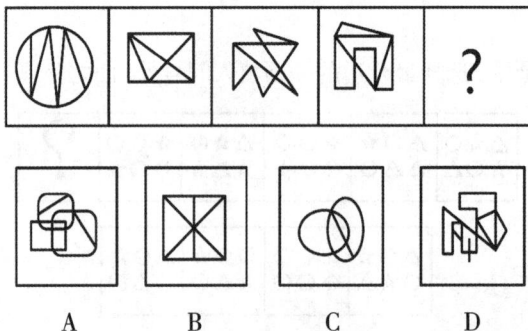

【答案】C。观察题干图形,小元素多可优先看元素,但元素个数和种类均无规律,此时考虑元素换算,可利用"中间的两倍＝左右相加,即2×图二＝图一＋图三"进行计算,换算得到:○＝2个△,将题干图形都换算成△,数量依次为3、5、7、9、?,则"?"处应选择换算结果为11个△的图形,只有C项符合规律。因此,本题答案为C项。

六、笔画数

笔画数分为几何图形的最少笔画数和汉字的笔画数。

1. 几何图形的最少笔画数

几何图形的最少笔画数是指线条不重复画出一个图形的最少笔画数。

最少笔画数的题型标志有8、☆、日、田、Y、◯◯◯◯、⬙、⬦及其变形图。

复杂图形的笔画数可利用奇点数求出,奇点为引出奇数条线的点,最少笔画数＝奇点数÷2,当奇点数为0或2时,图形可以一笔画出。在此强调,端点也是奇点,如下图:

（该图形有4个奇点）

【例】从所给的四个选项中,选择最合适的一项填入问号处,使之呈现一定的规律性。(　　)

【答案】C。观察题干图形,图二是"⬙"的变形,图三是"8"的变形,优先考虑最少笔画数,题干所有图形都是一笔画图形,则"?"处应选择最少笔画数是1笔的图形,只有C项符合规律。因此,本题答案为C项。

2.汉字的笔画数

汉字的笔画指严格依照字典笔画笔顺书写的笔画数。

【例】 从所给的四个选项中,选择最合适的一项填入问号处,使之呈现一定的规律性。( )

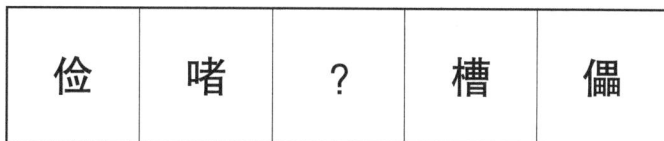

俭	啫	?	槽	僵

A.農   B.最   C.酪   D.略

【答案】 C。观察题干汉字,笔画数从左往右依次为9、11、?、15、17,"?"处需要选择一个13画的汉字,排除B、D项;再观察不难发现,题干汉字都是左右结构,只有C项符合。因此,本题答案为C项。

第五节　空间类规律

空间类规律包含折纸盒、截面图、三视图、立体拼接四大类,其中在福建省选调生考试中折纸盒的考查频次较高。

一、正方体折纸盒

1.相对面

一个正方体有六个面,每个面都有一个相对面和四个相邻面,如果两个面不是相对面,就一定是相邻面。相对面在我们视觉当中有且只能看到其中一个,也就是说相对面同时出现的折成图一定是错误的。那什么样的两个面会成为相对面呢?具体有以下两种情况。

(1)相间一格的两个面是相对面。

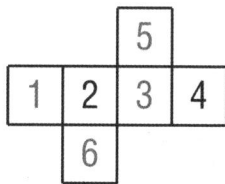

图中1号面和3号面间隔了一个2号面,二者互为相对面,同理,2号面和4号面是相对面。

(2)"Z"字形两端是相对面。

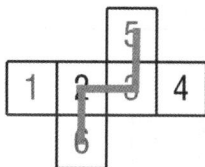

图中5号面和6号面在"Z"字形的两端,二者互为相对面。

2.相邻面

在正方体中,一个面除了相对面,剩下四个面均为相邻面,无论是在立体图形还是平面图形中,相邻面的相对位置是不改变的,也就是说,相邻面位置发生变化的图形一定是错误的展开图或折成图。

具体如图所示:

平面展开图	折成图	解读
		平面图形中"T"字面的上方是"▷"面,而折成图中"T"字面的上方是空白面,相邻面的位置发生改变,因此该折成图不是正确的折成图

3. 滚边法

在解题过程中,并非每个折成图中涉及的三个面在平面图形中都相邻,此时可以借助滚边法将三个面放到一起进行比较。所谓滚边法,就是将面绕着一个点进行顺时针或逆时针旋转。具体如图所示:

图中 5 号面可以绕着与 3 号面的公共点顺时针旋转 90 度,将 5 号面放到 3 号面上方,依照该方法,亦可将 5 号面旋转到 1 号面或者 4 号面上方。

4. 横排可平移

在正方体中,我们把并排的四个面称之为横排,横排的头尾可以互相平移。具体如图所示:

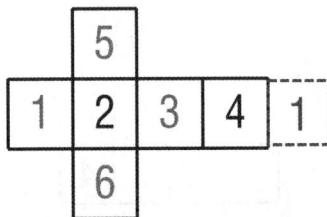

图中 1 号面可以直接平移到 4 号面的右边,同理,亦可将 4 号面平移到 1 号面的左边。

5. 描点法

在正方体中,三个面有且只有 1 个公共点,我们可以找到公共点的位置,判定三个面的相邻位置关系。若平面展开图的公共点位置和折成图公共点位置不一致,折成图一定是错误,具体如图所示:

平面展开图	折成图	解读
		折成图的三个面在平面图形中对应⊠这三个面,公共点在图形内连接两条线条,而折成图三个面的公共点在图形内只连接一条线条,因此该折成图不是正确的折成图

6. 时针法

时针法能够帮助我们快速排除选项，其本质仍然是判定相邻面的位置关系，找到三个面的公共点，从同一个面出发，绕着公共点画顺时针，若平面展开图和折成图时针经过的面不一致，则该折成图一定是错误的，具体如图所示：

平面展开图	折成图	解读
		平面展开图中，从 6 号面绕着公共点画顺时针，经过的面依次为"6-2-3"，而折成图中从 6 号面绕着公共点画顺时针，经过的面依次为"6-3-2"，因此该折成图不是正确的折成图

【例 1】以下给定的是纸盒的外表面，哪个选项能由它折叠而成？（　　　）

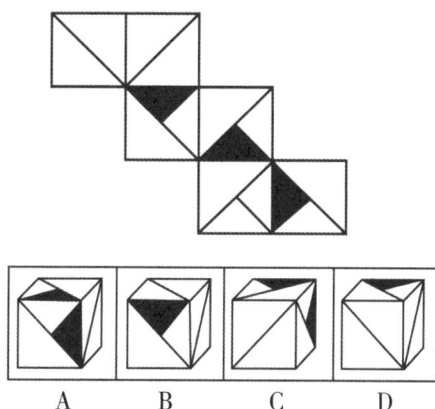

【答案】C。将六个面进行标序，并且将选项中三个面的公共点在平面展开图中标注出来，判定其相邻面的位置关系。A 项，折成图公共点连接两个小黑块，在平面图中标注出来即以下的 A 点，折成图中的 A 点没有引出 5 号面的线条，但平面图中的 A 点在 5 号面内有引出线条，则该选项不是正确折成图，排除；

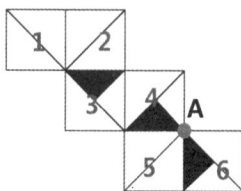

B 项，折成图出现了 1 号面和 2 号面，公共点只连接 1 号面或 2 号面其中一条线条，观察平面展开图可以发现，并不存在这样的点，则该选项不是正确折成图，排除；C 项，折成图涉及的三个面分别是 2 号面、4 号面、6 号面，其相邻位置均不矛盾，是正确折成图，当选；D 项，折成图涉及的三个面分别是 1 号面、2 号面、6 号面，在平面图中标注出三个面的公共点即以下的 D 点，将 6 号面的两个白块标为 a 和 b，平面图形中从 a 出发画顺时针先经过 b，而折成图中从 a 出发画顺时针先经过 2 号面，则该选项不是正确折成图，排除。因此，本题答案为 C 项。

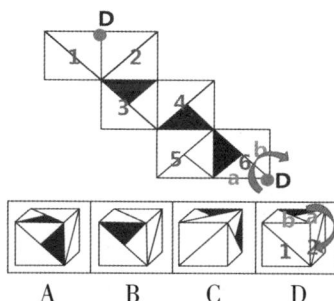

二、八面体折纸盒

正方体折纸盒题目的解题方法在其他折纸盒题目中也是通用的。在福建省选调生考试中考查了八面体的题型，这就要求考生懂得知识点的迁移。

在八面体中，一个点连接四个面，解题过程中需确定公共点的位置，利用时针法以及相邻面的位置关系来判断即可。

【例】以下为一个八面体的剪切图，从不同的角度观察，请问有哪一个选项是不会出现的？（　　）

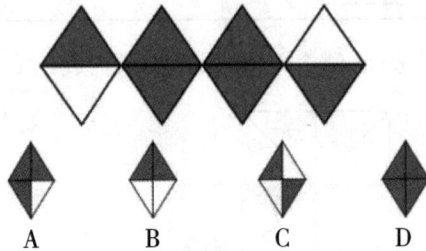

A　　B　　C　　D

【答案】B。将选项中四个面的公共点在平面展开图中标注出来。除了 B 项，其他三个选项都能找到对应。因此，本题答案为 B 项。

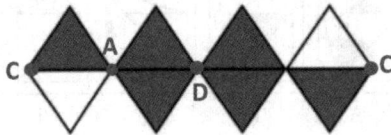

第二章　逻辑判断

逻辑判断是判断推理的重点和难点,同时也是性价比相对较高的模块,其中包括形式推理、分析推理、逻辑论证、原因解释、归纳推理等知识点。本部分需要各位考生多花时间掌握基础内容,打好基本功,以不变应万变。

第一节　形式推理

形式推理是逻辑判断的基础和重点,在福建省选调生考试中考查的频率较高,除了单独考查外还会结合其他题型考查。

一、直言命题

直言命题亦称"定言命题",即性质命题。该类命题主要是针对特定范围内的某个对象是否具有某种属性的判断。

例如:有的作品不是浪漫主义作品。

其中"有的"表示范围,"作品"是判断的对象,"不是"表示否定,"浪漫主义作品"表示属性。

关于一个命题的范围,有三种可能:

(1)全部的对象,也就是"所有",逻辑推理中称之为"全称";

(2)部分对象,也就是"有的",逻辑推理中称之为"特称";

(3)明确的某个对象,逻辑推理中称之为"单称"。

在此,需要特别提醒各位考生,"有的"与我们日常的理解不同,在逻辑推理中,"有的"强调的是"有",也就是指"至少有一个",既可以表示只有一个,也可以表示有一部分,还可以表示全部。

关于对象是否满足这个属性,有两种情况:

(1)符合该属性,也就是肯定的判断,一般表示为"是";

(2)不符合该属性,也就是否定的判断,一般表示为"不是"。

直言命题的标准形式如下表:

标准式	简写	示例
全称肯定命题	所有 A 都是 B	所有考生都是福建人
全称否定命题	所有 A 都不是 B	所有矿泉水都不含酒精
特称肯定命题	有的 A 是 B	有的交通规则是被人们遵守的
特称否定命题	有的 A 不是 B	有的花不是红色的
单称肯定命题	这个 A 是 B	姚明是高的
单称否定命题	这个 A 不是 B	长江不是世界上最长的河流

在考试中，有些题目若没有出现以上这些标准式，则此时需进行转换。

例如："没有人是一座孤岛"转换为"所有人都不是一座孤岛"。

另外，为了解题需要，还可以通过改变"是"与"不是"，同时在"是"后面加"非"的方式来进行同义转换。

例如："有些花不是红色的"转换为"有些花是非红色的"；"所有考生都是福建人"转换为"所有考生都不是非福建人"。

考试中常考推出关系和等价关系具体如下表：

标准式	推出／等价	示例
所有 A 都是 B （A→B）	①推出：有的 A 是 B（有的 A→B） ②推出：有的 B 是 A（有的 B→A）	①所有考生都是福建人→有的考生是福建人 ②所有考生都是福建人→有的福建人是考生
所有 A 都不是 B （A→－B）	等价：所有 B 都不是 A（B→－A）	所有矿泉水都不含酒精↔所有含酒精的都不是矿泉水
有的 A 是 B （有的 A→B）	等价：有的 B 是 A（有的 B→A）	有的交通规则是被人们遵守的↔有的被人们遵守的是交通规则
有的 A 不是 B （有的 A→－B）	等价：有的非 B 是 A（有的－B→A）	有的花不是红色的↔有的非红色的是花

在此，需要大家特别记忆三个推理要点：

（1）所有 A 都是（不是）B→某个 A 是（不是）B→有的 A 是（不是）B，但反之不成立。

例如：所有党员都捐款了→党员小明捐款了→有的党员捐款了。但若"有的党员捐款了"，党员小明是否捐款的情况是未知的。同理，若"有的党员捐款了"，所有党员是否捐款的情况是未知的。

因此，"有的 A 是（不是）B"为真时，"某个 A 是（不是）B"的真假性是未知的，"所有 A 都是（不是）B"的真假性也是未知的。

（2）"有的 A 是（不是）B"推不出"有的 A 不是（是）B"。前面我们已经强调过，逻辑推理中"有的"强调的是"有"，也就是指"至少有一个"，既可以表示只有一个，也可以表示有一部分，还可以表示全部。当"有的 A 是 B"表示"全部 A 都是 B"这种情况时，就与"有的 A 不是 B"矛盾了，因此，"有的 A 是（不是）B"为真时，"有的 A 不是（是）B"的真假性是未知的。

（3）"有的 A 不是 B"推不出"有的 B 不是 A"。

例如："有的人不是演员"，不能说成"有的演员不是人"。

【例1】据学校工作人员说，有新来的老师没有办理图书馆证。

那么以下不能直接判断真假的是（ 　　 ）。

①所有新来的老师都没办图书馆证　　②所有图书馆的老师都办了图书馆证

③有的新来的老师办了图书馆证　　④有的没有办理图书馆证是新来的老师

A.①②　　　　　　B.①②③　　　　　　C.②③　　　　　　D.③④

【答案】B。题干标准式：有的新来的老师是没有办理图书证的。①根据直言命题的推理规则："有的 A 不是 B"为真，"所有 A 都不是 B"的真假性未知，则"所有新来的老师都没办图书馆证"不能确定真假，当选；②所有图书馆的老师都办了图书馆。题干的主体是"新来的老师"，而本项的主体"图书馆的老师"在题干并未提及，不能确定真假，当选；③根据直言命题的推理规则："有的 A 不是 B"为真时，"有的 A 是 B"的真假性是未知的。"有的新来的老师办了图书馆证"不能确定真假，当选；④根据直言命题的推理规则：有的 A 不是 B ↔ 有的 –B 是 A，则"有的新来的老师是没有办理图书证的"↔"有的没有办理图书馆证是新来的老师"，本项一定为真，排除。因此，本题答案为 B 项。

以上是直言命题的简单推理形式，在福建省选调生考试中，还会涉及直言命题的综合推理，也就是题干给出多个前提联合进行推理，此时需要把题干的推理串联起来进行快速解题，灵活运用直言命题的等价形式。

基础的逻辑推理表达式：

①"A → B"等价于"–B → –A"。

例如："所有福建人都是好人"，也就是说"所有不是好人的都不是福建人"。

我们把这个"–B → –A"称之为"A → B"的逆否命题，二者意思相同，解题时可进行转换。

②"有的 A → B"等价于"有的 B → A"。

例如："有的福建人是党员"，也就是说"有的党员是福建人"。在此记住，特称命题是没有逆否命题的，只能用等价形式进行转换。

直言命题常见的综合推理结构

前提	结论	示例
A → B；B → C	A → C	前提：所有考生都是福建人；所有福建人都是好人 结论：所有考生都是好人
A → B；C → –B	A → –C	前提：所有老师都有许可证；所有外国人都没有许可证 结论：所有老师都不是外国人
有的 A → B；B → C	有的 A → C	前提：有的党员捐款了；所有捐款的都是年轻人 结论：有的党员是年轻人
有的 A → B；A → C	有的 B → C	前提：有的学生干部有工作经验；所有学生干部都是大四学生 结论：有的有工作经验的是大四学生

【例2】所有的摄影系老师都是摄影师，有些党员是摄影系老师，有些教授是党员，所有摄影系老师都不是教授。

以下选项除了哪一项都是正确的？（ ）

A.有些摄影师不是教授　　　　　　　B.有些党员是摄影系老师

C.有些党员不是教授　　　　　　　　D.有些教授不是党员

【答案】D。题干翻译式：①摄影系老师→摄影师；②有的党员→摄影系老师；③有的教授→党员；④摄影系老师→ – 教授。根据推理规则"所有 A 都是 B"可以推出"有的 B 是 A"，因此"摄影系老师→摄影师"可以推出"⑤有的摄影师→摄影系老师"；结合⑤④可知：有的摄影师→摄影系老师→ – 教授，即有的摄影师不是教授，A 项正确；结合①②可知：有的党员→摄影系老师→摄影师，即有的党员是摄影师，B 项正确；结合②④可知：有的党员→摄影系老师→ – 教授，即有的党员不是教授，C 项正确；根据推理规则"有的 A 是 B"推不出"有的 A 不是 B"，则"有的教授是党员"推不出"有的教授不是党员"，D 项错误。因此，本题答案为 D 项。

【例3】考上选调生的学生中有些是研究生。没有一个研究生没有发表过论文。凡是发表过论文的都是经过调查研究的。

如果以上陈述为真，则以下各项必然为真，除了（ ）。

A.考上选调生的学生中有人发表过论文　　　　B.凡没有经过调查研究的都不是研究生

C.有些经过调查研究的是考上选调的学生　　　D.有些经过调查研究的不是研究生

【答案】D。题干翻译式：①有的考上选调→研究生；②研究生→发表过论文；③发表过论文→调查。A项将①②串联可得"有的考上选调→研究生→发表过论文"，可以得到有的考上选调生的学生发表过论文，可以推出；B项将②③串联可得："研究生→发表过论文→调查"，得到研究生都经过调查研究，根据逆否命题与原命题等价，得到所有没有经过调查研究的都不是研究生，可以推出；C项将①②③串联，可以得到有的考上选调→调查，根据"有的A→B等价于有的B→A"，可以得到有的经过调查的是考上选调的，可以推出；D项，根据题干推理得到研究生都是经过调查研究的，可以推出有的经过调查研究的是研究生，但是无法推出有的经过调查研究的不是研究生，无法推出。因此，本题答案为D项。

二、假言命题

假言命题亦称"条件命题"，是陈述一种事物的情况是另一种事物情况的条件，我们把表示条件的支命题叫作前件，表示结果的支命题叫作后件。

逻辑推理中考察事物间的条件关系有三种：

（1）如果有事物情况A，则必然有事物情况B；如果没有事物情况A而未必没有事物情况B，A就是B的充分而不必要的条件，简称充分条件。

（2）如果没有事物情况A，则必然没有事物情况B；如果有事物情况A而未必有事物情况B，A就是B的必要而不充分的条件，简称必要条件。

（3）如果有事物情况A，则必然有事物情况B；如果没有事物情况A，则必然没有事物情况B，A就是B的充分必要条件。

在福建省选调生考试中，一般考充分条件和必要条件，因此，我们只针对这两种条件关系展开系统阐述。做题过程中，要先学会识别充分条件和必要条件的标志词，进行第一步翻译。具体可参考下表：

翻译式	标志词	示例	推理形式
充分条件 （A→B）	如果A，那么B	如果天下雨，那么地上湿	天下雨→地上湿
	只要A，就B	只要你上岸，我就请你吃饭	你上岸→我请你吃饭
	所有A都是B	所有中国人都是爱国的	中国人→爱国
	A是B的充分条件	细心是取得成功的充分条件	细心→取得成功
必要条件 （B→A）	只有A，才B	只有活着，才有权利说话	有权利说话→活着
	没有A，没有B	没有共产党，没有新中国	新中国→共产党
	除非A，才B	除非通过笔试，才能进入面试	进入面试→通过笔试
	除非A，否则不B	除非晴天，否则不出去玩	出去玩→晴天
	A是B的基础/前提关键/先决条件/必要条件	永不言弃是成功的先决条件	成功→永不言弃

在此，提醒各位考生，在福建省选调生考试中，有些题目虽然出现标志词，但格式和上表不同，这个时候需要转换成标准的格式。

例如："考上选调生的关键是听课"要转换成"听课是考上选调生的关键"，翻译为"考上选调生→听课"。

可以这么记：谁必要谁放箭头后。

例如：上面这句话"考上选调生的关键是听课"，对于"考上选调生"这件事而言，"听课"很有必要，所以"听课"要放在箭头的后面，也就是"考上选调生→听课"。

以上就是关于假言命题的翻译，接下来要学习假言命题的推理规则。以"如果一个人是福建人，那么这个人是中国人"为例，其翻译为"福建人→中国人"，根据我们在直言命题中所学的知识点"A→B"等价于"–B→–A"，该命题的等价形式为"–中国人→–福建人"，除此之外的其他形式都是不准确的。

【例1】"城归"，有学者解释为，从农村出去打工、经商的农民，或从农村走出的读书人、退役士兵等，经过多年在城市打拼，累积了经验，获得技术和资金，如今又重回乡村生产生活。据国务院公布的数据，目前"城归"已超过450万人。在新农村建设中，离不开大量人才和资金支持，而"城归"群体的迅速壮大是提供人才和资金的必要条件。

据此可以推出（　　）。

A. 如果没有"城归"群体的发展壮大，那么就不能实现新农村建设目标

B. 只要有人才和资金支持，就能实现新农村建设目标

C. 一旦有人才就会有资金

D. 倘若有资金支持，就能实现新农村建设目标

【答案】A。题干翻译式：新农村建设→人才和资金→"城归"群体壮大。A项，–"城归"群体壮大→–新农村建设，是题干的等价形式，当选；B项，人才和资金→新农村建设，与题干翻译不同，无法推出，排除；C项，人才→资金，题干未提及人才和资金之间的关系，无关项，排除；D项，资金→新农村建设，与题干翻译不同，无法推出，排除。因此，本题答案为A项。

【例2】古人云，上之为政，得下之情则治，不得下之情则乱。何以知其然也？上之为政，得下之情，则是明于民之善非也。若苟明于民之善非也，则得善人而赏之，得暴人而罚之也。善人赏而暴人罚，则国必治。

若想"国必治"，则"为政者"必须做到，除了（　　）。

A. 得下之情　　　　　　　　　　B. 明民之善非

C. 赏善人罚恶人　　　　　　　　D. 虽得下之情，不明民之善非也

【答案】D。题干翻译式：①得下之情→治；②–得下之情→–治；③得下之情→明民之善非→善人赏且暴人罚→治。由"①得下之情→治"可知：A项得下之情可推出国必治，排除；由"③得下之情→明民之善非→善人赏且暴人罚→治"可知：B项明民之善非可推出国必治，排除；由"③得下之情→明民之善非→善人赏且暴人罚→治"可知：C项善人赏且暴人罚可推出国必治，排除；D项不明民之善非推不出国是否治，本题为选非题，只有D项符合。因此，本题答案为D项。

三、联言命题、选言命题

1. 联言命题

联言命题又称为合取命题，是反映事物的若干种情况或者性质同时存在的命题。

例如：中国女排是世锦赛冠军和奥运会冠军。

这个命题中表示两种情况同时存在：中国女排是世锦赛冠军；中国女排是奥运会冠军。

翻译式	标志词	示例	推理形式
A 且 B （A∧B）	A 和 B	诸葛亮和周瑜都是军事天才	诸葛亮是军事天才∧周瑜是军事天才
	既 A 又 B	风力发电既保护环境，又节约能源	风力发电保护环境∧风力发电节约能源
	不但 A 而且 B	他不但聪明，而且忠厚	他聪明∧他忠厚
	虽然 A，但是 B	他虽然渴望成功，但是却不努力	他渴望成功∧他不努力

在此，提醒各位考生，逻辑推理中表并列和表转折都是"且"的意思。

例如：

①"厦门这座城市风景优美，气候宜人"翻译为"厦门风景优美∧厦门气候宜人"

②"小明是个高富帅"翻译为"小明高∧小明富∧小明帅"

③"小华是不满 18 岁的女生"翻译为"小华不满 18 岁∧小华是女生"

④"我很丑，但我很温柔"翻译为"我很丑∧我很温柔"

2. 选言命题

选言命题又称为析取命题，是反映事物的若干种情况或性质至少有一种存在的命题。

根据选言支之间是否具有并存关系，选言命题可分为相容选言命题和不相容选言命题。

所谓相容选言命题，就意味着两个情况能同时存在，常用"或"表示。

例如："明天刮风或下雨"，其中表示了三种情况：①明天刮风但是没下雨；②明天没刮风但是下雨；③明天既刮风又下雨。

这三种情况出现任意一种，"明天刮风或下雨"这句话就是一句真话。

翻译式	标志词	示例	推理形式
相容选言命题 A 或 B（A∨B）	或者 A，或者 B	文人雅士或者乐山，或者乐水	文人雅士乐山∨文人雅士乐水
	A 和 B 至少有一个	这次比赛，李斯和张珊至少有个进决赛	李斯进决赛∨张珊进决赛

翻译式	特征	理解	推理形式
A 或 B （A∨B）	否一能推一 肯一不确定	（1）否一推一：否定其中一项，可以推出另一项 （2）肯一不确定：肯定其中一项，另一项的情况未知	若"A 或 B"为真，则： （1）–A → B； （2）–B → A

假设"明天刮风或下雨"这个命题为真，说明两个情况中，一定有个情况满足，但具体是哪种情况满足是未知的。因此，如果明天刮风，那下没下雨是未知的。但如果明天不刮风，因为两个情况至少要满足一个，此时可知，明天一定下雨。

所谓不相容选言命题，就意味着两个情况不能同时存在，常用"要么……要么……"表示。

例如，"明天要么刮风，要么下雨"，其中表示了两种情况：①明天刮风但是没下雨；②明天没刮风但是下雨，也就是刮风和下雨有且只能出现一个，不存在既不刮风也不下雨的情况，也不存在既刮风又下雨的情况。

翻译式	标志词	示例	推理形式
不相容选言命题 要么 A 要么 B （A∀B）	要么 A，要么 B	明天限行，要么限单号，要么限双号	限单号∀限双号
	A 和 B 有且只有一个	明明和芳芳有且只有一个能当选班长	明明当选班长∀芳芳当选班长

在福建省选调生考试中,常考德·摩根定律和鲁宾逊定律,以下内容务必掌握:

定律	公式	示例
德·摩根定律	(1) $-$(A 或 B)$=-$A 且 $-$B $-$(A $\vee$ B)$=-$A $\wedge$ $-$B (2) $-$(A 且 B)$=-$A 或 $-$B $-$(A $\wedge$ B)$=-$A $\vee$ $-$B	题干:并非明明和芳芳都当选上班长 翻译:$-$(明明当选班长$\wedge$芳芳当选班长)$=-$ 明明当选班长 $\vee$ $-$ 芳芳当选班长
鲁宾逊定律	A $\rightarrow$ B 等价于 $-$A 或 B A $\rightarrow$ B 矛盾 A 且 $-$B	题干:如果小王喜欢红茶,那么小李喜欢白茶 翻译:小王喜欢红茶$\rightarrow$小李喜欢白茶 等价于:小王不喜欢红茶,或者小李喜欢白茶 矛盾:当小王喜欢红茶,且小李不喜欢白茶时,题干命题为假,即二者互为矛盾命题

【例1】体育老师建议:"如果学校新建一个游泳池,那么篮球场也要新建一个。"副校长:"我不同意。"下列描述中,表达副校长的意见最为准确的一项是( )。

A.游泳池、篮球场都不新建　　　　B.新建篮球场,但不新建游泳池

C.新建游泳池,但不新建篮球场　　D.只有新建篮球场才不新建游泳池

【答案】C。体育老师的话翻译式:建游泳池$\rightarrow$建篮球场。副校长表示不同意,也就是找体育老师这句话的矛盾命题即可,根据鲁宾逊定律,A $\rightarrow$ B 的矛盾为 A 且 $-$B,可知,副校长的意思为"建游泳池,且不建篮球场",只有 C 项符合。因此,本题答案为 C 项。

【例2】已知"如果甲和乙不是该学校的学生,那么丙是该学校的学生",则要推出"乙是该学校学生",应补充的前提为( )。

A.甲是该学校学生　　　　　　　　B.丙是该学校学生

C.甲和丙都是该学校学生　　　　　D.甲和丙都不是该学校学生

【答案】D。题干翻译式:$-$甲且 $-$乙$\rightarrow$丙。其等价形式:$-$丙$\rightarrow$甲或乙。要想推出乙是该校学生,根据相容选言命题"否一推一"的特征可知:当且仅当甲不是该校学生时,可推出乙是该校学生,即甲和丙都不是该学校学生,只有 D 项符合。因此,本题答案为 D 项。

【例3】高考结束填报志愿时,要考虑的因素有很多。已知:

(1)若不是选考化学的,则能报考经济类或者报考非工程类专业;

(2)若是不限选择的专业或选考化学的,则可以报考材料类专业。

若某高考生填报志愿并没有选择材料类专业,则可以推出该高考生?( )

A 报考经济类

B 若没有报考经济类,则报考了非工程类专业

C 没有报考经济类

D 若报考经济类,则没有报考非工程类专业

【答案】B。题干翻译式:①$-$选化学$\rightarrow$经济类$\vee$非工程;②$-$限选择$\vee$选化学$\rightarrow$材料类。根据题干条件该高考生没有选择材料类,则对②进行了否后,根据公式"否后必否前",则可得:限选择$\wedge$$-$选化学。$-$选化学是对①的肯前,根据公式"肯前必肯后",可得报考经济$\vee$报考非工程为真。但是具体经济类和非工程类选择哪个未知,所以先排除 A、C 项;根据或关系"否一推一",没有报考经济$\rightarrow$报考非工程,所以 B 项为真。因此,本题答案为 B 项。

【例4】甲、乙、丙、丁、戊是五个好姐妹,他们相约周末一起去游玩,但又各自有自己的想法:

丙:如果我去,那么我一定带着甲去。

丁:或者我去,或者丙去。

戊:如果乙去,那我就不去了。

乙:只有我去,丁才会去。

已知最终戊去游玩了,由此可以推出(　　　)。

A.甲去了,丙没有去　　　　　　　　B.乙去了,丁没有去

C.丙去了,丁也去了　　　　　　　　D.甲去了,乙没有去

【答案】D。题干翻译式:①丙→甲;②丁或丙;③乙→﹣戊;④丁→乙。已知戊出去游玩了,根据逆否命题和原命题等价,从③入手进行层层递推,可得:⑤戊→﹣乙→﹣丁→丙→甲。根据以上推理可知甲和丙都去了,A项不符合;根据以上推理可知乙和丁都没去,B项不符合;根据以上推理可知丙去了,丁没去,C项不符合;根据以上推理可知甲去了,乙没去,D项符合。因此,本题答案为D项。

第二节　分析推理

分析推理是福建省选调生考试中的必考题型,其中涉及的知识点为真假推理和排列组合,两类题型都是考试的重点。

一、真假推理

真假推理的题型,题干中会出现若干个陈述,这些陈述有真有假,且不知道具体哪个真哪个假,只告诉我们真假的个数,让我们推出正确的情况。

这类题型技巧性强,只需按照口诀解题即可,在讲解具体口诀之前,要先了解两个概念:矛盾关系和反对关系。

1.矛盾关系

特征	常见命题	示例
（图）A和B是非此即彼的关系 二者必有一真,必有一假,即矛盾的双方一起出现时,一定有个是真的,一定有个是假的,不可能同时为真,也不可能同时为假	A是B与A不是B	题干:小明是党员 矛盾:小明不是党员
	所有A都是B与有的A不是B	题干:所有研究生都是福建人 矛盾:有的研究生不是福建人
	所有A都不是B与有的A是B	题干:所有研究生都不是福建人 矛盾:有的研究生是福建人
	A或B与﹣A且﹣B	题干:午餐吃米饭或面条 矛盾:午餐不吃米饭,且不吃面条
	A且B与﹣A或﹣B	题干:他既高又帅 矛盾:他或者不高,或者不帅
	A→B与A且﹣B	题干:如果你考上公务员,我就请你吃饭 矛盾:你考上公务员,但我没请你吃饭

在一道真假推理题目中，如果两句话是矛盾关系，那么这两句话一定有一真一假，可以帮助我们快速确定真假范围。

例如：①一班没有党员；②一班有些人是党员；③一班的小明不是党员。如果上述三句话只有一句为假，根据①②矛盾，必有一真，必有一假，可知假话在①②之间，意味着③真话，也就是一班的小明不是党员，至于①②具体谁真谁假仍然是未知的，理由很简单，在直言命题中我们就学过，某个人不是党员推不出全部都不是党员，有些人不是党员推不出有些人是党员。

2. 反对关系

常见命题	特征	解释
所有 A 都是 B 与 所有 A 都不是 B	两个所有，必有一假，可以同假（所有 A 都是 B 和所有 A 都不是 B 一起出现时，一定有个是假的，也可能都是假的）	例如：命题①"所有花都是红的"和②"所有花都不是红的"，当①真时②为假；当①假时②真假性未知；总之①②不可能同时为真，但可以同时为假，当"有些花是红的，有些花不是红的"时，①②都为假
有的 A 是 B 与 有的 A 不是 B	两个有的，必有一真，可以同真（有的 A 是 B 和有的 A 都不是 B 一起出现时，一定有个是真的，也可能都是真的）	例如：命题①"有的福建人是党员"和②"有的福建人不是党员"，当①假时②为真；当①真时②真假性未知；总之①②不可能同时为假，但可以同时为真，当"有的福建人是党员，有的福建人不是党员"时，①②都为真

在一道真假推理题目中，如果两句话是反对关系，亦可以帮助我们确定真假范围。

例如：①一班有些人不是党员；②一班有些人是党员；③一班的小明不是党员。如果上述三句话只有一句为真，根据①②反对关系，两个有的，必有一真，可知真话在①②之间，意味着③是假话，也就是一班的小明是党员，此时，可知②一班有些人是党员是真话，因为只有一句真话，所以①一班有些人不是党员是假话，说明真实情况是所有人都是党员。

真假推理解题口诀：

（1）找关系，确定真假范围，优先找矛盾关系，其次找反对关系。

（2）看其余信息，将假话转化成真话。

（3）若无矛盾关系和反对关系，选项代入或进行假设解题。

【例1】村里要进行"养殖能手"的评选，候选人分别有小王、小李、小张和小刘。他们每个人都在各自的领域有自己的专长，最后只能评选一人，所以竞争非常激烈。在结果还没出来之前，他们四个人分别谈论了自己对评选结果的看法。

小王：我觉得小刘能选上。

小李：反正你们俩比我优秀，我不可能评上的。

小张：我认为最后评上的不是小王就是小刘。

小刘说：算了吧，怎么可能会是我呢。

已知上述信息只有一句真话，请问最后评上"养殖能手"的人是谁？（　　　）

A. 小王　　　　　B. 小李　　　　　C. 小张　　　　　D. 小刘

【答案】B。题干翻译式：①小王：小刘；②小李：﹣小李；③小张：要么小王，要么小刘；④小刘：﹣小刘。根据翻译式可知："①小王：小刘"与"④小刘：﹣小刘"是矛盾关系。只有一句真话，说明真话在小王和小刘之间，也就是说，"②小李：﹣小李"为假，转换成真话，即小李能当选，只有 B 项符合，当选。因此，本题答案为 B 项。

【例 2】关于一个班参加会计资格证书测试的通过情况有如下断定：①学习委员通过了；②该班所有人都通过了；③有些人通过了；④有些人没通过。

经调查，发现上述断定只有两个是正确的，可见（　　　）。

A. 该班有人通过了，有人没通过　　　　B. 学习委员通过了

C. 所有人都通过了　　　　　　　　　　D. 所有人都没通过

【答案】A。根据题干信息："②该班所有人都通过了"与"④有些人没通过"是矛盾关系，说明②④必有一真，必有一假。断定只有两个是正确的，意味着①③也有一真，也有一假，若①真，③也真，与题干矛盾，则①假，③真，即学习委员没通过，但有人通过了，只有 A 项符合，当选。因此，本题答案为 A 项。

【例 3】在一次羽毛球赛中，甲、乙、丙、丁四人晋级四强。至于谁能最终问鼎冠军，小张、小李、小王三人作了如下预测：

小张：冠军是甲或者乙。

小李：如果冠军不是丙，那么冠军也不是丁。

小王：冠军不是甲。

已知小张、小李、小王三人中有并且只有一人的预测准确，那么下列哪一项成立？（　　　）

A. 冠军是丁　　　　B. 冠军是乙　　　　C. 冠军是丙　　　　D. 冠军是甲

【答案】A。题干翻译式：①小张：甲或乙；②小李：－丙→－丁；③小王：－甲。本题不存在矛盾关系和反对关系，选项代入验证。A 项代入，①为假，②为假，③为真，符合条件，当选；B 项代入，①为真，②为真，③为真，不符合条件，排除；C 项代入，①为假，②为真，③为真，不符合条件，排除；D 项代入，①为真，②为真，③为假，不符合条件，排除。因此，本题答案为 A 项。

二、排列组合

排列组合的题型，题干中会出现若干个陈述，这些陈述往往涉及人物、地点、事件等内容，彼此互相联系，要求考生通过提取有效信息进行推理，最终得出结论。

此类题目灵活多变，是福建省选调生考试的必考题型，各位考生要善于寻找题目的突破口，以不变应万变。常见的方法有排除法、代入法、最大信息法、作图法、假设法等。

1. 排除法

在排列组合题目中，排除法是最常用的一种方法，通过排除不符合题意的选项来得到正确选项。

例如：

题干：作家称赞中文系毕业者身体健康。

以上题干说明作家不是中文系毕业者，如果有选项出现作家是中文系毕业者的，可以直接排除。

在此提醒，排除法最好从题干得出一个结论，马上去排除选项，这样更能节省时间。

【例】小曾、小孙、小石三个人是好朋友，他们每个人都有一个妹妹，且都比自己小 11 岁。三个妹妹的名字叫小英、小丽、小梅。已知小曾比小英大 9 岁，小曾与小丽年龄之和是 52 岁，小孙与小丽年龄之和是 54 岁。

由此可知,谁是谁的妹妹?(　　)

A.小梅是小孙的妹妹,小丽是小曾的妹妹,小英是小石的妹妹

B.小梅是小石的妹妹,小丽是小孙的妹妹,小英是小曾的妹妹

C.小梅是小曾的妹妹,小丽是小石的妹妹,小英是小孙的妹妹

D.小梅是小曾的妹妹,小丽是小孙的妹妹,小英是小石的妹妹

【答案】C。根据题干信息,兄妹年龄差11岁,而小曾比小英大9岁,说明小曾和小英不是兄妹,B项说小英是小曾的妹妹,与题干意思不符合,排除;年龄都是整数,兄妹年龄差11岁,说明兄妹年龄和一定是奇数,而小曾与小丽年龄之和是52岁,说明小曾和小丽不是兄妹,A项说小丽是小曾的妹妹,与题干意思不符合,排除;同理,小孙与小丽年龄之和是54岁,说明小孙和小丽不是兄妹,D项说小丽是小孙的妹妹,与题干意思不符合,排除。因此,本题答案为C项。

2. 代入法

代入法就是将选项代入题干,以此来验证选项是否符合题意,或者是否能得出具体结论。代入法的应用范围很广泛,解题过程中没有突破口时可尝试选项代入解题。

【例】小强、小明、小红参加高考,一个考上了一本学校,一个考上了二本学校,一个考上了高职高专。但究竟谁上了什么学校,大家并不清楚,于是做了以下猜测:

甲:小强考上了一本,小明考上了二本。

乙:不对,小强考上了二本,小红考上了一本。

丙:你们都说错了,小强考上了高职高专,考上一本的是小明。

后来证实,甲乙丙三人的猜测只对了一半。

由此可以推出(　　)。

A.小强考上了一本,小明考上了二本,小红考上了高职高专

B.小强考上了高职高专,小明考上了二本,小红考上了一本

C.小强考上了高职高专,小明考上了一本,小红考上了二本

D.小强考上了二本,小明考上了一本,小红考上了高职高专

【答案】B。题干条件不确定,此时优先采用代入法解题。将A项代入,甲两句都猜对了,与题干意思不符合,排除;将B项代入,甲、乙、丙都只猜对了一半,与题干意思符合,当选;将C项代入,甲两句都猜错了,与题干意思不符合,排除;将D项代入,甲两句都猜错了,与题干意思不符合,排除。因此,本题答案为B项。

3. 最大信息法

最大信息法,就是从题干出现次数最多的信息着手,以此为突破口推出结论。在无法比较谁出现信息最多的时候,要从题干信息中提取隐藏条件,帮助排除选项。

【例1】汉斯、亚瑟、古力三个学生来自美国、德国和意大利,其中一个学法律,一个学经济,一个学管理。已知:①汉斯不是学法律的,亚瑟不是学管理的;②学法律的不是来自德国;③学管理的来自美国;④亚瑟不是来自意大利。

以上条件成立,以下哪一项为真?(　　)

A.汉斯学管理,亚瑟学经济,古力学法律　　　　B.汉斯学经济,亚瑟学管理,古力学法律

C.汉斯学法律,亚瑟学经济,古力学管理   D.汉斯学管理,亚瑟学法律,古力学经济

【答案】A。结合条件"①亚瑟不是学管理的"和"③学管理的来自美国"可知,亚瑟不来自美国。结合条件"④亚瑟不是来自意大利"可知,亚瑟来自德国。结合条件"②学法律的不是来自德国"和"①亚瑟不是学管理的"可知,⑤亚瑟不学法律和管理,因此亚瑟学经济,排除B、D项;结合条件"①汉斯不是学法律的"和"⑤亚瑟不学法律"可知,古力学法律,排除C项。因此,本题答案为A项。

【例2】航天局认为优秀宇航员应具备三个条件:第一,丰富的知识;第二,熟练的技术;第三,坚强的意志。现有至少符合条件之一的甲、乙、丙、丁四位优秀飞行员报名参选,已知:①甲、乙意志坚强程度相同;②乙、丙知识水平相当;③丙、丁并非都是知识丰富;④四人中三人知识丰富,两人意志坚强,一人技术熟练。航天局经过考查,发现其中只有一人完全符合优秀宇航员的全部条件。

他是(   )。

A.甲   B.乙   C.丙   D.丁

【答案】C。根据③得,丙与丁中肯定有人知识不丰富。再根据②和④可知,知识不丰富的人一定是丁。因为只有一人完全符合条件,且只有一人技术熟练,说明此人不是丁,丁技术不熟练,又因为每人至少符合条件之一,所以,丁意志坚强。由①"甲、乙意志坚强程度相同",且只有两人意志坚强可推得甲和乙意志不坚强,因此此人不是甲,也不是乙。那么,只有丙完全符合条件。因此,本题答案为C项。

【例3】在一次国际会议上,来自英、法、中、德四国的甲、乙、丙、丁四位学者恰好相聚在一组讨论。他们每人除了会说自己本国语言外,还会说其他三国语言中的一种,有一种语言三个人都会说。这四位学者交谈的有关情况如下:①乙不会说英语,当甲与丙交谈时,他却能替他们做翻译;②甲是中国人,丁不会说汉语,但他俩却能毫无困难地交谈;③乙、丙、丁三人找不到一种共同的语言进行交谈;④在四人中,没有一人既能用汉语交谈,又能用法语交谈。

据此,可以推出三个人都会说的那种语言是(   )。

A.汉语   B.德语   C.英语   D.法语

【答案】B。根据题干可知每人会两种语言,有一种语言三个人都会说,所以这三个人是能交流的。根据③乙、丙、丁三人找不到一种共同的语言进行交谈,说明有两个会说该种语言,一个不会说,而另一个会说的应该是甲。根据①可知甲和丙不能交流,所以会说该种语言的不能有丙,则会说该种语言的应该是甲乙丁三人。根据①乙不会说英语,排除C项;根据②丁不会说汉语,排除A项;根据④没有一个人既能用汉语交谈,又能用法语交谈,说明甲不会说法语,排除D项。因此,本题答案为B项。

4. 作图法

作图法,就是将题干复杂的条件转换成图表信息,在图表中给信息定位,以此清晰地表示条件之间的关系,从而降低分析和解决问题的难度。

【例1】由于业务量增加,某服务中心计划增加登记、咨询、报送、投诉和综合5个业务窗口,拟安排的5名工作人员所熟悉的业务各有不同:小丽作为新人,只熟悉登记业务;小马熟悉登记和咨询业务;小高熟悉报送和投诉业务;老王除了综合和投诉,其他业务都很熟悉;老董所有业务都很精通。最终,5名工作人员被分别安排到5个窗口负责各自熟悉的业务。

关于人员安排,以下说法正确的是(   )。

A. 老董不负责综合业务窗口 　　　　B. 小高负责报送业务窗口

C. 小马不负责咨询业务窗口 　　　　D. 老王负责报送业务窗口

【答案】D。将题干信息填入表格：

	登记	咨询	报送	投诉	综合
小丽	√	×	×	×	×
小马			×	×	×
小高	×	×			×
老王				×	×
老董					

此时综合窗口只能老董负责，排除 A 项；又因 5 个业务窗口，安排的 5 名工作人员所熟悉的业务各有不同，即一人一个窗口，所以老董再不负责其他窗口，此时投诉窗口也已经有四个"×"，故只能小高负责投诉窗口，排除 B 项；此时报送窗口也已经有四个"×"，故只能老王负责报送窗口，D 项正确；又因为老王不负责其他窗口，此时咨询窗口也已经有四个"×"，故只能小马负责咨询窗口，排除 C 项。最终情况如下表。因此，本题答案为 D 项。

	登记	咨询	报送	投诉	综合
小丽	√	×	×	×	×
小马	×	√	×	×	×
小高	×	×	×	√	×
老王	×	×	√	×	×
老董	×	×	×	×	√

【例 2】在某逻辑学国际学术研讨会上，有四位专家做了重要发言，他们分别是中国专家、美国专家、波兰专家、加拿大专家，四位专家研究的领域分别是模态逻辑、辩证逻辑、人工智能逻辑中的某一个，其中：①只有加拿大专家研究辩证逻辑；②美国专家和中国专家研究的不是同一领域；③中国专家和另一位专家的研究领域相同；④波兰专家不研究模态逻辑。

根据以上条件可以推断，中国专家研究的领域是（　　　　）。

A. 模态逻辑 　　　　　　　　　　B. 辩证逻辑

C. 人工智能逻辑 　　　　　　　　D. 不同于波兰专家研究的领域

【答案】C。将题干信息填入表格：

	模态逻辑	辩证逻辑	人工智能逻辑
中国专家		×	
美国专家		×	
波兰专家	×	×	√
加拿大专家	×	√	×

根据②和③，中美领域不同，中国专家和另一位专家相同，故中国专家和波兰专家相同，研究人工智能逻辑。最终情况如下表。因此，本题答案为 C 项。

	模态逻辑	辩证逻辑	人工智能逻辑
中国专家	×	×	√
美国专家	√	×	×
波兰专家	×	×	√
加拿大专家	×	√	×

【例3】在某高速公路的一段,一字相逢地搭列着五个小镇,已知:①落霞镇既不要临着古井镇,也不临着荷花镇;②浣溪镇既不临着紫微镇,也不临着荷花镇;③紫微镇既不要临着古井镇;也不要临着荷花镇;④落霞镇没有木塔;⑤有木塔的是排在第一和第四的小镇。

由此可见,排在第二的小镇是(　　)。

A.落霞镇　　　　B.荷花镇　　　　C.浣溪镇　　　　D.紫微镇

【答案】A。题干荷花镇出现次数最多,以此作为解题突破口。一共有5个小镇,根据①②③可知荷花镇只和古井镇相邻,也就是说荷花镇只能排在第一或第五。若荷花镇排在第一,则具体情况如下:

一	二	三	四	五
荷花镇	古井镇	浣溪镇	落霞镇	紫微镇

这种情况下,落霞镇排第四,与④⑤矛盾,因此,荷花镇不能排第一,故只能排第五。此时,具体情况如下:

一	二	三	四	五
紫微镇	落霞镇	浣溪镇	古井镇	荷花镇

这种情况下,排在第二的为落霞镇。因此,本题答案为A项。

5.假设法

假设法,就是做一个或多个假设,根据已知条件分析,如果出现与题干条件矛盾的情况,说明假设的情况错误,以此推出其他结论。

【例】在科技展览会上,小宋看见了甲、乙、丙3个机器人。这3个机器人要么是A型机器人,要么是B型机器人,A型机器人只说真话,B型机器人只说假话,但他不知道具体哪个是A型机器人,哪个是B型机器人。甲说:"在乙和丙之间,至少有一个是A型机器人。"乙说:"在丙和甲之间,至少有一个是B型机器人。"丙说:"我只说真话。"

以下哪项是对A型机器人个数的准确判断?(　　)

A.0　　　　　　B.1　　　　　　C.2　　　　　　D.3

【答案】C。题干条件信息不确定,考虑假设法。①假设丙为A型机器人,则丙说真话,此时满足乙丙至少有一个是A型机器人,则甲机器人说的是真话,甲为A型机器人。甲和丙都为A型机器人,不满足甲丙至少有一个是B型机器人,则乙说的是假话,乙为B型机器人。在此种假设下A型机器人为甲和丙,共有2个。②假设丙为B型机器人,则丙说假话,此时满足甲丙至少有一个是B型机器人,则乙说的是真话,乙为 A 型机器人。此时满足乙丙至少有一个是 A 型机器人,即甲说的真话,甲为 A 型机器人。在此种假设情况下 A 型机器人为甲和乙,共有 2 个。综上,A 型机器人的个数是 2。因此,本题答案为 C 项。

第三节　逻辑论证

所谓论证,就是引用论据来证明论点的真实性的论述过程,是由论据推出论点时所使用的推理形式。

$$\boxed{\text{论据}} \xrightarrow{\text{论证}} \boxed{\text{论点}}$$

论点就是论证者想要证明的观点。论据就是指用来支撑或证明结论的看法、论据、隐喻、类比和其他陈述,这些陈述是构建结论可信度的基础。

一个论证是否有效,主要的标志就是看能否提供充足的论据来支撑这个观点。

如何找论点和论据? 在此提供两个方法。

第一,寻找结论指示词。

论点前面往往带有指示词进行引导,告诉我们接下来出现的内容是结论。常见的指示词有因此、表明、由此可知、因此可以断定、据此可以推测、告诉我们、意味着、说明等。

例如:

交通部科研所最近研制了一种自动照相机,凭借其对速度的敏锐反应,当且仅当违规超速的汽车经过镜头时,它会自动按下快门。在某条单向行驶的公路上,在一个小时中,这样的一架照相机共摄下了 50 辆超速的汽车的照片。从这架照相机出发,在这条公路前方的 1 公里处,一批交通警察于隐蔽处在进行目测超速汽车能力的测试。在上述同一个小时中,某个警察测定,共有 25 辆汽车超速通过。由于经过自动照相机的汽车一定经过目测处,可以推定,这个警察的目测超速汽车的准确率不高于 50%。

上面这个文段内容很长,但我们可以明显看到"可以推定"这个论点指示词,以此快速锁定本文段的论点是:这个警察的目测超速汽车的准确率不高于 50%。

第二,区分"事实"和"评价"。

有时候论证者没有提供明确的论证结构词,我们需要利用"事实→评价"来判断论据和论点,一般事实就是论据,包括数据、定义、背景信息、证据等;评价就是论点,也就是由事实得出的观点。

例如:

高考容易导致近视,高三五班有 60% 的同学近视。

在这个句子中,"高三五班有 60% 的同学近视"是通过数据表示的事实,因此是论据,"高考容易导致近视"是由该事实得出的观点,因此是论点。

逻辑论证分为削弱型和加强型,在加强型中还有一种特殊的方式叫前提型,在此用一个图让大家了解这三者之间的关系:

一、削弱型

削弱型题目的特点就是题干中给出一个完整的论证或表达某种观点,要求从备选项中寻找最能(或最不能)反驳或削弱题干论证或观点的选项。如果将这个选项放入论据和论点之间,会使得题干推理成立或论点正确的可能性降低,则为削弱选项。

削弱型题目常见的提问方式有:

"以下哪项如果为真,最能削弱题干的论证?"

"以下哪一项如果为真,最能反驳研究者观点?"

"以下哪一项如果为真,最能质疑上述结论?"

"以下哪一项如果为真,最不能质疑上述观点?"

注意:"不能削弱"有两种情况,一种是支持,一种是无关。

解题时,只需排除能够削弱的选项即可。要想削弱或质疑某个文段,可以从削弱论点、削弱论证、削弱论据这三个方面来达到削弱的目的。

1. 削弱论点

直接削弱论点是最常见的削弱方式,可以形象地理解为"怼"论点,具体有如下方式:

知识点	解读	示例
削弱论点	直接和论点反着来	论点:雨水将古文物冲至该墓穴中。 削弱:该墓穴保存完好,并无雨水冲刷的痕迹
举反例	通过举相反例子来说明论点错误,特别注意论点为 A→B 的形式时,其强削弱方式为其矛盾 A 且 −B	论点:只要摄入足够的钙,就能有强健的体魄。 削弱:很多人摄入足量的钙,却没有强健的体魄

【例1】一项研究表明,明火、煤炉和烧烤炉的烟雾中含有大量的致癌物质、一氧化碳等有害物质。在明火或炭上经常烧烤或烹饪食物会使患肺炎、哮喘和其他肺部疾病的可能性增加 40%～60%。据此有人认为,它们给人们带来的危害不亚于香烟。

以下哪一项如果为真,最能削弱上述观点?( )

A. 调查发现,致癌人员中经常接触明火、木炭的人数远小于吸烟人数

B. 与火灾经常接触的消防队员,其血液中的致癌物浓度远高于普通人

C. 近年来,香烟生产商在生产环节已经逐步降低了香烟对人的危害性

D. 据统计,目前我国近 40% 的家庭仍在使用木材和煤炭来做饭和取暖

【答案】A。论点:明火、煤炉和烧烤炉的烟雾给人们带来的危害不亚于香烟。论据:明火、煤炉和烧烤炉的烟雾含有有害物质,在明火上烹饪的食物会增加患病可能性。A项,致癌人员中经常接触明火、木炭的人数远小于吸烟人数,说明明火、煤炉和烧烤炉对人们的危害没有吸烟大,直接削弱论点,当选;B项,与火灾经常接触的消防队员,其血液中的致癌物浓度远高于普通人,说明明火对人体有一定危害,但并未和吸烟者做对比,无法削弱,排除;C项,香烟生产商在生产环节已经逐步降低了香烟对人的危害性,与明火、煤炉和烧烤炉的危害无关,无法削弱,排除;D项,目前我国近 40% 的家庭仍在使用木材和煤炭来做饭和取暖,但木材和煤炭对人体的危害如何不知道,无法削弱,排除。因此,本题答案为 A 项。

【例2】在某次电子产品促销会中,某款电子产品特别受消费者欢迎。促销会负责人总结经验时说,看来只有投入了大量广告费用作宣传的电子产品才有好的市场接受度。

以下哪一项如果为真,最能质疑负责人的论述? (　　　)

　A.某款电子产品的外观设计增加了更多科技元素,尽管没有做广告宣传,仍然受到市场欢迎

　B.最关注电子产品的广告群体是青年人,而参加此次促销会的消费者恰好青年人多

　C.某款电子产品投入了大量广告费用作宣传,但由于其价格过高,并不受市场欢迎

　D.某些电子产品投入了大量广告费用作宣传,但是实际上并不具备所宣传的部分功能

　【答案】A。论点:只有投入了大量广告费用做宣传的电子产品才有好的市场接受度,可翻译为"好的市场接受度→投入大量广告"。A项,指出某电子产品有好的市场接受度但是没有做广告宣传,是论点的矛盾形式,直接削弱论点,当选;B项,指出某次电子产品促销会中,恰巧最关注电子产品广告的青年人居多,才使得某款电子产品特别受欢迎,但是广告费用投入起到的效果是多少不得而知,属于不明确选项,排除;C项,指出某电子产品不受市场欢迎的原因是因为价格高,但题干论点讨论的是电子产品受欢迎的原因是什么,无法削弱,排除;D项,只是说某些电子产品投入了大量广告费用做宣传,但是没有提及是否有良好的市场接受度,属于无关选项,无法削弱,排除。因此,本题答案为A项。

　【例3】进入21世纪后,中国经济总量逐步上升到世界第二位。由此,有人认为:"加入WTO对一个国家的经济增长具有明显的加速作用。"

　以下各项如果为真,最能质疑上述观点的是(　　　)。

　A.中国进入经济高增长轨道与加入WTO几乎同时发生

　B.中国的大国基础结构对经济增长具有十分重要的作用

　C.印度、巴西在加入WTO前后经济增速无明显变化

　D.中国有较低劳动成本和较高技能结合的竞争优势

　【答案】C。论点:加入WTO对一个国家的经济增长具有明显的加速作用。论据:进入21世纪后,中国经济总量逐步上升到世界第二位。A项,中国进入经济高增长轨道与加入WTO几乎同时发生,时间点重合不代表二者有必然性联系,无法削弱,排除;B项,中国的大国基础结构对经济增长有重要作用,但与论点讨论的加入WTO是否能加速经济增长无关,无法削弱,排除;C项,印度和巴西加入WTO后经济增速没变,举例说明加入WTO并不能让一个国家的经济增长加速,举例削弱论点,可以削弱,当选;D项,说明中国具有竞争优势,但是否有竞争优势与论点讨论的加入WTO是否能加速经济增长无关,无法削弱,排除。因此,本题答案为C项。

2. 削弱论证

削弱论证,即说明论据不能支撑论点,具体有如下方式:

知识点	解读	示例
拆桥	说明论点和论据无关	题干:某导演称A节目达到当前同类节目的最高水准,因为该节目收视率比其他同类节目高2%。 削弱:收视率与节目水准无关
因果倒置	题干为A导致B,可通过说明B才是A的原因来进行削弱	题干:某校看电视时间长的学生比看电视时间短的学生成绩好,由此看来,看电视不会影响学习。 削弱:该校学生父母只在孩子取得好成绩时才允许他们看电视
另有他因	题干为A导致B,可指出C才是导致B的原因来进行削弱	题干:有人认为,冰激凌中的中高端品种越来越多,使消费者对价格较高的冰激凌有更高的接受度,最终导致了冰激凌的市场价格普遍上涨。 削弱:厂家和经销商的经营成本,用工成本不断上涨,不得不提高冰激凌价格

【例1】随着人们对教育问题的重视，现在大多数家长会为孩子制定了各种学习目标，其中有一项就是孩子的识字能力。家长普遍认为孩子背唐诗、识字越多越聪明。支持幼儿学识字的人认为，识字能有效地促进儿童的智力发展。但反对者则认为，过早学习识字会违背孩子的发展规律，同时也会牺牲孩子其他方面的发展，如孩子的交往技能、孩子良好情绪的发展等。

以下哪一项最能削弱支持者观点？（ ）

A.汉字是有规律的，儿童通过推理判断出字音，联想出字义，能够引发儿童开动脑筋，活跃思维，使儿童变得聪明起来

B.孩子智力的发展水平早在出生时就已经确定

C.有实验证明强迫孩子识字的做法不能让孩子学习更多的其他基础知识，是不科学的

D.有些家长急于求成的浮躁心态反而会压抑孩子的兴趣和造成孩子紧张焦虑的心情，不利于其个性和心理健康的发展

【答案】B。论点：识字能有效地促进儿童的智力发展。A项，解释说明为什么识字能促进智力发展，加强项，无法削弱，排除；B项，智商水平不受任何外界影响，在出生时已经确定，说明识字与智力无关，能削弱，保留；C项，识字教育方式的科学性和智力无关，无法削弱，排除；D项，家长浮躁心态对心理健康的影响和智力无关，无法削弱，排除。因此，本题答案为B项。

【例2】某农资公司研发了一种新型水稻种子K5，此款种子与以往的种子相比，有更强的抵御病虫害和抗旱能力。因此，有科研专家称，如果此款新型种子能够大面积推广种植，水稻产量会有大幅度提升。

以下哪一项最能削弱上述观点？（ ）

A.该公司研制的水稻种子K5是市面上抗病虫害能力最强的种子

B.水稻植株很少受到病虫害的干扰

C.K5比起市面上的其他种子产量确实高出许多

D.水稻产量主要受到授粉率的影响

【答案】D。论点：如果此款新型种子能够大面积推广种植，水稻产量会有大幅度提升。论据：此款种子与以往的种子相比，有更强的抵御病虫害和抗旱能力。A项，说明该种子确实有抗病虫害的能力，加强论据，无法削弱，排除；B项，水稻很少受病虫害干扰，说明该种子抗病虫害的功能没办法发挥作用，但对于水稻是否受干旱影响未知，若受干旱影响，该种子仍能发挥作用，不明确项，排除；C项，产量高，说明该种子确实有用，属于加强项，排除；D项，指出根本原因，产量主要受授粉率影响，说明和病虫害、干旱无关，即该种子没办法发挥作用，能削弱，当选。因此，本题答案为D项。

【例3】研究发现，人们在社交媒体上花费的时间越长，越容易感到孤独。研究人员招募了1787名19岁至32岁的成年人，让他们完成一份问卷。调查发现，在社交媒体上每天花费时间超过120分钟的人感受到的孤独，大约是那些每天费时少于30分钟的人的两倍。研究人员解释说，这可能是因为人们在社交媒体上花的时间越多，现实世界中与人交流的时间就越少，因此越容易感到孤独。

以下哪一项如果为真，最能削弱上述研究结论？（ ）

A.越容易感到孤独的人越喜欢用社交媒体

B.越喜欢用社交媒体的人，对生活的满意度越低

C.人们越来越喜欢通过社交媒体来了解其他人的生活

D.人们喜欢在社交媒体上发布积极经历，容易使接收此类信息的人心态失衡

【答案】A。论点：人们在社交媒体上花费的时间越长，越容易感到孤独。论据：调查发现，在社交媒体上每天花费时间超过120分钟的人感受到的孤独，大约是那些每天花费时间少于30分钟的人的两倍。A项，越容易感到孤独的人越喜欢用社交媒体，与论点中社交媒体上花费的时间越长的人越容易感到孤独因果相反，因果倒置项，能削弱，当选；B项，喜欢用社交媒体的人对生活满意度低，与论点中社交媒体上花费的时间越长的人越容易感到孤独无关，话题不一致，排除；C项，人们用社交媒体来了解他人的生活，与论点中社交媒体上花费的时间越长的人越容易感到孤独无关，话题不一致，排除；D项，人们在社交媒体上发布的信息以及对接收信息的人的影响，与论点中社交媒体上花费的时间越长的人越容易感到孤独无关，话题不一致，排除。因此，本题答案为A项。

【例4】每周饮酒2～10次是适量饮酒。有调查发现，每周饮酒2～10次的男士，比每周饮酒少于2次的男士患心脏病的概率要低。因此，适量饮酒可降低男士患心脏病的风险。

　　以下哪一项为真，最不能削弱该论证？（　　　）

　　A.适量饮酒的女士比每周饮酒少于2次的女士患肝炎的概率更高

　　B.适量饮酒的男士更注意加强身体锻炼

　　C.适量饮酒的男士普遍比每周饮酒少于2次的男士要年轻

　　D.男士们都认为，身体良好的情况下可以适当增加饮酒量

【答案】A。论点：适量饮酒可降低男士患心脏病的风险。论据：每周饮酒2～10次的男士，比每周饮酒少于2次的男士患心脏病的概率要低。A项，女人饮酒的情况，与男士无关，话题不一致，不能削弱，当选；B项，适量饮酒的男士更注意加强身体锻炼，属于另有他因，能削弱，排除；C项，适量饮酒的男士更年轻，属于另有他因，能削弱，排除；D项，身体好的男士才进行适当增加饮酒量，属于因果倒置，能削弱，排除。因此，本题答案为A项。

3. 削弱论据

削弱论据，即说明论据是错误的或者论据是不充分的，具体有如下方式：

知识点	解读	示例
否定原有论据	直接说明论据是错误的	题干：假鸡蛋成本高，不能牟利，因此，市面上不可能有假鸡蛋。 削弱：很多不法商家已经掌握了降低假鸡蛋生产成本的技术
样本不科学	题干论据涉及调查、实验形式，可说明样本容量不足或者样本没有代表性	题干：今年上半年，A市空气质量整体处于优良水平，污染天数比去年同期减少5天，因此，A市今年的空气质量好于去年。 削弱：A市污染时段集中在下半年

【例1】一项针对某地区的调查显示，每周至少食用2次腌制食品的人患消化道癌症的可能性比每周食用腌制食品少于2次的人更低。因此，食用腌制食品并不会引发消化道癌症。

　　以下选项如果为真，最不能削弱上述论证的是（　　　）。

　　A.相较其他地区而言，该地区的人更习惯于食用腌制食品

　　B.很多人在消化道出现不适时，会少吃或不吃腌制食品

　　C.该研究由某家腌制食品企业资助，选择研究对象时具有倾向性

　　D.食用腌制食品次数多的人每次的食用量一般很少

【答案】A。论点：食用腌制食品并不会引发消化道癌症。论据：每周至少食用2次腌制食品的人患

消化道癌症的可能性比每周食用腌制食品少于 2 次的人更低。A 项，该地区的人更习惯食用腌制食品，并没有说明食用腌制食品是否会患消化道癌症，属于无关项，无法削弱，当选；B 项，消化道出现不适时，会少吃或不吃腌制食品，说明是少吃或不吃腌制食品的人本身就有疾病，所以造成调查结果显示每周食用腌制食品少于 2 次的人患消化道癌症的可能性更高，说明该研究本身不严谨，可以削弱，排除；C 项，该研究选择的对象具有倾向性，说明研究本身不严谨，该研究结果并不可靠，削弱论据，排除；D 项，食用腌制食品次数多的人，其食用量少，说明只分析食用腌制食品次数，而不讨论整体的食用量得到食用腌制食品对消化道癌症的影响的结果并不可靠，可以削弱，排除。因此，本题答案为 A 项。

【例 2】消费者声称在市场上买到的假鸡蛋，经鉴定均为过期变质蛋、孵化蛋等真鸡蛋，而非化工合成品，专家认为，依据现在的技术条件，要做出以假乱真的假鸡蛋成本很高，根本不可能牟利，因此市场上不可能有所谓的假鸡蛋。

以下无法削弱上述专家结论的一项是（　　　）。

A. 以现在的技术水平完全能够做出以假乱真的假鸡蛋

B. 一些企业生产假鸡蛋用于工艺品或表演道具

C. 一些不法厂商掌握了降低假鸡蛋生产成本的技术

D. 即使假鸡蛋做不到以假乱真也能被一些粗心的人购买

【答案】A。论点：市场上不可能有所谓的假鸡蛋。论据：依据现在的技术条件，要做出以假乱真的假鸡蛋成本很高，根本不可能牟利。A 项，现在的技术水平完全可以做出假鸡蛋，题干中只说假鸡蛋成本高，并没有说不能做出，话题不一致，无法削弱，当选；B 项，企业生产的假鸡蛋用于工艺品或表演道具，说明市场上有所谓的假鸡蛋，削弱了论点，排除；C 项，厂商掌握了降低假鸡蛋成本的技术，说明制作假鸡蛋成本不高，可以利用假鸡蛋进行牟利，削弱了论据，排除；D 项，假鸡蛋做不到以假乱真，也可以被人购买，说明也可以牟利，削弱了论据，排除。因此，本题答案为 A 项。

二、加强型

加强型题目一般在题干给出一个推理或论证，但由于前提条件不够充分或者由于论证的论据不够全面而不足以得出该结论。因此，同学们需找到使题干中的论证正确或者完整的选项，从而加强或支持题干。

加强型题目常见的提问方式有：

"以下哪一项如果为真，最能支持题干的论证？"

"若以下选项为真，上述推论最有可能基于哪项假设？"

"以下哪一项最能加强上述反驳？"

"以下哪一项如果为真，最有可能是上述论证的前提？"

"若以下选项为真，哪一项最不能支持上述观点？"

注意："不能支持"有两种情况，一种是削弱，一种是无关。

解题时，只需排除能够支持的选项即可。另外，特别强调，对于前提型题目，一定要注意前提是结论成立的条件，所以对于前提假设项的要求比普通加强项的要求更为严格，不是每一个加强项都能成为前提，一定要做好区分。

1. 加强论点

加强论点在福建省选调生考试中考得相对较少，简单了解方法即可。具体方式如下：

知识点	解读	示例
加强论点	说明结论是对的，一定程度上是重复论点	论点：研究发现，阅读课外读物多的学生语文比阅读课外读物少的学生成绩好，因此，阅读能提高语文成绩。 加强：只要提高阅读量，就能提高语文成绩

【例】 六朝时的清谈名家刘惔话很多，但他也欣赏不说话的人。他见江权不常开口，非常欢喜，说："江权不会说话，而能够不说，真叫人佩服。"江权知道自己不善言谈，但他懂得藏拙。不是每个人都知道自己的缺点在什么地方，好为人师夸夸其谈者不计其数。能说话而爱说，情有可原；很多人明明不大会说话，偏偏说个不停，自暴其短，往往令人生厌。因此可以说，江权这样做，其实是一种极难得的聪明。

以下哪一项如果为真，最能支持上述结论？（　　　）

A. 能言而能不言是一种极难得的聪明

B. 不能言而能不言是一种自知的聪明

C. 不能言而言其实是一种浮夸之举

D. 不能言而不言其实是一种无奈之举

【答案】 B。论点：江权不会说话且能不说，是一种极难得的聪明。论据：能说话而爱说，情有可原；不大会说话，说个不停，自暴其短，令人生厌。A项，"能言而能不言"在题干中并无提及，无关选项，排除；B项，该项是对论点的重复，具有加强作用，保留；C项，"浮夸之举"在题干中并无提及，无关选项，排除；D项，"无奈之举"在题干中并无提及，无关选项，排除。因此，本题答案为B项。

2. 加强论证

加强论证，即肯定论据和论点之间的关系。具体有如下方式：

知识点	解读	示例
搭桥	说明论据能推出论点	题干：格陵兰岛底下埋藏了大量蛇纹石，因此，人们断定格陵兰岛以前是块海底大陆。 加强：蛇纹石是两个大陆板块在运动中相互碰撞时挤压海底大陆而形成的一种岩石
解释说明	解释为什么论据能推出论点	题干：通过促进激素产生或者直接补充激素能够延缓衰老。 加强：生长激素是人脑垂体分泌的一种激素，会刺激IGF的产生，而IGF-1能促进生长，延缓衰老
必要条件	结论成立的必要条件，采用否定代入法：否定选项，依次带入题干，使论点不成立的选项即为必要条件	题干：橄榄油提取物羟基酪醇，能有效减缓这个"慢性杀手"给眼睛带来的伤害。由此得出结论，常吃橄榄油能够让吸烟者眼睛远离伤害。 加强：羟基酪醇易于被人体吸收
排除他因	说明没有其他因素导致结果的发生	题干：夏令时改变的时间里比其他时间的车祸高4%。说明时间的改变严重影响了某国司机的注意力。 加强：没有其他的诸如学校假期和节假日导致车祸增加的因素
对比加强	通过反面场合来加强论证，题干为有A有B，可以通过补充无A无B进行加强	题干：某商场位于天窗一边的各部门的销售量要远高于其他各部门的销售量，由此可见，商场内射入的阳光可增加销售额。 加强：在商场夜间开放的时间里，位于商场中天窗下面部分的各部门的销售额不比其他部门高
补充新论据	通过增加新的论据，增强论据推出论点的可能性	题干：人和伴侣动物之间充满着独特的深情和友爱。因此，人如果较多地与小动物接触便能改变心情，减轻精神和心理上存在的病症。 加强：许多患者与宠物相处几个月后，原先的如偏头痛等顽固性病症就会得到减轻

在上述加强论证的方法中,搭桥、必要条件、排除他因常作为前提,也就是在提问为"前提假设"型的题目中,要有意识地想到这几种方法。

【例1】为了保护斑点猫头鹰,某国政府规定禁止砍伐西北太平洋沿岸的古森林。这一规定施行后,当地的经济状况出现了衰退。由此可见,采取保护斑点猫头鹰的措施导致了经济衰退。

为了使上述结论成立,必须补充以下哪一项作为前提?（　　　）

A.采取保护斑点猫头鹰的措施是在经济衰退前发生的唯一与衰退关联的事情

B.全世界在这一时期都出现了经济衰退的迹象

C.当地经济状况在采取保护斑点猫头鹰的措施之前一直很好

D.停止对西北太平洋沿岸古森林的砍伐是保护斑点猫头鹰的唯一方法

【答案】A。论点:采取保护斑点猫头鹰的措施导致了经济衰退。论据:为了保护斑点猫头鹰,某国政府规定禁止砍伐西北太平洋沿岸的古森林,这一规定施行后,当地的经济状况出现了衰退。A项,说明该措施是唯一与经济衰退有关的事情,没有其他事情会影响到经济,排除他因,可以支持,当选;B项,全世界范围内都有经济衰退的现象是目前的一种状态,没有提到导致经济衰退的原因,为无关项,不能支持,排除;C项,经济状况在采取措施之前是很好的,但是否是保护猫头鹰导致的经济衰退未知,经济衰退的时间点和保护猫头鹰的时间点重合,不代表二者有必然联系,没办法成为前提项,排除;D项,讨论的是保护猫头鹰的方法,而论点在讨论停止砍伐森林保护猫头鹰是否会导致经济衰退,二者话题不一致,不能支持,排除。因此,本题答案为A项。

【例2】研究人员研究了糖皮质激素在小鼠自身免疫性疾病中的作用。他们在正常小鼠和缺乏糖皮质激素受体的小鼠中诱导了脱发,两周后,研究人员看到了小鼠们之间的明显差异。正常小鼠的毛发重新长出,但没有糖皮质激素受体的小鼠几乎不能重新长出毛发。研究人员认为,小鼠的毛囊干细胞无法被激活,毛发因而不能重新长出。

以下哪项如果为真,最能支持研究人员的观点?（　　　）

A.正常的小鼠体内有糖皮质激素受体

B.糖皮质激素有助于激活毛囊干细胞

C.要长头发必须要有糖皮质激素

D.要长头发必须激活毛囊干细胞

【答案】B。论点:小鼠的毛囊干细胞无法被激活,毛发因而不能重新长出。论据:研究人员在正常小鼠和缺乏糖皮质激素受体的小鼠中诱导了脱发,两周后,正常小鼠的毛发重新长出,但没有糖皮质激素受体的小鼠几乎不能重新长出毛发。A项,正常的小鼠体内有糖皮质激素受体与论点讨论的是毛囊干细胞未被激活会导致毛发不能重新长出无关,排除;B项,糖皮质激素有助于激活毛囊干细胞,建立了"糖皮质激素"与"毛囊干细胞"之间的联系,搭桥加强,当选;C项,无法明确"毛囊干细胞"与"糖皮质激素"之间的联系,排除;D项,无法明确"毛囊干细胞"与"糖皮质激素"之间的联系,排除。因此,本题答案为B项。

【例3】环境与生活方式能使基因表达发生改变,但不涉及DNA序列的变化,研究人员发现,喝茶也能让人发生这种变化,但其作用仅限于女性。研究结果显示,经常喝茶的女性的确也出现了基因表达改变的现象,并且不少变异的基因与癌症和雌激素水平有关。

以下哪一项如果为真,最能支持上述结论? (　　)

A.不饮茶的女性较少出现基因表达改变的情况

B.女性经常喝茶能减少炎症的发生

C.常饮茶和常饮咖啡的女性雌激素水平有较大差异

D.女性和男性体内含有的激素水平不同

【答案】A。论点:喝茶也能让人基因表达发生改变,但其作用仅限于女性。论据:经常喝茶的女性的确也出现了基因表达改变的现象,并且不少变异的基因与癌症和雌激素水平有关。A项,不饮茶的女性较少出现基因表达改变的情况,补充了反面论证,对比加强,当选;B项,女性经常喝茶能减少炎症的发生,但减少炎症与基因表达改变无关,话题不一致,无法加强,排除;C项,经常饮茶和饮咖啡的女性雌激素水平有较大差异,但题干并没有比较饮茶和饮咖啡的关系,雌激素水平有差异也与基因表达改变无关,话题不一致,无法加强,排除;D项,女性和男性体内含有的激素水平不同,题干并没有比较女性和男性激素水平的差异,话题不一致,无法加强,排除。因此,本题答案为A项。

【例4】每吨电子垃圾中含有200～350g金。最近,国内团队研制出一种被命名为JNM的新吸附材料。JNM可对CPU废弃物浸出液中的金离子进行5次循环吸附,并保持较高吸附率:在高浓度干扰离子作用下,JNM能对金离子保持高选择性吸附,从150个CPU废弃物中,JNM能回收0.61g金。所以,JNM是目前回收复杂废液中微量金的最高效新材料。

上述结论若要增强说服力,还需要补充的前提是(　　)。

A.JNM对金的吸附量能伴随着金离子初始浓度增高而增大

B.JNM对金的最大吸附量超过了国内外已知的所有吸附材料

C.JNM能高效回收生活污水、工业废水和海水中的微量金

D.JNM在1000ppm时,对金的最大吸附量达到954mg/g

【答案】B。论点:JNM是目前回收复杂废液中微量金的最高效新材料。论据:JNM可对CPU废弃物浸出液中的金离子进行5次循环吸附,并保持较高吸附率:在高浓度干扰离子作用下,JNM能对金离子保持高选择性吸附,从150个CPU废弃物中,JNM能回收0.61g金。A项,JNM对金的吸附量与金离子初始浓度之间的关系与论点讨论的JNM是否是回收复杂废液中微量金的最高效新材料无关,排除;B项,如果该项不成立,即JNM对金的最大吸附量没有超过国内外已知的所有吸附材料,就不能得出"JNM是最高效新材料"这个论点,因此该项是论点成立的必要条件,当选;C项,JNM能高效回收生活污水、工业废水和海水中的微量金与论点讨论的JNM是否是回收复杂废液中微量金的最高效新材料无关,排除;D项,不明确954mg/g这个吸附量是否比其他的吸附材料都高,无法加强,排除。因此,本题答案为B项。

【例5】某大学研究人员分析了该国生物医学库中50万名37岁至73岁男性和女性数据后发现,超重和心境平和有显著相关。研究者认为,平和的心态有可能增加体重超标的风险。

以下各项如果为真,哪一项最能支持研究者的上述观点? (　　)

A.甲状腺激素可以促进脂肪代谢、降低体重,放松的心态有助于降低甲状腺激素水平,热量容易以脂肪的形式储存起来

B.血糖下降时,脂肪可以转化为葡萄糖,使血糖维持在较高水平,消除低血糖引起的心情低落或焦虑

C.当体重超标到一定程度,心脑血管疾病和糖尿病等多种疾病的发生风险相应增加,个体会出现对健康的焦虑情绪

D. 脂肪储存是生物进化过程中的生存策略之一,意味着遇到食物短缺或寒冷天气时生存几率更大,这种状态会记录在遗传信息中,有助于消除焦虑感

【答案】A。论点:平和的心态有可能增加体重超标的风险。论据:某大学研究人员分析了该国生物医学库中 50 万名 37 岁至 73 岁男性和女性数据后发现,超重和心境平和显著相关。A 项,指出甲状腺激素可以促进脂肪代谢、降低体重,而放松的心态可降低甲状腺激素水平,甲状腺激素水平低,就会使体重上升,解释说明心境平和是体重上升的原因,可以加强,当选;B 项,血糖下降时,脂肪可以转化为葡萄糖,使血糖维持在较高水平,消除低血糖引起的心情低落或焦虑,说的是血糖降低时,脂肪可以消除低落情绪,与平和的心态是否增加体重无关,无法加强,排除;C 项,说的是体重超标可能会引起焦虑情绪,与平和的心态是否增加体重无关,无法加强,排除;D 项,说的是脂肪储存有助于消除焦虑感,与平和的心态是否增加体重无关,无法加强,排除。因此,本题答案为 A 项。

【例 6】近日,研究人员利用胡萝卜渣以及蔬菜渣成功生产出了经济实惠的原纤化纤维素纳米纤维,并用其制备成了一种特殊的喷雾,结果证实,这种喷雾可以在果蔬表面形成保护性纤维涂层,将果蔬的保质期延长 7 天。研究人员认为,这种喷雾有望成为食物保鲜的重要材料。

以下哪项如果为真,最能支持上述研究者的观点?(　　　)

A. 利用胡萝卜渣中提取的原纤化纤维素制备而成的生物塑料可以轻松被土壤中的细菌和真菌降解

B. 胡萝卜年产量可达 4500 万吨,其中大部分被用于榨汁,而榨汁剩下的胡萝卜渣中含有 80% 的纤维素

C. 用胡萝卜渣以及蔬菜渣制备原纤化纤维素纳米纤维时,无论胡萝卜渣及蔬菜渣是否新鲜,均不会影响原纤化纤维素纳米纤维的性能

D. 使用漂白预处理可以成功去除胡萝卜渣中的木质素和其他残留物,显著降低纤维化所需的能量,且不会影响原纤化纤维素纳米纤维的质量

【答案】C。论点:这种喷雾有望成为食物保鲜的重要材料。论据:喷雾可以在果蔬表面形成保护性纤维涂层,将果蔬的保质期延长 7 天。A 项,题干话题是这种喷雾能否保鲜,而 A 项话题是能否降解,话题不一致,无法加强,排除;B 项说明胡萝卜渣的纤维素含量高,但是否能保鲜并未提及,无法加强,排除;C 项,如果两种原材料的新鲜度会影响纤维的性能,那么这种喷雾就不能成为食物保鲜的重要材料,该项是论点成立的必要条件,可以加强,当选;D 项重点说明的是漂白预处理技术的作用,题干并未提及该喷雾的制作技术,无法加强,排除。因此,本题答案为 C 项。

【例 7】某次医药试验对无中风和心肌梗死病史的成人高血压患者进行了研究,参与试验的患者被随机分配为两组,一组每日服用一种固定复方制剂(10 毫克依那普利和 0.8 毫克叶酸组成),另一组每日单纯口服 10 毫克的依那普利片,经过 4 年多的治疗,固定复方制剂组有 2.7% 发生中风,依那普利组有 3.4% 发生中风,也就是说,联合服用依那普利和叶酸后,发生中风的风险显著下降。

要得到上述结论,需要补充的前提是(　　　)。

A. 依那普利能对抗心肌缺血,减轻心肌梗死范围

B. 实验前,两组患者体内的叶酸水平无显著差异

C. 依那普利和叶酸一起服用不会产生任何副作用

D. 在实验前对两组受试者都进行了中风风险检测

【答案】B。论点:联合服用依那普利和叶酸后,发生中风的风险显著下降。论据:对两组患者的对比研究。A 项,依那普利能对抗心肌缺血,减轻心肌梗死范围,与结论中风的风险降低无关,为无关项,不是

前提条件，排除；B 项，实验结论得出联合服用依那普利和叶酸后中风的风险下降，表明叶酸起到了降低中风的作用，但如果实验前患者体内的叶酸水平不一的话，就不能必然得出实验结论，为结论成立的必要条件，当选；C 项，依那普利和叶酸一起服用产生副作用与否，与结论中风的风险降低无关，为无关项，不是前提条件，排除；D 项，实验对象是无中风的患者，在实验前对受试者进行中风风险监测不是必要的前提条件，排除。因此，本题答案为 B 项。

【例8】据预测，未来 20 到 25 年，行驶在公路上的汽车大概会有 75% 为无人驾驶汽车。有人认为，在这一趋势下，致命汽车事故会明显减少。

以下各项如果为真，最能加强上述观点的是（ ）。

A. 世界上每年在汽车事故中丧生的人数大概为 130 万

B. 致命汽车事故中有 90% 是由人为操作失误造成的

C. 致命汽车事故中不到 1% 是因技术缺陷导致的

D. 致命汽车事故中有 9% 是因环境条件引起的

【答案】B。论点：在这一趋势下，致命汽车事故会明显减少。论据：未来 20 到 25 年，行驶在公路上的汽车大概会有 75% 为无人驾驶汽车。A 项，每年在汽车事故中丧生的人数不能说明致命汽车事故是否会减少，无法加强，排除；B 项，致命汽车事故中有 90% 是人为原因造成的，所以当未来 75% 的汽车都是无人驾驶的汽车时，致命汽车事故自然就会减少，补充新论据加强，当选；C 项，该项指出因技术缺陷导致的致命事故不到 1%，但与无人驾驶汽车能否减少致命汽车事故无关，无法加强，排除；D 项，该项指出因环境条件引起的致命事故有 9%，但与无人驾驶汽车能否减少致命汽车事故无关，无法加强，排除。因此，本题答案为 B 项。

3. 加强论据

加强论据，一种是肯定原有论据，一种是在调查、实验类题目中，说明样本具有科学性。具体有如下方式：

知识点	解读	示例
肯定原有论据	直接说明论据是正确的	题干：有一项调查显示，交通事故多是由驾驶人视线偏离或分心产生的注意力不集中引起的，分心驾驶行为是引发我国交通事故的常见且重要的原因。 加强：在我国交通事故的致因中酒驾占 $\frac{1}{5}$，分心驾驶占 $\frac{2}{3}$
样本科学	题干论据涉及调查、实验形式，可说明样本容量充足或者样本有代表性	题干：有一项调查显示，在自认为有钱的被调查者中，只有 1/3 的人感觉自己是幸福的。因此，有钱并不意味着幸福。 加强：这项调查的覆盖面足够广，调查了绝大部分人

【例】英国鸟类学基金会在不久前发布了《英国鸟类状况》的报告。他们认为，全球变暖正促使鸟类调整生物钟，提前产蛋期，而上述变化会使这些鸟无法为其刚破壳而出的后代提供足够的食物。比如蓝冠山雀主要以蛾和蝴蝶的幼虫为食，而蛾和蝴蝶的产卵时间没有相应提前，"早产"的小蓝冠山雀会在破壳后数天内持续挨饿。

下列哪项如果为真，最能支持上述论证？（ ）

A. 最近 40 余年英国的平均气温不断上升　　B. 很多鸟类的产蛋期确实提前了

C. 除了蛾和蝴蝶的幼虫外，蓝冠山雀很少吃其他食物　　D. 蛾和蝴蝶的产卵期不同

【答案】C。论点：全球变暖正促使鸟类调整生物钟，提前产蛋期，而上述变化会使这些鸟无法为其刚破壳而出的后代提供足够的食物。论据：蓝冠山雀主要以蛾和蝴蝶的幼虫为食，而蛾和蝴蝶产卵时间没有相应提前，"早产"的小蓝冠山雀会在破壳后数天内持续挨饿。A 项，英国的平均气温不断上升与论点中全球变暖是否导致鸟类提前产蛋期之间没有关系，排除；B 项，很多鸟类的产蛋期确实提前了是否是由全球变暖导致的未知，不明确项，排除；C 项，"除了蛾和蝴蝶的幼虫外，蓝冠山雀很少吃其他食物"肯定了论据，说明蓝冠山雀食物以蛾和蝴蝶的幼虫为主要食物，而蛾和蝴蝶的产卵期没有提前，那么小蓝冠山雀破壳后数天内会持续挨饿，加强论据；D 项，蛾和蝴蝶的产卵期不同强调的是这两种生物的产卵时间有差别，和论点论据无关，排除。因此，本题答案为 C 项。

第四节　归纳推理

归纳推理也称为日常推理，一般题干会有一段文字陈述，要求选出能够根据题干所给信息进行归纳和推理的选项。

归纳推理题目常见的提问方式有：

"由此可以推出什么？"

"依据上文，可以推出下列哪一项？"

"下面哪一项是从上述文段得出的结论？"

解题过程中注意以下原则：

（1）话题一致原则，即选项中所说的事情和题干所说的事情要保持一致。

（2）整体优先原则，即概括性的选项优选。

（3）绝对化、比较性选项慎选，如选项出现"更""越来越""一定""只要……就……""只有……才……"等字眼，需要谨慎，若题干没有提及则不能选。

（4）逻辑错误、偷换概念、无中生有的选项不选。

【例 1】序贯加强免疫策略实施后，只有完成全程接种国药中生北京公司、北京科兴公司、国药中生武汉公司新冠病毒灭活疫苗满 6 个月的 18 岁以上的目标人群，才可以进行一次同源加强免疫接种，或者选择智飞龙科马的重组蛋白疫苗或康希诺的腺病毒载体疫苗进行序贯加强免疫。

据此可推出的结论是（　　）。

A. 序贯加强免疫策略优于同源加强免疫

B. 同时进行序贯和同源加强免疫效果更佳

C. 重组蛋白疫苗为序贯加强免疫研发生产

D. 完成全程接种且满足规定条件者可进行加强免疫接种

【答案】D。A 项题干没有提及这两种免疫方式哪种更优，属无中生有，排除；B 项题干没有提及同时进行序贯加强免疫和同源加强免疫的效果如何，属无中生有，排除；C 项题干仅提及采用重组蛋白疫苗或腺病毒载体疫苗均可以进行序贯加强免疫，但没有提及重组蛋白疫苗对序贯加强免疫的研发生产有何作用，属无中生有，排除；D 项根据题干可知，只有完成全程接种并且满 6 个月的 18 岁以上的目标人群，才可以进行一次同源加强免疫接种，或者选择进行序贯加强免疫，可以推出完成全程接种且满足规定条件者可进行加强免疫接种，当选。因此，本题答案为 D 项。

【例2】近日发布的《全球科技创新中心发展指数2022》显示，无论是综合排名，还是在创新要素全球集聚力、科学研究全球引领力、技术创新全球策源力、产业变革全球驱动力和创新环境全球支撑力5个维度的单项排名上，全球科技创新中心均集中分布在欧洲、北美和亚太区域。综合排名前100的全球科技创新中心有34个在欧洲、30个在北美、29个在亚太。

根据以上信息最能推出的结论是（　　）。

A. 全球科技创新中心分布呈现欧洲、北美和亚太三足鼎立格局

B. 中国科创中心强势崛起使亚太成为全球科技创新中心的一极

C. 高新科技发展依赖于欧洲、北美和亚太的全球科技创新中心

D. 美国排名前100的科创中心最多，领跑全球科技创新中心建设

【答案】A。A项，根据题干可知，"全球科技创新中心均集中分布在欧洲、北美和亚太区域"，可以推出全球科技创新中心分布呈现欧洲、北美和亚太三足鼎立格局，当选；B项，题干中没有涉及"中国科创中心"，属无中生有，排除；C项，题干中没有涉及"高新科技发展"，亦属无中生有，排除；D项，题干中没有涉及"美国排名前100的科创中心"，无法推出其是否最多，排除。因此，本题答案为A项。

第五节　原因解释

原因解释，即通过一种现象来解释另一个现象的合理性。题干给出某一个事实或论证的描述，要求从选项中找出最能够合理地说明题干中所述的选项，题干中的描述大多是一个结论、现象、矛盾或差异。

原因解释型题目常见的提问方式有：

"以下最能解释这一现象的是……"

"以下各项如果为真，则哪一项最可能造成上述结果？"

"以下哪一项如果为真，最能解释上述行为？"

【例】有人说玩是孩子的天性，多玩玩具能够开发他们的智力，但研究人员做了一项实验：将三岁以下的儿童分成两组，一组提供4种玩具，另一组提供16种玩具。结果发现，玩具种类越多，孩子的智力越差。

以下哪项如果为真，最能解释上述发现？（　　）

A. 过多的玩具会让孩子无法集中于某个玩具，不利于注意力的培养

B. 玩具过多容易使孩子大脑形成各种"兴奋灶"，互相影响、干扰和制约，阻碍神经系统发育

C. 高难度玩具完成超出了孩子的认知发展水平，容易产生挫败感和无力感，对玩具失去兴趣和探索欲

D. 玩具较少的孩子在看到新玩具时会更加珍惜，由衷地产生幸福感，而玩具较多的孩子则容易形成不懂得满足的性格

【答案】B。题干要解释的矛盾：孩子拥有的玩具种类越多，但智力却越差。A项，玩具过多不利于培养孩子的注意力，但注意力与智力不同，不能解释题干矛盾，排除；B项，玩具过多会阻碍神经系统发育，神经系统发育不良会影响孩子的智力，解释了为什么孩子拥有的玩具种类越多智力却越差，可以解释题干矛盾，当选；C项，高难度的玩具会让孩子失去对玩具的兴趣和探索欲，但失去对玩具的兴趣和探索欲并不代表智力差，不能解释题干矛盾，排除；D项，玩具多的孩子容易不满足，但不满足并不代表智力差，不能解释题干矛盾，排除。因此，本题答案为B项。

第三章　定义判断

　　定义判断即先给出一个概念的定义,然后分别列出四种情况,要求考生严格依据定义选出一个最符合或最不符合该定义的答案。

　　根据所给被定义项的数量不同,可分为单定义题型和多定义题型。在福建省选调生考试中,常考单定义题型。无论是单定义题型,还是多定义题型,其解题方法是共通的,只需学会找关键词即可,极少部分题目无法提取关键词时可通过阅读理解、提取核心思想帮助解题。

　　在解题过程中,我们不要求选项完美,只要择优选择即可,若选项完全体现题干关键词,则属于被定义项;若选项只体现题干部分关键词,则可能属于被定义项,也可能不属于被定义项,需保留最后进行对比;若选项与题干关键词相违背,则不属于被定义项。

　　以下关键词是我们解题过程中需要重点标注的:

关键词	理解
主体	主体是指行为或事件的发动者,当事方。在寻找定义要点时,首先要确定该定义是否有明确的主体。一般来说,在法律或行政类定义中,会出现有明显主体,如:行政机关。 另外,除了要重点关注主体本身,还要特别注意主体的修饰词,如主体的数量、主体的性质等
客体	客体是指行为或事件的承受者,被指向者,也就是通常所说的对象。单独以客体为要点就能对选项进行判断的定义比较少,一般需和其他要点结合在一起才能判断。 常见的提示词有:针对……;对于……
方式	方式、方法或手段的关键信息,在我们解题过程中使用频率较高。 常见的提示词有:通过……方式;通过……手段;采用……方法
条件	条件是对主体、客体或行为的限定。 常见的提示词有:以……为前提;以……为基础;在……条件下;……时／之前／之后;以……为依托;基于……
原因	产生某些现象或采取某些行为的原因、理由。 常见提示词有:由于……原因;出于……;因为……
目的	目的也就是行为者主观上具有什么样的动机、意图,追求一种什么样的目标,即主观要素。 常见的提示词有:达到……目的;为了……;确保……;以期……;意图……;出于……;以……为目的
结果	结果一般跟在造成、导致、致使、从而等词语后面

　　除了以上关键词,还需特别关注转折词后面的内容、连续顿号之间的内容、括号里面的内容,这些地方出现的词往往能帮助我们排除或确定选项。

一、单定义

　　单定义的题目,即题干只有一个被定义项,我们只需找到题干关键信息即可。

　　【例1】设施农业是采用人工技术手段,改变自然光温条件,创造优化动植物生长的环境因子,使之能够全天候生长的农业设施工程。

根据上述定义，下列不属于设施农业的是(　　　)。

A.温棚花卉种植　　B.菇房花菇种植　　C.深山放养土鸡　　D.网箱养殖鳝鱼

【答案】C。关键词：①采用人工技术手段，②改变自然光温条件，③创造优化动植物生长的环境因子。A项，"温棚"能对大棚进行加温或保温，是用来培植农作物的设备，能在不适宜植物生长的季节进行种植，符合定义，排除；B项，"菇房"是人工栽培食用菌(食用菇、耳类等大型真菌)可人工控制温度、湿度、通风、光线环境的出菇厂房，符合定义，排除；C项，深山放养土鸡，并没有"采用人工技术手段"，也没有"改变自然光温条件"，不符合定义，当选；D项，"网箱养鱼"是将由网片制成的箱笼，放置于一定水域，进行养鱼的一种生产方式，符合关键词①③，符合定义，排除。因此，本题答案为C项。

【例2】蘑菇管理是指一种企业管理新人的方式。新人菜鸟初入职场，不受重视，打杂跑腿，有时还要代人受过，组织和直属领导任其自生自灭。这种生存环境与蘑菇非常相似，蘑菇常年待在阴暗角度，没有曝光，自由生长。

下列属于蘑菇管理定律的是(　　　)。

A.小王是留学归来的MBA，一进公司就担任了部门经理

B.优秀毕业生小赵一毕业就进入世界500强公司工作，但工作一段时间却没有受重用，更遭到同事的质疑，但是他没有气馁，更加努力工作

C.某单位给每个层级的管理者规定了一项制度，没有预先培养自己的接班人，就不能升迁

D.小李工作之余参加各种社团来丰富自己的业余生活，社团中有人嫌弃他年纪大，拖了社团后腿

【答案】B。关键词：①主体是新人菜鸟；②不受重视；③自由生长。A项，小王留学回来担任经理属于受重用，不符合关键词②，排除；B项，毕业生小赵符合关键词①，没有受重用符合关键词②；努力工作符合关键词③，当选；C项不涉及关键词①，排除；D项不涉及关键词①，排除。因此，本题答案为B项。

【例3】大数据杀熟是指同样的商品或服务，老客户看到的价格反而比新客户要贵出许多的现象。经营者运用大数据收集消费者的信息，分析其消费偏好、消费习惯、收入水平等信息，将同一商品或服务以不同的价格卖给不同的消费者从而获取更多消费者剩余的行为。

以下行为属于大数据杀熟的是(　　　)。

A.某商家将商品在商场对顾客做四折优惠出售

B.位于市中心金融服务区的某超市环境优越，客户购买力强，某产品在这里售价15元，而相同产品在其他便民小区只需要10元

C.教师节将近，某品牌对外网络程序上购买"×××"商品的老师给予七折优惠

D.小陈和某时尚博主朋友一起去参加一个聚会，在讨论的时候发现某品牌手提包在这位朋友的手机应用上显示的价格比自己高

【答案】D。关键词：①相同产品；②老顾客比新顾客贵；③利用大数据分析消费偏好，收入水平等。A项，商家打折是针对所有客户，不存在新老顾客差异，不符合关键词②，也没体现关键词③，排除；B项，地段不同并非对待新老顾客有差异，不符合关键词②，也没体现关键词③，排除；C项，只给老师优惠并非对待新老顾客有差异，不符合关键词②，也没体现关键词③，排除；D项，某品牌手提包符合关键词①，在此，虽未提及小陈是否喜好该品牌，是否是新用户，但和时尚博主进行对比，时尚博主的价格较高，说明手机应用分析了消费者偏好，体现关键词③，相比其他三个选项，D项和定义内容匹配度最高，当选。因此，本题答案为D项。

二、多定义

多定义的题目,即题干有多个被定义项,其解题思路和单定义差不多。若提问只涉及其中一个被定义项,另外几个定义内容可用来帮助理解或排除选项;若题目要求定义内容与事例进行一一匹配,此时需要分析各个被定义项的区别。

【例1】依据能力补偿的途径对能力系统整体作用效果的不同,可以将能力间的相互补偿途径分为非衡性补偿和平衡性补偿两种。非衡性补偿是指以优势能力弥补弱势能力,从而加强整体能力的方式。平衡性补偿是指通过提高弱势能力以加强整体能力的方式。

根据上述定义,下列各项中属于非衡性补偿的是(　　　)。

A. 小张刚来到汽车修配厂的时候,对维修发动机的技术只是略懂皮毛,后来在师傅的带领下,他勤奋学习,终于熟练掌握了这一技术

B. 王明和几个同学组建了一支乐队,为了培养彼此的默契,更好地互相配合,他们经常在业余时间进行排练

C. 小丽经常在网上浏览娱乐新闻,久而久之,她对各种娱乐消息了然于胸

D. 排球队5号运动员的特点是进攻和拦网较强,但防守、一传较弱,教练将其安排在一号位防守,用前排拦网封住直线的方法掩盖他的不足

【答案】D。"非衡性补偿"关键词:优势能力弥补弱势能力。A项,小张掌握了维修技术,加强了自身整体维修能力,没体现优势弥补弱势,不属于"非衡性补偿",属于"平衡性补偿"排除;B项,一起排练,配合默契,没体现优势弥补弱势,不属于"非衡性补偿",排除;C项,了解娱乐消息没体现优势弥补弱势,不属于"非衡性补偿",排除;D项,教练的战术利用了5号运动员的优势能力,从而弥补其弱势能力,属于"非衡性补偿",当选。因此,本题答案为D项。

【例2】注意分为似注意和似不注意两种。似注意是指表面上注意某些事物,但实际上心里却想着其他事物,似不注意是指貌似不注意一事物而实际上心里却十分注意这一事物。

根据上述定义,下列属于似不注意的是(　　　)。

A. 第一次来到海边的人们往往容易不自觉地被波澜壮阔的景色所深深吸引

B. 学生们正在教室上课,突然从外面进来一个人,学生们不由自主地看向他

C. 侦查员在人群中发现了犯罪嫌疑人,为了不打草惊蛇,假装没看见,然后悄悄靠近,出其不意将其抓获

D. 临近午餐时间,会议还没有结束,很多参会者虽然表面在认真倾听会议内容,心里却在想着午餐吃什么

【答案】C。"似不注意"关键词:貌似不注意一事物而实际上心里却十分注意。A项,人们往往不自觉地被景色吸引,是注意到了景色这一事物,不符合"貌似不注意一事物而实际上心里却十分注意",不符合"似不注意"定义,排除;B项,学生们看向外面突然进来的人,不符合"貌似不注意一事物而实际上心里却十分注意",不符合"似不注意"定义,排除;C项,侦查员为了不打草惊蛇,假装没看见,然后悄悄靠近,符合"貌似不注意一事物而实际上心里却十分注意",符合"似不注意"定义,当选;D项,参会者虽然表面在倾听会议内容,心里却在想着午餐吃什么,符合"表面上注意""心里却想着其他事物",符合"似注意"定义,不符合"似不注意"定义,排除。因此,本题答案为C项。

【例3】谜语有多种猜法。比较法是将字形、字义相近或相反的词放在一起,加以比较而扣合谜底;溯源法是追溯谜面的来源及其与原出处的上下关联,然后再扣合谜底;拟物法是将人或人体某部分物化,将谜面字词语义或所言之事物化,扣合谜底。

谜面①:枕头。要求打一成语。谜底:置之脑后

谜面②:桃花潭水深千尺。要求打一成语。谜底:无与伦比

谜面③:加一笔不好,加一倍不少。要求打一字。谜底:夕

关于①②③谜语的猜法,下列判断正确的是(　　　)。

A.①溯源法,②比较法,③拟物法　　　　B.①溯源法,②拟物法,③比较法

C.①比较法,②溯源法,③拟物法　　　　D.①拟物法,②溯源法,③比较法

【答案】D。"比较法"关键词:将字形、字义相近或相反的词放在一起,加以比较。"溯源法"关键词:追溯谜面的来源及其与原出处的上下关联。"拟物法"关键词:将人或人体某部分物化,将谜面字词语义或所言之事物化。谜语①:"枕头。要求打一成语。谜底:置之脑后"。分析:"枕头"指躺着的时候,垫在头下使头略高的卧具,"置之脑后"是说放在脑袋后面,符合"将人或人体某部分物化,将谜面字词语义或所言之事物化,扣合谜底",属于拟物法。谜语②:"桃花潭水深千尺。要求打一成语。谜底:无与伦比"。分析:"桃花潭水深千尺"出自李白的《赠汪伦》,原句为:"桃花潭水深千尺,不及汪伦送我情",含义是:桃花潭千尺深的水都比不上汪伦和我的友情,诗人用潭水深千尺比喻汪伦与他的友情。该谜面通过"追溯谜面的来源及其与原出处的上下关联,然后再扣合谜底",属于溯源法。谜语③:"加一笔不好,加一倍不少。要求打一字。谜底:夕"分析:"加一笔不好","夕"加一笔是"歹","歹"是不好的意思;"加一倍不少","夕"再加一倍,也就是两个夕,即"多","多"也就是不少的意思。谜面是根据谜底"夕"的字形以及字义相近或相反的词来扣合谜底的,属于比较法。因而谜语①对应拟物法,谜语②对应溯源法,谜语③对应比较法。因此,本题答案为D项。

第四章　类比推理

　　类比推理即题干先给出一组相关的词,要求选择一组与之在逻辑关系上最为贴近、相似或匹配的词。近几年,福建省选调生考试中类比推理题目难度逐渐加大,这就要求考生在打好基本功的同时要适当发散思维,进行二次辨析。

　　类比推理常见的类型有两词型、多词型、填空型:①两词型——A:B;②多词型——A:B:C,注意比较 A 与 B、B 与 C、A 与 C 之间的关系;③填空型——A　对于　（　　）　相当于　（　　）　对于　B,此类题型选项代入,前后逻辑最相似即可。类比推理涉及的考点有语言关系和逻辑关系。在福建省选调生考试中,逻辑关系是考试的重中之重。

一、语言关系

知识点			解读	示例
语义关系	近义关系	词间近义	A 和 B 含义相近	勤奋:勤勉 勤奋与勤勉互为近义词
		词内近义	A 和 B 无内在联系,但在 A 内部存在近义关系,在 B 内部存在近义关系	百依百顺:山穷水尽 百依百顺与山穷水尽意思上无关联,但在"百依百顺"中"依"和"顺"有近义关系,在"山穷水尽"中"穷"和"尽"有近义关系
	反义关系	词间反义	A 和 B 含义相反	节约:浪费 节约与浪费互为反义词
		词内反义	A 和 B 无内在联系,但在 A 内部存在反义关系,在 B 内部存在反义关系	大材小用:有口无心 大材小用与有口无心意思上无关联,但在"大材小用"中"大"和"小"是反义词,在"有口无心"中"有"和"无"是反义词
	象征、比喻关系		用 A(B)比喻 B(A),用 A(B)指代 B(A),以及 A(B)象征 B(A)	荆棘:困难 荆棘本指带刺的植物,在此用来比喻困境,象征困难
语法关系	主谓结构		A(B)是名词,作主语,B(A)是动词,作谓语	教师:授课 教师是名词,作主语,授课是教师的动作,作谓语,二者构成主谓结构
	动宾结构		A(B)是动词,B(A)是该动词作用的对象	讨论:问题 讨论是动词,问题是讨论的对象,二者构成动宾结构
	偏正结构		A 和 B 之间有修饰与被修饰的关系	①热烈:欢迎 热烈地欢迎,热烈用来修饰欢迎的程度 ②落荒而逃:倾盆大雨 "落荒而逃"的重点在"逃","落荒"用来形容"逃",指吃了败仗慌张逃走;"倾盆大雨"的重点在"雨",雨水像从盆里泼出来一样,形容雨大势急

在语言关系中，除了以上的基础关系，还会涉及二次辨析。常考的二次辨析有如下几类：

（1）语义程度，即词语意思的轻重程度。

例如：损坏：毁坏

A. 表扬：颂扬　　　　　　　　　　　B. 飞奔：飞驰

题干两个词都指破坏，近义词关系，但"损坏"的程度较轻，"毁坏"的程度较重。A项"颂扬"指称颂褒扬，程度比表扬深；B项"飞奔"和"飞驰"虽为近义词，但无程度递进。因此，A项与题干逻辑更为相似。

（2）感情色彩，即词语是褒义词、中性词、贬义词，或者词语倾向是积极的，还是消极的。

例如：大义凛然：卑躬屈膝

A. 穷奢极欲：节衣缩食　　　　　　　B. 持之以恒：半途而废

题干"大义凛然"指坚持正义，不顾敌人威逼利诱；"卑躬屈膝"指奉承讨好，没有骨气，二者是反义词。且"大义凛然"是个褒义词，"卑躬屈膝"是个贬义词。A项，"穷奢极欲"指奢侈到极点，"节衣缩食"指节俭，二者是反义词，但"穷奢极欲"是贬义词，"节衣缩食"是褒义词，二者顺序反了；B项，"持之以恒"指能长久坚持，"半途而废"指中途停止，没有坚持，二者是反义词，且"持之以恒"是褒义词，"半途而废"是贬义词，与题干褒贬顺序对应，因此，B项与题干逻辑更为相似。

（3）词性，即词语是动词、名词、形容词等。

例如：荆棘：困难

A. 折柳：惜别　　　　　　　　　　　B. 桎梏：束缚

题干"荆棘"象征困难，A项"折柳"象征惜别没问题，B项桎梏指手铐和脚镣，象征束缚也没问题，此时二次辨析，"荆棘"是个名词，"桎梏"也是名词，但"折柳"是动词，因此，B项与题干逻辑更为相似。

【例1】车水马龙：门庭若市

A. 流离失所：安居乐业　　　　　　　B. 饥不择食：废寝忘食

C. 国泰民安：风调雨顺　　　　　　　D. 赴汤蹈火：奋不顾身

【答案】D。"车水马龙"意思是景象热闹繁华；"门庭若市"意思是人很多，非常热闹；"车水马龙"和"门庭若市"都有繁华热闹的意思，二者为近义关系。A项，"流离失所"意思是无处安身，四处流浪；"安居乐业"意思指人民生活安定美满的样子，二者为反义关系，与题干逻辑关系不一致，排除；B项，"饥不择食"意思是需要急迫，顾不得选择；"废寝忘食"意思是顾不得睡觉，忘记了吃饭，形容专心努力，二者不是近义关系，与题干逻辑关系不一致，排除；C项，"国泰民安"意思是国家太平，人民生活安定；"风调雨顺"意思是风雨适合农时，年景好，二者不是近义关系，与题干逻辑关系不一致，排除；D项，"赴汤蹈火"意思是为某事付出全部的勇气，比喻不避艰险，奋勇向前；"奋不顾身"意思是奋勇向前，不考虑个人安危，二者为近义关系，与题干逻辑关系一致，当选。因此，本题答案为D项。

【例2】相信：坚信：质疑

A. 希望：盼望：奢望　　　　　　　　B. 报道：报告：封杀

C. 微词：批判：赞扬　　　　　　　　D. 诚恳：诚信：伪装

【答案】C。"相信"和"坚信"是近义关系，且坚信的程度比相信深；"相信"和"质疑"是反义关系。A项，"希望"和"盼望"是近义关系，但"希望"和"奢望"不是反义关系，与题干逻辑关系不一致，排除；B项，"报道""报告"和"封杀"之间没有关系，与题干逻辑关系不一致，排除；C项，"微词"指隐含批评和不满的话语，和"批判"是近义关系，且批判的程度比微词的程度深；"微词"和"赞扬"是反义关系，与题干逻辑关系一致,当选;D项,"诚恳"指人的态度不虚伪,"诚信"泛指待人处事真诚、老实、讲信用等,二者不是近义关系,与题干逻辑关系不一致,排除。因此,本题答案为C项。

【例3】胃口：兴趣

A.心腹：器官   B.黑马：比赛

C.桃李：学生   D.亲人：骨肉

【答案】C。"胃口"代指兴趣,二者构成比喻象征关系。A项,心属于身体器官,而"心腹"是象征亲信的人,心腹与器官并无明显逻辑关系,与题干逻辑关系不一致,排除;B项,"黑马"可以指在比赛中一鸣惊人的获胜者,二者为对应关系,与题干逻辑关系不一致,排除;C项,"桃李"可以代指学生,二者构成比喻象征义,与题干逻辑关系一致,当选;D项,"骨肉"可以代指亲人,二者构成比喻象征义,但两词顺序与题干相反,与题干逻辑关系不一致,排除。因此,本题答案为C项。

【例4】左顾右盼：上下打量

A.南来北往：东西奔走   B.纵横交错：中西合璧

C.千叮万嘱：一心一意   D.天高地厚：山清水秀

【答案】A。"左顾右盼"指左右来回看;上下打量指上下看,两者都有看的意思,是近义关系,并且左顾右盼中的"左右"是反义关系,上下打量中的"上下"是反义关系。A项,"南来北往"指南北方向来回奔走;东西奔走指东西方向来回奔走,两者都有到处奔走的意思,是近义关系,并且"南来北往"中的"南北"是反义关系,东西奔走中的"东西"是反义关系,与题干逻辑关系一致,当选;B项,"纵横交错"指横的竖的交叉在一起;"中西合璧"指中国和外国的好东西和建筑,名胜合到一块,两者不是近义关系,与题干逻辑关系不一致,排除;C项,"千叮万嘱"指再三叮嘱;"一心一意"指做事专心,一门心思只做一件事,两者不是近义关系,与题干逻辑关系不一致,排除;D项,"天高地厚"指恩情深厚,也指事物的复杂、深奥程度;"山清水秀"指山水风景优美,两者不是近义关系,与题干逻辑关系不一致,排除。因此,本题答案为A项。

【例5】严私德：守公德：明大德

A.机遇：风险：挑战   B.社会观：天下观：宇宙观

C.传承：创新：发展   D.读原著：学原文：悟原理

【答案】D。题干都是动宾结构。A项,都是名词,与题干逻辑关系不一致,排除;B项,都是名词,与题干逻辑关系不一致,排除;C项,都是动词,与题干逻辑关系不一致,排除;D项,都是动宾结构,与题干逻辑关系一致,当选。因此,本题答案为D项。

二、逻辑关系

知识点		解读	示例
集合关系	全同关系	A 和 B 两个词指代的概念是完全相同的,只是对同一事物的不同称谓而已	菡萏:荷花
	包含关系	(1)组成关系:A(B)是 B(A)的一部分 (2)种属关系:A(B)是 B(A)	(1)汽车:轮胎 (2)苹果:水果
	并列关系	(1)普通并列:在同一种属中,A 和 B 无交集,但除了 A 和 B 还有其他并列概念 (2)矛盾并列:在同一种属中,A 和 B 无交集,且 A 和 B 组成了集合的全部	(1)铅笔:钢笔 (2)党员:非党员
	交叉关系	A 和 B 有相同部分,也有不相同部分。交叉关系其实是对同一事物不同角度的分类,可用"有的……有的……"进行造句	学生:福建人
对应关系	属性对应	属性也就是物体的本质特性。 (1)必然属性:A(B)一定具备 B(A)这种特征 (2)或然属性:A(B)可能具备 B(A)这种特征	(1)盐:咸 (2)花:红
	顺承对应	顺承也就是指有先后顺序。 动作的顺承常会涉及动作主体是否一致	申请:审批
	因果对应	A(B)是 B(A)发生的原因	地震:伤亡
	目的对应	A(B)是 B(A)的目的,B(A)是 A(B)的手段	运动:减肥
	原材料工艺成品对应	(1)原材料一般会涉及必要原材料、直接原材料等 (2)工艺会涉及是否发生化学变化或物理变化	(1)面粉:馒头 (2)米酒:发酵
	配套对应	A 和 B 是配套使用的关系	鱼饵:鱼竿
	功能对应	A 的功能是 B	汽车:运输
	条件对应	(1)A 是 B 的充分条件 (2)A 是 B 的必要条件	(1)不以规矩:不成方圆 (2)消毒:手术
	常识对应	常识对应涉及内容最多,如文学常识、地理常识、历史常识等等,常考的有以下两种: (1)作者:作品:朝代等对应 (2)成语:典故:主人公等对应	(1)李白:长风破浪会有时 (2)东山再起:谢安

【例 1】福州:榕城

A. 重庆:山城　　　　　　　　B. 济南:泉城

C. 江苏:水城　　　　　　　　D. 南京:江城

【答案】B。榕城是福州的别称,二者是全同关系,且福州是福建省的省会城市。A 项,山城是重庆的别称,但重庆是直辖市,并非省会城市,与题干逻辑关系不一致,排除;B 项,泉城是济南的别称,且济南是山东省的省会城市,与题干逻辑关系一致,当选;C 项,江苏是省份,而非省会城市,中国水城有江苏省宿迁市、江西省九江市、广西壮族自治区南宁市、山东省临沂市、河南省南阳市,与题干逻辑关系不一致,排除;D 项,江城是武汉的别称,并非南京的别称,与题干逻辑关系不一致,排除。因此,本题答案为 B 项。

【例2】人∶成年人∶未成年人

A.门∶开门∶关门　　　　　　　　B.手∶左手∶右手

C.天气∶晴天∶阴天　　　　　　　D.车祸∶幸存者∶遇难者

【答案】B。成年人与未成年人均是人的一种,二者与第一个词是包含关系中的种属关系,且成年人与未成年人是并列关系中的矛盾关系。A项,开门与关门分别是两个动作,与门不是包容关系中的种属关系,与题干逻辑关系不一致,排除;B项,左手与右手均是手的一种,二者与第一个词是包容关系中的种属关系,且左手与右手是并列关系中的矛盾关系,与题干逻辑关系一致,当选;C项,晴天与阴天均是天气的一种,二者与第一个词是包容关系中的种属关系,但是天气除了晴天、阴天之外,还有其他天气,故晴天和阴天是并列关系中的反对关系,与题干逻辑关系不一致,排除;D项,车祸之后可能会出现幸存者与遇难者,幸存者与遇难者不是车祸的一种,与题干逻辑关系不一致,排除。因此,本题答案为B项。

【例3】中华文明∶世界文明∶文明

A.荆楚艺术∶中国艺术∶艺术　　　B.四书五经∶古代经典∶经典

C.四大名著∶现代名著∶名著　　　D.插花剪纸∶民间艺人∶艺人

【答案】A。中华文明是世界文明的一个组成部分,二者为组成关系;世界文明是文明的一种,二者为种属关系。A项,荆楚艺术是中国艺术的一个组成部分,二者为组成关系;中国艺术是艺术的一种,二者为种属关系,与题干逻辑关系一致,当选;B项,四书五经是我国古代经典,二者为种属关系,与题干逻辑关系不一致,排除;C项,四大名著一般指《三国演义》《水浒传》《西游记》《红楼梦》,和现代名著不是组成关系,与题干逻辑关系不一致,排除;D项,民间艺人制作插花和剪纸作品,二者为人物和艺术成品的对应关系,与题干逻辑关系不一致,排除。因此,本题答案为C项。

【例4】琴∶木琴∶钢琴

A.书∶羊皮书∶绢书　　　　　　　B.墨∶徽墨∶川墨

C.棋∶五子棋∶围棋　　　　　　　D.画∶国画∶漆画

【答案】A。木琴和钢琴并列,都属于琴,并且均以材质命名。A项,羊皮书和绢书都是书,二者为并列关系,并且均以材质命名,与题干逻辑关系一致,当选;B项,徽墨和川墨都是墨,二者为并列关系,但是都以地名命名,与题干逻辑关系不一致,排除;C项,五子棋和围棋都是棋类游戏,二者为并列关系,但二者不是以材质命名,与题干逻辑关系不一致,排除;D项,国画是中国传统绘画形式,漆画以天然大漆为主要材料的绘画,二者为交叉关系,与题干逻辑关系不一致,排除。因此,本题答案为A项。

【例5】精准扶贫∶乡村振兴∶共同富裕

A.和平安宁∶经济繁荣∶公平正义　　B.发展教育∶提高素质∶建设国家

C.诚实守信∶责任担当∶爱岗敬业　　D.闲庭信步∶快马加鞭∶风驰电掣

【答案】B。精准扶贫是为了实现乡村振兴,乡村振兴是为了实现共同富裕,三者为方式目的的对应关系。A项,和平安宁有利于经济繁荣,经济繁荣不是为了公平正义,三者不是方式目的的对应关系,与题干逻辑关系不一致,排除;B项,发展教育是为了提高素质,提高素质是为了建设国家,三者为方式目的的对应关系,与题干逻辑关系一致,当选;C项,诚实守信、责任担当、爱岗敬业都是道德品质,三者为并列关系,与题干逻辑关系不一致,排除;D项,闲庭信步形容很清闲的样子,有时也形容信心十足;快马加鞭比喻快上加快,加速前进;风驰电掣形容速度非常快。后两者为近义关系,与题干逻辑关系不一致,排除。因此,本题答案为B项。

【例6】藤条：藤椅

　　A.岩壁：岩画　　　B.豆子：豆腐　　　C.竹子：桌子　　　D.橡胶：铅笔

【答案】B。藤条是藤椅的必要原材料。A项，岩壁是岩画的载体，与题干逻辑关系不一致，排除；B项，豆子是豆腐的必要原材料，与题干逻辑关系一致，当选；C项，桌子不一定以竹子为原材料，与题干逻辑关系不一致，排除；D项，橡胶不是铅笔的原材料，与题干逻辑关系不一致，排除。因此，本题答案为B项。

【例7】《采莲赋》：王勃：初唐四杰

　　A.《醉翁亭记》：柳宗元：唐宋八大家　　B.《送元二使安西》：阮籍：竹林七贤

　　C.《岳阳楼记》：范仲淹：塞外八子　　　D.《汉宫秋》：马致远：元曲四大家

【答案】D。《采莲赋》的作者是王勃，王勃是初唐四杰之一，考察常识对应。A项，《醉翁亭记》的作者是欧阳修，并非柳宗元，与题干逻辑关系不一致，排除；B项，《送元二使安西》的作者是王维，并非阮籍，与题干逻辑关系不一致，排除；C项，《岳阳楼记》的作者是范仲淹，但范仲淹并非塞外八子之一，与题干逻辑关系不一致，排除；D项，《汉宫秋》的作者是马致远，马致远是元曲四大家之一，与题干逻辑关系一致，当选。因此，本题答案为D项。

【例8】道不同，不相为谋

　　A.己所不欲，勿施于人　　　　　　　　B.不偏不倚，不过不及

　　C.城门失火，殃及池鱼　　　　　　　　D.姜太公钓鱼，愿者上钩

【答案】C。因为道不同，所以不相为谋，二者为因果关系。A项，如果己所不欲，那么勿施于人，二者为条件关系，与题干逻辑关系不一致，排除；B项，不偏不倚，不过不及为并列关系，与题干逻辑关系不一致，排除；C项，因为城门失火，所以殃及池鱼，二者为因果关系，与题干逻辑关系一致，当选；D项，姜太公钓鱼，愿者上钩不存在因果关系，与题干逻辑关系不一致，排除。因此，本题答案为C项。

【例9】备课：授课：学生

　　A.刹车：驾车：乘客　　　　　　　　　B.付款：购物：顾客

　　C.谱曲：作词：歌迷　　　　　　　　　D.诊断：开药：病人

【答案】D。先备课，后授课，二者是先后顺序，且备课和授课的主体都是老师，学生是老师服务的对象。A项，先驾车，后刹车，与题干逻辑关系不一致，排除；B项，先购物，后付款，且顾客是付款的主体。与题干逻辑关系不一致，排除；C项，作词与谱曲没有必然的先后关系，与题干逻辑关系不一致，排除；D项，先诊断，后开药，且诊断和开药的主体都是医生，病人是医生服务的对象，与题干逻辑关系一致，当选。因此，本题答案为D项。

【例10】不以规矩：不成方圆

　　A.不以为耻：不反以为荣　　　　　　　B.不以物喜：不以己悲

　　C.不求有功：不但求无过　　　　　　　D.不经一事：不长一智

【答案】D。"不以规矩，不成方圆"的意思是：如果不利用圆规和曲尺，就不能准确地画出圆形和方形。"不以规矩"是"不成方圆"的充分条件。A项，"不以为耻，反以为荣"的意思是：不以为是耻辱的，反而以为是光荣的。"不以为耻"不是"反以为荣"的充分条件，与题干逻辑关系不一致，排除。B项，"不以物喜，不以己悲"的意思是：不因外物的好坏、自己的得失而或喜或悲。"不以物喜"不是"不以己悲"

的充分条件,与题干逻辑关系不一致,排除;C项,"不求有功,但求无过"的意思是不要求立功,只希望没有过错。"不求有功"不是"但求无过"的充分条件,与题干逻辑关系不一致,排除。D项,"不经一事,不长一智"的意思是:如果不经历一件事情,就不能增长对那件事情的见识。"不经一事"是"不长一智"的充分条件,与题干逻辑关系一致,当选。因此,本题答案为D项。

【例11】斗拱:古建筑:荷载重量

 A.尾灯:汽车:照明搜索   B.船舵:帆船:控制航向

 C.剧场:舞台:提供演出   D.芯片:手机:结构保护

【答案】B。斗拱是古建筑的一部分,二者为组成关系,斗拱的主要作用是荷载重量,二者为功能对应关系。A项,尾灯是汽车的一部分,二者为组成关系,但尾灯的主要作用是安全警示,不是照明搜索,与题干逻辑关系不一致,排除;B项,船舵是帆船的一部分,二者为组成关系,船舵的主要作用是控制航向,二者为功能对应关系,与题干逻辑关系一致,当选;C项,舞台是剧场的一部分,二者为组成关系,但两词顺序与题干相反,与题干逻辑关系不一致,排除;D项,芯片是手机的一部分,二者为组成关系,芯片的主要作用是运算存储,不是结构保护,与题干逻辑关系不一致,排除。因此,本题答案为B项。

第五篇　数量关系

第一章　工程问题

工程问题是指与工程建造有关的数学问题，是福建省选调生考试中最重要、最常考的重点题型之一。工程问题主要研究工作量、工作时间、工作效率三者之间的关系。

基本公式	工作量(W) = 工作效率(p) × 工作时间(t) W：工作量指工作的多少 p：工作效率，指单位时间内所做的工作量 t：工作时间，指完成工作量所需的时间
比例性质	工作量(W)相同，工作效率(p)与工作时间(t)成反比，即$p_1:p_2=t_2:t_1$ 工作效率(p)相同，工作量(W)与工作时间(t)成正比，即$W_1:W_2=t_1:t_2$ 工作时间(t)相同，工作量(W)与工作效率(p)成正比，即$W_1:W_2=p_1:p_2$

一、给定时间型

当题干给出多个主体完成工程量的时间时，一般采用赋值法解题，即找出时间之间的公倍数（一般用最小公倍数），将其赋值为总量，进而推算出各个主体的工作效率。

【例】一条隧道，甲单独挖要 20 天完成，乙单独挖要 10 天完成。如果甲先挖 1 天，然后乙接替甲挖 1 天，再由甲接替乙挖 1 天，两人如此交替工作，挖完这条隧道共用多少天？（　　　）

A. 14　　　　　　　B. 16　　　　　　　C. 15　　　　　　　D. 13

【答案】A。赋值工作总量为 20（20 和 10 的公倍数），则甲、乙的工作效率分别为 1 和 2。由于甲、乙交替工作，可将两人各挖 1 天看作一个工作周期，即两人 2 天的工作量为 1+2=3。20÷3=6…2，即两人合作 6 个周期后剩余工作量为 2，接下来甲工作 1 天，完成工作量为 1，还剩下 1，由乙 $\frac{1}{2}$ 天完成（半天）。可得实际总天数为 6×2+1+ $\frac{1}{2}$ =13 $\frac{1}{2}$（天），无此选项，最接近的选项为 A 项，即挖完这条隧道共用 14 天。因此，本题答案为 A 项。

二、给定效率型

当题干给出几个主体效率之间的比例关系时，解答时一般采用赋值法解题，即根据几个主体效率之间的比例关系进行赋值。为了便于计算，一般将效率赋值为整数。

例：甲：乙=3：2，可以设甲效率为 3，那么乙效率为 2。

【例】食品厂要加工一批原材料，可由人工手动或机器（每台机器需要 1 人操作）来完成。如果由 25 个人、5 台机器合作，则 7 小时 30 分完成；如果新增 3 台机器，则 6 小时完成。问机器的效率是人工效率

的多少倍? (　　)

A. $\dfrac{9}{2}$　　　　　　B.5　　　　　　C. $\dfrac{14}{3}$　　　　　　D. $\dfrac{32}{7}$

【答案】D。赋值每个人的效率为 1,每台机器的效率为 x,根据总加工量不变可列式:(25−5+5x)×

7.5=[25−5−3+(5+3)x]×6,解得 x= $\dfrac{32}{7}$,则题目所求为 $\dfrac{32}{7}$÷1= $\dfrac{32}{7}$倍。因此,本题答案为 D 项。

第二章　行程问题

行程问题是福建省选调生考试中的重点题型和常考题型，也是考生望而却步的难点题型。

一、基础行程

核心公式	路程（S）＝速度（v）× 时间（t）			
比例性质	路程的比例 = 速度的比例 × 时间的比例 时间（t）相同，路程（S）与速度（v）成正比，即 $S_1:S_2=v_1:v_2$ 速度（v）相同，路程（S）与时间（t）成正比，即 $S_1:S_2=t_1:t_2$ 路程（S）相同，速度（v）与时间（t）成反比，即 $v_1:v_2=t_2:t_1$			
等距离平均公式	假设一段路程的前半段和后半段，距离为 S，前半段速度为 v_1，后半段速度为 v_2。 则这段路程的平均速度 $\bar{v}=\dfrac{S_总}{t_总}=\dfrac{2S}{\dfrac{S}{v_1}+\dfrac{S}{v_2}}=\dfrac{2S}{\dfrac{S(v_1+v_2)}{v_1v_2}}=\dfrac{2v_1v_2}{v_1+v_2}$			
等时间平均公式	假设一段路程走完前半段和后半段所用的时间均为 t，前半段速度为 v_1，后半段速度为 v_2。 则这段路程的平均速度 $\bar{v}=\dfrac{S_总}{t_总}=\dfrac{v_1t+v_2t}{2t}=\dfrac{v_1+v_2}{2}$			

【例】一架飞机所带燃料最多用 6 小时。出发时顺风，每小时飞 1500 千米；飞回时逆风，每小时飞 1200 千米。此飞机最多飞出多少小时就需往回飞？（　　）

A. $\dfrac{8}{3}$　　　　　　B. $\dfrac{11}{3}$　　　　　　C. 3　　　　　　D. $\dfrac{5}{3}$

【答案】A。设最多飞出 t 小时后需返回，由最多用 6 小时知，返回用时（$6-t$）小时。由往返行程相等，可得 $1500t=1200(6-t)$，解得 $t=\dfrac{8}{3}$。因此，本题答案为 A 项。

二、火车过桥

核心公式	火车过桥行驶的距离为车头（或车尾）所经过的距离，设过桥前车头位置为 A，过桥后车头位置为 B，则车头所经过的距离 AB= 车长 + 桥长
	则火车过桥（车头上桥到车尾离桥）行驶距离 = 车长 + 桥长

【例】某公路隧道长 1500 米，一辆公共汽车匀速从隧道通过，测得公共汽车从开始进入隧道到车身完全驶出隧道用时 151 秒，整辆公共汽车完全在隧道里的时间为 149 秒，则公共汽车的车身长度和行驶速度分别为(　　)。

A. 8 米；5 米 / 秒　　　　　　　　　　B. 10 米；10 米 / 秒

C. 10 米；15 米 / 秒　　　　　　　　　D. 12 米；20 米 / 秒

【答案】B。设公共汽车的长度为 L，速度为 v，根据火车过桥公式，完全通过桥时 $Q_桥 + L_车 = v_车 \times t$；完全在桥上时 $Q_桥 - L_车 = v_车 \times t$。代入数据得 $1500 + L = v \times 151 \cdots ①$，$1500 - L = v \times 149 \cdots ②$，$① + ②$ 可得 $v = 10$ 米 / 秒，将其代入 ① 可得 $L = 10$ 米。因此，本题答案为 B 项。

三、流水行船

流水行船问题一般会涉及顺水(船行方向与水流方向一致)、逆水(船行方向与水流方向相反)和静水(船在静水中行驶)三种情况。

核心公式	水流速度 ───────→ A┃静水速度(船速)　　　　　　　　　　逆水┃B 船顺水行进时，一方面在水面上按照自己的速度行进，一方面又被流水推动行进，则： **顺水速度 = 静水速度(船速) + 水流速度** 水流速度 ←─────── A┃静水速度(船速)　　　　　　　　　　逆水┃B 当船逆水行进时，一方面在水面上按照自己的速度行进，一方面流水又阻碍了船的前进，则： **逆水速度 = 静水速度(船速) − 水流速度** 由上述两个公式可以推出： **顺水速度 + 逆水速度 =[静水速度(船速) + 水流速度]+[静水速度(船速) − 水流速度]** 　　　　　　　　**=2 × 静水速度(船速)** **则 静水船速(船速) =(顺水船速 + 逆水船速) ÷ 2** **顺水速度 − 逆水速度 =[静水速度(船速) + 水流速度]−[静水速度(船速) − 水流速度]** 　　　　　　　　**=2 × 水流速度** **则 水流速度 =(顺水船速 − 逆水船速) ÷ 2**

【例】一艘维修快艇沿着河流逆流而上执行维修任务，快艇航行到途中某处时工具包掉进了河里，10 分钟后，驾驶员到达目的地时发现工具包丢失后立即返回追寻。已知水的流速为每秒 1 米，如果工具包会浮在水面上漂流，那么驾驶员将在距离丢失处(　　)米的地方找回工具包。

A. 640　　　　　　B. 900　　　　　　C. 1080　　　　　　D. 1200

【答案】D。如图所示，设船在静水中的速度为 v 米 / 秒，驾驶员将在距离丢失处 S 米的地方找回工具包，则丢失处到目的地间的距离为 $10 \times 60(v-1) = 600v - 600$。由题意可知，驾驶员到达目的地时，工具包距离丢失处为 $10 \times 60 \times 1 = 600$(米)。根据驾驶员到达目的地后，快艇追上工具包所用时间和工具包漂流所用时间相等，可列等式 $\dfrac{S + 600v - 600}{v+1} = \dfrac{S - 600}{1}$，解得 $S = 1200$，即驾驶员将在距离丢失处 1200 米的

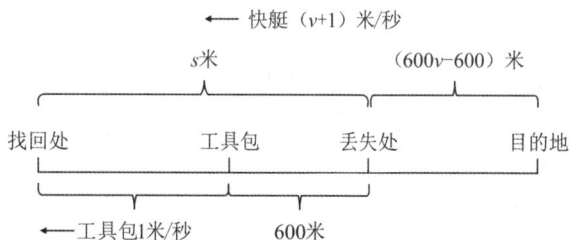

（图示说明：← 快艇(v+1) 米/秒；s 米；(600v−600) 米；找回处　工具包　丢失处　目的地；← 工具包 1 米/秒；600 米）

地方找回工具包。因此,本题答案为 D 项。

四、相遇追及

相遇问题是两个运动的物体同时由两地出发相向而行,在途中相遇。追及问题是两个运动的物体在不同地点同时出发(或者在同一地点而不是同时出发,或者在不同地点又不是同时出发)做同向运动,在后面的物体,行进速度要快些,在前面的物体,行进速度较慢些,在一定时间之内,后面物体能追上前面的物体。

核心公式	**直线相遇:** 假设行人甲、乙分别以 v_1、v_2 的速度从 A、B 两地同时出发,相向而行,经过时间 t 后两人在 C 点相遇。 v_1t ⟷ v_2t A ——— C ——————————— B 行人甲所走的路程 $AC=v_1t$,行人乙所走的路程 $BC=v_2t$, 则路程 $AB=AC+BC=v_1t+v_2t=(v_1+v_2)t$,即 路程和 = 速度和 × 相遇时间 **直线追及:** 假设行人甲、乙分别以 v_1、v_2 的速度从 A 地同时出发,同向而行,经过时间 t 后两人在 C 点相遇。 v_1t v_2t A ——————— B ——————————— C 行人甲所走的路程 $AC=v_1t$,行人乙所走的路程 $BC=v_2t$, 则路程 $AB=AC-BC=v_1t-v_2t=(v_1-v_2)t$,即 路程差 = 速度差 × 追及时间
	环形相遇: 假设行人甲、乙分别以 v_1、v_2 的速度从 A 地同时出发,同向而行,经过时间 t 后两人在 B 点相遇。 行人甲所走的路程 $S_甲=v_1t$,行人乙所走的路程 $S_乙=v_2t$, 则环形周长 $=S_乙-S_甲=v_2t-v_1t=(v_2-v_1)t$,即 路程差 = 速度差 × 时间 **环形追及:** 假设行人甲、乙分别以 v_1、v_2 的速度从 A 地同时出发,反向而行,经过时间 t 后两人在 B 点相遇。 行人甲所走的路程 $S_甲=v_1t$,行人乙所走的路程 $S_乙=v_2t$, 则环形周长 $=S_甲+S_乙=v_1t+v_2t=(v_1+v_2)t$,即 路程和 = 速度和 × 时间

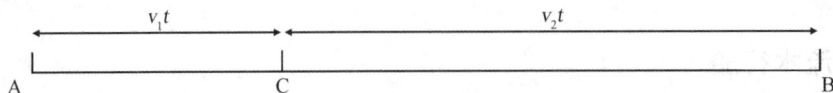

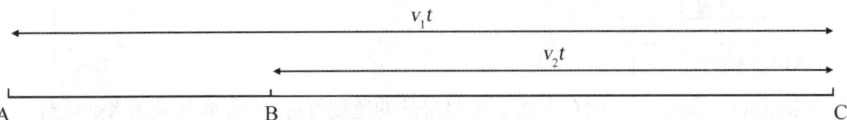

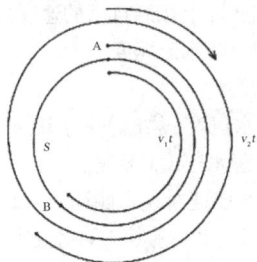

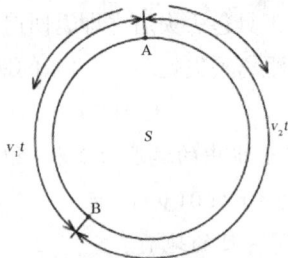

拓展公式	直线两端出发 N 次相遇：路程和 =（$2N-1$）× 全长 = 速度和 × 时间 直线单端出发 N 次相遇：路程和 =$2N$× 初始路程差 环形 N 次相遇：路程和 =N 圈 × 全长 = 速度和 × 时间 环形 N 次追及：路程差 =N 圈 × 全长 = 速度差 × 时间

【例】小张和小王从一条 400 米环形跑道的相同位置出发沿相反方向匀速跑步。小王等小张出发 38 秒后出发，跑了 18 秒后与小张相遇，又跑了 49 秒后正好回到出发点。问两人第四次相遇的位置和第一次相遇的位置相距多少米？（ ）

A.120 B.150 C.160 D.170

【答案】C。小张从出发到第一次相遇所走的路程，与第一次相遇后小王回到出发点所走的路程相同，根据"路程相同，速度与时间成反比"，可得 $\dfrac{V_王}{V_张}=\dfrac{t_张}{t_王}=\dfrac{38+18}{49}=\dfrac{8}{7}$。从第一次相遇到第四次相遇，两人所走路程之和 =$3\times400$=1200 米，且两人所用时间相同，根据"时间相同，路程与速度成正比"，可得 $\dfrac{S_王}{S_张}=\dfrac{V_王}{V_张}=\dfrac{8}{7}$，则小王所走路程 =$1200\times\dfrac{8}{7+8}$=640 米，两人第四次相遇的位置和第一次相遇的位置相距 $400\times2-640$=160 米。因此，本题答案为 C 项。

第三章　最值问题

一、最不利构造

题干中含有"至少（最少）……才能保证……""要保证……至少……"等表述。

解答该类题型需要从最不利的情况出发，所谓最不利情况指在满足"保证……"的最坏的情况，即在最不利情况下加 1，即可得到题干所求的结果。

【例】箱子内有标号分别为 1、2、3、…、25 的 25 个乒乓球，问至少需要取出多少个乒乓球才能保证有两个的标号之差为 6 的倍数？（　　）

A. 6　　　　　　　B. 7　　　　　　　C. 9　　　　　　　D. 10

【答案】B。要保证有两个乒乓球的标号差为 6 的倍数，考虑最不利情况。若拿出来的球是六个连续的标号，在此情况下不会产生标号差为 6 的倍数。故至少需拿出 6+1=7 个乒乓球，才能保证有两个的标号差为 6 的倍数。因此，本题答案为 B 项。

二、数列构造

数列构造即给定某类人群或事物的总量，按照一定原则进行分组。

题干中一般出现"最多（少）的……至少（多）……""排名第……至多（少）……"。

解答该类题型，需要先明确题目对于各组能够分到的人或者物体的量是否有规定：

（1）若不要求各组分到的量，则首先考虑各组能够分到的量相等这一极端情况，再考虑问题组的量；

（2）若要求各组分到的量不相等，则首先考虑各组能够分到的量按照连续数列排列这一极端情况，如 1、2、3、4、…；

（3）若要使其中一个数尽可能大，则其他数应尽可能小，反之亦然。

【例】某大型跨国连锁零售企业在世界 8 个城市共有 76 家超市，每个城市的超市数量都不相同。如果超市数量排名第四的城市有 10 家超市，那么超市数量排名最后的城市最多有几家超市？（　　）

A. 3　　　　　　　B. 4　　　　　　　C. 5　　　　　　　D. 6

【答案】D。共有 76 家超市，要使排名最后的城市超市数量最多，则应使其他城市的超市数量最少。设排名最后的城市最多有 x 家超市，如表所示：

第一名	第二名	第三名	第四名	第五名	第六名	第七名	第八名	共计
13	12	11	10	$x+3$	$x+2$	$x+1$	x	76

则有 13+12+11+10+x+3+x+2+x+1+x=76，解得 x=6。因排名最后的城市最多有 6 家超市。因此，本题答案为 D 项。

三、反向构造

题干中出现多个条件，问法出现"这些条件均满足的至少有多少"。

解答该类题型需要从反向求解，先求和，再作差。"至少"的反面是"至多"。

【例】某兴趣班共有学生45人，其中喜欢音乐、舞蹈、美术的学生分别为36、34、31人，问这三项都喜欢的学生至少有多少人？（　　　）

A. 10　　　　　　　　B. 11　　　　　　　　C. 12　　　　　　　　D. 13

【答案】B。根据多集合反向构造的思路，不喜欢音乐、舞蹈、美术的学生分别有9、11、14人，不都喜欢的最多有9+11+14=34（人），那么都喜欢的最少有45-34=11（人）。因此，本题答案为B项。

第四章 排列组合

一、排列组合基本原理

排列组合的中心问题是研究给定要求的排列和组合可能出现的情况总数。

计数原理	分类加法原理： 完成一件事，一共有 m 类不同的方法。每一类中的每一种方法都可以独立完成任务。其中第一类方法中有 n_1 种不同的方法，第二类方法中有 n_2 种不同的方法……则完成这项任务，一共有 $n_1+n_2+n_3+\cdots+n_m$ 种方法 分步乘法原理： 完成一件事，一共有 m 个步骤。任何一步中的一种方法都不能独立完成任务，需连续完成 m 步才能完成任务。其中第一个步骤有 n_1 种方法，第二类方法中有 n_2 种的方法……则一共有 $n_1\times n_2\times n_3\times\cdots\times n_m$ 种方法
基本概念	排列：从 n 个不同元素中，任取 m 个元素进行排序，与顺序有关，记作 A_n^m 组合：从 n 个不同元素中，任取 m 个元素组成一组，与顺序无关，记作 C_n^m 阶乘：从 1 开始乘以 2 乘以 3 乘以 4 一直乘到所要求的数，表示为 $n!\ =1\times2\times3\times\cdots\times n$
核心公式	排列： 从 n 个不同元素中，任取 m 个元素进行排序。 第一个位置有 n 种选择，第二个位置有（$n-1$）种选择（第一个位置已有一种选择），第三个位置有（$n-2$）种选择，以此类推，第 m 个位置有（$n-m+1$）种选择。 则完成这项排序工作，共有 $n\times(n-1)\times(n-2)\times\cdots\times(n-m+1)$ 种选择。 $A_n^m=\dfrac{n!}{(n-m)!}=n(n-1)(n-2)\cdots(n-m+1)(n\geq m)$ 组合： 从 n 个不同元素中，任取 m 个元素组成一组，即先将 m 个元素全排列，之后消序 $C_n^m=\dfrac{A_n^m}{A_m^m}=\dfrac{n!}{(n-m)!\ m!}=\dfrac{n(n-1)(n-2)\cdots(n-m+1)}{m(m-1)(m-2)\cdots2\times1}(n\geq m)$

【例】某单位新来了 4 名实习生，要将其分配到 3 个部门，每个部门至少分配 1 人，则不同的分配方案有（　　）种。

A. 24　　　　　　　B. 36　　　　　　　C. 64　　　　　　　D. 72

【答案】B。4 名实习生到 3 个部门且每个部门至少 1 人，则一定有 1 个部门是 2 个人，先选出这 2 个人即有 $C_4^2=6$ 种方案，之后作为一个整体，与剩下的 2 个人分别到 3 个部门工作即有 $2\times3=6$ 种方案，则一共有 $6\times6=36$ 种方案。因此，本题答案为 B 项。

二、排列组合特定题型

1. 捆绑法

元素之间要求"相邻""连续""在一起""紧挨着"。

利用捆绑法解题时，需先将必须相邻的元素作为一个整体参与排列，将捆绑后的元素看成一个整体与其他元素进行全排，再单独考虑捆绑元素之间的内部排列的顺序。即 n 个元素排成一列，要求 m 个元素必须相邻，可以把 m 个元素看成一个整体，先排其他的元素，再排这 m 个，此时有 $A_{n-m+1}^{n-m+1} \cdot A_m^m$ 种排法。

【例】4 名学生和 2 名教师排成一排照相，2 名教师不在两端且要相邻的排法共有多少种？（　　）

A. 72　　　　　　B. 108　　　　　　C. 144　　　　　　D. 288

【答案】C。2 名老师要相邻，则考虑先用捆绑法解题，为 A_2^2 种情况；剩余 4 名学生和捆绑的老师进行排列，老师不在两头，则考虑用插空法解题，为 $A_4^4 C_3^1$ 种情况，则共有排法 $A_2^2 A_4^4 C_3^1 = 144$ 种排法。因此，本题答案为 C 项。

2. 插空法

元素之间要求"不相邻""不连续""间隔"等。

利用插空法解题时，先将没有特殊要求的元素进行排列，再将不相邻的元素插入这些元素的间隔之中，注意两边的位置也属于间隔。即 n 个元素排成一列，要求 m 个元素互不相邻，那么可以先排好其余的 $(n-m)$ 个元素，然后将这 m 个元素插到 $(n-m)$ 个元素形成 $(n-m+1)$ 个空之间，此时有 $A_{n-m}^{n-m} \cdot A_{n-m+1}^m$ 种排法。

【例】因电路改造，电力公司计划未来十天对某小区选择三天停电，要求不能连续两天停电，则共有多少种停电方案？（　　）

A. 35　　　　　　B. 56　　　　　　C. 84　　　　　　D. 120

【答案】B。10 天里面，7 天正常供电，3 天停电，要求不能连续 2 天停电，考虑用插空法解题。7 天的排布共有 8 个空，将停电的 3 天分别插入 8 个空，则有 $C_8^3 = 56$ 种停电方案。因此，本题答案为 B 项。

3. 错位排列

题干要求 n 个元素的位置都不在原来的位置上，即有 n 个元素和 n 个位置，如果要求每个元素的位置与元素本身的序号都不同，则 n 个元素对应的排列情况分别为 $D_n = (n-1)(D_{n-1}+D_{n-2})(n \geq 3)$。重点记忆：$D_1=0$，$D_2=1$，$D_3=2$，$D_4=9$，$D_5=44$。

【例】某单位从下属的 5 个科室各抽调了一名工作人员，交流到其他科室，如每个科室只能接收一个人的话，有多少种不同的人员安排方式？（　　）

A. 120　　　　　　B. 78　　　　　　C. 44　　　　　　D. 24

【答案】C。错位重排问题（n 个人对应 n 件物品，要求每个人不能选择自己原来的物品），$D_1=0$，$D_2=1$，$D_3=2$，$D_4=9$，$D_5=44$，5 个人错位。因此，本题答案为 C 项。

4. 隔板法

将 n 个相同的元素分成 m 组，要求每组至少分 a 个元素（$a \geq 1$）。即 n 个元素分成 m 组，每组至少一个，相当于将 $(m-1)$ 个木板插到 n 个元素形成 $(n-1)$ 个空之间，此时有 C_{n-1}^{m-1} 种。对于将 n 个相同的元素分成 m 组，要求每个组至少分 a 个元素的题目，首先给每组分 $a-1$ 个，再转换为每组至少分 1 个元素的情况解答。

【例】某单位共有 10 个进修的名额分到下属科室,每个科室至少一个名额,若有 36 种不同分配方案,问该单位最多有多少个科室?(   )

A. 7   B. 8   C. 9   D. 10

【答案】B。题目中提到"每个科室至少分得一个名额",又知 10 个名额是相同的,故可考虑使用插板法解题。10 个名额分给 n 个科室,就是说在 10 个名额(9 个空)中插入 $(n-1)$ 个板,列式为 C_{10-1}^{n-1}=36,由于题目问"最多",优先代入 D 项,分配方案有 C_9^9=1 种,不满足有 36 种方案,排除;同理,排除 C 项;代入 B 项,分配方案有 C_9^7=C_9^2=36 种,符合要求,所以 n 最大为 8。因此,本题答案为 B 项。

第五章 概率问题

概率问题是一类从排列组合衍生出来的新题型,这种题型基于排列组合,但又有很多自己的特点和知识点,是近几年考试特别热的题型。

概率问题实际上是随机事件发生的可能性的数量指标。在独立随机事件中,如果某一事件在全部事件中出现的频率,在更大的范围内比较明显的稳定在某一固定常数附近。就可以认为这个事件发生的概率为这个常数。对于任何事件的概率值一定介于 0 和 1 之间。

一、等可能性事件概率

核心公式	等可能性事件概率 = 满足条件的情况数 ÷ 总的情况数

【例】甲超市某次抽奖活动仅限于情侣参加,参加规则如下:白、蓝、红三色小球分别有 4 个、3 个和 2 个,请两人先后从 9 个小球中拿 1 个(每次取出小球后不放回),都拿到白球为三等奖,都拿到篮球为二等奖,都拿到红球为一等奖,其他情形不获奖,则每对情侣参加一次活动中奖的概率为(　　)。

A. $\dfrac{5}{18}$　　　　B. $\dfrac{1}{3}$　　　　C. $\dfrac{7}{18}$　　　　D. $\dfrac{11}{36}$

【答案】A。总的情况从 9 个小球中任意取出 2 个,共有 C_9^2 种;中奖的情况从白、蓝、红任意一种颜色的小球中取出 2 个,共有 $(C_4^2+C_3^2+C_2^2)$ 种。根据题意可得,获奖概率为 $\dfrac{C_4^2+C_3^2+C_2^2}{C_9^2}=\dfrac{5}{18}$。因此,本题答案为 A 项。

二、独立事件概率

核心公式	独立事件同时发生的概率 P(AB) = P(A) × P(B)

【例】小王开车上班必须经过 3 个带有交通信号灯的路口,在每个路口遇到红灯的概率为 0.2。如果小王一路遇到的红灯数不超过 1 个,上班将不会迟到。那么小王上班迟到的概率为(　　)。

A. 0.04　　　　B. 0.048　　　　C. 0.104　　　　D. 0.128

【答案】C。小王迟到的概率 =1- 小王不迟到的概率。不迟到的情况有两种:没有遇到红灯和遇到 1 个红灯。没有遇到红灯的概率为 $0.8^3=0.512$。遇到 1 个红灯的概率为 $C_3^1×0.2×0.8^2=0.384$。故上班迟到的概率 =1-0.512-0.384=0.104。因此,本题答案为 C 项。

第六章　容斥问题

容斥问题是使集合中每个元素只被计算一次的计数方法,其基本原理就是排除掉重复计算的部分,保证最后计数结果既无重复又无遗漏。

一、两集合、三集合公式

题干只涉及3个集合,且3个集合之间存在交叉重合部分。

公式	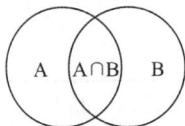 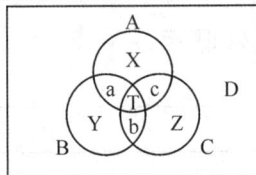 基础公式: 两集合公式:总数 – 二者都不 =A+B−AB 三集合标准公式:总数 – 三者都不 =A+B+C−AB−AC−BC+ABC 三集合变形公式:总数 – 三者都不 =A+B+C– 只满足两项的个数 −2 × ABC

【例】一社区居委会为丰富居民的业余生活,专门设立了多个俱乐部邀请居民自愿参加。统计结果如下:22人参加棋类俱乐部、27人参加了音乐俱乐部、50人参加了戏剧俱乐部、10人参加了棋类和音乐俱乐部、14人参加了音乐与戏剧俱乐部、10人参加了戏剧和棋类俱乐部、8人参加了这三个俱乐部。那么参与活动的居民人数是(　　　)。

　　A. 57　　　　　　　B. 68　　　　　　　C. 73　　　　　　　D. 84

【答案】C。根据三集合容斥原理的标准公式:总数 −0=22+27+50−10−14−10+8,总数 =73,或可用尾数法,尾数为3。因此,本题答案为C项。

二、画图法

当题干中出现"仅满足某种情况"的三集合最值问题的时候,没有对应的公式可以直接使用,则考虑用画图法找出答案,即画出文氏图,用图形来表示集合关系,将具体的数据标记在图中相应的位置。

【例】联欢会上,有24人吃冰激凌,30人吃蛋糕,38人吃水果,其中既吃冰激凌又吃蛋糕的有12人,既吃冰激凌又吃水果的有16人,既吃蛋糕又吃水果的有18人,三样都吃的则有6人。假设所有人都吃了东西,那么只吃一样东西的人数是多少?(　　　)

　　A. 12　　　　　　　B. 18　　　　　　　C. 24　　　　　　　D. 32

【答案】B。

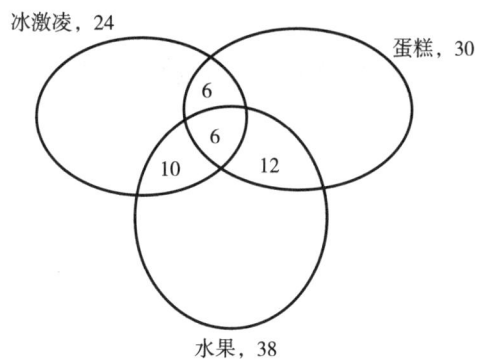

　　如图所示，共有24人吃冰激凌，其中有12人吃了蛋糕，16人吃了水果，既吃了蛋糕又吃了水果的有6人，则只吃了冰激凌的人数为24−（10+6+6）=2（人）；同理，只吃了蛋糕的人数为30−（12+6+6）=6（人）；只吃了水果的人数为38−（10+6+12）=10（人），则只吃一样东西的人数为2+6+10=18。因此，本题答案为B项。

第七章　溶液问题

溶液问题主要研究"溶液""溶质"和"溶剂"三者的关系。例如，水是一种溶剂，被溶解的物质叫溶质，溶解后的混合液叫溶液。溶质的量在溶液的量中所占的百分数叫作浓度。

溶液 = 溶质 + 溶剂　　　　　　　溶液 = 溶质 ÷ 浓度

浓度 = 溶质 ÷ 溶液　　　　　　　溶质 = 溶液 × 浓度

一、蒸发或稀释类

某种溶液，通过向其中加入水或者蒸发水的办法来改变溶液浓度，但是其溶质含量始终为一个恒定值。

针对溶质不变的特点，可以建立等量关系。对于题目中只出现比例关系，未涉及具体量的情况，可为溶质赋予特殊值进行求解计算，合理采用赋值法和方程法解题。

【例】现有一杯浓度为 20% 的糖水 200 克，加入 6 克糖，再加入 24 克水后，此时的糖水与原来相比（　　）。

　A. 不如原来甜　　　　B. 比原来甜　　　　C. 一样甜　　　　D. 无法确定

【答案】C。最后糖水浓度 $\dfrac{200\times20\%+6}{200+6+24}=\dfrac{46}{230}=20\%$，浓度不变，与原来一样甜。因此，本题答案为 C 项。

二、溶液混合类

题干一般给出两种或者多种不同浓度的溶液，混合在一起得到新浓度的溶液。同种溶质的两种不同浓度的溶液混合，混合溶液的浓度介于两者之间。混合溶液中溶质质量等于两种不同浓度溶液的溶质质量之和。即两份同种溶液，溶液质量分别为 m_1 和 m_2，浓度分别为 c_1 和 c_2（$c_1 < c_2$）。混合后浓度为 c，溶液质量为 m，则 $c_1 < c < c_2$，$m=m_1+m_2$。

解答溶液混合问题时，常采用公式法、十字交叉法、赋值法。

十字交叉法				
满足条件	$Aa+Bb=(A+B)c$			
书写规范	A 溶液：Ag，浓度 a。B 溶液：Bg，浓度 b。混合后的溶液浓度为 c（不妨设 $a < c < b$）。$\dfrac{b-c}{c-a}=\dfrac{A}{B}$			
拓展		溶液混合	平均分计算	利润率混合
	a	混合前 A 浓度	A 组平均分	A 部分利润率
	b	混合前 B 浓度	B 组平均分	B 部分利润率
	c	混合后浓度	混合后平均分	混合后利润率
	A	A 溶液质量	A 组人数	A 部分成本
	B	B 溶液质量	B 组人数	B 部分成本

【例】一瓶浓度为 $n\%$ 的酒精中加入 1 千克水，浓度变为 $0.6n\%$；又加入 1.5 千克浓度为 50% 的酒精后，浓度变为 $0.9n\%$。问 n 的值在以下哪个范围内？（　　　）

A. $n \leqslant 35$　　　　　　　　　　　　　B. $35 < n \leqslant 37.5$

C. $37.5 < n \leqslant 40$　　　　　　　　　　D. $n > 40$

【答案】设原浓度为 $n\%$ 的酒精溶液质量为 x 千克。根据公式浓度＝溶质 ÷ 溶液，可列式 $0.6n\% = (x \times n\%) \div (x+1)$，解得 $x=1.5$，即原浓度为 $n\%$ 的酒精溶液质量为 1.5 千克。根据"又加入 1.5 千克浓度为 50% 的酒精后，浓度变为 $0.9n\%$"，可列式 $0.9n\% = (1.5 \times n\% + 1.5 \times 50\%) \div (1.5+1+1.5)$，解得 $n \approx 35.7$，在 B 项范围内。因此，本题答案为 B 项。

三、反复操作类

题干一般给出多种不同浓度的溶液，并进行多次混合，其中溶液的质量始终保持不变。

解答反复操作类问题时，只需考虑溶质的变化，不需要考虑溶液的质量变化，常采用公式法、赋值法。

【例】一碗芝麻粉，第一次吃了半碗，然后用水加满搅匀；第二次喝了 $\frac{1}{3}$ 碗，用水加满搅匀；第三次喝了 $\frac{1}{6}$ 碗，用水加满搅匀；最后一次全吃完。则最后一次吃下的芝麻糊中芝麻粉含量是（　　　）。

A. $\frac{1}{6}$　　　　　B. $\frac{5}{6}$　　　　　C. $\frac{1}{18}$　　　　　D. $\frac{5}{18}$

【答案】D。设一碗芝麻粉的质量为 1，第一次吃了半碗，芝麻粉剩 $(1-\frac{1}{2})$；水加满搅匀后，第二次又喝了 $\frac{1}{3}$，芝麻粉剩 $(1-\frac{1}{2})(1-\frac{1}{3})$；再次水加满搅匀后，第三次又喝了 $\frac{1}{6}$，芝麻粉剩 $(1-\frac{1}{2})(1-\frac{1}{3})(1-\frac{1}{6})$，此时加满水搅匀后芝麻糊中芝麻的含量为 $\dfrac{(1-\frac{1}{2})(1-\frac{1}{3})(1-\frac{1}{6})}{1}=\frac{5}{18}$，所以最后一次吃下的芝麻糊中芝麻含量是 $\frac{5}{18}$。因此，本题答案为 D 项。

第八章　几何问题

几何问题主要涉及平面几何的计算、立体几何的计算以及几何图形的切割与拼接。

一、平面几何

常见的平面几何图形的周长和面积计算公式

图形	图例	周长	面积
正方形		$C=4a$	$S=a^2$
长方形		$C=2(a+b)$	$S=ab$
梯形		$C=a+b+c+d$	$S=\dfrac{1}{2}(a+b)h$
平行四边形		$C=2(a+b)$	$S=ah$
三角形		$C=a+b+c$	$S=\dfrac{1}{2}ah$
圆形		$C=2\pi r=\pi d$	$S=\pi r^2$
扇形		$C=$ 弧长 $+$ 直径 $=2r+\dfrac{n}{180°}\pi r$ $=2r+\dfrac{n}{360°}\pi d$ （n 为圆心角）	$s=\dfrac{弧长×半径}{2}$ $=\dfrac{n}{360°}\pi r^2$ （n 为圆心角）

二、立体几何

常见的立体几何的表面积和体积计算公式

图形	图例	表面积	体积
正方体		$S=6a^2$	$V=a^3$
长方体		$S=2(ab+bc+ac)$	$V=abc$
球体		$S=4\pi r^2$	$V=\dfrac{4}{3}\pi r^3$
圆柱体		$S=2\pi r^2+2\pi rh$	$V=Sh$ $(S=\pi r^2)$
圆锥体		$S=\pi r^2+\pi rl$	$V=\dfrac{1}{3}Sh$ $(S=\pi r^2)$

【例】如图所示，将一个长 8 米、宽 4 米的长方形店铺划分成 A、B、C 三个小店铺，其中店铺 B 是面积为 8 平方米的等腰三角形，若店铺装修按每平方米 500 元计价，那么店铺 C 装修费为（　　）。

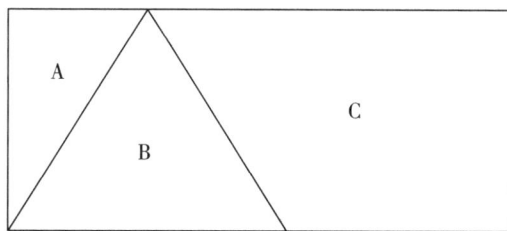

A. 16000 元　　　　B. 14000 元　　　　C. 12000 元　　　　D. 10000 元

【答案】D。如图，三角形 A 和 B 的高相等，A 的底边为 B 的一半，则 $S_A=\dfrac{1}{2}S_B=4$（平方米）。长方形面积 $S=8\times4=32$（平方米），则 $S_C=32-4-8=20$（平方米），店铺 C 装修费为 $500\times20=10000$（元）。因此，本题答案为 D 项。

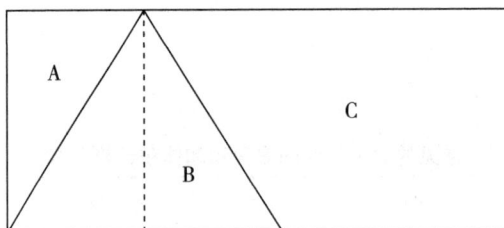

三、定理类

1. 等比例缩放性质

等比例缩放性质	若一个平面几何的边长变为原来的 n 倍,则该平面图形的周长变为原来的 n 倍 若一个平面几何的边长变为原来的 n 倍,则该平面图形的面积变为原来的 n^2 倍 若一个立体几何的边长变为原来的 n 倍,则该立体图形的体积变为原来的 n^3 倍

2. 周长面积性质

周长面积性质	周长一定的所有矩形中,正方形的面积最大 面积一定的所有矩形中,正方形的周长最小 周长相等的平面图形中,圆的面积最大 面积相等的平面图形中,圆的周长最小 边数和周长相等的平面图形中,正多边形的面积最大 周长相等的多边形中,边数越多,面积越大 表面积相等的立体图形,越接近球体,体积越大 体积相等的立体图形,越接近球体,表面积越小

【例】设 a、b、c、d 分别代表四棱台、圆柱、正方体和球体,已知这四个几何体的表面积相同,则体积最小与体积最大的几何体分别是（　　）。

A. d 和 a　　　　B. c 和 d　　　　C. a 和 d　　　　D. d 和 b

【答案】C。根据结论,在表面积一定的立体图形中,越接近球体,体积越大。故在四棱台、圆柱、正方体和球体中,体积最大的是球体,最不接近球体的为四棱台,体积最小。因此,本题答案为 C 项。

第九章　经济利润问题

一、基础经济利润

核心公式	利润 = 售价 - 成本 利润率 = $\dfrac{利润}{成本}$ = $\dfrac{售价 - 成本}{成本}$ = $\dfrac{售价}{成本}$ - 1 售价 = 成本 × (1 + 利润率) 成本 = $\dfrac{售价}{利润率 + 1}$ 折扣 = $\dfrac{实际售价}{原售价}$ × 100% 总成本 = 单个成本 × 数量 总售价 = 单个售价 × 销量 总利润 = 单件利润 × 销量 = 总售价 - 总成本 说明：打折是在原价的基础上打折，"三折"即现价为原价的 30%，"八五折"即现价为原价的 85%，"对折"即"五折"。

当题干出现成本、售价、利润、利润率等具体数据时，则直接利用公式解题。

【例】一种商品按标价打八折出售时，每件利润比打七折出售时高 40%；比打六五折出售时高 54 元。问该商品标价每件多少元？（　　）

A.340　　　　　　B.350　　　　　　C.360　　　　　　D.370

【答案】C。设该商品每件进价为 x 元，标价为 y 元，根据题意可列式：$(0.8y-x)-(0.65y-x)=54$，化简可得 $0.15y=54$，解得 $y=360$，即该商品标价每件 360 元。因此，本题答案为 C 项。

二、分段计费

当题干中给定的一个范围，超出范围的部分计算标准不一致时，此时应用分段计费，即根据题干的条件和关系分别计算范围内和超出范围部分的量。

【例】某市出租车价格为：2 公里以内 8 元，超过 2 公里不足 5 公里的部分，每公里 2 元；超过 5 公里不足 8 公里的部分，每公里 3 元；8 公里以上的部分，每公里 4 元；不足 1 公里按 1 公里计算。某位乘客乘坐出租车花了 20 元，该出租车最多行驶了多少公里？（　　）

A.7　　　　　　B.8　　　　　　C.9　　　　　　D.10

【答案】A。根据题意可知，打车费第一段的价钱为 8 元，第二段的总价钱为 2×3=6 元，第三段的总价钱为 3×3=9 元，此时总钱数超过 20 元，则总路程必然在 5～8 公里之间，只有 7 公里符合。因此，本题答案为 A 项。

第十章　牛吃草问题

原有草量 =（牛头数 × 每头牛吃的草量 – 每天草长的量）× 天数

典型的牛吃草问题一般表述为某草地原有草量为 Y，草的自然生长速度为 X，现有 N 头牛，需要 T 天吃完所有草。

核心公式：$Y=(N-X)\times T$，在这个公式中，牛数和天数一般都会给出，每天新长的草量未知（设为 X），草地存量是一个常量。可列出方程求出。

在该模型下，还会设置其他场景，如抽水放水问题、检票口检票问题、资源开采问题。

【例】六一儿童节，某海洋公园到检票时间有许多家长和儿童在门口等候，假定每分钟到的游客人数一样多。从开始检票到等候的队伍消失，若同时开 3 个检票口需 40 分钟，若同时开 5 个检票口需 20 分钟，那么同时开 6 个检票口需（　　）分钟。

A. 10　　　　　　　　B. 12　　　　　　　　C. 15　　　　　　　　D. 16

【答案】D。牛吃草问题基本公式：$Y=(N-X)\times T$，设原有游客 Y，每分钟到达游客为 X，则可列式：$Y=(3-X)\times 40$，$Y=(5-X)\times 20$，解得 $X=1$，$Y=80$。设同时开放 6 个检票口需要的时间为 T 分钟，可列式：$80=(6-1)\times T$，解得 $T=16$。因此，本题答案为 D 项。

第六篇　资料分析

第一章 增长类相关

增长问题是资料分析的核心题型，福建省选调生考试每年考查的题量超过总题量的三分之一。增长问题的相关计算主要涉及四种情况，即基期量计算、现期量计算、增长率计算和增长量计算，一般来说，基期量和增长率计算是考查的重点。对于不同的题型，用对应的方法帮助解题。

一、基期量与现期量

增长问题都会涉及基期、现期这两个核心概念。

基期和现期，这对名词不会出现在所给材料和问题里，但理解这两个概念是解决好资料分析问题的关键。

基期是指在计算增长率、指数等指标时，作为对比参照的基础时期，基期对应的量是基期量。

题型识别	已知现在……求过去（具体数值）……；已知过去……，求现在（具体数值）……
基本公式	基期量 = 现期量 – 增长量；现期量 = 基期量 + 增长量 基期量 = $\dfrac{现期量}{1+增长率}$；现期量 = 基期量 × $(1+r)^n$
解题思路	（1）基期量计算时如果给出现期量和增长量，那么直接做差简单估算即可。 （2）基期量计算时如果给出现期量和增长率，直接进行直除或估算。 （3）基期量的求和或做差问题多采用估算法或者放缩法解决。

【例】截至 2019 年 12 月底，G 省移动电话期末用户 1.65 亿户，下降 1.7%；4G 期末用户 1.43 亿户，增长 2.3%。互联网宽带接入期末用户 3802 万户，增长 2.7%；移动互联网期末用户 1.42 亿户，下降 8.2%。

2018 年末，下列 G 省的电信业务用户数量最多的是（   ）。

A. 移动电话期末用户   B. 4G 期末用户

C. 互联网宽带接入期末用户   D. 移动互联网期末用户

【答案】A。根据基期量 = $\dfrac{现期量}{1+r}$ 计算各选项，进行比较：移动电话期末用户数 = $\dfrac{1.65}{1-1.7\%}$（亿）≈ 1.68（亿）；

4G 期末用户数 = $\dfrac{1.43}{1+2.3\%}$（亿）< 1.43（亿）；互联网宽带接入期末用户数 = $\dfrac{3802}{1+2.7\%}$（万）< 3802（万）；

移动互联网期末用户数 = $\dfrac{1.42}{1-8.2\%}$（亿）≈ 1.55（亿）。比较可知，2018 年末 G 省的电信业务用户数量最多的为移动电话期末用户。因此，本题答案为 A 项。

二、增长量

增长量指现期量相对于基期量的绝对变化值。

计算的速度和准确率是资料分析中非常重要的一个环节,将直接影响着资料分析的得分效率,而增长量的考查也是资料分析中的重点和难点。

题型识别	(现在)……比(过去)……增长(下降)+具体单位;增长最多/最少的是……
基本公式	(1)增长量 = 现期量 − 基期量 (2)增长量 = 基期量 × 增长率 (3)增长量 $= \dfrac{现期值}{1+r} \times r = \dfrac{现期量}{n+1}$ 或 $-\dfrac{现期量}{n-1}$
解题思路	(1)如遇公式①直接做减法简单估算即可,如遇公式②直接做乘法并考虑估算或者将增长率换成一个较为接近的特殊分数计算即可,难度不高。 (2)如需运用公式③来计算增长量,公式较为复杂,难度也较高,可采用特殊分数法,如 $r\% = \dfrac{1}{n}$,则 增长量 $= \dfrac{现期值}{1+r} \times r = \dfrac{现期量}{n+1}$ 或 $-\dfrac{现期量}{n-1}$。 常见特殊分数: $\dfrac{1}{2}=50\%$ ┃ $\dfrac{1}{3}=33.3\%$ ┃ $\dfrac{1}{4}=25\%$ ┃ $\dfrac{1}{5}=20\%$ ┃ $\dfrac{1}{6}=16.7\%$ ┃ $\dfrac{1}{7}=14.3\%$ ┃ $\dfrac{1}{8}=12.5\%$ $\dfrac{1}{9}=11.1\%$ ┃ $\dfrac{1}{10}=10\%$ ┃ $\dfrac{1}{11}=9.1\%$ ┃ $\dfrac{1}{12}=8.3\%$ ┃ $\dfrac{1}{13}=7.7\%$ ┃ $\dfrac{1}{14}=7.1\%$ ┃ $\dfrac{1}{15}=6.7\%$ 在运用特殊分数转化为小数时,出现百分数、小数介于两者之间的,可取两者正中间值。如题干中出现 13.4%,化为分数后分母介于 $\dfrac{1}{7}$ 和 $\dfrac{1}{8}$ 之间,可大胆取到 $\dfrac{1}{7.5}$。 (3)增长量比较(口诀):大大则大(现期量大,增长率大,则增长量就大);一大一小,看倍数。

【例】2017 年末,全国铁路营业里程达到 12.7 万公里,比上年增长 2.4%,其中复线里程 7.2 万公里,复线率(铁路复线里程占铁路营业里程的比重)56.7%,电气化里程 8.7 万公里,电化率(铁路电气化里程占铁路营业里程的比重)68.5%,西部地区铁路营业里程 5.2 万公里,比上年增长 3.3%。

2017 年,西部地区铁路营业里程比 2016 年增加约( )公里。

A. 1661　　　　　B. 1761　　　　　C. 1861　　　　　D. 1961

【答案】A。3.3% $\approx \dfrac{1}{30}$,根据增长量计算 $n+1$ 原则,单位仅影响结果数量级,且选项数量级一致,故可以不考虑单位换算过程,代入可得 2017 年西部地区铁路营业里程同比增长量为 $\dfrac{5.2}{31}$,直除首两位为 16。因此,本题答案为 A 项。

三、一般增长率

增长率指现期量相对于基期量的相对变化值,增长率等同于增速、增幅。

题型识别	增长 +%；增长率 / 增速 / 增幅是……；增长最快 / 慢的是……
基本公式	$增长率 = \dfrac{增长量}{基期量} = \dfrac{增长量}{现期量 - 增长量}$ $增长率 = \dfrac{现期量 - 基期量}{基期量} = \dfrac{现期量}{基期量} - 1$
解题思路	（1）给百分点，直接相加或相减，运用尾数法（一般用于很多个数相加减，通过计算末尾数字直接确定答案）。 ①加法：几个数相加，和的尾数等于这几个数的尾数之和，从最后一位开始求和，选项里到最后几位不同，就算到最后几位。一般只算最后一位就能得出答案。 ②减法：两个数相减，差的尾数等于被减数的尾数减去减数的尾数；不够减时，先借位，再相减。 注：小数点一定要对齐，有的小数点后是两位，有的是一位，一旦大意就会出错。 （2）公式计算型题目，运用截位直除法（即用四舍五入的方法，对数字截取部分位数，简化计算过程）。 如果是一步除法（式子中只有一个除号），则仅对分母进行截位；如果是多步除法（式子中有一个以上除号），则对分子分母都进行截位。 ①选项首位不同时，对分母四舍五入截两位。 ②选项首位相同且最接近的两项次位差（次位差，即第二位与第二位数字的差值）大于首位时，对分母四舍五入截两位直除。注意：截位要从左往右第一个非"0"的有效数字开始截。如：最接近的两个选项分别为 36.3% 和 32.2%。两者首位相同为 3，次位分别为 6 和 2。其次位差为 4，大于首位 3，此时需截取两位进行计算。 ③选项首位数字相同且最接近的两项次位差小于或等于首位时，对分母四舍五入截三位直除。如：最接近的两个选项分别为 32.3% 和 34.2%。两者首位相同为 3，次位分别为 2 和 4。其次位差为 2，小于首位 3，此时需要截取三位进行计算。 ④若选项的前两位或者前三位相同，则不可运用截位直除法，直接精算

一般增长率计算是重点考查的题型，在学习前，我们首先需要弄清楚"同比增长"和"环比增长"的概念，同时还要了解一些相关的统计术语，方便考生们查找数据。

统计术语	基本概念
百分数与 百分点	量 A 占量 B 的百分比例：$A \div B \times 100\%$；n 个百分点，即 $n\%$（注：百分点不带百分号） 注：实际量之间的比较一般用"百分数"表示，需要先相减，再除以基期量；增长率（或比例）之间的比较一般用"百分点"表示，只需要直接相减即可，不需要再除以基期量
同比增长与 环比增长	"同比"和"环比"均表示的是两个时期的变化情况，但是这两个概念比较的基期不同。 同比增长：与上一年同一时期相比较。 环比增长：指现期发展水平与上个统计周期的发展水平的变化情况，其基期对应的是上个统计周期。包括日环比、周环比、月环比、季环比、年环比等。实际上是"与紧紧相邻的统计周期相比较"，环比常出现在月份、季度相关问题
增速与增幅	一般情况下，增幅、增速均与增长率相同

【例】2021 年 12 月，我国原煤产量 3.8 亿吨，同比增长 7.2%；原油产量 1647 万吨，同比增长 1.7%；天然气产量 192 亿立方米，同比增长 2.3%；发电量 7234 亿千瓦时，同比下降 2.1%。

2016—2021 年我国主要能源品种生产总量

年份	原煤产量 / 亿吨	原油产量 / 亿吨	天然气产量 / 亿立方米	发电量 / 万亿千瓦时
2016	33.8	2.00	1369	6.14
2017	35.0	1.92	1480	6.50
2018	36.5	1.89	1602	6.80
2019	38.1	1.91	1754	7.14
2020	38.6	1.95	1897	7.50
2021	40.7	1.99	2053	8.11

将我国主要能源按 2021 年产量的同比增速从高到低排列，正确的是（　　　　）。

A. 电＞天然气＞原煤＞原油　　　　B. 天然气＞电＞原煤＞原油

C. 电＞原油＞天然气＞原煤　　　　D. 天然气＞原油＞电＞原煤

【答案】B。定位表格材料最后两行。根据增长率 $=\dfrac{现期量-基期量}{基期量}$，则原煤同比增速为 $\dfrac{40.7-38.6}{38.6}$ $=\dfrac{2.1}{38.6}$，原油为 $\dfrac{1.99-1.95}{1.95}=\dfrac{0.04}{1.95}$，天然气为 $\dfrac{2053-1897}{1897}=\dfrac{156}{1897}$，发电量为 $\dfrac{8.11-7.5}{7.5}=\dfrac{0.61}{7.5}$，根据截位直除法商首位及首两位分别为 6、2、82、81，则各产品的增速排序有天然气＞发电量＞原煤＞原油。因此，本题答案为 B 项。

四、混合增长率

混合增长率指某个数据是由其他两个数据混合而成（一般是指相加减获得），由于其自身的特性，会直接导致这个数据的增长率存在混合特性。所谓混合特性，是指混合数据的增长率一定介于两个混合部分量的增长率之间。

题型识别	题干所求为总体增长率，材料给出组成总体的各部分的增长率与现期量，或材料给出总体与其中一部分的增长率与现期量以及另一部分的现期量，求另一部分的增长率
解题思路	整体增长率介于各个部分增长率之间，且偏向于基数较大的一方。整体的增长率偏向于基数大的一方，基数指的是基期量，但是由于基期量一般未知，故一般用现期量的大小关系当成基期量的大小关系
混合增长率的特性	（1）混合增长率取值范围介于各个部分量的增长率之间；（2）以两个部分量的增长率平均间为中心，哪个部分量更大则混合增长率就更靠近哪个部分量的增长率

【例】

2022 年我国对主要国家和地区货物进出口额及其增长速度

国家和地区	货物出口额 / 亿美元	比上年增长 /%	货物进口额 / 亿美元	比上年增长 /%
欧盟	2452	29.2	1110	22.4
美国	2327	14.4	694	17.2
中国香港	1844	18.8	128	18.9
日本	1021	11.4	1340	15.8
东盟	942	32.1	1084	21.0
韩国	561	26.1	1038	15.6
俄罗斯	285	79.9	197	12.1
印度	240	64.7	146	42.4
中国台湾	235	13.1	1010	16.2

与上年相比，2022 年我国对主要国家和地区货物进出口总额增长率超过 20% 的国家（地区）有（　）。

A.3 个　　　　　B.4 个　　　　　C.5 个　　　　　D.6 个

【答案】B。定位表格材料。由于进出口总额＝进口额＋出口额，根据混合增长率计算口诀可知，整体增速介于各部分增速之间，且偏向于基数较大的一侧。2022 年欧盟进出口总额增速在 22.4% ～ 29.2% 之间，必然大于 20%；美国进出口总额增速在 14.4% ～ 17.2% 之间，必然小于 20%；中国香港进出口总额增速在 18.8% ～ 18.9% 之间，必然小于 20%；日本进出口总额增速在 11.4% ～ 15.8% 之间，必然小于 20%；东盟进出口总额增速在 21% ～ 32.1% 之间，必然大于 20%；韩国进出口总额增速根据上题中结果可知应为 19.1%，小于 20%；俄罗斯进出口额增速在 12.1% ～ 79.9% 之间，根据公式基期量 $=\dfrac{现期量}{1+增长率}$，可得 2021 年俄罗斯出口额为 $\dfrac{285}{1+79.9\%}\approx\dfrac{285}{1.80\%}\approx1.58$，进口额为 $\dfrac{197}{1+12.1\%}\approx\dfrac{197}{1.12}\approx176$，二者较为接近，故整体增速接近于中间值 46%，大于 20%；印度进出口额增速在 42.4% ～ 64.7% 之间，必然大于 20%；中国台湾进出口额增速在 13.1% ～ 16.2% 之间，必然小于 20%；故符合增速大于 20% 的有欧盟、东盟、俄罗斯和印度，共计 4 个国家。因此，本题答案为 B 项。

五、平均数的增长率

平均数的增长率一定要和年均增长率区别开。求某项目平均值与基期相比较的增长率，比如某市平均每家影院年营业额比去年增加了百分之多少，就是要求平均增长率。

题型识别	……平均……较上年同期增加了……+%；……年的平均数比……年增加/减少了……+%
基本公式	$平均数的增长率 = \dfrac{现期平均数 - 基期平均数}{基期平均数}$ $平均数的增长率 = \dfrac{现期平均数}{基期平均数} - 1$ $平均数的增长率 = \dfrac{\dfrac{A}{B} - \dfrac{A}{B} \times \dfrac{1+b}{1+a}}{\dfrac{A}{B} \times \dfrac{1+b}{1+a}} = \dfrac{a-b}{1+b}$ 其中，A 为现期总量，B 为现期份数，总量增长率为 a，份数增长率为 b
解题思路	（1）熟记平均数的增长率的公式； （2）巧用估算法。所谓估算，是指在精度要求并不太高的情况下，进行粗略估值的速算方法。"估算法"在使用时，要求选项相差较大，或者被比较的数据相差较大，或者待计算式子只需要求得一个大致的范围

【例】2020 年 1—4 月，全国邮政行业业务收入（不包括邮政储蓄银行直接营业收入）累计完成 3970.5 亿元，同比增长 28.5%；业务总量累计完成 4098.4 亿元，同比增长 43%。4 月份，全国快递服务企业业务量完成 85 亿件，同比增长 30.8%；业务收入完成 823.9 亿元，同比增长 14.3%。

2020 年 4 月，全国快递服务业企业平均每件快递业务收入比上年约（　　　）。

A. 上升了 14.4%　　B. 上升了 12.6%　　C. 下降了 14.4%　　D. 下降了 12.6%

【答案】D。平均每件快递业务收入 $= \dfrac{收入}{业务量}$，根据平均数的增长率 $= \dfrac{a-b}{1+b}$，代入数据可得 2020 年 4 月，全国快递服务业企业平均每件快递业务收入比上年增长 $\dfrac{14.3\% - 30.8\%}{1 + 30.8\%} = \dfrac{-16.5\%}{1.308} \approx -12.6\%$。因此，本题答案为 D 项。

六、间隔增长率

间隔增长率指相隔一年或多年的增长率，以相隔一年的考题居多，间隔增长率一般用 R 表示。

题型识别	与 2022 年相比，2024 年的……增长了 +%；2024 年的……比两年前增加了 +%
基本公式	$R = r_1 + r_2 + r_1 \times r_2$
解题思路	（1）在计算间隔增长率时，若 r_1 和 r_2 的绝对值都小于 10%，那么 "$r_1 \times r_2$" 部分可直接忽略； （2）在计算 $r_1 \times r_2$ 时，可将其中一个百分数化为分数（$\dfrac{1}{n}$）进行计算，避免出错； （3）在计算过程中，r_1、r_2 的取值正负均可，负数也可直接代入公式

【例】2017 年末，全国医疗卫生机构床位 794.0 万张，其中：医院 612.0 万张（占 77.1%），基层医疗卫生机构 152.9 万张（占 19.3%）。医院中，公立医院床位占 75.7%，民营医院占床位 24.3%。与上年比较，床位增加 53.0 万张，其中：医院床位增加 43.1 万张，基层医疗卫生机构床位增加 8.7 万张。每千人口医疗卫

生机构床位数由 2016 年 5.37 张增加到 2017 年 5.72 张。

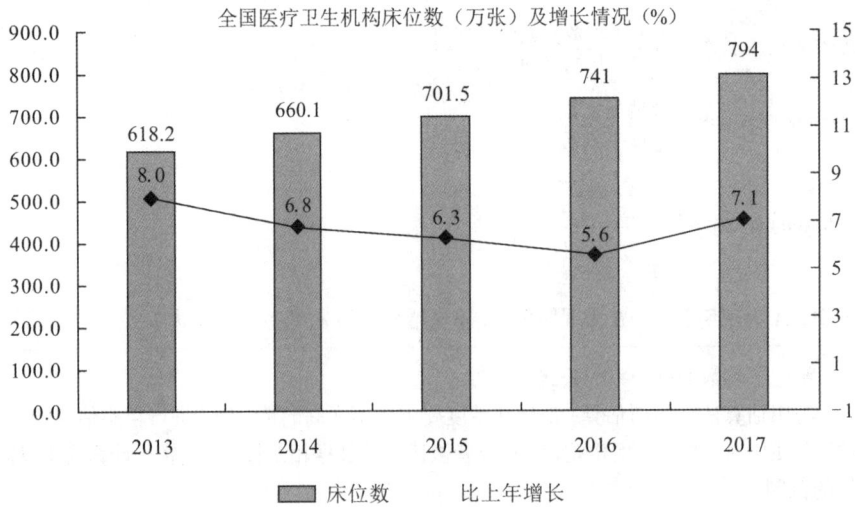

全国医疗卫生机构床位数（万张）及增长情况（%）

年份	床位数	比上年增长
2013	618.2	8.0
2014	660.1	6.8
2015	701.5	6.3
2016	741	5.6
2017	794	7.1

虽然 2014—2016 年间全国医疗卫生机构床位数增长速度持续下滑，但 2016 年床位数仍然比 2014 年增加了（   ）。

A. 12.26%　　　　B. 10.87%　　　　C. 13.21%　　　　D. 9.69%

【答案】A。根据图可知，2015 年全国医疗卫生机构床位数的同比增速为 6.3%，2016 年 5.6%，则 2016 年相较 2014 年的增长率为 5.6%+6.3%+5.6%×6.3%≈11.9%+0.3X%=12.X%。因此，本题答案为 A 项。

第二章　比例类相关

比例类指一个数与另一个数做商的运算形式，在资料分析中常见的比值形式有比重、平均数、倍数。比例类问题是资料分析中考查频率较高的一类题型，其中又以比重相关问题考查频率相对频繁，希望各位考生引起高度重视。

一、现期比例

现期比例是指给出当年数值，求当年的比例。

题型识别	……占……的……（选项为百分数或者成数），……的比重为……，平均数，倍数，利润率，且问题时间与材料时间一致
基本公式	现期比例 $= \dfrac{A}{B}$，其中 A 表示现期部分量，B 表示现期总体量
解题思路	一般运用截位直除法，截取有效数字进行直除，判断其数值大小。 注：题目中需注意单位陷阱，如选项所给的数均是千分数而不是常见的百分数时，需进行相应的转化

【例】2018 年 1—2 月份，全国规模以上工业企业实现利润总额 9689 亿元，同比增长 16.1%。其中，国有控股企业实现利润总额 2918.1 亿元，同比增长 29.6%；集体企业实现利润总额 36.9 亿元，增长 2.8%；股份制企业实现利润总额 6829.5 亿元，增长 21%；外商及港澳台商投资企业实现利润总额 2259.6 亿元，增长 2%；私营企业实现利润总额 2830.8 亿元，增长 10%。按行业分，其中采矿业实现利润总额 877.9 亿元，同比增长 42.1%；制造业实现利润总额 8100 亿元，增长 12.5%；电力、热力、燃气及水生产和供应业实现利润总额 711.1 亿元，增长 35.2%。

2018 年 1—2 月份制造业实现利润总额占全国规模以上工业企业实现利润总额的比重为（　　）。

A.86.2%　　　　B.83.6%　　　　C.82.6%　　　　D.84.4%

【答案】B。定位文字材料，"2018 年 1—2 月份，全国规模以上工业企业实现利润总额 9689 亿元……制造业实现利润总额 8100 亿元"。根据公式比重 $= \dfrac{部分}{整体}$，选项出现了首位相同，第二位不同的情况，可将分母从左向右截取前三位，则 $\dfrac{8100}{969}$（亿元），直除首两位商 83。因此，本题答案为 B 项。

二、基期比例

基期比例指给出当年数值，求之前某年的比例。

题型识别	……占……的……（选项为百分数或成数），……的比重为……，平均数，倍数，利润率，且问题时间与材料时间之前
基本公式	基期比例 = $\dfrac{A}{1+a} \div \dfrac{B}{1+b} = \dfrac{A}{B} \times \dfrac{1+b}{1+a}$
解题思路	基期比例的计算难度较高，一般可以采用估算法的方式，尽量将 $\dfrac{A}{B} \times \dfrac{1+b}{1+a}$ 式子中有倍数关系的一些数据找出来进行粗略的约分，或是先计算 $\dfrac{A}{B}$ 的结果，再根据 $\dfrac{1+b}{1+a}$ 的结果锁定答案

【例】2019 年，G 省完成邮政业务总量 4403.44 亿元，占全国的 27.1%，比上年增长 36.9%，增幅比上年提高 10.9 个百分点，增幅高于全国平均水平 5.4 个百分点。

2018 年，G 省邮政业务总量约占全国的（　　　）。

A. 26%　　　　　B. 36%　　　　　C. 46%　　　　　D. 56%

【答案】A。2019 年全国邮政业务总量同比增速 =36.9%-5.4%=31.5%。根据基期比重 $\dfrac{A}{B} \times \dfrac{1+b}{1+a}$ =27.1% × $\dfrac{1+31.5\%}{1+36.9\%}$ =27.1%×1⁻ ＜ 27.1%，只有 A 项满足。因此，本题答案为 A 项。

三、两期比例类

两期比例比较指某主体的现期比例与基期比例相比较，判别上升，不变或下降的趋势。其考查的核心仍是现期比例、基期比例类的问题。

两期比例是比例中的重难点，若直接进行列示计算则难度较大，且容易计算失误，因此在作答时选择合适的两期比例公式很重要。

题型识别	……比例与上年同期相比上升 / 下降…；与上年同期相比，……比重上升 / 下降……；……占……的比例与上年相比增加了 / 减少了……
基本公式	两期比例差：$\dfrac{A}{B} - \dfrac{A}{B} \times \dfrac{1+b}{1+a} = \dfrac{A}{B} \times \dfrac{a-b}{1+a}$ 如果 $a > b$，比例上升，现期比例＞基期比例； 如果 $a = b$，比例不变，现期比例 = 基期比例； 如果 $a < b$，比例下降，现期比例＜基期比例
解题思路	（1）比较两期比例的大小。 可以通过判定增长率的相对大小来判断比重的大小变化，若部分的增长率大于总体的增长率，则现期的比例大于基期比例；若部分的增长率小于整体的增长率，则现期的比例小于基期比例。 （2）计算两期比例的差值。 首先根据部分和整体的增长率判定差值的正负，然后用公式 $\dfrac{A}{B} \times \dfrac{a-b}{1+a}$ 计算结果即可

【例】2016 年该市本级完成财政一般预算支出 49.86 亿元，比上年增支 16.79 亿元，增长 50.8%。

2016年该市本级主要预算支出项目完成情况

支出项目	支出金额（亿元）	同比增速（%）
一般公共服务	6.37	31.0
公共安全	4.77	37.3
教育	6.03	51.7
科学技术	1.11	181.0
文化体育和传媒	1.29	35.8
社会保障和就业	2.63	26.7
医疗卫生	2.28	14.4
节能环保	6.68	567.0
城乡社区事务	2.57	48.7
农林水事务	4.02	34.5
交通运输	2.58	10.8
资源勘探电力信息等事务	4.70	67.8

2016年该市本级主要预算支出项目中，占总预算支出比重较上年有所提高的项目个数有（ ）。

A. 7个 B. 6个 C. 5个 D. 4个

【答案】D。根据材料可知，2016年该市完成财政一般预算支出比上年增长50.8%，2016年该市本级主要预算支出项目中，占总预算支出比重较上年有所提高，即同比增长率＞50.8%，教育（51.7%）、科学技术（181%）、节能环保（567%）、资源勘探电力信息等事务（67.8%）这四个项目满足条件。因此，本题答案为D项。

第三章　其他考点

一、简单计算

简单计算通常只涉及加减法和乘法,计算的精度要求并不高,甚至不需要计算的数据,因此难度也不大。有些加减题目可通过尾数法或者简单的大小关系就能判断出答案,主要是考查考生的灵活思维能力。

这一类题常见的考查形式有直接读数、读数后简单计算、读数后大小排序以及个数统计,所以做这类题需要仔细根据题目意思找到数据即可。

1. 读数

没有特定问法,题干所求的数据都可直接在材料中找到。

【例】2014 年,农村、城市小学生均预算内事业性经费分别比 2010 年增长 94.69%、91.08%,农村小学增幅超过城市 3.61%;农村、城市初中生均预算内事业性经费分别比 2010 年增长 98.35%、95.17%,农村增长幅度高出城市 3.18%。2014 年,农村、城市小学生均预算内公用教育经费支出分别比 2010 年增长 143.84%、123.30%,农村小学增幅超过城市 20.54%;2014 年,农村、城市初中生均预算内公用教育经费支出分别比 2010 年增长 116.20%、115.24%,农村增长幅度高出城市 0.96%。

下列各项中,农村增幅超过城市最多的是(　　　)。

A. 小学生均预算内事业性经费　　　　B. 初中生均预算内事业性经费

C. 小学生均预算内公用教育经费支出　　D. 初中生均预算内公用教育经费支出

【答案】C。根据材料可知,A 项,小学生均预算内事业性经费农村增幅超过城市 3.61%;B 项,初中生均预算内事业性经费农村增幅超过城市 3.18%;C 项,小学生均预算内公用教育经费支出农村增幅超过城市 20.54%;初中生均预算内公用教育经费支出农村增长幅度高出城市 0.96%。判断可知,增幅超过城市最多的为 C 项。因此,本题答案为 C 项。

2. 简单加减计算

(1)题干中出现“……和……和/差……;……比……多/少……”,并且每个主体的数据都可以在材料中直接找到。

(2)有部分题目的题干中并无关键信息,但通过材料字里行间表露出的信息,可判定是简单计算。

解题思路:一般在材料中出现百分点,多是简单的加减计算,可结合尾数法进行计算。

尾数法:一般用于很多个数相加减,通过计算末尾数字直接确定答案。

①加法:几个数相加,和的尾数等于这几个数的尾数之和,从最后一位开始求和,选项里到最后几位不同,就算到最后几位。一般只算最后一位就能得出答案。

②减法：两个数相减，差的尾数等于被减数的尾数减去减数的尾数；不够减时，先借位，再相减。

注：小数点一定要对齐，有的小数点后是两位，有的是一位，一旦大意就会出错。

【例】两周就诊率被定义为每百人中两周内因病或身体不适寻求各级医疗机构治疗服务的人次数。第五次国家卫生服务调查结果显示，调查地区居民两周就诊率为13.0%，其中城市地区为13.3%，农村地区为12.8%。城市地区，东部、中部、西部两周就诊率分别为15.4%、8.8%、15.8%；农村地区，东部、中部、西部两周就诊率分别为16.1%、11.4%、11.0%。

调查人口分年龄别两周就诊率

单位：%

年龄组	合计	城市				农村			
		小计	东部	中部	西部	小计	东部	中部	西部
0～4岁	14.6	15.3	14.4	11.3	19.7	14.1	21.3	12.8	9.3
5～14岁	6.2	6.3	7.6	3.8	7.6	6.1	10.3	5.6	3.5
15～24岁	3.4	3.3	4.6	1.8	3.6	3.5	4.0	3.1	3.4
25～34岁	4.8	4.9	4.9	3.6	6.4	4.5	4.7	5.1	3.9
35～44岁	8.5	8.0	7.7	5.4	10.8	8.9	9.5	8.4	8.9
45～54岁	13.7	13.2	13.2	10.1	16.4	14.1	15.8	13.1	13.2
55～64岁	19.7	19.1	21.9	12.5	22.6	20.4	23.7	16.7	20.5
65岁以上	26.4	27.8	32.8	17.4	32.8	24.8	30.9	20.3	22.4

从调查人口分年龄别进行分析，两周内就诊率最大值与最小值相差最大的地区是（　　　　）。

A.东部农村地区　　　　　　　　　　B.东部城市地区

C.西部农村地区　　　　　　　　　　D.西部城市地区

【答案】D。定位表格材料。结合选项，分别计算出两周内就诊率最大和最小值之差：A项，东部农村地区，最大就诊率为30.9%，最小就诊率为4.0%，差为30.9%-4.0%=26.9%；B项，东部城市地区，最大就诊率为32.8%，最小就诊率为4.6%，差为32.8%-4.6%=28.2%；C项，西部农村地区，最大就诊率为22.4%，最小就诊率为3.4%，差为22.4%-3.4%=19.0%；D项，西部城市地区，最大就诊率为32.8%，最小就诊率为3.6%，差为32.8%-3.6%=29.2%；故西部城市地区两周内就诊率最大值与最小值相差最大。因此，本题答案为D项。

二、综合分析

综合分析一般是每篇材料的最后一题，即判断正确/错误的选项。综合分析具有考点琐碎、题目难、计算量大、耗时长等特点，是资料分析的一大难点。福建省选调生考试的资料分析一般只需找到正确或错误的选项即可，因此可以从简单选项入手进行一一排除。

题型识别	"以下说法正确/错误的是……";"以下说法正确/错误的有几个";"根据材料能够/不能推出的是……"
解题思路	(1)简单选项入手,这里所说的简单包括题干简单和计算简单,"题干简单"指的是一眼就能读懂题干的所求内容,计算简单如直接找数、简单计算。 (2)逆向验证选项。根据大数据显示,一般综合分析后两项当选的可能性高于前两项,做题时可从后两项入手。 (3)擅用计算公式。出现必须计算的选项,口算优于笔算,即能运用口诀公式进行运算的优先使用口算。 (4)时间点优于时间段。题干中同时出现时间点和时间段,优先计算时间点相关数据

第七篇　申论

第一章 福建省选调生申论概述

一、注意事项

1. 时间：90分钟（15:30—17:10）
2. 分值：100分
3. 题量：1道或2道小题、1道作文题（最后一题也可能是长篇公文，但概率小）
4. 题型：归纳概括题、提出对策题、综合分析题、公文写作题、文章论述题

根据近十年考情分析，文章论述、归纳概括、公文写作、提出对策属于常考题型，综合分析考查概率最小，但2023年福建省选调生考试考察了综合分析中的解释型分析题，由此可以看出，福建省选调生申论考试越来越难。

二、题材选择

2021—2025年福建省选调生考试申论试卷题材、归属领域一览表

年份	申论题材	归属领域
2021	打造数字乡村	经济＋社会
2022	乡村文旅经济高质量发展	文化＋经济
2023	建设宜居宜业和美乡村	经济＋社会
2024	激发"美丽＋"新动能，助力新"三农"建设	经济＋社会
2025	在城乡融合发展中创新基层治理	经济＋社会

【分析】

从近几年福建省选调生申论考查的题材选择范围来看，始终围绕着国家大政方针和党政工作报告，紧扣时事热点，所涉及的领域始终没有超出经济、政治、文化、社会、生态五大方面。

此外，申论题材的选取常与福建本地的实际情况密切联系，如：

【2025年福建省选调生申论试卷】

材料3提到福州市台江区"三去"简政提效，"一增"服务惠民的措施。

材料6提到德化县推进进城务工人员子女"零门槛"就近入学，首倡"四市六县"成立"环戴云山"绿色经济产业区域联盟等措施。

材料9提到龙岩上杭县文化、党建方面措施。

【2023年福建省选调生申论试卷】

资料1讲述了党的二十大报告指出要坚持农业、农村优先发展，加快建设农业强国，建设宜居宜业和美乡村，强调全方位夯实粮食安全根基。

资料2讲述了我国粮食生产的具体情况。

资料3讲述了福建省北部山区L村的具体情况。

资料4讲述了美丽村的具体情况。

资料 5 讲述了下北村的具体情况。

资料 6 讲述了生态、人才、科技。

资料 7 讲述了习近平总书记强调要全方位夯实粮食安全根基。

资料 8 讲述了鼓励和扶持大学生返乡创业。

资料 9 讲述了高水平对外开放。

资料 10 讲述了福建省 A 市吸引外资的结构变化。

资料 11 讲述了福建地理位置优势。

【2022 年福建省选调生申论试卷】

资料 2 讲述了习近平总书记对福建发展多次作出重要指示、批示和在福建调研时的讲话。

资料 3 讲述了福建省第十一次党代会的报告内容。

资料 7 讲述了福建省旅游发展集团打造的"全福游"智慧旅游综合服务平台 App。

资料 8 讲述了"时代楷模"孙丽美的优秀事迹。

资料 9 讲述了全国乡村旅游工作现场会在福建省龙岩市永定区召开。

【2021 年福建省选调生申论试卷】

资料 3 讲述了福州的特点、福建省的本土化,以及福建省如何建设数字乡村。

资料 6 讲述了 e 福州软件和美丽厦门智慧平台的生活数字化的事例。

三、资料特征

（一）理论性

题材的理论性,指申论给定资料所选的题材主要来源于理论科研型的网站、杂志、报纸、专著等,具有一定的理论深度。理论性强的题材对考生而言难度较大,要求考生对问题的理解不能仅停留在"了解"层面,而且需要深入挖掘和分析。

（二）非敏感性

福建省选调生考试影响范围较广,动见观瞻,申论题材又是动态性的时事话题,题材的方方面面,每一个细节都会被全社会评头论足。所以对于过于敏感、有失观瞻的话题,因涉及敏感因素过多,为维护考场政治立场的正确性,内容的严肃性和可操作性,命题者一定不会以此为命题方向。但如果时政性已过,敏感性已失,政府或相关领域已有权威定论,仍可作为题材出现。

因此,最新发生、尚未得到妥善处理或明确定论的时间和观点,一般不会出现在申论考试中。

（三）与选调生实际结合紧密

从"2021—2025 年福建省选调生考试申论试卷题材、归属领域一览表"中可以看出,申论考试与选调生即将面临的问题息息相关,体现了很强的针对性,对考生未来的工作能起到很大的启发作用。

四、题目设置

（一）2020 年应届毕业生考选调

1. 写一篇提纲。（30 分）

2. "资料 5"提到："从这个意义上说,乡村振兴的核心是乡村文化的振兴",请根据对这句话的理解,

结合给定资料,自拟标题,自选角度,写一篇 800 ～ 1000 字的文章。(70 分)

要求:(1)立意明确,论述透彻;(2)联系实际,不拘泥于"给定资料";(3)思路清晰,语言流畅。

(二)2021 年应届毕业生考选调

1. 根据"给定资料 4",假如你是白云乡党政工作人员,请你写一篇关于白云乡网络扶贫经验的信息稿。(30 分)

要求:(1)条理清晰,角度新颖;(2)归纳准确,语言精练;(3)字数不超过 300 字。

2. 请参考给定资料,围绕"加快打造数字乡村,全面推进乡村振兴"这一主题,联系实际,自选角度,自拟题目,写一篇策论文。(70 分)

要求:(1)观点明确;(2)思路清晰;(3)语言流畅;(4)字数 1000 字左右。

(三)2022 年应届毕业生考选调

1. 临近春节,山水镇拟以"全福游、有全福——四季山水来寻福"为主题,开展乡村旅游推介活动。如果镇领导安排由你来负责这次活动的宣传策划,你会如何做?请简要说明一下。(30 分)

要求:(1)条理分明,守正创新,注重实效;(2)字数 300 字左右。

2. 近期,山水镇党委将专题研究"如何推进乡村文旅经济高质量发展",请整理一份 1000 字左右的材料,提供给镇领导做决策参考,题目自拟。(70 分)

要求:(1)总结情况到位,分析问题正确;(2)提出的决策建议符合实际,符合规律;(3)思路清晰,视野开阔,重点突出。

(四)2023 年应届毕业生考选调

1. 习近平总书记强调,粮食安全是"国之大者",不能把粮食当成一般商品,光算经济账,不算政治账,光算眼前账,不算长远账。请你根据给定资料,简要谈谈对这一论述的理解。(30 分)

要求:(1)观点鲜明,逻辑严密;(2)语言凝练,分点阐述;(3)字数 400 字左右。

2. 假定你是下派 L 村驻村第一书记,请你结合给定资料围绕 L 村座谈会上与会者谈判的困难和问题,参考借鉴其他地方经验和做法,给出相应的对策、建议,撰写一篇文章,题目自拟。(70 分)

要求:(1)思路清晰,层次分明;(2)措施具体实在,有针对性,可操作性强;(3)字数 1000 字左右。

(五)2024 年应届毕业生考选调

1. 请结合"资料 3",综合分析 M 省农村固定观察点村农民人均可支配收入情况。(20 分)

要求:(1)理解准确,分析到位;(2)分点表述,层次分明;(3)字数不超过 200 字。

2. 请立足"给定资料 10",假设你是光泽县政府办公室工作人员,就光泽县开展"无废城市"试点工作经验做法撰写一篇政务信息。(20 分)

要求:(1)语言凝练,观点分明,逻辑严密;(2)条理清晰,归纳合理;(3)字数不超过 300 字。

3. 请参考给定资料,学习借鉴"千万工程"经验,立足福建实际,以"激发'美丽 +'新动能,奋力开创'三农'工作新局面"为主题,自选角度,自拟标题,写一篇对策性文章。(60 分)

要求:(1)精准破题,思路清晰;(2)论点明确,论证有力;(3)提出的对策符合实际,有针对性;(4)字数 1000 字左右。

（六）2025 年应届毕业生考选调

1. 请根据"给定资料 8"，假设你是安平社区工作人员，就改进提升"爱心储蓄银行"志愿活动，提出相应的工作举措。（30 分）

要求：（1）针对性强，语言凝练；（2）分点表述，条理清晰；（3）字数 400 字以内。

2. 请参考给定资料，以"如何在城乡融合发展中创新基层治理"为主题，自选角度，自拟题目，写一篇对策性文章。（70 分）

要求：（1）紧扣主题，切合具体；（2）思想清晰，见解深刻；（3）提出的对策符合实际，有针对性；（4）字数 1500 字左右。

五、题型认知

（一）归纳概括题

归纳概括题主要测查考生的阅读理解能力。这种题型多以概括、归纳资料特定内容的形式出现，难度较低。

【示例 1】根据给定资料，概括基层干部的优秀品质。（30 分）

要求：准确，简明，不超过 300 字。

【示例 2】根据"给定资料 6"，请总结德央从刚到任不被喜欢到点赞转变的原因（30 分）

要求：全面、准确、简明，不超过 300 字。

（二）综合分析题

综合分析题主要测查考生的综合分析能力。这类题型要求考生理解给定资料中深层的、隐含的意义，多角度地思考，并做出自己的推理或评价。这类题型难度较大。

【示例 1】请就"给定资料 6"中"我们回家乡，不仅要'塑新貌'，更要'塑新人'"这句话，谈谈你的理解。（30 分）

要求：理解准确，分析透彻，条理清晰。篇幅 250 字左右。

【示例 2】习近平总书记强调，粮食安全是"国之大者"，不能把粮食当成一般商品，光算经济账，不算政治账，光算眼前账，不算长远账。请你根据给定资料，简要谈谈对这一论述的理解。（30 分）

要求：（1）观点鲜明，逻辑严密；（2）语言凝练，分点阐述；（3）字数 400 字左右。

（三）公文写作题

公文写作题是近两年常考的题型。这类题型通常要求准确理解上级的工作目标或组织意图，及时有效地完成任务，具体形式包括宣传稿、提纲、信息稿、工作方案等。

【示例 1】根据"给定资料 4"，假如你是白云乡党政工作人员，请你写一篇关于白云乡网络扶贫经验的信息稿。（30 分）

要求：（1）条理清晰，角度新颖；（2）归纳准确，语言精练；（3）字数不超过 300 字。

【示例 2】请立足"给定资料 10"，假设你是光泽县政府办公室工作人员，就光泽县开展"无废城市"试点工作经验做法写一篇政务信息。（20 分）

要求：（1）语言凝练，观点分明，逻辑严密；（2）条理清晰，归纳合理；（3）字数不超过 300 字。

（四）提出对策题

提出对策题主要测查考生提出和解决问题的能力。这类题型要求考生在全面理解给定资料内容的基础上，发现问题，然后提出合理、有效的解决措施。

【示例1】请根据"给定资料2"，为农村电商的发展提出合理建议。（30分）

要求：（1）紧扣资料，内容全面；（2）语言准确简明，有条理；（3）字数不超过300字。

【示例2】如果你是沙洲市市场服务中心的工作人员，请根据"给定资料4"分别梳理三个市场存在的问题，并提出相应的解决措施。（30分）

要求：（1）问题梳理全面、准确；（2）所提措施有针对性、切实可行；（3）字数不超过500字。

（五）文章论述题

文章论述题是对文字表达能力的集中测查。在福建省选调生申论考试中，它总是最后出场。分值最高、字数最多、难度最大是它的特点。

【示例1】请参考给定资料，学习借鉴"千万工程"经验，立足福建实际，以"激发'美丽＋'新动能，奋力开创'三农'工作新局面"为主题，自选角度，自拟标题，写一篇对策性文章。（60分）

要求：（1）精准破题，思路清晰；（2）论点明确，论证有力；（3）提出的对策符合实际，有针对性；（4）字数1000字左右。

【示例2】请参考给定资料，以"如何在城乡融合发展中创新基层治理"为主题，自选角度，自拟题目，写一篇对策性文章。（70分）

要求：（1）紧扣主题，切合具体；（2）思想清晰，见解深刻；（3）提出的对策符合实际，有针对性；（4）字数1500字左右。

第二章　申论基础理论

第一节　申论中的常见材料要素

材料要素指给定资料中可以完成作答任务的基本元素，包括问题、影响、原因、对策、启示等，其中影响包括意义和危害，启示包括经验和教训。

材料要素体现材料的脉络与内在关联，通过材料要素的寻找能够准确快速地构建起材料与答案的关联，帮助作答题目。

（1）问题：指客观存在的、会对社会带来一定负面影响的客观事实。

（2）意义（积极影响／成效／价值）：指特定事实对社会产生的好的结果。

（3）危害（消极影响／后果）：指特定事实对社会产生的不好的结果。

（4）原因（根源）：指使客观事实产生的过往性因素。

（5）对策（措施／方法／办法／建议）：指解决问题或者削弱负面影响的行为、做法。

（6）启示（经验／教训）：指由他者或自身过往的经验或者教训得出的自身或者设定主体未来用来解决某种问题的有针对性的对策，主要有经验与教训两个方面。

（7）成绩：指客观存在的、已经取得的会对社会带来正面影响的客观事实。

（8）变化：指事物在形态或本质上产生不同于过去的新的状况，体现的是一个过程，反映在材料中可以具体表现为"变化"之前的问题，"变化"过程中的做法以及"变化"之后的结果，即影响。原来没有的，现在有；原来有的，现在在变。

（9）特点：指一个事物特殊的表现，指一事物区别于其他事物的不同之处，但并不是唯一拥有。

（10）优势：指做某件事情有利的形势，好的方面、条件。

第二节　申论答题步骤

一、审清题意

申论答题的第一步是审题，然后才是阅读材料。审清题意对于申论作答至关重要，是考生答好题的关键和前提。那么，该怎样审题呢？下面将从以下五方面进行阐述：

（一）题型

归纳概括题、综合分析题、公文写作题、提出对策题、文章论述题。

（二）作答范围

（1）依据／根据／阅读"给定资料×"，"给定资料×"提到——要点来源只有材料×，无须阅读其他材料。

（2）结合、围绕"给定资料×"——答案主要来源于资料×，其他资料中也可能有。

（三）作答任务

审清楚题干和要求。

（四）答题层次

看有几问、有几步。

（五）要求

（1）全面：找齐要点，宁多勿少。

（2）准确：找准要点，优先使用原词；冗长、口语化的表述要在给定资料的基础上用规范性的语言概述，分析推导。

（3）简明：去掉修饰、重复的成分，不拖沓，不要超过规定字数。

（4）条理清晰：分点、分条罗列。

（5）层次分明：属于同一范畴的要点要归纳在一起。

（6）分类：给定资料中有明显的话题切换或者题目中出现标志词"分类别"。

（7）字数：不超过；不少于；左右（10%）；××～××。

二、阅读材料

（一）分自然段

（二）五类标志勾画重点词句

标志一：把握要素提示词。

标志二：自然段的首尾句是关键句的标志。

标志三：观点阐述——政府部门观点、专家学者的观点、百姓群众的观点、媒体的观点。

标志四：关联词——转折、递进、因果、并列等。

标志五：标点符号提示。

（1）冒号、破折号：表示解释说明，结构关系。

（2）分号：表示并列关系。注意：有时候出现两个以上分号，表示例子的并列，信息点少。

（3）双引号：表示引用他人的观点、言论；表示强调特称；有时也表示讽刺。

（4）问号：设问，后面是重点；反问，本身是重点。

三、整合答案

（一）提炼要点

申论试卷给定资料的内容较为庞杂，从中提炼出的要点也较多，涉及相关题目的要点有时可能有十几条，这就要求我们要在保证要点无遗漏的基础上，对要点进行简要概括。具体做法如下：

（1）先求全（标记材料中的全部关键信息）。

在细致阅读材料后，勾画出关键词句，可以得到一个初始答案。虽然要点全面，但是很可能字数超过了限制要求。那么，接下来的工作，就需要对要点进行删减、修改。

（2）再化简（删减无关信息）。

删减是一个不断练习提升的过程。此时可以参照课堂上梳理出的答案要点，反复修改自己的答案，最终达到题目要求的标准。

（3）后合并（合并同类信息）。

有时候我们能从给定资料中能找到很多条要点，可能会有意思重复的表述，如果将这些要点全部罗列出来，容易会给人繁杂冗余之感；另外，属于同一范畴的要点，如果合并在一个要点中，也会使答案要点变得更加简洁。

必背口诀：抄词不抄句，写总不写分；多抄动名词，少抄修饰词。

（二）书写答案

学会了提炼要点之后，我们要怎么样才能把要点呈现出来呢？

（1）加上序号。

常见的方法是"一、……二、……三、……""1.……2.……3.……"等。

在整理出的要点前增加序列号，能使答案看起来有条理，方便阅卷老师快速找到答案要点。

（2）讲究逻辑。

加序号只能在形式上满足阅卷的找点要求，在书写答案时还需要注重要点之间的逻辑性，使要点读起来层次分明、井然有序，方便阅卷老师评分。

四、书写要求

（1）卷面整洁；
（2）字迹工整；
（3）逻辑清晰；
（4）格式完整。

第三章 归纳概括题

第一节 题型概述

一、题型认知

题干中出现"归纳""概括""总结""列出""简述"等字眼,要求中出现"全面""准确""简明"等字眼时,我们即可判定其为归纳概括题。

【示例1】假设你是C镇扶贫工作队队员,请根据"给定资料2"分析指出该镇扶贫工作存在的主要问题。(30分)

要求:分析全面、透彻,条理清晰,表达准确。篇幅不超过250字。

【示例2】根据"给定资料6",请总结德央从刚到任不被喜欢到点赞转变的原因。(30分)

要求:全面、准确、简明,不超过300字。

【示例3】根据给定资料,概括基层干部的优秀品质。(30分)

要求:准确、简明,不超过300字。

在答题过程中,考生们的主要问题是:

(1)要点查找不全面,概括不够精练,无关内容抄一堆;

(2)内容无条理,要点划分混乱,单纯堆砌材料。

所以我们在作答时要注意找全要点,精炼概括,准确划分。

二、考查能力

归纳概括题是申论最基础的一类题型,主要测查考生的归纳概括能力,其本身属于难度较小的一类题型,但归纳概括能力的考察却贯穿申论作答的始终。

三、答题思路

(1)找准作答任务;

(2)回到材料找要点;

(3)合并同类项(同词、同范围、同主体)。

第二节　题型分类

一、概括问题

（一）概括问题类表述

问题、隐患、困境、困难、挑战、难题、瓶颈、不足、缺乏、缺失、没有、弊端、弱点、障碍、滞后、违反、倒错、倒挂等。

（二）概括问题作答思路

在给定资料中找到表示问题的要素词，问题即负面的信息。

【例】

1. 作答要求

阅读给定资料，概括做好改厕工作需要重点解决哪几个方面的问题。（30分）

要求：概括全面，重点突出，语言简洁。字数不超过200字。

2. 给定资料

给定资料	要点分析
资料3 　　有媒体对前期的改厕工作进行调研，发现了一些问题。比如，<u>施工有的由专业公司承担，有的由农民自行建设；部分改厕负责人、施工人员，对改厕的标准和要求一知半解、把握不准；施工现场技术指导人员不足，质量监管不到位；使用人员只管使用而不注意后期维护，改厕单位也没有配套的后续服务，影响了改厕效果。</u>【1】按照国家标准，三格式、双瓮式改厕设备容积不得低于1.2立方米，具备一定的抗压、防渗、防冻要求，且必须使用节水型冲水设备，每次冲水量在500毫升以下。然而，<u>部分村庄使用不符合规范要求的贮粪池，容积、抗压等均没有达到标准，也无冬天防冻措施。还有一些村庄未使用节水型设备，冲水量过大，粪便在化粪池贮存时间过短，达不到无害化要求。</u>【1】 　　2015年，山东省出台三项地方标准，从卫生洁具选购、施工验收、使用维护进行规范，确保农村旱厕改造进度与质量。在污水管网覆盖的地方，使用水冲式厕所；一般农村地区，使用化粪池厕所；在山区使用分集式厕所。山东省住建厅村镇处负责人在接受记者采访时表示，旱厕改造看似小工程，却是大民生。"我们从产品上，从施工和验收上，从使用与维护上都给它规定了标准，规范和标准是保障我们质量的一个基本手段。厕所改的成效怎么样，使用效果好不好，都可以通过这三个规范加以约束。" 　　崖下村地处某市偏远山区，村民的日子平静而平淡，但近两个月经常有人慕名而来。他们不是来看风景，而是来看这里的标准化厕所的。改造最早的村民李敬林家成为被参观次数最多的农户，而他也成了这方面的"土专家"。李敬林家的厕所位于院落的东南角，推开厕所门没有一点儿异味。"现在上厕所又干净又方便，只要轻轻一按，自来水就把坐便器冲洗得一干二净。"李敬林指着自己屋后一个约1立方米大的生物处理设备对记者说："别看这个箱子又黑又笨，里面有多种微生物，可降解粪便脱氨除磷，有了这些微生物，无论是粪便，还是生活污水，都能够分解成达标的水。"	【1】改厕施工标准不一，技术指导人员不足，质量监管不到位，后续维护和服务不足；贮粪池、节水设备等不符合规范标准。

续表

给定资料	要点分析
资料4 　　某市把农村改厕作为民生实事工程，根据上级部署，以项目村为单位，按计划有序推进，年终由市改厕办组织卫生、水利、财政、审计等部门对项目实际完成情况进村清点、验收，并根据实际完成数量拨付配套建设资金。最近，有网络媒体报道称，在该市工业园区下辖瑞祥村调查发现，<u>市卫生局核准改造的500座厕所，仅有约10%的能够正常使用，其余均为弄虚作假</u>。此事引起当地政府高度重视。市改厕办回应说：经核实，该村并不存在<u>虚报数量、套取资金等问题。当前各地农村改厕"返潮"问题不同程度存在，主要原因有三个方面：一是部分群众特别是老年群众已适应了农村的旱厕，不习惯用抽水马桶；二是农村百姓养成了节约习惯，特别是实施区域供水后，舍不得自来水费用；三是抽水马桶用水量大，造成粪便肥力不高。正是由于这些原因，部分已完成改厕的农户心中并不满意，甚至还有极少数群众自行拆除了改造过的厕所。</u>【2】 　　市改厕办有关负责人表示，今后，他们将加大进村入户力度，广泛听取群众的意见，加强过程监管，提升农村改厕的质量和实际效果；严格执行改厕专项资金管理使用规定，坚持按实拨付，杜绝虚报数字套取专项资金的情况。同时，还将组织开展"回头看"，进一步加大宣传引导力度，转变群众传统生活观念，提升群众对于改厕工作的支持率和参与率。 资料5 　　改厕虽然是每家几平方米的小工程，<u>但每家千元左右的支出也让早前不少想要进行改厕的村民打了退堂鼓。</u>【3】旱厕改造中的资金瓶颈如何解决？山东省某县在上级项目奖补的基础上，按每户710元补助资金进行兜底配套。同时，发挥财政资金的杠杆作用，县财政先给予每户300元的奖补资金，乡镇也出台配套奖补措施。按照"谁受益、谁负责"的原则，实行"县镇财政投一块、村民根据自己意愿筹资筹劳"等办法筹集资金，保障改厕工作顺利开展。为保证质量，原则上由各乡镇认证的村镇建筑队统一施工，严格执行施工流程。根据已完成情况测算，每户710元基本可以兜底，少数山区村因施工难度大，超出预算50元左右。为减免费用，群众可按照意愿和不同价格，从中标的四类厕具中自由选择，贫困户也可在施工技术指导下，出义务工抵顶相应的费用，不划杠杠，不搞"一刀切"。 　　<u>为了化解由财政出资的压力，</u>【3】让更多的村庄顺利实施户厕改造，某市正在探索引入"政府和社会资本合作模式（PPP）"，由企业作为社会资本方承担设计、建设、运行、维护基础设施的大部分工作。市农工办负责人说："通过PPP既缓解了各级财政压力，又能让百姓不花钱实现改厕，还能保证改厕后的后期维护，一举多得"。他进一步解释说，<u>三格式或双瓮式改厕技术都是一次性工程，后期维护若仅靠农户自己，一旦出现问题，就很难解决，容易导致民生工程变成形象工程。</u>【3】如果采用"PPP模式"，户厕后期维护工作由企业完成，政府只要每年承担相应的维护费用，户厕改造成果就可以一直保持下去，让百姓切实得到实惠。 资料6 　　2016年，某县完成农村无害化卫生厕所改造5.2万座，2017年计划改造9.5万座。近日，记者深入该县部分村庄进行调查，发现<u>一些地方的厕所改造进行得并不顺利。</u> 　　有个山村共有人家101户，响应号召改厕的只有30%。当记者问及原因时，村民李光字说，"听说国家号召进行改厕，应该是好事。就是不知道要老百姓掏多少钱，改成什么样，好用不好用？村干部说不清楚。还是等等看吧"。新婚不久的小伙马鸣说，"我的房子是新房，要是改厕的话，必须改变卫生间的结构，让我拆了重建吗？损失怎么办？再说，我常年在外地打工，也不在家住，不想改了"。村干部也有苦衷。文书王跃进说，"现在上级让改厕，大伙都知道，但是众口难调呀。我最担心一阵风，厕所坏了谁给修？满了谁给抽？老百姓眼里可没小事。上级没有明确的说法，村里也没钱，如何给老百姓交代"。在一些村子，因受传统观念和生活习惯的影响，<u>不少农民尤其是老年人对改厕工作还存在抵触情绪。</u>【4】65岁的村民王喜来告诉记者，"你看看给我们家改造的这室外冲水厕所，好看不好用，根本没考虑气温，冬天一结冰根本没法用。这不，我准备让儿子把它拆了，还是换成老茅厕"。74岁的马福莱大爷说，"改厕是个好事，不过俺都这个岁数了，过一天少一天，茅房就挺好，不去找麻烦了"。	【2】改厕工作出现"返潮"问题，农村群众的生活习惯和观念阻碍改厕工作的进行。 【3】旱厕改造存在资金缺口，仅靠农户无法解决，财政压力大。 【4】改厕工作中存在群众抗拒问题，受传统观念和生活习惯的影响，部分群众抵触这一工作。（与第2点合并）

续表

给定资料	要点分析
一件事没办好，老百姓会记很久。在一些地方，农村户用沼气工程曾与农村厕所改造相互衔接。然而由于缺乏后续技术支撑及跟踪服务，沼气池逐渐被荒废，甚至还有的建成后从没有投入使用。"自从建成后就没来过人指导，夏天还能出一点点儿气，但是天一冷就啥也不是了。"有村民告诉记者，他们全村建设沼气池的有 60 多户，然而如今全都废弃不用了。村民一听说又要改厕，没有一户同意的。对此，村干部无奈地说，民生工程短期建设容易，长期发挥作用难，一不留神就成了烂尾工程。【5】 　　改造厕所不是一个孤立的工程。一些村庄地处偏远，且多为山地，绝大多数都没有管道及给排水设施，这就导致了水源、污水和粪便的处理存在脱节现象。"处理厕所污水是目前农村环境治理的一大难题，主要是污水的收集问题难以解决。大部分农村没有污水收集管网，这就造成农村厕所废水难以集中处理。"县爱卫会负责人对记者说。【5】	【5】农村改厕工作基础建设不足，污水收集问题难以解决，后续缺乏指导和跟踪服务，造成烂尾工程。

【参考答案】

1. 工程质量问题。改厕施工标准不一，技术指导人员不足，质量监管不到位，贮粪池、节水设备等不符合规范标准。

2. "返潮"问题。农村群众的生活习惯和观念阻碍改厕工作的进行。

3. 资金问题。旱厕改造存在资金缺口，群众无力承担，财政压力大。

4. 后续跟进问题。农村改厕工作基础建设不足，缺乏后续指导、维护和跟踪服务，容易造成烂尾。

二、概括原因

（一）概括原因类表述

原因、因为、由于、为什么、为何、源自、源于、根本、背后等。

（二）作答思路

在给定资料中找到表示原因的要素词；如果没有原因标志词，则需要对原因进行深层次的理解。

【例】

1. 作答要求

根据"给定资料 3"，分析文中基层干部"忍不住流下眼泪"的主要因素。（30 分）

要求：全面、准确、有条理，字数不超过 200 字。

2. 给定资料

给定资料	要点分析
资料1 　　"要是有'三头六臂'就好了！"M乡王干事快人快语。王干事负责完善贫困户档案，要了解"家庭人员构成、住房改造前后照片对比、种植养殖种类及数量、扶持项目公示、会议记录、入户走访、满意度调查"等内容。一方面要动手，填写大量的表格资料；另一方面要动腿，"表格的内容很细，不到贫困户家中实地调查是不行的，有些表格还需要当事人签字。看似简单的事情其实很繁琐，有时候要来回跑很多趟。"【1】 　　基层工作千头万绪，事务繁杂。一旦某件事成为舆情热点，不仅会突然增加大量的工作任务，而且要承担巨大的压力。经历过几次舆情热点事件，M乡宣传干事小陈已经有些经验：尽快披露事实，及时回应网友质疑……即便这样，他仍坦言工作不易："国家全面推进依法治国，事情处理起来都有程序，需要时间。但新媒体时代信息传播越来越快，舆情容易在极短的时间内放大发酵。"一次，该地出现旅游纠纷，消息在网上飞快传开，网友一边倒地批评当地。可是调查结果表明，其实是游客挑衅刁难。"虽然最后真相大白，可是大家还是感到有些委屈。"小陈说。【2】 　　基层，是整个社会的"地基"。基层干部，是党和国家工作的"基石"。他们奋战在改革发展的主战场、服务群众的最前沿。目前绝大多数政策落地都在县乡，从脱贫攻坚到民生保障，从招商引资到产业发展，从入户调查到矛盾化解，都离不开基层干部。基层干部忙得脚打后脑勺，加班是常态，而且没有加班费。R市有关部门对一些乡镇的调查显示，乡镇干部平均每天工作10～11个小时，不少乡镇干部五六年没休过假。【3】 　　"忙、累、压力大"是很多乡镇干部的深切感受，不过，乡镇干部们也都认为乡镇工作是他们无悔的选择。【4】 　　C乡党委李书记从1998年至今已在5个乡镇工作过，乡镇的每个岗位几乎都干过。"乡镇是最基层的一级政权，麻雀虽小，五脏俱全。产业发展、土地问题、安全生产……乡镇工作经历能最深刻地了解中国农村，最全面地锻炼干部能力。"【5】 　　2017年，中共中央办公厅、国务院办公厅发文，强调要加强乡镇干部队伍建设，实行县以下机关公务员职务与职级并行制度，落实乡镇工作补贴和艰苦边远地区津贴政策。"而且现在干部的选拔任用更加注重基层工作经历，相关政策也更多向基层干部倾斜。"李书记说，"干部成长有规律，在基层多'蹲蹲苗'十分必要。"【6】 　　不过，在李书记看来，最重要的还是乡镇工作特有的成就感。"我们很多人都是农村出身，很多亲戚朋友都在农村。改变家乡面貌，造福一方百姓，这是我们肩负的使命。"C乡地处贫困山区，李书记带领群众克服海拔高、交通条件差、缺人手、缺材料等困难，在三个月内新建、改造了71栋房子，"看着很多贫困户欢欢喜喜搬进新房，我们许多乡镇干部忍不住流下眼泪。想到靠自己的努力能够为老百姓做成一点儿事，就有一种梦想正在实现的感觉，那个时候你就会觉得所有的付出都值了。"【7】	【1】提到基层工作存在的问题，是流泪的原因。关键词汇：大量的、繁琐。要点：基层工作量大、任务多，工作内容包括表格整理和实地调查，流程繁琐复杂。 【2】提到基层工作的问题。关键词汇：事务繁杂、突然、压力、不易、但、委屈。要点：基层工作事务繁杂，舆情热点事件突发，临时增加工作量，工作压力大，信息传播速度快，舆情发酵快，易被群众误解，引发群众质疑，感到委屈。 【3】提到基层的性质是国家实施政策的最前线，从而引出基层工作很忙。关键词汇：忙、加班、时间、没休过假。要点：基层事务繁忙，无偿加班常态化，工作时间长、强度大，休息时间短。 【4】提到基层工作虽然"忙、累、压力大"，但是乡镇干部愿意留在乡镇，说明接下来要讲述留在乡镇的好处。 【5】提到在乡镇给干部带来的好处。关键词汇：深刻、全面。要点：深刻了解了农村，全面锻炼能力。 【6】提到在基层工作的重要性及能获得的好处。关键词汇：注重、倾斜。要点：干部选拔任用注重基层工作经历，国家政策向基层倾斜。 【7】提到在基层工作的收获。关键词汇：成就感、改变、造福、使命、实现。要点：获得独特成就感，改变家乡面貌，造福一方百姓，担负使命，实现自我梦想和人生价值。

【参考答案】

　　1.基层事务繁忙。基层任务多，工作内容包括表格整理和实地调查，流程繁琐复杂；舆情热点事件突发，临时增加工作量，工作压力大，信息传播速度快，舆情发酵快，易被群众误解，感到委屈；无偿加班常态化,工作时间长,休息时间短。

2. 获得独特成就感。深刻了解农村,全面锻炼能力;干部选拔任用注重基层工作经历,国家政策向基层倾斜;改变家乡面貌,造福一方百姓,担负使命,实现自我梦想。

三、概括对策

(一)概括对策类表述

要、应该、必须、倡导、基础、前提、保障、方式、手段、方案、途径、渠道等。

(二)概括对策作答思路

在给定资料中找到表示做法的要素词,通常是动词、能够表示做法的名词、逻辑关系。

【例】

1. 作答要求

根据"给定资料 1"请谈谈 M 县采取了哪些有效措施推进金融扶贫。(30 分)

要求:全面、准确、简明,有条理,字数不超过 300 字。

2. 给定资料

给定资料	要点分析
资料 1 阳光正好,M 县永兴村老谭到家门口的木耳地里转了一圈,看着一排排菌棒上厚实的黑木耳,他的心里美滋滋的。不到一年时间,4 亩木耳,收入近 14 万元,从打零工的农民工变身为黑木耳种植大户,他感觉致富步伐越来越快了。如今在 M 县,越来越多的贫困户凭信用贷款找到致富门路。这一切源于当地的金融扶贫机制创新。【1】 老谭一家属于因学致贫。他两个儿子正读大学,一个月生活费和其他开销就要 4000 多元。过去,夫妇俩靠在建筑工地打工,生活捉襟见肘。"没钱不能干事,也不敢干事。"老谭实话实说,过去印象中,贷款只是一些老板的事。有一年,他想贷两万元做生意,银行工作人员解释了一堆贷款政策,老谭依然是一头雾水,只能悻悻作罢。变化说来就来。"去年初,村里传来消息,贫困户不用抵押也能贷款,还有公司来推广黑木耳种植技术,我就想着试一试。"老谭回忆说,没过几天,他就拿到了贷款,甩开膀子干了起来。【2】 <u>为了有效开展精准扶贫,M 县探索创新扶贫小额信贷;贫困户经过评级授信,无需抵押和担保,即可从县农商银行拿到 1 万至 5 万元的贷款。"我们为贫困户'量身定制'贷款。诚信评价、家庭劳动力和人均收入,作为评级授信的三项指标,分值分别是 70 分、20 分、10 分。"M 县农商银行行长介绍,整个授信工作自下而上【3】</u>,主要由熟悉情况的村民代表等组成授信小组,采取投票的方式对贫困户进行量化计分、评级,信用级别越高,贷款额度越大。<u>"贷款周期没有硬性限制,利率也降低了一半,【4】</u>而根据银行的还息凭证,扶贫部门还给予 3 年全额贴息奖励。"这和过去形成鲜明的对照。<u>以前贷款的前置审批程序中,光财政证明就有 18 项之多。另外贷款利息高,【4】</u>一年 1 万元,需要还 1000 多元利息,贫困户很难承受。	【1】第一段为背景。 【2】案例型材料。 【3】探索创新扶贫小额信贷;自下而上评级授信;降低贷款门槛,无须抵押担保;量身定制贷款。 【4】放宽贷款周期,降低利率;精简审批程序。

续表

给定资料	要点分析
据统计，自推行扶贫小额信贷以来，该县已对 2.43 万户贫困户完成评级授信，有效信率达 92.35%，共发放小额信用贷款 1.26 亿元。 　　贷款的问题解决了，如何杜绝陷入"给一只羊，吃一只羊"的怪圈呢？M 县扶贫部门发现，尽管政府提供了信用贷款，但有的贫困户还是不敢贷，担心钱打了水漂，还不了钱；另外，有人觉得拿到贷款之后，不知道干什么，所以宁愿不要。M 县委书记说："山里的百姓淳朴，如果不知道做什么可以挣钱，就是答应给他们贷款，他们心里也打鼓。因此，<u>精准扶贫要扶上马再送一程，在解决资金跟着穷人走之后，根据市场供需与自身情况选择扶贫产业，以'能人'带动大多数贫困户一起发展，能人跟着项目走，项目跟着市场走。</u>"【5】 　　M 县山岗村贫困村民小夏正在当地一家农业发展有限公司的蛋鸡基地紧张地忙碌，他既在基地打工，又是公司的股东。公司董事长介绍说，当地 23 户贫困户将小额信贷资金 75 万元委托给公司发展蛋鸡养殖产业，占 65% 的股份，公司负责蛋鸡产业的技术服务和经营管理，折合 35% 的股份。去年年底，23 户农户实现分红 14 万元，户均增收 6000 元。小夏去年底拿到分红 1800 元，同时他和妻子、岳父三人打工，一年收入将近 12 万元。小夏笑着说："<u>今年计划贷 5 万元入伙，公司有技术、会管理、有市场，我们脱贫有底气。</u>"【6】 　　近年来 M 县的家禽养殖、木耳种植等产业，催生了一批扶贫经济组织，在精准脱贫实践中成效显著。"<u>立足优势特色产业，在贫困户和农业企业、家庭农场、合作社等扶贫经济组织之间建立紧密的利益联结机制</u>【7】，这样才能保证扶贫效益精准到户。"M 县委书记介绍。 　　以前银行不愿贷款给贫困户，主要是担心坏账的风险。M 县农商银行行长反复说："风险，还是风险！1.26 个亿，没有抵押和担保，你说不担心是假的。"为化解金融部门的后顾之忧，<u>M 县专门建立了贫困农户小额信贷风险补偿初始资金，</u>【8】如今规模已达 1000 万元。"1000 万，相对于 1.26 亿来说，比例很小，保证资金安全是不小的挑战。"为消除银行的担心，<u>M 县政府试图引进农业保险公司，完善"政府补贴一部分保费以扩大参保面、农户自担一部分风险以提高防灾积极性、保险公司让出一部分利润来确保微利可持续经营"的农业保险模式。</u>【9】扶贫资金监管也是一个课题。怎样有效避免企业以扶贫的名义套取扶贫资金？贫困户的权利如何保障？<u>M 县已成立扶贫开发责任公司，贫困户贷款直接打到公司指定账户，企业入股资金也要打到该账户，然后才能施行招标。这样实现全程监管，确保扶贫资金安全。</u>【10】"<u>成立产业扶贫协会，也是可以尝试的方式。</u>"M 县委书记说，通过协会制定产业扶贫的行业标准，可以规范扶贫行为，政府只需出台政策，做好相关服务，建立风险基金，行业协会则承担法人的担保责任。【11】	【5】根据市场供需与自身情况选择扶贫产业，利用人才推动项目和市场发展。 【6】实施股份制，通过资金、技术、管理入股。 【7】立足特色产业，建立利益联结机制。 【8】建立贫困农户小额信贷风险补偿初始资金。 【9】引进农业保险公司，完善农业保险模式。 【10】成立扶贫开发责任公司，统一资金管理，加强全程监管，确保扶贫资金安全。 【11】成立产业扶贫协会，制定行业标准，规范扶贫行为；政府出台政策，提供服务，建立风险基金；行业协会承担法人担保责任。

【参考答案】

1. 创新信贷模式。探索创新扶贫小额信贷；自下而上评级授信；降低贷款门槛，无需抵押担保；量身定制贷款；放宽贷款周期，降低利率；精简审批程序。

2. 立足特色产业，建立利益联结机制。根据市场供需与自身情况选择扶贫产业，利用人才推动项目和市场发展；实施股份制，通过资金、技术、管理入股。

3. 防范风险。建立贫困农户小额信贷风险补偿初始资金；引进农业保险公司，完善农业保险模式。

4. 加强全程监管，确保扶贫资金安全。成立扶贫开发责任公司，统一资金管理。

5. 规范扶贫行为。成立产业扶贫协会，制定行业标准；政府出台政策，提供服务，建立风险基金；行业协会承担法人担保责任。

第四章　综合分析题

第一节　题型概述

一、题型认知

综合分析题一般为谈看法、观点、认识、理解、启示等，按照不同的类型又可分为解释型分析、评论/观点型分析、关系型分析、比较型分析四大类。在福建省选调生考试中，主要考查前三种。

【示例1】习近平总书记强调，粮食安全是"国之大者"，不能把粮食当成一般商品，光算经济账，不算政治账，光算眼前账，不算长远账。请你根据给定资料，简要谈谈对这一论述的理解。（30分）

要求：（1）观点鲜明，逻辑严密；（2）语言凝练，分点阐述；（3）字数400字左右。

【示例2】请根据"给定资料2"，谈谈你对Q县干部直播带货的认识。（30分）

要求：观点明确，分析全面，条理清晰；字数不超过350字。

综合分析题的作答对象比较多元，一句话、一个社会现象、某个观点、看法都可能成为作答对象，考生在审题时，应精准地抓住题干中的关键信息，提高审题精确度，避免答非所问。

在作答综合分析题时，同学们通常会出现两个问题：

（1）缺乏答题逻辑，层次划分混乱，不易于踩分；

（2）对材料分析不到位，导致要点缺漏，概括不精炼。

因此，为避免出现类似问题，作答时我们要特别注意把握这个题型的作答逻辑，即从"是什么、为什么、怎么办"三个层面展开作答。此外，我们还需要注意根据"给定资料"的具体情况进行精炼、准确的概括。

二、考查能力

综合分析题考查归纳概括和综合分析的能力。

三、答题思路

（1）找准作答任务；

（2）回归材料找要点；

（3）合并同类项；

（4）逻辑清晰：提出观点—论证观点—落实观点。

第二节 题型分类

一、解释型分析题

（一）解释型分析题分类

主要有两类：一是对词或短语的解释；二是对完整句子的理解。

1. 解释词语

要求考生对给定资料中出现的特定词语或短语进行解释，得出概念的内涵，其出题形式常为"请对……进行阐释／解释／分析""谈谈对……的理解"。

【示例】根据"给定资料2"，谈谈你对"政策上的善意"的理解。（30分）

要求：理解准确，分析透彻，条理清晰，字数不超过300字。

2. 解释句子

要求考生对整句话进行理解和阐释，其出题形式常为"谈谈对……的理解""阐述……的意思""请谈谈对画线部分……的理解"。

【示例】习近平总书记强调，粮食安全是"国之大者"，不能把粮食当成一般商品，光算经济账，不算政治账，光算眼前账，不算长远账。请你根据给定资料，简要谈谈对这一论述的理解。（30分）

要求：（1）观点鲜明，逻辑严密；（2）语言凝练，分点阐述；（3）字数400字左右。

（二）解释型分析题作答技巧

（1）总体上解释这个词或句子的含义；

（2）围绕这个词或句子进行多角度的具体分析；

（3）作出结论：总结评价或对策。

【例1】

1. 作答要求

根据"给定资料2"，谈谈你对"政策上的善意"的理解。（30分）

要求：理解准确，分析透彻，条理清晰；字数不超过300字。

2. 给定资料

给定资料	要点分析
资料2 继上调个税起征点后，备受关注的《个人所得税专项附加扣除暂行办法》随新个税法于2019年1月1日起正式施行。其中，住房租金专项附加扣除规定，纳税人在主要工作城市没有自有住房而发生的住房租金支出，可以按照相关标准进行800元／月到1500元／月不等的定额扣除。	

续表

给定资料	要点分析
此前，很多网友在社交媒体上反映，自己向房东索要其身份信息，但遭到拒绝，房东以提交信息后可能被征税为由，规劝租客不要申报个税租金扣除，甚至有房东还表示如果进行扣除就要租客退房。 业内人士认为，此前由于租客填报租房个税抵扣需要征得房东同意，而房东顾虑到身份信息泄露、可能会被追溯补缴房屋租赁税费等原因，变相提出"涨租"要求，引发了房东与租客之间的博弈。一边是个税可能抵扣几十块，另一边是房租可能上涨几百块，权衡之下，很多租客被迫选择不再申报租金支出扣除，无法享受到国家发放的个税减税红包。 说"给租客减税是为了向房东征税"，这当然是对政策的曲解。倘若该项政策原本就是带着收房租税的目的而来，那么从理性思维看，房东和租客博弈的最终结果只能是放弃这一优惠，而这可能会导致政策被架空。这恐怕是各方都不愿看到的事情。【1】 因此，不断有地方税务部门表示，目前不会将租客申报的信息作为向房东征税的依据，税务总局也并未要求各地税务部门对房屋租金收入进行强制缴税。饶是如此，仍不足以完全打消公众疑虑。道理很简单，如果信息已经采集，那么追缴的主动权就掌握在税务部门手中——至于何时追缴似乎就是时机问题了。 租客与房东的个税抵扣博弈可以告一段落了。1月20日，<u>"个人所得税"App更新【2】</u>。在最新版本个税App中，住房租赁信息下，已经不再强制要求填写出租方信息。记者登录最新版本个人所得税App发现，在住房租赁信息填写中，当出租方类型选择为"自然人"时，出租人姓名和出租人身份证号码变为"选填"状态；当出租方类型选择为"组织"时，出租单位名称也变为"选填"状态。而此前，上述项目均需填写方可申报。 这意味着房东不必担心出租信息泄露而被追溯租赁税费，租客也不必忧心因申报房租抵扣而"得不偿失"了。正是在这层意义上，<u>此次个人所得税App更新把"必填"修改为"选填"，虽然并非一种"表态式回应"，却也同样有力，让人放心。通过技术迭代，从信息采集源头就彻底打消公众的疑虑，表现出抵扣政策的诚意，这样的更新体现了相关部门的务实精神，值得肯定。</u>【3】 新华社表示，个人所得税App近日更新，不再强制要求填写出租人信息，这让租客和房主终于可以放下"减税""补税"之争。个税扣除是减轻税负的惠民举措，推出来就要不打折扣地落实。<u>税务部门发现问题及时调整，不因其他因素羁绊而使好政策"卡壳""悬空"，把好事办好做实，这样的改进既贴心更暖心，必须赞。</u>【4】 有网友质疑，如果不填房东信息，如何证明真假呢？的确，信息采集项目减少，会给税务部门辨别申报项目真伪带来一定程度的困难，但这并不意味着税务部门就无计可施。据报道，<u>专项附加扣除相关证明资料要保存五年，一旦查实利用虚假信息避税，将会被记入纳税人信用记录，有关部门将实施联合惩戒。</u> <u>这实际上是用事后追责来代替事前烦琐的"清白自证"，也是税务部门为纳税人授予的"信用"。在技术的加持下，让信用承担更多沟通成本，避免过量信息收集产生的风险和摩擦。这既是国家行政部门简政放权的需要，也是税收"谦抑性"的体现。</u>【5】 说到底，交税虽是义务，<u>但也是个人、企业和国家之间的一种"合作"；"强制性"是税收的特点之一，却并非全貌。</u>【6】尤其是此次个税专项抵扣，其政策上的善意原本很明朗。这样的政策"红包"不该因为过量的信息采集，让纳税人"想收而不敢收"。 也因此，此番周折也并非全然无益。<u>精准减负、税收公平</u>【7】是一项动态化的系统工程，个人所得税App还会不断更新，如何在不断完善信息的同时避免在公众层面产生"不良传导"，此次的事件也是难得的一堂课。<u>这提醒我们，用技术迭代回应民众期待，用谦抑、信任释放政策善意，才能让好的政策收获更好的社会效果。</u>【8】	【1】前四段均为背景，描述了一个案例：房东规劝租客不要申报个税租金扣除，体现了房东和租客之间的博弈。 【2】体现的是政策上的善意。 【3】信息采集由必填调整为选填，通过技术迭代，从信息采集源头上彻底打消公众疑虑，表现政策善意，体现务实精神。 【4】政府部门发现问题及时调整，让好政策不卡壳、不悬空，把好事办好做实。 【5】借助信用体系，利用事后追责代替事前审批，联合惩戒，避免风险和摩擦。 【6】加强合作，不强制。这有助于实现精准减负，促进税收公平，惠及民众。 【7】意义。 【8】总结：要用技术迭代回应民众期待，用谦抑、信任释放政策善意。

【参考答案】

"政策上的善意"指政府本着信任和谦虚的态度，在制度上释放红利，在执行上通过技术落实。让惠民政策落到实处，取得实效。如国家出台个税附加项目扣除办法并不断调整完善。

具体表现在：1. 信息采集由必填调整为选填，通过技术迭代，从信息采集源头上彻底打消公众疑虑，表现政策善意，体现务实精神。2. 政府部门发现问题及时调整，让好政策不卡壳、不悬空，把好事办好做实。3. 借助信用体系，利用事后追责代替事前审批，联合惩戒，避免风险和摩擦。4. 加强合作，不强制。这有助于实现精准减负，促进税收公平，惠及民众。

因此，我们要用技术迭代回应民众期待，用谦抑、信任释放政策善意。

【例2】

1. 作答要求

请结合"给定资料3"，谈谈你对划线句子"让土地换一种种法，让农民换一种活法"的理解。（30分）

要求：紧扣材料，观点明确，分析全面，条理清晰；字数 200～300 字。

2. 给定资料

给定资料	要点分析
资料3 2018年12月28日至29日，中央农村工作会议召开。会议指出，"明后两年是全面建成小康社会的关键时期，是打赢脱贫攻坚战和实施乡村振兴战略的历史交汇期。"在实施乡村振兴战略过程中，有一股重要依靠力量，他们就是<u>新型职业农民</u>【1】。截至目前，中国新型职业农民人数已突破1500万人，预计2020年将达到2000万人。 澧水之滨，有一个知名的锦绣千村。锦绣千村的故事也是一位普通农村妇女高某用25年时间成为国家级农民专业合作社理事长的故事。 高某出生于一个贫困的农民家庭，兄弟姐妹9人，她排行老八。14岁那年，为了让哥哥妹妹继续读书，她主动放弃学业回家务农。【2】 2008年，她外出学习考察后认识到：只有<u>创立品牌，抱团经营</u>【3】才有更大的发展空间。于是，她将自己的农资公司改为锦绣千村植保有限公司，<u>将单一的农资销售模式打造成综合型农业服务平台</u>。传统的销售门店变身为服务"三农"的载体，123家连锁配送网点延伸服务，统一采购、配送、定价、销售。【3】 <u>"让土地换一种种法，让农民换一种活法。"</u>高某离梦想越来越近了。 2011年，她带头率先<u>创办了锦绣千村农作物种植合作社，致力于打造农业社会化服务综合平台，为成员提供产前、产中、产后及产业资金互助一条龙服务。</u>【4】合作社为成员采集农资产品价值逾20亿元，集中育苗2万亩。 随后，她又创建了<u>现代农业创业孵化基地</u>，为家庭农场、小微企业等提供生产经营场地和集中育秧、病害防治、仓储物流等服务。目前，基地已孵化水稻种植、家禽养殖、农机服务等企业45家、带动就业1528人，<u>初步形成了以种养业为主导，一二三产业融合发展的创新创业态势</u>。【5】 "与其说农民是我的身份，不如说是我的职业。"高某说，现在搞农业，<u>不能只懂埋头种地，想致富，还要学会跟市场打交道，搞多种经营</u>。【6】 "贫穷根在思想和观念，扶贫得先扶志和扶智【6】。你的思想转变了，你想干吗我都支持你。"高某多次这样鼓励帮扶对象。	【1】"农民换一种活法"的定义。 【2】第二、三段为背景。 【3】创立品牌，抱团经营，打造综合型农业服务平台，提供全方位服务。 【4】创办合作社，打造农业社会化服务综合平台，提供一条龙服务。 【5】创建现代农业创业孵化基地，提供服务，推动产业融合发展。 【6】转变思想观念，注重扶志、扶智；实现市场化、多元化经营。

给定资料	要点分析
贫困户李某是高某的帮扶对象之一。李某从事肉牛养殖，想脱贫致富，第一步得扩大养殖规模。计划早在心里想了千千万万遍，东风却迟迟不来——扩大规模的钱怎么凑得齐呢？李某正愁眉不展时，高某知道了这事，马上帮他向合作社资金互助部借款 8 万元，帮他扩大了肉牛养殖规模。2017 年，李某不仅归还了本金，还赚了 6000 多元。到 2018 年，李某又扩大养殖规模，还养起了猪。 　　尤其值得一提的是，锦绣千村向贫困户提供土地全程托管和"菜单式"服务，解决贫困户种地难、效率低的问题【7】。2017 年累计为贫困户托管服务面积 9.87 万亩，帮助贫困户完成了耕、种、管、收生产环节，服务价格每亩低于市场价 170 元左右。 　　2018 年 5 月 23 日上午，在锦绣千村水稻种植示范园，6 架无人机腾空而起，为作物精准施药【8】，拉开了锦绣千村"千村飞防"服务的序幕。如今，植保无人机飞防服务成为现代农业服务领域的一个热点。锦绣千村农业合作社还在城头山产业园举行了"千村飞防"大型推介会。 　　2012 年，中央一号文件正式提出要培育和认证"新型职业农民"，农业部为此确定一批新型职业农民培育全省推进省份，S 省名列其中。S 省政府提出，将加快建立教育培训、认定管理和政策扶持"三位一体"的新型职业农民培育体系，将职业农民培养成建设现代农业的主导力量。S 省农业部门负责人认为："这是一项农业人才管理制度，目的就是为了有效破解当下'谁来种地''如何种地'两大难题【9】，是实现高质量发展和绿色发展的迫切需要【10】。"	【7】提供产业资金互助、土地全程托管和"菜单式"服务。 【8】使用无人机精准施药。 【9】总结：要建立教育培训、认定管理和政策扶持"三位一体"的新型职业农民培养体系，完善农业人才管理制度，有效破解谁来种地、如何种地两大难题。 【10】表态：是实现农村高质量、绿色发展的迫切需要。

【参考答案】

　　这句话的意思是要推动农业生产经营现代化，培育新型职业农民。这是实现农村高质量、绿色发展的迫切需要。

　　一方面，创立品牌，抱团经营，打造综合性农业服务平台，提供全方位服务；创办合作社和现代农业创业孵化基地，推动产业融合发展；提供产业资金互助、土地全程托管和"菜单式"服务，解决种地难、效率低的问题；使用无人机精准施药。另一方面，转变思想观念，注重扶志、扶智；实现市场化、多元化经营。

　　因此，我们要建立教育培训、认定管理和政策扶持"三位一体"的新型职业农民培养体系，完善农业人才管理制度，有效破解谁来种地、如何种地两大难题。

二、评论型分析题

　　评论型分析题要求考生针对给定资料中出现的社会现象、事件、措施或观点，让考生对此进行评论。评论的对象包括两种：一种是针对某一个观点或现象进行评论；另一种是针对几种不同的观点或做法进行评论。

（一）评论型分析题提问形式

　　"请对上述观点进行评述""对……进行分析，谈谈你的看法""对此怎么评价""就……进行分析评论"等。"评论""评点""评价""评述"等是该题型的关键词。

　　【示例 1】请根据"给定资料 2"，谈谈你对 Q 县干部直播带货的认识。（30 分）

　　要求：观点明确，分析全面，条理清晰；字数不超过 350 字。

　　【示例 2】"给定资料 2"中的文章作者认为："从某种意义上说，这些无形的非物质文化遗产是比长城、故宫还重要的财富。"请结合给定资料，谈谈你对这一看法的见解。（30 分）

要求：全面、简明，字数不超过250字。

（二）评论型分析题作答技巧

（1）表态，表明观点；

（2）多角度具体分析；

（3）作出结论：总结评价或对策。

【例】

1. 作答要求

请根据"给定资料2"，谈谈你对Q县干部直播带货的认识。（30分）

要求：观点明确，分析全面，条理清晰；字数不超过350字。

2. 给定资料

给定资料	要点分析
资料2 过去，我国绝大多数农产品都是通过批发商进行销售的。受新冠肺炎疫情影响，大量农产品线下销售渠道受阻，出现滞销情况。不少地方干部纷纷选择网络直播带货的方式，为本地产品代言，帮助当地农民打开销路。 Q县自古以来就盛产柑橘，拳头产品是椪柑，有"亚洲宽皮橘之王"的美誉。2020年2月19日晚9点，某电商平台的助农直播间里来了一位特殊的主播，Q县唐县长出现在镜头前，给全国网友当了一回"客服"。他手上拿着半个剥开的椪柑，从Q县柑橘种植史开始娓娓讲起。Q县柑橘生产要追溯到1400多年前，最早记载于北魏郦道元的《水经注》中。到1984年，当地的椪柑种植面积已经跃居全国首位。元旦至春节前后是椪柑的最佳食用期。由于汁多味浓、肉质脆嫩，椪柑的价格比当地其他柑橘品种高出五成左右，不仅销往北京上海等一线城市，还远销俄罗斯、加拿大等国家。 "我们热心助农的唐县长好棒""县长亲自上阵，为了抗击疫情帮扶农民也是拼了"……手机屏幕上，不断滚动着全国各地网友的评价，唐县长与网友一一互动并热情回答问题："一箱毛重10斤，盒子6两""椪柑好保存，阴凉通风处1个月，冰箱冷藏2个月""原价29元一箱，今天特价17.9元"……【1】 直播活动上线不到两个小时，直播间观看人数就达到了53.26万，原定的2万件10斤装椪柑很快卖完，随后又紧急补货1万件，观看直播的消费者可以通过手机应用程序首页焦点图、限时秒杀等入口，以及搜索"助农""爱心助农""农货"等关键词直达助农专区，以平台补贴后的最优惠价格购买产地直发的助农产品。 这次活动得到了电商平台的专项补贴，椪柑在平台上的售价低至每斤1.79元，"不能让果农一年的辛苦白费，也要让消费者吃上质优价廉的水果"，该电商平台一位工作人员表示，"过去，传统的电商平台在农村实现了'工业品下乡'这一功能，而我们新电商平台打造了中国农货的上行体系，重塑了农产品供应链模式，将大大助力中国农业农村现代化的进程。"【2】 在唐县长的带动下，Q县各乡镇纷纷跟进，大杨村党支部王书记尝试通过短视频平台参与"战疫助农"活动，帮助村民销售农产品。"我经常下户，也愿意走市场【3】，发现特色农产品好销售，我们身边已经有不少种植大户、特色产业户开始利用微信、淘宝这些电子商务平台销售产品，形势逼着我们必须这样去做了。"王书记一边对记者说，一边走进一户村民家，仔细询问近期的收成如何。该村民高兴地说："我们村民有什么困难，都找党支部，这次网上直播，我家卖的钱最多，多亏了党支部帮我们搞销售。"	【1】第一、二、三段为背景。 【2】意义：打开销路，缓解农产品滞销问题，促进农民增收致富；借助平台补贴降低售价，为消费者提供质优价廉的产品；打造农货上行体系，重塑农产品供应链模式，推动农业农村现代化。 【3】对策：实地走访，市场调研。

续表

给定资料	要点分析
"农户每次虽然卖不了多少钱，<u>但是他们特别开心，幸福感也特别强。而且，我发现自从帮农民卖东西后，更拉近了我们的关系</u>【4】，我们有一个专门的微信群，每天群里的内容就是谁家有什么产品多少斤，以什么方式交给村两委，等等"，王书记说，"现在，村民对我们这种销售方式都非常认可，我们也会尽快加大努力让村民持续增收致富。下一步，我们想对有网上销售意向的农户进行培训【5】，带动农户把手机也当作生产工具，不仅会种植，还会做电商。" 　　一位近期协助干部开展公益直播的电商人士则带有疑惑地说，有的县直播仓促上马，只能聘请当地文化传媒公司策划。<u>这些公司缺少电商直播经验，公益直播照搬电视直播套路，县长直播流程千篇一律。</u>【6】<u>也有基层干部担忧，如果不重视创新和长效机制，不少直播账号就会最终沦为"僵尸号"。</u>【7】 　　网络新媒体研究专家指出："<u>互联网可以抹平信息差，快速精准地连接供需两端，而移动互联网电商更是能够通过拼团购物、万人团秒杀、直播等新玩法，进一步缩短供需的距离。</u>"【8】唐县长也认为："<u>经过这次合作，不少果农尝到了新电商的甜头，心态和经营上逐渐从依赖批发商转变为主动出击，开始拥抱移动互联网。</u>"【9】	【4】意义：拉近干群关系，提升农民幸福感。 【5】对策：培训农户。 【6】问题：缺少直播经验，照搬电视直播套路，直播流程千篇一律。 【7】对策：重视创新，建立长效机制。 【8】意义：抹平信息差，快速精准连接供需两端，缩短供需距离。 【9】意义：转变农民心态和经营思路，能接受电商销售形式，主动拥抱互联网，带动农户直播。

【参考答案】

　　干部直播带货是指干部通过电商平台在线销售农产品，这值得肯定、提倡，但也应理性看待。

　　一方面，直播带货可以：1.打开销路，缓解农产品滞销问题，促进农民增收致富。2.借助平台补贴降低售价，为消费者提供质优价廉的产品。3.打造农货上行体系，重塑农产品供应链模式，推动农业农村现代化。4.拉近干群关系，提升农民幸福感。5.抹平信息差，快速精准连接供需两端，缩短供需距离。6.转变农民心态和经营思路，能接受电商销售形式，主动拥抱互联网，带动农户直播。另一方面，直播带货也存在以下问题：缺少直播经验，照搬电视直播套路，直播流程千篇一律。

　　因此，基层干部应实地走访，市场调研；培训农户；重视创新，建立长效机制，促进电商直播健康持续发展。

三、比较型分析题

　　【示例】请分析"给定资料3"中提及的两种乡村治理模式在管理理念、价值取向和实施效果上的不同之处。（30分）

　　要求：全面、准确、深入；字数不超过250字。

　　比较型分析题的作答技巧一般为：

　　（1）锁定与主题相关的信息要点；

　　（2）比较：找不同；

　　（3）下结论：谁优谁劣，向更好的那方学习借鉴或对策（是否写根据材料而定）。

【例】

　　1.作答要求

　　请分析"给定资料3"中提及的两种乡村治理模式在管理理念、价值取向和实施效果上的不同之处。（30分）

　　要求：全面、准确、深入，字数不超过250字。

2. 给定资料

给定资料	要点分析
资料3 　　C省近年来推行乡村治理现代化试验区建设,取得了显著的效果,归结起来大体上有两种模式:一种是"能人治理"模式;一种是"乡村典章"模式。 　　**模式一:"能人治理"模式** 　　村民自治制度改变了传统任命干部的做法,干部由村民选举产生,这为一些有能力,有才干的地方乡村精英成为基层组织的当家人提供了机会,据调查,D市大多数村委会主任来自村办企业管理者,私营企业主和个体户。由于这些地方乡村精英往往个人能力突出,在经济或社会活动方面具有突出的才干,<u>使得个人的主要意志和个人能力在处理农村事务和村民自治组织建设中起到了主导作用</u>【1】,个别少数能人在村级治理实际过程中居支配性地位。 　　从实践来看,<u>经济能人在自身发展经济能力比较强的情况下,能够带动村民发展经济、走向致富,一旦这个人在带领村民发展经济方面取得了一定的成绩,人们对他便产生了一种依赖感、崇拜感,许多人甚至把发展经济作为评价村干部的唯一标准,认识只要村干部能够带领村民致富、发展经济,其他的问题可以不管,在村民这样的心态下,他们在村一级事务中有着绝对的权威,有些能人村干部的不良作风开始滋长。</u>【2】 　　能人治理村庄相对于以前的道德权威治理村庄,两者的相似之处在于,无论是道德权威还是经济能人,人们之所以认同他们,把治理村庄的大权交到他们手上,是因为人们认为这些人值得大家尊重,对道德权威来说,尊重的是他的道德品质和优良的个人品性;对经济能人来说,尊重的是他们发展经济、发家致富的能力。 　　**模式二:"乡村典章"模式** 　　村两委就是村中国共产党支部委员会和村民委员会的简称,习惯上前者简称为村支部,后者简称村委会。村民委员会组织法中虽明确村党支部是农村工作领导核心,但其核心地位如何体现却缺乏明确的实施细则。有的村委会主任上任后自行其是,一人说了算,集体资产随意处理,根本不与村党支部商量。村支书或村主任个人权力过大,村两委权力"一边倒"等现象在E县农村不在少数,在E县以往的400多人的村中,村两委会关系比较协调,党的战斗力比较强的仅占三四成。 　　2006年6月,E县决定在<u>村两委矛盾较突出,干群关系较紧张</u>【3】的F村试点、引导、帮助农民制定一套针对村级组织和全体村民具有普遍约束力的村务运作机制,经过问卷调查、上门访谈、座谈讨论等程序,历经了一个半月形成《F村典章》初稿,再由村两委会、两委扩大会议、村民代表会议进行梳理分析,随后张榜公布,挨家挨户收集意见,最后由全体村民公决,正式通过C省首部"乡村典章",典章印成小册子发到每家每户。 　　典章内容主要涉及村级组织职责、村务议事及决策、村级财务管理、村务公开制度、村干部违规追究办法等,典章按重要程度及数额大小将村务分为"重大村务""重要村务"和"一般村务",哪一级村务须由哪一个组织研究决定,哪一类支出如何审批等,都规定得<u>清清楚楚。典章明确了对村干部的监督机制,村干部如果违反典章,按违章次数予以不同处置,直至被依法罢免。如果违反程序造成集体损失还必须赔偿。典章把党组织的领导核心地位进一步细化和具体化。</u>"乡村典章"的推行改变了党在农村基层的执政方式,由为民做主的"父母为官"变成让民做主的"服务员",党在农村基层的威信大大提高了。【4】 　　<u>典章中的决策议事规则弥补了政策法律盲点,一方面有效遏制了村民代表会议组成对象针对选举进行拉票、搞宗派势力等问题,规定本村各级人大代表、政协委员、党代表及各片负责人都可通过公决成为村民代表;另一方面丰富了村民代表的表决方式,针对外出务工者众多、村民代表会议难以召开的问题,典章规定,外出村民可采用书面或其他远程通信方式参加表决。</u>【5】 　　E县至今已有70多个村推出各自的典章。在石磁村,典章出台之前,一张发票要四个人签字,现在则要经过十个人的手;经手人、证明人、会计、出纳、村经济合作社社长,以及五名村务监督小组成员。有村干部说:"现在章程说了算,都按典章办,大家都没那么多闲话了,但是<u>经常因为一个小小的事情要找那么多人,耽误事</u>【6】。"	【1】管理理念:依靠地方精英的意志和能力进行管理。 【2】价值取向:注重发展经济。实施效果:带动村民发展经济,会对能人产生依赖感、崇拜感,建立绝对权威,易滋长不良作风。 【3】价值取向:解决村两委矛盾,缓解干群紧张关系。 【4】管理理念:依靠法律规范,规定具体明确,注重监督村干部,按章办事、细化、具体化党的领导核心地位。 实施效果:改变执政方式,提高威信。 【5】实施效果:弥补政策法律盲点,遏制违规选举,丰富表决方式。 【6】实施效果:办事过程烦琐、效率低。

【参考答案】

"能人治理"和"乡村典章"模式的不同之处：一、管理理念：前者依靠地方精英的意志和能力进行管理；后者依靠法律规范，规定具体明确；注重监督村干部，按章办事；细化、具体化党的领导核心地位。二、价值取向：前者注重经济发展；后者为了解决村两委矛盾，缓解干群紧张关系。三、实施效果：前者带动经济发展，易对村干部产生依赖感、崇拜感，建立绝对权威，易滋长不良作风；后者改变执政方式，提高威信，弥补政策法律盲点，遏制违规选举，丰富表决形式，办事过程烦琐、效率低。

因此，后者优于前者，我们要加强基层法治建设。

四、关系型分析题

【示例】 资料 6 中说："一座城市，看得见的，是面子；看不见的，是里子。"资料 1 中说："一个城市发展不能只重面子，不顾里子。"请根据给定资料，谈谈何为城市的"面子"，何为城市的"里子"？二者是何关系？（30 分）

要求：理解准确，分析恰当，条理清晰，文字简练。字数不超过 250 字。

关系型分析题的作答技巧一般为：

（1）A 是什么，B 是什么；

（2）A、B 之间的关系是什么；

（3）作出结论（可答如何协调二者关系，即对策）。

【例】

1. 作答要求

资料 6 中说："一座城市，看得见的，是面子；看不见的，是里子。"资料 1 中说："一个城市发展不能只重面子，不顾里子。"请根据给定资料，谈谈何为城市的"面子"，何为城市的"里子"？二者是何关系？（30 分）

要求：理解准确，分析恰当，条理清晰，文字简练，字数不超过 250 字。

2. 给定资料

给定资料	要点分析
资料 1 2013 年 3 月 22 日晚，暴雨突袭湖南省长沙，长沙城区不少地方瞬间涨水。21 岁的女孩杨某不慎掉入一个没有井盖的深井，长沙市出动数十支消防、民警队伍进行搜救，长沙市海事局也在该下水道通往湘江的排污口和江面上搜寻，截至 24 日杨某仍下落不明。众多热心市民和网友纷纷为女孩祈祷，期待奇迹发生。然而，随着时间的推移，坠井女孩生还的希望越来越渺茫。 据报道，出事的下水道口直径约 1 米，井盖的下水道口直径约 1 米，井盖不见踪影，里面的水流十分湍急。下水道口正对着街天桥的台阶，相距 10 多米，距离人行道不到 1 米，周围看不到任何提醒路人的注意的相关标识。 与杨某同行的同学称，杨某就在她前面几米，她眼睁睁看着杨某突然不见了。事发后赶到现场的另一同学说，如果没有探照灯完全看不清路。落井女孩的朋友哭着问警察："为什么这里没有井盖？"有警察回答称："可能是地下水暴涨，从下面冲开了井盖，地面上湍急	

续表

给定资料	要点分析
的流水直接将井盖冲走了。刚刚我们在赤黄路旁边的报刊亭那里找到了被冲走井盖。"也有人猜测，当晚雨势很大，地面积水近 50 厘米，而事发地点有个 30 度左右的斜坡，过多过急的雨水把下水道井盖冲开了。围观的几位市民称，这种情况在这里已经不是第一次出现，这里的井盖经常被冲开，很不安全。 　　有评论认为，长沙女孩的悲剧，是一个家庭的悲剧，更是这座城市的悲剧。在为女孩的不幸遭遇而痛心的同时，人们不禁要问：难道仅仅是城市排水管网建设严重滞后？难道是城市发展必须要付出生命的代价？作为城市管理者，在预知到危险之时是否尽到了养护与防范风险的责任？为什么总要等到悲剧发生了才去反思、才去补救？我们在面临可预见到的危险时是否忘却了必要的警惕？ 　　人民网舆情监测室主任分析师庞某：井盖事件，并不是一个井盖这么简单，用我们的话说，这是一个小的舆情事件，叫"井盖舆情"。这个事件，已经逐步发展成一个全民的恐慌，同时"井盖"问题也多次面临拷问：2010 年 5 月，广州，一个女孩坠入下水道身亡；2011 年 6 月，北京，两名男青年在暴雨中推车时，不慎坠井，双双殒命；2012 年 3 月 16 日，大连，一女子坠入热力井身亡；2012 年 4 月，北京，一位年轻的妈妈在人行道上遇到路面突然塌陷，不幸掉入热力井中，全身 99% 被严重烫伤，最终不治身亡；2013 年 3 月 12 日，广西，一名 5 岁男孩不幸掉入排污井而遇难……一次次类似的悲剧提醒我们：<u>如果说高楼大厦是城市"面子"的话，深埋于地下的排水系统无疑是城市的"里子"。【1】当突如其来的大雨掀开城市的"里子"时，既会有全城瘫痪的尴尬，也会有举步维艰的窘境，甚至还会有下水道"吃人"。</u>【2】<u>一个城市发展不能只重面子，不顾里子。一些看不见的基础建设工程，有时比看得见的项目更关乎民生利益。</u>【1】 　　如果说这次的不幸是偶然事件，那么这些一个一个的偶然事件叠加起来，就为我们摆出了一个城市管理漏洞的拼图。在这个拼图里，我们每个人都行走其中，人人自危，步步惊心。 　　资料 6 　　在大多数市民的认知中，"下水井盖"几乎是所有城市井盖的统称，事实上，这样的说法并不准确，由于产权单位和用途不同，银川市的井盖多达十几种，涵盖市政、自来水、中水、通信、广电、电力、天然气、企业等多个部门，而这几乎是所有城市面临的状况。近期，银川市发生井盖丢失造成的市民受伤事件，井盖管理的话题再度升温。银川市市政管理处监察大队杜队长说，随着城市建设的逐步完善，从井盖本身到井盖管理，都会逐渐完善，而所谓"无主"井盖也越来越少。他说，以往银川市每年都会发生十几起井盖丢失造成的事故，但近年来情况有所好转。随着市民认识程度的提高，很多市民都会第一时间找到井盖权属单位，"很多单位为了区别井盖权属，还会采用不同的颜色。"如果井盖丢失后，市民可以通过井口的铭牌来辨认权属。 　　2013 年 3 月 27 日，河北新闻网刊发的《我省多市启动"补盖"行动》的报道引发了社会各界的广泛关注。河北省政府新闻办公室官方微博专门转发了报道，并向全省网友发出开展"问题井盖"随手拍活动的倡议。倡议中说，为避免"落井女孩"的悲剧再次上演，请大家一起随手拍下街头的"问题井盖"，该微博将派工作人员进行整理并反馈至各地城市管理部门，尽快协调维修。这一倡议得到了全省各界和网友们的热烈响应。3 月 28 日，石家庄市容考评办在全省率先行动，动员全体市民共同加入"随手拍"活动，迅速得到省会市民的积极响应。同时，其他各地网友也纷纷主动加入到"随手拍"活动中来，积极"举报"身边的危险窨井。据不完全统计，仅 28 日一天，网民反映的"问题井盖"线索已达百余条。	【1】"城市面子"和"城市里子"的含义。 【2】"城市里子"的重要性。

续表

给定资料	要点分析
与此同时,为预防窨井带来的潜在风险,石家庄市城管委今日全面启动城区道桥维修工作,对市区 2812 处道路病害进行维修的同时,对出现沉降、破损的窨井进行清理维修。而在秦皇岛市,窨井管理办法已经起草完毕,正在进一步修改,近期有望出台,同时,城市管理局应急处置中心也加大了对排水、供热、供气等窨井井盖的排查,暑假还将协调电信、电力等部门加大巡察力度。 　　针对上述诸多做法,有专家认为:一座城市,看得见的,是面子;看不见的,是里子。在这一路走来的现代化建设过程中,中国大多数城市建设者,各埋各的管,各挖各的道,并且今天埋了的,明天重挖再埋,许多部门把地下糟蹋了,最后连个设计图都没有留下来。这种急功近利、低成本的建设,已经给后人留下一个花巨资也难以收拾的烂摊子。近年来,我国城市建设突飞猛进。我们的城市,楼房越来越高,市容越来越漂亮但地下管网却越来越脆弱。这类基础设施工程,往往是利在千秋,功却不一定在当代,是看不见的民生问题。如何关注窨井这个貌似小细节却关乎公民生命的大环节?杜绝窨井吃人,需从技术方面加以考量,更须从提高职能部门的责任意识;需要公众的广泛参与,更须科学的制度做保证。技术再先进,公众参与再广泛,如果不从细节和制度上防范悲剧,捍卫生命的尊严,吃人案例便不会消失。【3】	【3】结论:对策。

【参考答案】

　　城市的面子是指看得见的代表城市形象的工程,如高楼大厦、市容市貌;城市的里子是指看不见的关乎民生利益的基础建设工程,如地下排水系统。

　　二者相辅相成,是城市发展不可或缺的两个方面。城市的面子体现了城市发展建设的水平,城市的里子保证城市的正常运转和居民生活安全。若被忽视,会出现全城瘫痪的尴尬,举步维艰的窘境,甚至下水道"吃人"。

　　因此,需从技术方面加以考量,提高职能部门的责任意识;呼吁公众广泛参与,制定科学制度,注重细节。

第五章　提出对策题

第一节　题型概述

一、题型认知

针对某种社会问题，站在政府的角度，提出合情合理合法的措施建议，即为提出对策题。该类题型的特点是题干中出现"提出对策""解决措施"等字眼。

二、考查能力

提出对策题考查归纳概括、综合分析、提出和解决问题的能力。

三、三个要求

对策要包括"三性"：针对性、可行性、可操作性。

（1）针对性：针对题目要求、材料内容，看准问题提解决措施。

（2）可行性：条件、满足实际需要。

（3）可操作性：具体，忌假大空。

四、解题技巧

（1）直接对策：已有做法，归纳总结。

（2）间接对策：问题→对策；

原因→对策；

案例型材料中的教训→对策。

（3）自创对策：当直接与间接的对策不能满足题目作答要求时，会使用到自创对策，即在直接与间接对策基础上，结合逻辑和实际经验对对策进行扩充。

第二节　题型分类

按照题目的不同要求，可将提出对策题分为两大题型：直接提出方案的对策题和需要概括问题或原因的对策题。通俗理解为一个作答任务和两个作答任务。

一、直接提出方案的对策题

直接提出方案的对策题一般要求考生针对问题提出对策。此类试题在答案中仅需要体现对策，无须阐述具体问题或原因是什么。

【示例1】请根据"给定资料8"，假设你是安平社区工作人员，就改进提升"爱心储蓄银行"志愿活动，提出相应的工作举措。（30分）

要求：（1）针对性强，语言凝练；（2）分点表述，条理清晰；（3）字数400字以内。

【示例2】假如你是"给定资料4"中S政府派往S村的驻村干部，请就如何治理该村的社会风气提出具体对策。（30分）

要求：措施具体，针对性强，条理清楚，篇幅250字左右。

【例】

1.作答要求

针对"给定资料6"中《一个农家书屋的自述》所反映的问题，你认为应采用哪些具体措施进行解决？（30分）

要求：措施具体，针对性强，条理清晰，篇幅不超过300字。

2.给定资料

给定资料	要点分析
资料6 为切实解决广大农民群众"买书难、借书难、看书难"的问题，我国从2001年开始在全国范围内实施"农家书屋工程"。工程计划在全国建立20万家农家书屋，到2015年基本覆盖全国的行政村。2014年5月16日，国家新闻出版广电总局召开了农家书屋工程实施以来的首次农家书屋书目分析会。农家书屋配书目前存在什么问题？农民对图书有哪些要求？有关媒体对此进行了采访，请看《一个农家书屋的自述》。 大家好！自我介绍一下，我来自一个农家书屋，生活在一个大家庭中，我在全国有几十万个兄弟姐妹。党和政府对我们多方面关怀与扶持，农家书屋管理部门每年通过制定推荐书目的方式为我们选书和配书，至今已经出了5次书目了。许多农民朋友把我们当成知心朋友，他们的许多难题在我们这里找到了答案，如今我们已成为新农村建设不可缺少的一部分。【1】 不过有时候我也苦恼，有的出版社推荐的书不是我想要的，我喜欢的书它们又没推荐上来。还有的时候，农民朋友需要的书出版社没有，送来的书又往往脱离农村实际。更让我难以接受的是，有的出版社让畅销书走市场，把卖得不好的书推荐给我【2】，这实在是一种短视行为，中国有8亿农民，市场潜力巨大呀！ 我的兄弟姐妹们有相当一部分过得并不如意。他们的大多数工作人员由当地的村干部兼职，村干部因为事务繁杂，客观上无法保证我们的正常开放；没有严格的借阅手续，借后不还的现象较为普遍，图书散失现象时有发生；甚至有些地方没有落实专人负责，图书不编号、不登记造册，常年放在书屋里不对外借阅。当初建设时，县（市、区）新闻出版部门是责任主体，村负责提供场地，建好后由村负责管理、维护和开放，但实际工作中，没有建立相应的监管机制，没有纳入年度政府目标考核。有些镇、村干部对农家书屋重视不够，县（市、区）文化新闻出版部门更无足够的人力、物力对此进行直接而有效的管理。【3】	【1】第一、二段为背景。 【2】问题反推对策：与出版社加强沟通，建议推荐书目满足农民需求，符合农村实际；提供以时政新闻类、实用技术类、生活保健类为主的音像、报纸、期刊。 【3】问题反推对策：安排专人管理，保证开放时间；严格借阅书续，为图书编号、登记造册，确保图书能够全部对外借阅；明确相关责任主体，纳入年度政府目标考核；加强宣传教育，提高干部重视程度；增加人力、物力，进行有效管理。

	续表
给定资料	要点分析
我和兄弟姐妹们都希望能跟上网络时代的步伐,分享科技进步的成果。<u>可有一部分的乡镇至今没有配备电脑,有电脑的也不都能上网</u>,【4】每当看到农民朋友因不能上网而离去的背影,我心中就特别难过。 　　<u>我知道农民朋友喜欢音像、报纸、期刊,尤其是时政新闻类、实用技术类和生活保健类期刊,可这些我没有</u>。【2】我听说,在部分经济发达地区,<u>有些兄弟姐妹已经跟当地的公共图书馆实现了通借通还,有的还建设了互联互通的数字书屋,有的建立了捐助平台,通过冠名捐助、结对帮扶等形式共建书香社会</u>【5】……我想如果我所有的兄弟姐妹都能拥有这样的条件,农民朋友该有多高兴啊!	【4】问题反推对策:配备电脑,接入 Wi-Fi。 【5】直接对策:与公共图书馆合作,建设数字书屋;建立社会捐助平台,通过冠名捐助、结对帮扶等形式共建农村书屋。

【参考答案】

　　1. 优化书目类别。与出版社加强沟通,建议推荐书目满足农民需求,符合农村实际;提供以时政新闻类、实用技术类、生活保健类为主的音像、报纸、期刊。

　　2. 实现规范管理。安排专人管理,保证开放时间;严格借阅手续,为图书编号、登记造册,确保图书能够全部对外借阅。

　　3. 建立监管机制。明确相关责任主体,纳入年度政府目标考核;加强宣传教育,提高干部重视程度;增加人力、物力,进行有效管理。

　　4. 完善互联网基础设施。配备电脑,接入 Wi-Fi。

　　5. 多方合作,资源共享。与公共图书馆合作,建设数字书屋;建立社会捐助平台,通过冠名捐助、结对帮扶等形式共建农村书屋。

二、需要概括问题或原因的对策题

　　需要概括问题或原因的对策题一般要求考生先概括材料反映的问题或原因,再就这些问题或原因提出解决措施。

　　【示例1】 "给定资料3"中,扶贫对象对该村的"扶贫公示牌"认可度不高,根据给定资料3,概括其原因并提出改进建议。(30分)

　　要求:(1)全面、简明、准确,条理清晰;(2)建议恰当、符合要求;(3)字数不超过400字。

　　【示例2】 请针对"给定资料3"中P县农家乐存在的问题,提出改进建议。(30分)

　　要求:问题明确,条理清晰,对策具体可行,字数不超过400字。

【例】

　　1. 作答要求

　　"给定资料3"中,扶贫对象对该村的"扶贫公示牌"认可度不高,根据"给定资料3",概括其原因并提出改进建议。(30分)

　　要求:(1)全面、简明、准确,条理清晰;(2)建议恰当、符合要求;(3)字数不超过400字。

2. 给定资料

给定资料	要点分析
资料3 记者小刘采访贫困村驻村第一书记小张，小张给他讲起一件事：刚驻村时，他挨家挨户走访贫困户。走访到一户赵姓人家后，这家的男主人握住他的手不愿松开。"我当时以为是要留我吃饭，就婉拒了。这位贫困户估计看我实在不懂，就明确告诉我，希望'先把门口的贫困户牌牌取了'"。 贫困户说的"贫困户牌牌"，正式名称为"扶贫公示牌"。小刘在这几年的工作中发现，尽管名称大同小异，<u>但部分贫困地区都有这种扶贫公示牌，牌上大多写有贫困户姓名、致贫原因、收入水平、帮扶责任人和联系电话等信息，多被挂在贫困户家门口的醒目位置。这些贫困户通常会因为自家门口挂着一块公示牌，觉得没面子，臊得慌。</u>【1】 其实，除了对贫困群众的收入状况、脱贫年限等公示外，"扶贫公示牌"一个更重要的作用是，让群众知道自己的帮扶责任人是谁，方便贫困户与帮扶者精准联系，还能够接受群众监督，防止贫困户对象认定不准确。【2】 然而，这块公示牌也给村里的贫困户添了不少烦恼。"那个牌牌上有我们的电话、收入情况啊，这下好了，<u>时不时就有推销、诈骗之类的电话打过来</u>，问我要不要贷款，要不要加入他们这样、那样的赚钱项目。"村里牛大爷也跟小刘说道："我当然知道都是骗人的，不会理，<u>但是每天接好几个这样的电话，闹心！</u>"【3】 小刘走访发现，一般来说，关于贫困户、帮扶责任人的相关信息，在贫困户家中的扶贫手册、收入明细表里有比挂在他们门口上那块公示牌更详细的记录。 贫困户老王还悄悄告诉小刘，<u>有不少村在村务公开栏定期集中公示扶贫信息，既起到监督作用，又不会让贫困户感到难堪。</u>【4】他觉得这种做法挺好的。"而且，制作这么一块牌牌，怎么也得花上十来块钱吧？我们村有这么多贫困户，<u>牌还时不时换，就为这个，公家一年下来就得花上不少钱啊</u>【5】"老王给小刘算起账来，眼里满是心疼。 小刘搜索发现，这块信息量不大的公示牌，在网络上的曝光率、出镜率可不低。比如，某某县扶贫公示牌制度助力精准扶贫；某某镇开展为贫困户悬挂精准扶贫公示牌活动……类似信息随便一搜就有不少。比如，一些地方和部门称：创新性实施了精准扶贫公示牌制度，将第一书记、帮扶人员和被帮扶人员的姓名、照片、电话、致贫原因和帮扶措施逐一印制在公示牌上，并悬挂于每户贫困户家中，方便了贫困户与结对帮扶党员干部的精准联系，更进一步夯实了扶贫责任，助力精准扶贫取得实效。<u>不过，具体精准在哪儿、实效是什么却表述含糊不清。</u>"我不觉得牌牌起到了多大作用。我们的扶贫干部们……像我的帮扶干部小李，那么辛苦、那么认真地帮助我们，怎么不多报道报道他们呢？每一次扶贫报道都说那块牌牌如何如何，没意思。【6】"该村的贫困户也对小刘抱怨着。 小刘还了解到，帮扶干部和驻村"第一书记"都有相应的走访、驻村考核指标体系，<u>如果帮扶干部真按要求定时走访、帮助出主意找路子，双方互相存下对方电话号码就解决了"精准联系"问题。而且帮扶责任人和贫困户经过一段时间的互动后</u>【7】，对方的联系电话等个人信息早已烂熟于心，用他们自己的话说"哪里需要挂在门口给别人看嘛"。 现今，精准扶贫到了攻坚克难的最后阶段，扶贫干部全身心扑在扶贫一线，涌现了<u>大批先进的典型，确实值得尊重与点赞。</u>小张说，每家每户的贫困情况都不尽相同，<u>因户施策、因情施策</u>，让贫困群众如期脱贫，考验的是扶贫干部的"真本事"，这来不得半点花架子。与其把挂在墙上的"扶贫公示牌"当成"创新""探索"，<u>不如由村委会利用"二维码"等现代电子信息手段，对贫困户信息进行实时更新，动态管理。</u>【8】唯有如此，才能摸实情、出实招、谋实策，做到真正精准。	【1】原因：公示牌缺乏人性化，侵害贫困户隐私，伤害其自尊，使其羞耻、难堪。 【2】"扶贫公示牌"的作用。 【3】原因：村民易遭受推销、诈骗等骚扰，影响正常生活。 【4】做法：在村务公开栏定期集中公示扶贫信息。 【5】原因：公示牌更换频率高，造成资源、资金浪费。 【6】原因：搞面子工程，以公示牌作为政绩标准，折射出基层干部错误的政绩观，引发村民质疑。 【7】做法：定时走访、帮助出主意找路子；利用电话；加强与贫困户间的互动。 【8】做法：宣传扶贫干部事迹；因户施策、因情施策；利用"二维码"等现代电子信息手段扶贫，对贫困户信息进行实时更新，动态管理。

【参考答案】

一、原因：1.公示牌缺乏人性化，侵害贫困户隐私，伤害其自尊，使其羞耻、难堪。2.村民易遭受推销、诈骗等骚扰，影响正常生活。3.公示牌更换频率高，造成资源、金钱浪费。4.以公示牌作为政绩标准，折射出基层干部错误的政绩观,引发村民质疑。

二、改进建议:1. 尊重村民隐私。把握好尺度,在接受监督和保护隐私之间寻找平衡点,科学规划公示信息,禁止出现贫困户个人隐私信息,保护其自尊心;在村务公开栏定期集中公示扶贫信息。2. 实施精准扶贫。帮扶工作日常化、具体化,帮助出主意找路子,加强与贫困户间的互动,因户施策、因情施策。3. 加强扶贫干部队伍建设。宣传扶贫干部事迹;加强培训考核,强化扶贫责任,倒逼扶贫干部定时走访贫困户,对不合格者予以问责,提升干部思想素养和执行能力。4. 借助科技手段。节约利用资源,利用电话、"二维码"等现代电子信息手段扶贫,对贫困户信息进行实时更新,动态管理。

第六章 公文写作题

第一节 题型概述

一、题型认知

公文写作题要求考生能够准确理解给定资料中所包含的工作目标与组织意图，遵循依法行政的原则，依据给定资料以及设定题目所反映的客观实际，及时有效地完成题目限定任务的试题。

标志是出现表示写的动词、量词与公文文种。

【示例1】A省将举办"乡村振兴样板工程展示会"，请根据"给定资料2"，就T村田园综合体建设情况撰写一份讲解稿。（30分）

要求：（1）紧扣资料，内容全面；（2）逻辑清晰，语言准确；（3）字数不超过400字。

【示例2】根据"给定资料4"，假如你是白云乡党政工作人员，请你写一篇关于白云乡网络扶贫经验的信息稿（30分）。

要求：（1）条理清晰，角度新颖；（2）归纳准确，语言精练；（3）字数不超过300字。

二、考查能力

公文写作题考查归纳概括和综合分析的能力。

三、答题要求和方法

（一）审题

（1）审题目标：明确题干中提示要达到的直接目的（工作目标）和深层意义（组织要求）。

（2）审清身份：明确自己的权责范围。

（3）审清文种：明确所书写何种应用文，不同的应用文行文内容和逻辑侧重有区别。

（4）审清特殊要求：如语言、格式（如未明确说明是否写格式，默认为写格式；除非明确知不写格式，如不必拘泥于格式、内容要点、提纲、提纲挈领）等。

（二）找点

审清题干，根据题干信息找要点。

（三）加工

1.结构上加工

（1）标题：居中书写。

①基本写法："发文单位"关于"主要内容"的"文种"。

②固定标题：编者按、整改通知书、会议纪要。

③其他写法：短文类题型。例：围绕主题自拟——做乡村的追梦人。

（2）发文对象：标题以下一行靠左顶格，书写后加冒号。

礼貌称呼：各位同志、同事、同仁、老师、领导、同学……

（3）正文：发文对象下一行。

正文包含开头、主体和结束语。

①开头：

·问题式：针对材料中出现的明显问题，作为发文事由。

·目的式：可在题干汇总寻找，常见词汇为"为了……"。

·影响式：主要呈现的形式为意义或者消极影响。

·背景式：结合材料中的大背景作为开头。

·根据式：主要针对材料中出现的权威观点、政策和领导人讲话等。

②主体：

·根据不同的文种确定行文逻辑。

·根据题干中的工作目标寻找要点，紧扣材料内容进行书写。

·有些文种有固定的行文思路，如会议纪要的主体主要写会议的发言、决议和问题。

③结束语：

·习惯用语式：特此通知等。

·呼吁号召式：在宣传稿和倡议书中最常见。

·提出要求式：如整改通知书，"以上整改意见要求 ×× 人在 ×× 工作日内整改完成"。

·自然收束式：主体写完，自然而然结束。

④落款（发文单位、发文日期）：

·正文下一行靠右顶格。

·右下角独立成行。

·发文单位一般在题干中寻找，无明确要求则以"×××"代替。

·发文日期的书写看题目要求，无明确要求日期则以"××××年 ×× 月 ×× 日"代替。

2. 内容上加工

将内容表述一致或相似的要点进行合并，分点表述时最好用汉字"一、""二、""三、""四、"表述。

第二节　题型分类

一、宣传类

（一）题型特点

宣传类公文主要目的是在说服某个或者某些对象的前提下，进而倡导被宣传对象采取某些行动或者措施。

典型的宣传类公文有公开信、倡议书、宣传稿、发言稿、讲话稿、宣传手册等。

【示例】A省将举办"乡村振兴样板工程展示会"，请根据"给定资料2"，就T村田园综合体建设情况撰写一份讲解稿。（30分）

要求：（1）紧扣资料，内容全面；（2）逻辑清晰，语言准确；（3）字数不超过400字。

（二）写作思路

（1）开头：背景、问题，即为什么要宣传通知；

（2）主体：意义、对策；

（3）结尾：呼吁号召。

【例】

1. 作答要求

A省将举办"乡村振兴样板工程展示会"，请根据"给定资料2"，就T村田园综合体建设情况撰写一份讲解稿。（30分）

要求：（1）紧扣资料，内容全面；（2）逻辑清晰，语言准确；（3）字数不超过400字。

2. 给定资料

给定资料	要点分析
资料2 田园综合体是农村一二三产业融合的产物，也是重塑乡村环境的建设载体。位于A省南部腹地的L县T村早在两年前就开始了自己的探索。乘坐高铁，过武义，穿过一段黑黢黢的隧道之后，就到了T村。车窗外，500亩色泽绚丽的花海一直向远处绵延，连接着起伏的山峦，T村花海就这样跃入眼帘。这正是T村建设的田园综合体——花海项目。【1】 2015年，为了响应A省建设大花园的号召，M控股集团与L县政府一拍即合，共同组建了花海产业有限公司。为此，L县以田园综合体建设为契机，对土地、资金、科技、人才等资源进行统一整合和配置，而M控股集团则不仅投资5亿元，还积极发挥其成熟的管理经验方面的优势，积极参与土地流转、道路硬化、花海规划和种植、基础设施建设等工作。【2】 从长远看，能否真正保证农民的主体地位，是田园综合体开发建设能否成功的关键。T村村两委自花海项目创立伊始，就始终坚持这一原则。2016年5月，花海正式对外营业，吸引了大量游客前来参观，第一天门票收入就达到42万元。为了建设娱乐休闲设施，同年7月，村两委倡导村民入股投资。村民们积极响应，第一周的入股金额就达到200万元，后来共筹集到1400万元资金。至此，村民们对花海项目的建设格外上心，还自发组织起了监督委员会，从花卉种植到财物使用，事无巨细随时质询。 花海的正式员工也均从本村聘用。开小火车的丁尧青原本是位家庭主妇，如今一个月有2000元收入。她说："现在开上了小火车，有一份工资，年底家里在公司的投资还能分红，日子过得宽裕多了。" 花海建成后，有村民想着开民宿和农家乐，从前期调研、装修到后期开业、宣传，都得到了村两委的大力支持。【3】去年5月，村民周君莲夫妇俩在村里开出民宿"丁家小院"。"开业短短两个月就赚了十多万元，"周君莲喜笑颜开。	【1】开头。 【2】政企合作。共同组建公司；政府负责统一整合和配置资源；企业投入资金，并发挥管理经验方面的优势，积极参与各项相关工作。 【3】坚持农民主体地位的原则。倡导村民入股投资；自发组织监督委员会；从本村聘用正式员工；扶持创业。

续表

给定资料	要点分析
去年12月24日，L县农业局和L县旅委联合主办的"大美L县·醉美花海"推介会在该县蓝天大酒店举行，获得了强烈的社会反响。为了进一步推广花海项目，L县还积极寻求与美团、携程旅游、飞猪等电商渠道合作，为村里的花海、农家乐、民宿客栈、娱乐活动、农特产品开通"绿色通道"。此外，T村花海公司也搭建起属于自己品牌的田园综合体电子商务平台【4】，将门票、住宿及特色加工产品等信息上传到了平台上，即使不是本地的消费者也可以购买花海田园综合体里的特色农产品。 　　随着花海的名气越来越大，两委会开始担心由此会产生的环境污染问题。花海项目始终致力于保持农村田园生态风光，保护好青山绿水。对搬迁后的民居，尽量保留，修旧如旧，用于发展乡村旅游和农家乐。在旅游区内，T村不仅配备了充足的垃圾收集设施，设立了垃圾处理厂，还引导游客按照垃圾类别进行投放，严格按照"当日垃圾，当日清运"的原则处理垃圾。【5】 　　如今漫步在花海，蝴蝶翩然【6】。如今的这片花海，已经盛开在每个村民的心田。	【4】重视营销推广。举办推介会；与电商渠道合作，开通绿色通道；搭建自有品牌电商平台。 【5】保护生态环境。保留原有民居特色，发展乡村旅游和农家乐；配备垃圾收集设施，设立垃圾处理厂，引导游客分类投放垃圾，并当日清运。 【6】结尾。

【参考答案】

关于T村田园综合体建设情况的讲解稿

各位来宾：

　　田园综合体是农村一二三产业融合的产物，也是重塑乡村环境的建设载体。展现在您面前的是我村的田园综合体——花海项目。现将我村建设情况介绍如下：

　　一、政企合作。共同组建公司；政府负责统一整合和配置资源；企业投入资金，并发挥管理经验方面的优势，积极参与各项相关工作。二、坚持农民主体地位的原则。倡导村民入股投资；自发组织监督委员会；从本村聘用正式员工；扶持创业。三、重视营销推广。举办推介会；与电商渠道合作，开通绿色通道；搭建自有品牌电商平台。四、保护生态环境。保留原有民居特色，发展乡村旅游和农家乐；配备垃圾收集设施，设立垃圾处理厂，引导游客分类投放垃圾，并当日清运。

　　如今漫步在花海，蝴蝶翩然。我们会继续努力，促进乡村振兴。谢谢大家！

二、建议意见类

（一）题型特点

　　建议意见类公文主要是为了某个或者某些对象能够更好地完成工作或者处理事务而提出的具体可行的对策或者建议。

　　典型的方案类公文有：指导意见、处理情况、活动方案、建议书等。

　　【示例】"给定资料1"中的Y区第六届"德孝文化节"即将举行。如果你是该区政府办公室的一名工作人员，请你拟定一份本届"德孝文化节"的工作方案。（30分）

　　要求：措施具体，针对性强，条理清楚，篇幅350字左右。

（二）写作思路

　　（1）开头：背景、问题；

　　（2）主体：对策；

（3）结尾：自然结束。

【例】

1. 作答要求

"给定资料1"中的Y区第六届"德孝文化节"将举行。如果你是该区政府办公室的一名工作人员，请你拟定一份本届"德孝文化节"的工作方案。（30分）

要求：措施具体，针对性强，条理清楚，篇幅350字左右。

2. 给定资料

给定资料	要点分析
资料1 "一个好媳妇，三代好孙子"。媳妇好不好，上台夸夸就知道。每年春天，X市Y区各个乡镇社区都要举行"夸媳妇比赛"。小娟是张庄村的年轻媳妇。五年前，刚进婆家的家门，她就承担起操持家务、照顾卧病在床的婆婆的重任。一日三餐按时将可口的饭菜端到全家人面前，给婆婆梳头、洗衣、按摩，一有空就搀扶着婆婆到院子里锻炼，陪着聊天说笑，安顿好这些后，她还要到地里干农活。五年时间的精心照顾，婆婆终于能下床活动了，她逢人就说："没有小娟，我早就不在人世了，小娟真比亲女儿还亲。" 　2014年，身体一直很好的公公突发脑血栓，不能走路，不会说话，脾气还特别大，小娟像哄小孩一样，轻声细语地给老人宽心，给公公捏胳膊、揉腿按摩。公公的病情也渐渐好转。村里人说，小娟不简单，是年轻人实实在在的榜样。小娟憨厚地回应道："一个人连父母的恩都报不了，还能善待谁呢？"【1】 　区里每年综合各乡镇社区"夸媳妇比赛"的结果和一年来的实际情况评选出区"十大孝顺媳妇"，并在春天举办的"德孝文化节"上进行表彰。【2】目前，该文化节已举办了5届。为形成长效激励机制，区人大常委会去年讨论通过了相关奖励政策并有效实行。这些政策包括：孝顺媳妇本人享受医疗保险补助；孝顺媳妇本人持有关证件可以在区域内的旅游景点免费参观。【3】张庄村还有一个"德孝文化苑"。记者在现场看到，一排长长的石碑嵌入墙内，左手是"德政千秋"篇，刻着历任干部为群众办的好事、实事；右手是"孝行天下"篇，记录了该村历年评选出来的孝顺媳妇和德孝模范。村党支部书记说："这是为了激励更多的人见贤思齐，争取早日把自己的名字刻上墙。"【4】据说，这样的"德孝文化苑"在该区域的每个村都有一个。 　尊老的孝行吸引邻里仿效，老人的善举更让社会动容。2016年2月14日，中国年度精神史诗——"感动中国"【2】年度人物颁奖盛典在央视播出，第一个出场的是江苏省南通市家喻户晓的磨刀老人——吴锦泉。88岁高龄的吴老退休后操起了磨刀旧手艺，一干就是26年。起初每磨一把收几毛钱，现在也不过三四块钱，吴老没有其他收入来源，每天仅能赚几十元。他个人生活十分俭朴，自己种菜，几乎没买过新衣服，每个月的生活费不超过300元，省吃俭用积攒下来的微薄收入，吴老统统捐了出去。孤残儿童需要帮助，他就把1000元政府慰问金和316元磨刀收入捐给了红十字会；玉树地震第二天，他捐出1000元；舟曲泥石流，老人又捐出一大堆硬币；慈善博物馆筹建，他捐款3000元；雅安地震，他又将两大罐硬币捐给了灾区，近2000元。哪里有困难，哪里总能看到吴老匆匆的脚步。近年来，吴老共向灾区、孤残儿童、贫困家庭捐款达4万多元。4万多元对大慈善家来说，也许微不足道，但对于靠磨刀为生的老人来说，几乎是倾其所有。老人的善举，一次又一次感动着社会，指引着无数胸怀善意的爱心人士。有吴老为榜样，老人所在的五星村成立了"锦泉一元爱心社"，吴老带头捐款3000元，他的儿子紧紧跟上，一些普通村民纷纷加入到爱心捐献中来。目前爱心社救助资金达到5万多元，已救助39人次，向伤残、重症、贫困家庭发放救助款1.4万余元。"更多的人不一定像吴老一样去捐款，但可以在自己的工作中做贡献，他给村里带来一种精神，可以感染每一个家。"五星村党支部书记说。	【1】第一、二段：举行"夸媳妇比赛"。 【2】综合各乡镇社区"夸媳妇比赛""十大孝顺媳妇""感动中国"等评选结果，确定人选予以表彰。 【3】实行奖励政策，形成长效机制。给予模范医疗保险补助、免费参观景点等政策优惠。 【4】在"德孝文化苑"记录先进干部、孝顺媳妇等德孝模范事迹，将姓名更新上墙。

续表

给定资料	要点分析
有感于吴老的感召力，"磨刀老人"被注册成为江苏省首个公益商标，南通市十字会创建了"磨刀老人微公益基金"，吴老个人捐款 3000 元。截至目前，基金收到各界捐款 15 万余元，惠及 60 岁以上的特困老人、困难环卫工人、贫困学子等人群。"我是一个磨刀的，也是一名慈善大使。通过我，希望能让更多的人成为有爱心的人【5】"，吴老说。如今，他是南通市年纪最长的红十字志愿者。	【5】成立爱心社，救助伤残、重症、贫困家庭等，激励群众效仿德孝行为；注册公益商标，创建公益基金，培育志愿者。

【参考答案】

关于"德孝文化节"的工作方案

　　为了传递为群众办好事、办实事的"德"精神，发扬孝顺父母的"孝"文化，特开展此次活动，活动方案如下：

　　一、搜集先进事迹，表彰德孝模范。综合各乡镇社区"夸媳妇比赛""十大孝顺媳妇""感动中国"等评选结果，确定人选予以表彰。二、记录先进事迹，刻墙激励宣传。在"德孝文化苑"记录先进干部、孝顺媳妇等德孝模范事迹，将姓名更新上墙。三、传播爱心和奉献精神。成立爱心社，救助伤残、重症、贫困家庭等，激励群众效仿德孝行为；注册公益商标，创建公益基金，培育志愿者。四、实行奖励政策，形成长效机制。给予模范医疗保险补助、免费参观景点等政策优惠。

三、归纳总结类

（一）题型特点

　　归纳总结类公文主要目的是把具体情况告知某个或者某些对象，其中具体情况中的要素要根据给定资料来确定。

　　典型的归纳总结类公文有提纲、指导意见、处理情况、材料、简报、导言、备询要点、调查报告、编者按等。

　　【示例】根据"给定资料 6"，以 B 区政府名义，就该区创新基层社会治理的做法和经验写一篇简报。（30 分）

　　要求：符合"简报"的写作要求，字数 400 字左右。

（二）写作思路

　　（1）开头：背景、问题、成绩；

　　（2）主体：根据作答任务而定；

　　（3）结尾：自然结束。

【例】

1.作答要求

　　根据"给定资料 6"，以 B 区政府名义，就该区创新基层社会治理的做法和经验写一篇简报。（30 分）

　　要求：符合"简报"的写作要求，字数 400 字左右。

2. 给定资料

给定资料	要点分析
资料6 改革开放40年，我国在发展经济同时，大力推进国家治理体系和治理能力现代化，着力抓好重大制度创新，着力提升人民群众的获得感、幸福感、安全感，各项便民、惠民、利民举措持续实施，改革呈现全面发力、多点突破、纵深推进的局面。 "经邦有术，持之以理"。推进国家治理体系和治理能力现代化，是全面深化改革的重要目标。基层治理是国家治理体系的重要组成部分，事关社会稳定和人民安居乐业。A市B区创新社会治理的做法和经验，从一个侧面反映了我国社会治理体制改革的显著成效。 B区政府在社会治理中发扬改革创新精神，积极应变，主动求变，运用互联网、大数据、人工智能等现代科学技术，不断提高公共服务的能力和水平。【1】 不久前，刚从大学毕业的小李打算创办一家小型科技公司，实现自主创业。但是，他对公司注册等流程不熟悉，就想起社区里张贴的"<u>网格员兜底办</u>"的服务内容，于是联系到所属社区的网格员。网格员立即<u>通过"不见面审批"流程，在"政务通"平台</u>为小李进行了营业执照全程电子化注册登记。网络的另一头，审批人员确认资料无误后即出具营业执照、备案和刻章。当天下午，小李到区政务服务中心顺利领取营业执照及公章、完成银行开户并办理税务登记。"<u>原来可能需要个把月办完的流程，现在一个工作日之内就办完了，比想象中方便高效得多</u>！【2】"小李对于"政务店小二"服务十分满意。 不仅创业的小李感受明显，全区的80万群众也是直接受益者，"原来每个单位都有自己的账号，用起来很麻烦，现在没有了这个烦恼，关注一个App就够了。"家住幸福社区的罗阿姨说，前段时间她感冒咳嗽，在家打开手机上的"政务通"App就预约成功了，凭二维码到医院扫码签到即可完成挂号，身边的家人朋友也都从"政务通"上获得各种政务服务和生活服务。【3】 目前，<u>全区"政务通"App客户端已整合全区各级政府工作机关和公共服务机构，接入了108个功能模块，集成了880项行政审批服务、124项公共服务、106项便民服务、9项公益服务和10项资讯服务</u>，有效破解了原有服务平台分散等问题，形成行政、公共、公益、便民、资讯"五位一体"的集成化移动网络服务平台。24小时在线智慧生活服务，让群众随时随地享受到优质高效的服务，亲身体会科学管理带来的便利。【4】 B区在推进社会治理中，还抓准<u>相信和依靠人民群众解决基层问题这个切入点，发动群众参与治理</u>，将村居（社区）平安志愿者、村居（社区）法律顾问、物业管理人员、离退休老干部以及热心群众纳入网格服务队伍，发动大家一起开展帮贫济困、法律服务、民事调解、环境整治等服务工作，为群众解决实际困难。【5】 B区在公务员和社区干部中强化公仆意识教育，弘扬敬业奉献精神。在实现各部门信息互联互通、资源整合共享、工作协调联动同时，把"键对键"服务与"面对面"服务结合起来，要求基层公务员和社区干部深入群众了解情况，"工作围着民意转、干部围着百姓转"，打通服务群众的"最后一公里"，及时解决涉及群众切身利益的矛盾和问题，零距离服务群众，避免"网络虚拟服务"与面对面服务脱节。【6】 目前，全区从基层治理矛盾最突出、改革呼声最高和人民需求最迫切的问题入手，<u>通过增强公仆意识和创新服务理念和手段，初步构建起了政务服务、基层治理、社会救助、生活服务、公共安全为一体的基层政务服务体系和模式。</u>【7】	【1】第一、二、三段：开头。 【2】依托"政务通"平台，提供高效服务。创办网格员兜底办服务，通过"不见面审批"流程，在服务平台受理注册登记等业务，精简办事流程，提高群众满意度。 【3】案例。 【4】统一公共服务平台，科学管理。整合全区各级政府工作机关和公共服务机构，设立不同服务模块，破解原服务平台分散等问题，形成集成化移动服务平台；全天在线工作，为群众提供优质服务。 【5】发动群众，加强基层自治。将群众纳入网格服务队伍，发动群众共同开展服务工作，为群众解决实际困难。 【6】强化公仆意识教育，弘扬敬业奉献精神。实现各部门信息和资源共享、工作协调联动，了解情况及时解决问题，零距离服务群众，避免线上与线下服务脱节。 【7】结尾。

【参考答案】

关于B区创新基层社会治理情况的简报

为响应国家推进治理体系和治理能力现代化，我区在基层治理中发扬改革创新精神，运用现代科学技术，不断提高公共服务水平，现将具体做法和经验汇总如下：

一、依托"政务通"平台，提供高效服务。创办网格员兜底办服务，通过"不见面审批"流程，在服务平台受理注册登记等业务，精简办事流程，提高群众满意度。二、统一公共服务平台，科学管理。整合全区各级政府工作机关和公共服务机构，设立不同服务模块，破解原服务平台分散等问题，形成集成化移动服务平台；全天在线工作，为群众提供优质服务。三、发动群众，加强基层自治。将民众纳入网格服务队伍，发动群众共同开展服务工作，为群众解决实际困难。四、强化公仆意识教育，弘扬敬业奉献精神。实现各部门信息和资源共享、工作协调联动，了解情况及时解决问题，零距离服务群众，避免线上与线下服务脱节。

目前，我区通过增强公仆意识和创新服务理念，已初步构建了基层政务服务体系和模式。

四、评论类

（一）题型特点

评论类公文的目的是希望某个或者某些对象能够接受作者对这些社会现象的观点或者评价，进而不断证明自己观点的正确性的一类文体。

典型的评论类公文有：时评、短评、评论文等。

【示例】假如你是某日报的一名记者，请根据"给定资料3"，针对目前"悲情营销"泛滥的现象，以"莫让'悲情营销'寒了人心"为题，写一篇短评。（30分）

要求：（1）观点明确，简明深刻；（2）语言流畅，有逻辑性；（3）字数500字左右。

（二）写作思路

（1）开头：简单介绍评论对象＋阐述观点；

（2）主体：理由、对策；

（3）结尾：给出结论或自然收束。

【例】

1. 作答要求

假如你是某日报的一名记者，请根据"给定资料4"，针对目前"悲情营销"泛滥的现象，以"莫让'悲情营销'寒了人心"为题，写一篇短评。（30分）

要求：（1）观点明确，简明深刻；（2）语言流畅，有逻辑性；（3）字数500字左右。

2. 给定资料

给定资料	要点分析
资料4 "果农心急如焚""欲哭无泪""帮帮我们"……不管是在电商平台，还是在微信朋友圈，我们不时就可以看到商家发布的类似的信息，甚至还出现了一位网红"滞销大爷"：图片上一位愁容满面的老人凝望远方，背景可以切换成任意的农产品，苹果、土豆、西红柿等等，有网友甚至调侃说："大爷，您咋种啥啥滞销呢？"这种农产品的营销方式被人们称为"悲情营销"。【1】	【1】第一段：定义：是指商家通过网络渠道发布农产品滞销的消息，借此卖出农产品。

续表

给定资料	要点分析
在人们的传统印象中，农民向来是"靠天吃饭"的，一旦遇上恶劣的自然灾害，颗粒无收也不是没有可能。<u>恻隐之心，人皆有之，在农产品滞销时候，消费者能帮一把是一把</u>。<u>正因如此，借助一个"情"字，商家就能够更快地将农产品卖出去</u>。起初，这种营销方式确实为滞销的农产品打开了一条销路。然而，在当下，<u>"悲情营销"却已然变了味道</u>。【2】 　　据媒体调查发现，<u>在网络上泛滥成灾的"悲情营销"中，只有三成多是真的，近七成都涉及虚假宣传等，是一种欺诈性的销售行为</u>。"人无信不可，民无信不立，国无信不威"，<u>为了迅速获得短期利益，商家抛弃了立命之本，滥打"悲情牌"</u>。这一恶劣的行为不仅<u>辜负了购买者的爱心，还扰乱和破坏了等价有偿、公平竞争等的市场秩序，最终损害的是整个行业的利益</u>。【3】 　　针对泛滥的"悲情营销"，终于有基层政府看不下去了。2018年5月，<u>山西临猗县政府针对"临猗苹果滞销"发布一则声明</u>，称多个电商利用打"悲情牌"营销临猗苹果，这种不当的营销方式不但<u>成为当地苹果价格不合理波动的一大诱因，还令当地苹果的品牌形象一落千丈</u>。【4】 　　据了解，这些商家在宣传页面中呈现出来的苹果都是有果锈疤痕、麻点、黑点、裂口的次等果，事实上此类苹果是客户筛选之后剩下的，仅占很小的比例。<u>明明果农没有"心急如焚、欲哭无泪"，苹果也没有大量堆积霉变或是损坏，商家却夸大实情，甚至制造出类似的假象，试图通过这种不正当竞争把坏产品卖出最好的价格</u>。于是乎，像网购山西的滞销苹果、发货地却在广东这样的荒唐事件接连不断地发生，消费者明明花了较高的价格却买回几乎已经一文不值的烂水果。不管是线上还是线下，在购买商品或接受服务时，<u>消费者都有权知道商品或服务的真实状况，更享有公平地进行交易的权利，"悲情营销"显然侵犯了消费者的这些权利</u>。【5】 　　天下没有不透风的墙，尤其在资讯极其发达的当今时代，纸更加包不住火。<u>"当这些真相一个个被揭露，人们在恍然大悟之余，难免不将善意一笔勾销，长此以往，人们的心肠会冷却下来，再遇到这种情况会选择'将眼睛闭上'。要知道，善意是一种稀缺资源，长期浪费和挥霍都将导致整个社会的信任成本趋高</u>。"某农业大学的L教授急切地表示，在其造成难以挽回的局面之前，<u>对于泛滥的"悲情营销"，我们必须要加强监管，及时打击，这也是当务之急</u>。【6】 　　"在城市商店、商铺里买东西，如果经营者以次充好，短斤缺两，一般都会受到严厉的处罚。"L教授指出，对于发生在产销地的这种恶劣的销售行为，<u>地方政府不能再熟视无睹，而是要抓住典型的事件，进行严厉的处理。与此同时，还要通过公益宣传片、商业道德讲座、表彰模范人物等方式弘扬诚信经营的风气</u>。【7】 　　某社交媒体的负责人也表示，<u>他们和电商平台一样，有责任加强排查和把关，避免虚假信息遮蔽消费者的双眼</u>。"今后，<u>我们会在后台系统中通过图片识别、身份认证等手段，第一时间找出并删除虚假信息，将失信的经营者拉入黑名单</u>，不给'悲情营销'泛滥的机会。"【8】 　　有人说，打击"悲情营销"容易，<u>但更为重要也更有难度的却是如何真正地解决农产品滞销问题</u>，因为治标是一时的，只有治本之策才能从根源上解决问题。【9】 　　农产品滞销本身就是市场调节的结果。在问农产品为什么卖不出去之前，应当先问问：当初该不该种？应该种什么？不能等到滞销已成定局，才打出这张"煽情牌"，<u>这就需要我们在优化当地农产品种植结构下苦功夫，看看未来市场真正的需求在哪里</u>，而不是看到别人种什么自己就跟着种什么，最终导致"千树万树俱梨花"。当然，<u>"酒香也怕巷子深"，没有好的名声，没有大声的吆喝，特色产品也会遭遇"养在深闺人未识"的尴尬，我们要做的就是大声吆喝起来，为产品打出响当当的名气</u>。【10】	【2】第二段：1.定义：商家利用消费者的同情心来销售农产品。2.问题："悲情营销"已变味。 【3】第三段：1.问题："悲情营销"泛滥，大多是欺诈性销售。2.原因：商家为迅速获得短期利益，抛弃立命之本，滥打"悲情牌"。3.危害：辜负购买者的爱心，扰乱破坏市场秩序，损害行业利益。 【4】第四段：危害：造成农产品价格不合理波动，损害农产品品牌形象。 【5】第五段：1.问题：商家夸大实情、制造农产品滞销假象，试图通过这种不正当竞争牟取最大利益。2.危害：侵犯消费者知情权及公平交易权。 【6】第六段：1.危害：虚假的悲情营销会透支公众善意，导致人性冷漠，拉高社会信任成本。2.对策：我们要加强监管，及时打击。 【7】第七段：对策：地方政府要抓典型事件严厉处理，弘扬诚信经营之风。 【8】第八段：对策：电商平台及社交媒体要加强排查和把关，借助技术手段及时删除虚假信息，建立失信黑名单。 【9】第九段：对策：要从根源上解决农产品滞销问题。 【10】第十段：对策：瞄准市场需求，优化农产品种植结构，做好特色产品的宣传推广和品牌建设。

【参考答案】

莫让"悲情营销"寒了人心

"悲情营销"是指商家通过网络渠道发布农产品滞销消息,借助人们同情心来卖出农产品的营销方式。起初,这种营销确实为滞销的农产品打开了销路,但现在其已变味,大多沦为欺诈性销售。对此,应加以打击,不能让"悲情营销"寒了人心。

我们要认识到"悲情营销"及其社会危害性。一、商家为获得短期利益不守诚信,滥打"悲情牌",夸大实情、制造农产品滞销假象,试图通过这种不正当竞争谋求最大利益。二、这不仅会扰乱市场秩序,造成农产品价格不合理波动,还会抹黑农产品品牌形象,损害行业利益;更会侵犯消费者知情权及公平交易权,辜负购买者的爱心,透支公众善意,导致人性冷漠,拉高社会信任成本。

针对"悲情营销",要多措并举,综合施策。一、加强监管,及时打击。地方政府要抓典型事件严厉处理,弘扬诚信经营之风;电商平台及社交媒体要加强排查和把关,借助技术手段及时删除虚假信息,建立失信黑名单。二、从根源上解决农产品滞销问题。瞄准市场需求,优化农产品种植结构,做好特色产品的宣传推广和品牌建设。

打击"悲情营销"关乎你我他,让我们都行动起来共建诚信经营之风!

五、长篇公文

(一)题型特点

长篇公文本质上仍然是公文题,和题干相关的所有要素都要写(摘抄材料),格式按照公文文种。

写作形式上,正文中的主体部分,段前要有总括句,类似于大作文中的分论点段主旨句,呈现"总一分"结构。总括句后面的论述要点要分点作答。

【示例1】假如你是"给定资料6"中杨安镇的一名工作人员,为宣传发动群众积极报名参加第二届乡村技能大赛,请你以大赛组委会的名义,给全镇村民写一封公开信。(65分)

要求:(1)自选角度,自拟标题;(2)结合给定资料,不拘于给定资料;(3)内容充实,结构完整,语言流畅,有感召力;(4)篇幅1000字左右。

【示例2】近期,山水镇党委将专题研究"如何推进乡村文旅经济高质量发展",请整理一份1000字左右的材料,提供给镇领导做决策参考,题目自拟。(70分)

要求:(1)总结情况到位,分析问题正确;(2)提出的决策建议符合实际,符合规律;(3)思路清晰,视野开阔,重点突出。

(二)写作思路

根据题干作答任务和公文不同文种而定。

【例】

1.作答要求

假如你是"给定资料6"中杨安镇的一名工作人员,为宣传发动群众积极报名参加第二届乡村技能大赛,请你以大赛组委会的名义,给全镇村民写一封公开信。(65分)

要求：（1）自选角度，自拟标题；（2）结合给定资料，不拘于给定资料；（3）内容充实，结构完整，语言流畅，有感召力；（4）篇幅1000字左右。

2.给定资料

给定资料	要点分析
资料6 2020年12月20日，H县杨安镇举办了第一届乡村技能大赛，以下是比赛现场实录： 剪影一："宝贝，快来，小熊在等你一起玩呢！"选手小梁一边挥动手上的玩偶小熊，一边用呼喊声吸引宝宝，帮助宝宝练习爬行。在育婴员比赛区，选手们正在参加不同场景下对婴幼儿进行日常照料、护理和辅助成长的项目比赛，"宝贝真乖，舒服吧，我们来揉揉小肚肚。"在小梁旁边，选手小祝正在给小宝宝进行按摩，"这对参赛选手的育婴知识水平和育婴服务技能都是不小的考验。"裁判员老丁介绍说。在养老护理员比赛区，选手们正在帮老人铺设床铺、调整轮椅、给老人喂饭、帮老人按摩等。"育婴员和养老护理员都是市场需求量较大但人才供给较少的热门职业，也是省市乡村技能培训的重点内容。"大赛组委会小储介绍，"本届大赛中设置这两个比赛项目，既切合乡村实际又紧贴市场需求。"【1】 剪影二：在电子商务项目比赛区，选手们正在努力推介当地的羊肉、苹果、大枣等土特产品，裁判员在一旁仔细观看、认真记录，"电子商务在乡村振兴中扮演着越来越重要的角色，需要更多的专业人才加入。"大赛组委会老李说，"本次比赛设置电子商务项目竞技，为我镇搭建了一个乡村电子商务人才切磋的平台。"【2】 剪影三："羊肉要肥瘦相间，烤完外焦里嫩、有热度有香味，吃着口感好、不柴。"中式烹饪师（羊肉烘烤）项目裁判员老夏一边向记者介绍，一边仔细观察参赛选手小赵的操作，小赵和他的妻子小吕都报名参加了本次比赛，和小赵不同的是，小吕参加了餐厅服务员的比赛，"我们夫妻俩在村里开了一家农家乐餐厅。"小吕说，"来报名参赛，一是想来见见世面，二是想结交一些同样经营农家乐的志同道合的朋友。""在本次技能大赛中，我们设置了中式烹饪师（羊肉烘烤）项目。过去中式烹饪师比赛都是以制作八大菜系为主，新项目既突出了我们杨安镇的羊肉饮食特色，也顺应了当前年轻人消费的新趋势。"大赛组委会小乔介绍说。【3】 剪影四：樱桃树冬季修剪比赛区，选手们正在进行修剪作业。他们通过抽签编号，确定了实际操作工位，一人两棵树，动作敏捷，修剪精准，H县高级农艺师老蔺作为裁判员在一旁仔细观察。"我重点关注的是选手们修剪樱桃树的关键技术。"老蔺说，"樱桃产业是我们杨安镇的支柱产业，希望通过本次比赛，能提高参赛人员樱桃树修剪的实操水平，夯实我镇樱桃产业可持续发展的人才基础。"【4】 通过举办第一届乡村技能大赛，杨安镇从全镇农业家庭户籍人员中选拔了一批优秀的乡村技能人才，起到了良好的示范效应。为巩固第一届大赛的成果，进一步掀起全镇村民技能学习的热潮，带动和鼓励更多村民向技能人才迈进，杨安镇决定于2021年12月20日举办以"新时代、新技能、新梦想"为主题的第二届乡村技能大赛，大赛在即，记者前往大赛组委会进行了采访。【5】 第二届乡村技能大赛组委会主任、杨安镇党委蔡书记在接受记者采访时表示，"相对于第一届比赛，第二大赛的最大亮点是，获得各比赛项目前3名的选手经报请县人社局核准后，将被授予'全县乡村技术能手'称号，并颁发证书和奖金，此外，我们还会协调安排意向企业对接获奖选手，为获奖选手提供后续的项目支持和资金保障。"【6】 记者从杨安镇第二届乡村技能大赛组委会了解到，大赛聚焦农村实用型技能，设立了果树修剪、乡村养老护理员、育婴员、电子商务师、中式烹饪师、砌筑工、无人机驾驶等15个比赛项目，比第一届增加了5个项目，目前，大赛的各项筹备工作正在紧锣密鼓地进行中。【7】	【1】比赛项目：1.设计了养老护理、育儿项目，与家庭生活息息相关。2.符合乡村实际又紧贴市场需求。 【2】比赛项目：看似复杂的电子商务、无人机驾驶等项目，咱们镇上的一些年轻人也在相关行业中工作，比赛正好搭建了技能切磋的平台。 【3】锻炼技能：1."烤肉串"比赛项目会重点关注选手对时间、温度、火候的控制，自身的不足就会在评比中得到指正。2.大赛提供沟通交流的平台，方便向经验丰富的前辈请教，与想法新颖的后辈沟通，结交志同道合的朋友，实现共同进步。 【4】设计了樱桃果木的修剪项目，这是我们镇大多数人必备的生产技能。 【5】开头：去年举办了第一届乡村技能大赛，形成良好的示范效应。为巩固第一届大赛的成果，我们将于2021年12月20日举办以"新时代、新技能、新梦想"为主题的第二届乡村技能大赛。 【6】比赛奖励：前3名的选手将被授予"全县乡村技术能手"称号，并获得政府部门颁发的荣誉证书和奖金。同时，我们将协调安排意向企业对接获奖选手，为获奖选手提供后续的项目支持和资金保障。 【7】开头：本次大赛比第一届增加5个项目，希望大家都能踊跃报名参与。

【参考答案】

关于动员群众参与第二届乡村技能大赛的公开信

各位父老乡亲：

　　大家好！去年，我们举办了第一届乡村技能大赛，选拔出了一批优秀的乡村技能人才，形成了良好的示范效应。为巩固第一届大赛的成果，掀起技能学习热潮，给乡村能人提供彰显自我的机会，带动父老乡亲们往技能人才的方向转变，我们将于 2021 年 12 月 20 日举办以"新时代、新技能、新梦想"为主题的第二届乡村技能大赛。本次大赛比第一届增加 5 个项目，不仅参赛项目多，还能实现个人成长，获得丰厚的奖励，希望大家都能踊跃报名参与。

　　比赛项目实用，参赛选择多样。本次大赛与其他技能大赛门槛高、比赛难度大的情况不同，我们设计了非常多接地气的比赛项目，与大家的日常生活和咱们镇的生产实际相关。比如，我们设计了养老护理、育儿项目，与家庭生活息息相关；我们还设计了樱桃果木的修剪项目，这是我们镇大多数人必备的生产技能；即使是看似复杂的电子商务、无人机驾驶等项目，咱们镇上的一些年轻人也在相关行业中工作，比赛正好搭建了技能切磋的平台。由此可见，本次比赛几乎做到了镇上职业的全覆盖，符合乡村实际又紧贴市场需求，无论你擅长哪一方面，都能够在本次大赛中找到适合自己的项目，大施拳脚。

　　比赛锻炼技能，积累技能经验。咱们的比赛竞技方式就是在练中考，在考中练，这个过程本身就能提升操作能力，评比的结论还能为大家后续的发展提供方向。比如在"烤肉串"的比赛项目中，会重点关注选手对时间、温度、火候的控制，自身的不足就会在评比中得到指正。同时，大赛还能为大家提供沟通交流的平台，方便向经验丰富的前辈请教，与想法新颖的后辈沟通，结交志同道合的朋友，实现共同进步。此外，本次大赛还面向全体村民开放，大家可以在闲暇时间来到比赛现场，观看不同类型的比赛，了解新事物，开阔视野，丰富眼界。

　　比赛奖励丰厚，提供发展平台。第二届技能比赛的最大亮点是通过大赛的角逐，获得各比赛项目前 3 名的选手将被授予"全县乡村技术能手"称号，并获得政府部门颁发的荣誉证书和奖金。同时，我们将协调安排意向企业对接获奖选手，为获奖选手提供后续的项目支持和资金保障，增加获奖选手技能的实操机会、学习机会和发展机会，扩宽优秀人才的后续发展空间，营造双赢局面。

　　父老乡亲们，让我们一起在技能大赛的舞台上，赛出水平、赛出风采，尽情展现自我吧！

XX 大赛组委会

XXXX 年 XX 月 XX 日

第七章　文章论述题

第一节　题型概述

一、题型认知

2021—2025年福建省选调生考试文章论述题考情一览表

年份	题目
2021	请参考给定资料,围绕"加快打造数字乡村,全面推进乡村振兴"这一主题,联系实际,自选角度,自拟题目,写一篇策论文。(70分) 要求:(1)观点明确;(2)思路清晰;(3)语言流畅;(4)字数1000字左右。
2023	假定你是下派L村驻村第一书记,请你结合给定资料围绕L村座谈会上与会者谈判的困难和问题,参考借鉴其他地方经验和做法,给出相应的对策、建议,撰写一篇文章,题目自拟。(70分) 要求:(1)思路清晰,层次分明;(2)措施具体实在,有针对性,可操作性强;(3)字数1000字左右。
2024	请参考给定资料,学习借鉴"千万工程"经验,立足福建实际,以"激发'美丽+'新功能,奋力开创'三农'工作新局面"为主题,自选角度,自拟标题,写一篇对策性文章。(60分) 要求:(1)精准破题,思路清晰;(2)论点明确,论证有力;(3)提出的对策符合实际,有针对性;(4)字数1000字左右。
2025	请参考给定资料,以"如何在城乡融合发展中创新基层治理"为主题,自选角度,自拟题目,写一篇对策性文章。(70分) 要求:(1)紧扣主题,切合具体;(2)思路清晰,见解深刻;(3)提出的对策符合实际,有针对性;(4)字数1500字左右。

二、常见误区

1. 主题不明确

脱离材料随意编造,偷换概念偏题跑题。

2. 文章不生动

没有思路直抄材料,才短思涩照搬模板。

三、题型分类

文章写作题按照题型分类可以分成命题作文与话题作文两类。

（一）命题作文

命题作文：题目中已给定文章标题。

【示例】围绕给定资料，联系实际，以"立志·磨练·成才"为题，写一篇文章。（70分）

要求：（1）观点明确，内容充实；（2）结构完整，论述深刻；（3）条理清晰，语言流畅；（4）字数1000～1200字。

（二）话题作文

话题作文：不限定文章标题。通常给出写作主题或者通过材料当中的某句话引申写作角度等方面的作答提示。

【示例1】请参考给定资料，学习借鉴"千万工程"经验，立足福建实际，以"激发'美丽+'新功能，奋力开创'三农'工作新局面"为主题，自选角度，自拟标题，写一篇对策性文章。（60分）

要求：（1）精准破题，思路清晰；（2）论点明确，论证有力；（3）提出的对策符合实际，有针对性；（4）字数1000字左右。

【示例2】请参考给定资料，围绕"加快打造数字乡村，全面推进乡村振兴"这一主题，联系实际，自选角度，自拟题目，写一篇策论文。（70分）

要求：（1）观点明确；（2）思路清晰；（3）语言流畅；（4）字数1000字左右。

四、写作要求

1. 观点明确

观点明确就是指无论中心论点还是分论点，都必须鲜明。观点可以是整篇文章的总论点，也可以是文章的分论点。

2. 论据有力

理证法、例证法、对比论证。

3. 结合资料

引用给定资料。

4. 联系实际

不仅要引用给定资料，还要联系社会实际。

联系实际是指提出问题和分析问题时，要紧密结合当前社会现实以及个人生活感悟，即具体问题具体分析、结合资料、结合自身、贴近社会，同党和国家的指导思想、政策理论紧密结合。

5. 结构完整

完整的文章结构应当包括标题、开头、主体、结尾四个部分，结构完整是对一篇申论文章提出的最基本的要求，缺少任一部分，都不能实现其写作目标。

在阅卷过程中，若缺少标题，则在已得分基础上扣3分；若没有结尾，则直接被归为四类卷。考生需注意，文章写作题属于主观性阅卷，虽然缺少标题只扣除3分，但是实际上从阅卷工作者主观出发，一篇结构不完整的作文，一般很少能得高分。

6. 语言合理

语言合理的基本要求是语言规范和语言准确。

语言规范是指使用规范的现代汉语简体字；不写错别字，正确使用标点符号；规范运用文言文和网络语言。

语言准确要求语言表述清楚、得当,不产生歧义;不误用某些词句;遣词造句符合语法。

7. 卷面整洁

字迹清晰,字体端正,无涂改。

五、评分标准

评分细则(以70分为例)

档次	内容	语言	结构	卷面	分数
一类文	观点鲜明准确,见解新颖独到,思想深刻,逻辑严谨,充分联系实际和给定资料,论述翔实,分析详细,对策合理且具有较强的可行性,字数符合题目要求	语言简洁、通畅、得体、规范、生动、运用多种表达方式且运用恰当,无语病	结构完整,条理清晰,详略得当	书写规范、工整,格式标准,无错别字,标点正确,卷面整洁、美观	57～70
二类文	观点明确、合理,见解比较深刻,符合内在逻辑,能够联系实际和给定资料,论述分析有理有据,对策合理,字数符合题目要求	语言通畅,运用两种以上表达方式且运用恰当,语病较少	结构完整,条理清晰	书写规范、工整,格式正确,基本无错别字和标点错误,卷面干净整洁	44～56
三类文	有观点且观点正确,未偏离给定资料主题,有分析,有对策,字数与题目要求相差不超过5%	语言欠通畅,表达方式运用单一但得当,有明显语病且较多	结构完整	书写可以辨认,文面错误较少	30～43
四类文	脱离给定资料另起炉灶,难以找到文章观点,有观点但无解释分析,背诵事先预备的范文,大量摘抄原文,字数与题目要求相差超过5%	语句基本不通,不知所云	结构不全或混乱,不分段落或标点	字迹潦草,难以辨认,卷面修改、涂抹极严重	0～29

第二节　文章论述题五要素

文章论述题的写作由立意、标题、开头、论证、结尾五个要素构成,本节我们就文章论述题的五大要素进行深入讲解。

一、立意

刘勰在《文心雕龙·神思》中写道:驭文之首术,谋篇之大端。立意是议论文写作最关键的一步。议论文的立意就是明确论点,即明确"要证明什么"。论点是一篇文章的灵魂、统帅,是作者对所议论的问题(事件、现象、观点、行为等)所持的见解和主张。

任何一篇文章都只有一个中心论点,论点应该正确、鲜明、概括,绝不可模棱两可,围绕中心论点可以提出几个分论点,用来补充或证明中心论点,要注意分清主从。

（一）论点的常见形式

论点是针对话题的带有明确表态的判断句。

一般格式为"……是……""……必须……""……关键在于……"，如"革命的首要任务是分清敌我""干部下基层必须下到底""提高行政效率关键在于转变作风"等。

（二）论点的位置

论点可以在文章标题、文章开头、文章结尾、文章中间等处出现。在考试中，由于阅卷时间极短，我们要尽快提出论点，方便阅卷者在高速阅卷中看清楚。

（三）一般处理原则

（1）标题要反映中心论点。

（2）在文章中，评论提出中心论点应开门见山，一般在第一或第二段提出。

（3）结论时要呼应主题，强调中心论点。

（4）分论点要服务于中心论点，不得喧宾夺主。

（四）立意的方法

立意大体有三种方法，分别是题干点睛法、资料分析法和客观题分析法。前两种方法一定会用到，客观题分析法作为补充方法。

（1）题干点睛法

剖析题干，抓住题干中的关键词，寻找关键词之间的关系，进而初步确定写作的主题。

（2）资料分析法

阅读资料一句话口令：优先读给定资料，其次读小题未使用资料，再者通篇浏览剩下资料，最后剔除干扰资料。

二、标题

（一）基本原则

标题限定，则可直接使用；标题未限定，需自拟标题，自拟标题尽量体现主题/关键词。

1."以……为题/题目"

说明题干已经限定题目，此时自拟标题，最轻的结果是扣两分，最重可能限定最高分，也就是降档。

2."以……为主题/话题"

必须自拟标题。如果题干要求以"创新驱动发展"为主题写一篇作文，不能直接取名《创新驱动发展》，否则扣除题目分。

3.拟副标题时，需另起一行，居中对齐

（二）常拟标题方法

1.点睛式

此类标题常见的有：让……成为一种习惯/信仰/风尚；让……成为……不竭动力/力量源泉；让……

走得更远 / 源远流长 / 大放光彩 / 焕发新光彩 / 焕发新活力 / 崛地而起 / 滋养心灵 / 拥有持久生命力 / 历久弥坚 / 安享幸福 / 共享红利 / 成为现代化引擎等。

【示例】

（1）让塑造良好家风成为一种常态

（2）把美丽乡村的着力点放在文化上

2. 对称式

此类结构一般为：动词 + 主题词 + 意义。

【示例】

（1）树立底线思维　守护生态文明

（2）维护生态底线　促进绿色发展

3. 比喻 / 拟人式

此类结构一般为：主题词 + 比喻词。

【示例】

（1）文化是铸造新农村的"脊梁"

（2）开启生态水系建设的新里程

（3）走好文化供给侧改革的新长征

三、开头

（一）基本原则

俗话说"凤头—猪肚—豹尾"，开头是给阅卷老师的第一印象，开头的好坏直接关系到得分的高低。所以，开头一定要开门见山，快速切入主题，并且体现主要关键词，语言要出彩。

（二）常用的开头方法

1. 排比式开头

【示例】

一个没有根的人，是一个无法得到精神归依的人；一个没有根的民族，是一个无法屹立于世界民族之林的民族；一个没有根的国家，是一个无法长期繁荣发展的国家【排比论证】。"根"对于每个人、每个民族和每个国家都至关重要【分析重要性】。然而，现在乡村却出现了文化精神上的失根现象，传统生活方式正在消亡与崩溃【分析问题】。究其原因，在于乡村教育的衰落【分析原因】。因此，必须振兴乡村教育，解决失根危机【提出总论点】。

2. 阐释式开头

【示例】

文化自觉，是一个民族、一个国家对文化的自我认知，是对文化的寻根和继承，是对文化的批判与发展，是对文化发展规律的把握和期许【阐述含义】。回溯历史，古老的东方文明吸引着八方来客；立足当下，多彩的中华文化更是彰显独特魅力【论述重要性】！颂古唱今，文化自觉是让东方文化备受青睐的根基！文化需要坚守独立的品质，需要弘扬匠人精神，需要强化创新意识【提出总论点】！

3. 引言式开头

【示例】

狄更斯说过:"这是最好的时代,也是最坏的时代"【引用名言】。当前,经济发展迅速,人民生活改善,各类产业发展,基础设施、公共服务不断完善……【背景】然而,部分人仍然沉迷享乐,追求娱乐至上,一些农村依旧贫苦困苦【问题/现状】。因此我们要怀揣历史使命感,秉持社会的责任感,积极入世,以有限的人生,行顺应时代需求之事;尽己所能,以一己之力,争做时代有为之人【提出总论点】。

4. 背景式开头

【示例】

当下,站在实现"五位一体"全面发展的时代大潮面前,把关注现实和生命当作个体价值实现的渠道,把为国利民作为人生至善之追求,这是人生应有之义【背景】。因此我们要怀揣历史使命感,秉持社会的责任感,积极入世,以有限的人生,行顺应时代需求之事;尽己所能,以一己之力,争做时代有为之人【提出总论点】。

5. 问题式开头

【示例】

房价太高、工作压力太大、就业好难、人际关系很难处理这是我们青年一代对青春最常有的感叹【阐述问题】。压力无处不在,青春是如此的不容易【过渡句】。但青春从来都是不容易的代名词【提出观点】。正如白岩松在演讲中所说:"没有一代人的青春是容易的!"【引用名言】每一代人的青春都有各自的伤痛与迷茫【进一步解释名言】。"青春受谢,白日昭只"【引用名言】。与其吐槽"不容易",莫如把握青春,不予负流年【提出总论点】。

6. 对比式开头

【示例】

从"采菊东篱下,悠然见南山"的自然景致,到"暧暧远人村,依依墟里烟"的农耕快乐,乡村自古就是文人笔下诗意的栖居之地。然而当下之中国乡村,人们对金钱的渴望之心、对名利的追逐之意取代了清白做人、踏实做事的主流价值观;更有甚者,不惜以身试法,从事赌博、色情、高利贷等违法活动【谈古论今,对比论证】。究其原因,是各地乡村文化不断遭到侵蚀、衰落甚至消亡,从而导致乡村秩序失序【分析原因】。因此,我们必须要建设好乡村文化,使之与城乡统筹发展相匹配,与文化大发展、大繁荣相适应,从而助推乡村振兴【提出总论点】。

7. 案例式开头

【示例】

当手机、电脑让"天涯若比邻"成为现实,当新技术的运用让世界触手可及,当信息技术的普及逐步打破社会闭塞的鸿沟,我们已然迎来了科技改变生活、改变人生、改变世界的发展新天地【排比案例】。但与此同时,新技术有没有可能穿透社会结构的屏障【反问句】? 科技如何与人文交融等也成为我们不得不面对的新议题。为此,我们需要坚持以人为本,坚守人文与科技交融的发展理念,让科技闪耀人性的光芒,共建和谐美丽新生活【提出总论点】。

8. 修辞式开头

【示例】

水可以化作一场细雨,在"随风潜入夜,润物细无声"中,让人体味生命的真谛;水可以汇集成滔滔江河,在"大江东去浪淘尽,千古风流人物"中,让人感受到万物的变化无常【排比,阐述重要性】。"水"作为万物之"母"【比喻】,蕴含着打通人与自然和谐共处"任督二脉"的无上心法和真理,更加指引着人类发展前进的方向。无论是中国传统文化中的"道""和""法",还是西方的现代哲学,都真切地告诉我们,

"水"拥有的智慧值得我们用心学习【提出总论点】。

四、论证

完整的论证包含论点、论据两个部分。

论证就是用论据来证明论点的过程，论证的目的在于证明论点和论据之间的内在逻辑关系，从而使论点获得有效支持而得以成立。论据是支撑论点的材料，是用来证明论点的理由和根据。论证说理是否充分，主要看论据选择是否充分，以及论据与结论之间的因果关系是否严谨。

论据可分为理论论据和事实论据。

凡事皆有一定的为社会普遍承认的原理，阐述事物的原理、基本情况进行论证，就是理论论证，这些原理称为理论论据，它们是对大量事实抽象、概括的结果。理论论据包括基本概念、事物原理阐述、事物间关系分析、名言警句、谚语、格言等。

事实胜于雄辩，用事实说话，分析事实，看出道理，检验它与文章论点在逻辑关系上是否成立，是论证的重要方式。这样的事实被称为事实论据，在议论文中作用十分明显。事实论据又包括事例和数据，如典型事例、具体做法、确凿的数据、可靠的史实等。

（一）议论文的结构和种类

议论文一般为三段论式的结构，分"引论→本论→结论"三部曲，也称为"（提出问题）是什么→为什么（分析问题）→怎么办（解决问题）"三部曲。

由于文章的目的不同，有的文章以分析议论得到结论为主，旨在强调论点的重要性，侧重于议论说理而不重解决问题，这样的文章被称为评论文（评论性议论文）；而经过分析议论，既强调论点的重要性，又重视解决问题，结论部分往往突出对策，这样的文章被称为策论文（对策性议论文）。

策论和评论实际上并无本质区别，不论策论还是评论，议论文三要素、论证方法和论证结构不变，只是在论证的详略上有所不同，在如何解决问题上要求不同。

从理论上来说，议论文三部曲为"提出问题—分析问题—解决问题"，适用于各种情况，在字数允许的情况下，应在充分论证的情况下再提出对策，最终以解决问题为结束。但在1000字的字数要求情况下，策论要为对策留出位置，纯议论的文字可能在500字以内，论证偏简单；而评论中议论的文字可达800字以上，有更大的空间，论证可更加详细，论证方法运用更全面。

具体到实践中，什么情况下要写策论，什么情况下要写评论，以及如何在考试中准确把握。一直是很多考生的困惑。对于这个问题要具体问题具体分析，根据材料的指向性选择侧重议论还是侧重提出对策。

（二）议论文分析论证的内容

议论文写作要重点把握分析论证的核心内容，防止出现只述不论，同时要合理安排好次序，在同一自然段内处理好逻辑关系。

在申论笔试考试中的议论文当中，属于分析论证的内容有：理证法、例证法、对比论证、转换法。

理证法：原因/影响分析法、形势/政策分析法、原理效应分析法、专业知识例证……

例证法：热点例证、典故例证、自身经历例证

对比论证：正反、中外、古今

转换法：对材料的逻辑进行分析，转换材料

如果要再具体展开，则有以下几点。

1. 形势分析

形势分析也称为事件背景分析、政策分析，考试涉及的社会问题都属于当前社会热点，与社会宏观形势密切相关，写作时可以联系形势、联系实际展开叙述、分析、议论。

【示例】工业互联网为推动经济高质量发展提供新支撑。我国经济已由高速增长阶段转向高质量发展阶段。制造业是国民经济的主体，推动制造业高质量发展是 2019 年经济工作的重点。

2. 现状描述

申论围绕的社会问题，需要详细描述，让读者知晓该社会问题的基本情况，从而直观地感受该问题的严重性或危害性，为下文的深入分析做准备。

由于申论考试经常反映社会负面问题，现状描述有点类似于"症状描述"，回答的是"这是什么"的问题，一般是结合给定资料，用精练的文字将该社会问题的具体表现概括出来，以并列方式展示。

【示例】乡村文明让我们感悟生命的意义。城市文明追求更快、更高、更强，注重效率，注重成果。生活在城市的人们，常常重视物质资源，疲于奔命，甚至变得急功近利。乡村文明让我们慢下来，去感受精神的力量。

3. 内涵分析

内涵分析也叫作原理阐述，每个社会事物（或工作），有它自身固有的规律，有其特定的功能或职能，将其内涵、基本原理进行说明，有助于读者了解该事物（工作）的情况，方便读者做出判断，以及联系各方面情况进行分析和议论，回答的仍然是"这是什么"的问题。比如，谈到民工荒，就需要把劳动力与经济发展之间的关系讲清楚；谈到中医药事业的发展，就要把中医药对保障和促进人民群众健康的功能讲出来；谈到社会保障，就要把社会保障与群众幸福、社会发展的关系讲出来。

【示例】凡事预则立，不预则废。而破解因病致贫返贫问题、实施健康扶贫的谋划和设计，应抓住构建制度保障体系这个关键。基本医疗保险和大病保险是家庭抵御疾病经济风险的两道重要屏障；医疗救助是保障贫困家庭健康权和生存权的最后一道防线。

4. 重要性分析

重要性分析也叫作意义分析，回答的是"为什么"的问题。任何社会问题如果要解决，必然会涉及"为什么要解决，解决这一问题（做好这一工作）有何重要意义"等问题，重要性分析旨在回答清楚这些问题，从而起到证明、说服、宣传、动员等作用。

常见结构："……是……的关键""……工作是……的核心工程"

常用词语："意义重大""意义深远""重中之重""有利于……有利于……""有助于……有助于……"等

【示例】产业扶贫可以提高扶贫效率。农业保险介入灾害处理过程、参与赔偿与救助等社会关系协调，能够架起政府、企业和贫困群众之间的沟通桥梁，有利于帮助各方增进相互了解，有利于促进各方更好地了解贫困群众需求，提供更精准、更有针对性的保障服务，提高产业扶贫的效率。

5. 必要性分析

必要性分析，由于"必要不充分"，一般作为重要性论证的补充，不独立运用，常常与危害性、紧迫性综合运用，用危害性和紧迫性来体现必要性。回答的也是"为什么"的问题。

常见结构："如果不……就不……""只有……才……""没有……没有……"

常用词语："前提和基础""必由之路""势在必行""必不可少"等

【示例】越是难干越长才干。犯其至难方能图其至远。干部成长无捷径可走，经风雨、见世面才能壮筋骨、长才干。现在有些干部，应对一般的事、容易的事还行，但一遇急事难事，常是脑中一锅粥、手中一团麻。"略裕于学，胆经于阵"。党员干部不经历几次"风吹浪打"，不接几块"烫手山芋"，不做几回"热锅上的蚂蚁"，就很难练就攻坚克难的本领。

6. 危害性分析

危害性分析侧重于描述某一事件（现象）带来的不良影响和可能会导致的严重后果，以此衬托出解决这一问题的重要性和必要性。回答的也是"为什么"的问题。

常见结构："并列 + 递进"，如"食品安全问题已经严重影响人民群众的身体健康，危及经济发展，甚至威胁到国家战略安全"。

常用词语："影响到……""严重威胁""危及""阻碍……的发展""不利于……不利于……"等。

【示例】移动互联网加速融入人们生活，数据的重要意义不言而喻。然而这一过程中，强制授权、过度索权、超范围收集个人信息的现象不少，非法交易、泄露个人信息等违规行为屡见报端，由此产生的垃圾短信、骚扰电话甚至是经济诈骗时有发生……这些不仅严重侵犯用户的合法权益，更给互联网安全埋下了风险隐患。

7. 紧迫性分析

突出解决某一问题在时间上的紧急，往往联系当前形势进行。

常用词语："迫在眉睫""亟待解决""刻不容缓""时不我待"等。

紧迫性分析在文章中的地位从属于重要性和必要性分析，起到强化作用，文字一般比较简练。

【示例】推进垃圾分类是城市文明的重要标志，功在当代，利在千秋。事实上，不仅北上广，全国三分之一以上的城市已深陷"垃圾围城"困局。发展越快垃圾越多，垃圾堆正像日益逼近的高墙把城市空间越挤越窄，所以从源头减量入手，实施垃圾分类回收已是不得不为、刻不容缓。

8. 原因分析

凡事必有因果，任何社会现象，有其产生和存在的原因，对这些原因进行分析，是议论文进入结论阶段的前奏，分析原因是为了对症下药，解决问题，原因分析之后就要进入到解决问题阶段。所以原因分析一般不宜太早，尤其是对策性文章，原因分析应在现状描述、重要性分析、危害性分析之后。原因分析强调思维的广度，要求逐条列出，穷举主要原因，同时又能体现出表面原因和深层次的根源有别的层次感。

常见结构："并列 + 递进"

常用词语："冰冻三尺，非一日之寒""莲发藕生，必定有根""究其原因，是多方面的"等。

【示例】提升健康素养，有助于识破很多保健骗局，走出很多生活误区。生吃茄子能减肥、喝绿豆汤治心梗、生吃泥鳅养气血……这些曾经风靡一时的养生方法，都是一些人炮制出来的"方法"。长此以往，国人的健康状况将越来越糟糕。如此奇谈怪论，为何还会有人追捧？说到底，是因为缺乏健康素养，容易被一些似是而非的观点所迷惑。一个人的身体是其生活方式的综合反映，只有生活方式改变带来的身体变化才是长期的。掌握健康知识、相信现代科学，才不会轻信"神医神药"；持之以恒地进行饮食控制和运动管理，才是保持健康的唯一选择。

9. 对策分析

对策分析是解决问题的核心内容，回答的是"怎么办"的问题，包括提出对策和论证对策。提出对策是针对给定资料所反映的问题，提出解决问题的对策；对策分析是对某些对策进行可行性论证。

对策与原因结合得非常紧密，一般来说有原因就有相应的对策，少数不可抗力原因除外。

【示例】推进健康扶贫，要重视加强农村贫困地区医疗基础建设，扩大医疗资源总量。研究众多因病致贫、因病返贫的案例，可以发现，相当多的是因为小病拖着不治而酿成大病，或者因诊治不当而渐成灾难。拖着不治，因为穷困，也因为就近的医疗机构缺乏；而诊疗不当造成大病者，显然是因为基层医疗资源水平不高。考察我国医疗资源分布情况，70%集中在城市，贫困地区医疗资源总量还很不够，特别是在偏远的山区,医疗资源非常匮乏,贫困群众缺医少药问题还很突出。中央着眼打好脱贫攻坚战,提出建立全国三级医院与片区县和国定县"一对一"帮扶关系。落实中央决策,就要推进健康扶贫,把提升贫困地区县乡村医疗能力和水平,特别是帮扶做强县级医院作为重点来抓,把帮扶责任机制建好,把帮扶措施落到地,不断提高基层诊疗能力,减轻老百姓看病负担。

（三）议论文论证的基本结构（方法的综合运用）

（1）公式：**论证＝分论点＋材料分析论证＋总结**。

（2）材料分析论证：形势分析、现状描述、内涵分析、重要性分析、必要性分析、危害性分析、紧迫性分析、原因分析、对策分析。

（3）总结：简单一句话写结论,与开头的分论点形成首尾呼应,或者用对策结尾也可。

五、结尾

结尾需要包含两方面的内容,一是总结,二是升华。升华可以喊喊口号,展望未来,鼓舞人心,也可以写优美的排比句,引用名言,尤其是习近平讲话、金句。

写结尾比较简单,但也不可忽视,切忌虎头蛇尾、头重脚轻。

结尾的公式一般为**"回扣主题＋合理升华"**。

【示例】李大钊先生曾言,"黄金时代,不在我们背后,乃在我们面前;不在过去,乃在将来。"【引用名言】时代在不断前进,使命从未停止。【过渡句,承上启下】我们都应听从时代号召,尽我所能,做好属于自己的本职工作;都应肩担责任,负重前行,为人民、国家、为时代交上一份满意答卷。【排比句收束全文,呼应文章主题】

第三节　经典题目解析

一、经典题目讲解一

（一）经典题目

1. 作答要求

请参考给定资料,围绕"加快打造数字乡村,全面推进乡村振兴"这一主题,联系实际,自选角度,自拟题目,写一篇对策性文章。（70分）

要求：（1）观点明确;（2）思路清晰;（3）语言流畅;（4）字数1000字左右。

2. 给定资料

资料1

中央农村工作会议上,习近平总书记强调,小康不小康,关键看老乡。脱贫质量怎么样、小康成色如何,很大程度上要看明年"三农"工作成效。打赢脱贫攻坚战是全面建成小康社会的重中之重,要一鼓作气、乘势而上,集中力量全面完成剩余脱贫任务。

党的十九届五中全会提出,全党全国各族人民要再接再厉、一鼓作气,确保如期打赢脱贫攻坚战,确保如期全面建成小康社会、实现第一个百年奋斗目标，为开启全面建设社会主义现代化国家新征程奠定坚实基础。

资料2

2019年，中共中央办公厅、国务院办公厅印发的《数字乡村发展战略纲要》明确提出，按照产业兴旺、生态宜居、乡风文明、治理有效、生活富裕的总要求，着力发挥信息技术创新的扩散效应、信息和知识的溢出效应、数字技术释放的普惠效应，加快推进农业农村现代化；着力发挥信息化在推进乡村治理体系和治理能力现代化中的基础支撑作用，繁荣发展乡村网络文化，构建乡村数字治理新体系；着力弥合城乡"数字鸿沟"，培育信息时代新农民，走中国特色社会主义乡村振兴道路，让农业成为有奔头的产业，让农民成为有吸引力的职业，让农村成为安居乐业的美丽家园。

2020年，中央自然资源部等七部门联合印发《关于开展国家数字乡村试点工作的通知》，要求按照实施乡村振兴战略的总体部署，以解放和发展数字化生产力、激发乡村振兴内生动力为主攻方向，以弥合城乡数字鸿沟、促进农业农村经济社会数字化转型为重点，积极探索数字乡村发展新模式，加快推进农业农村现代化建设，促进农业全面升级、农村全面进步、农民全面发展。

资料3

中共福建省委十届十一次全会提出了"十四五"时期发展主要目标和到二〇三五年远景目标。"十四五"时期，要努力实现经济实力更强、改革开放更深入、社会文明程度更高、生态环境更优美、人民生活更幸福、治理体系更完善。到二〇三五年，我国基本实现社会主义现代化，我省基本实现全方位高质量发展超越，"机制活、产业优、百姓富、生态美"的新福建展现更加崭新的面貌。

全会提出，加快农业农村现代化，走符合福建特点的乡村振兴之路。全面实施乡村振兴战略，践行"弱鸟先飞"理念，发扬"滴水穿石"精神，接续推进脱贫地区发展，提高特色现代农业发展水平，因地制宜推进乡村建设，深化农业农村改革，促进农业全面升级、农村全面进步、农民全面发展。

资料4

上世纪八十年代，白云乡是远近闻名的五无乡，无公路、无自来水、无照明电、无财政收入、无政府办公场所。如今，这里不仅天堑变通途，而且这里开通了首个乡镇5G基站。用上了畅通的网络。当地党委、政府组织实施网络扶贫行动，引导群众抢抓信息化发展机遇，实现了全面脱贫，生活水平连上多个台阶。

白云乡通过"互联网+"加强驻村工作队员教育管理，不断提高驻村工作队员思想认识和工作水平，有效促进了信息技术和驻村工作队员教育管理工作深度融合，让驻村工作队真正发挥作用。依托全国党员干部现代远程教育系统，组织驻村扶贫工作队员收看"云岭先锋"夜校、"农村党员冬春训"等专题视频培训，推行每月"3+X"主题教学，围绕宣传党的政策、参与精准扶贫、建强基层组织、推动乡村善治等内容，制定学习套餐，让学员自主选择课件学习，不断提高培训的针对性和实效性。同时，运用综合平台短信群发功能实时推送驻村工作纪律要求、精准扶贫政策法规、扫黑除恶等内容，不断提升驻村扶贫工作队员思想政治素质和专业化能力。

脱贫攻坚进入啃硬骨头、攻坚拔寨的冲刺期。白云乡全面实行网络化管理，围绕"两不愁三保障"全覆盖走访贫困户，精准排查问题，因户施策解决问题，坚决防止漏评、错退。

在网络扶贫行动中，电信服务企业通过新网络、新技术，把信息化技术和教育的需求结合起来，将"云视讯"同步课堂和互联网的"教育盒子"免费提供给学生，远端的名校教学现场通过电子屏幕同步到乡村学校，引入最新的电子课程，极大丰富孩子们的教学内容。

据了解，教育盒子的课程对贫困地区的学生免费开放使用，范围覆盖了九年义务教育的所有课程。在云端，师生互动、观摩教学和线上辅导有了极大的保障，学生能享受便捷的教育资源，老师也多了学习交流平台。

白云乡群众登录"微医"互联网医院，就可以享受在线门诊开具处方，医保结算，远程会诊等服务。对建档立卡的贫困户，还提供了个性化分类管理、定制化跟踪服务。目前，当地已完成了8例建档立卡的贫困户大病患者的专家会诊。这些举措有效解决了白云乡群众路途远，看病难等问题，也有效防止了因病致贫、因病致贫返贫现象的发生。

有了高速稳定的网络支持，网络电商、直播带货等数字经济新业态在白云乡蓬勃发展。在村支部书记的鼓励下，贫困户阿牛也尝试加入到这股创业浪潮。2019年春节以来，他通过抖音、B站、微信群等网络社交台，以视频形式推介家乡的山村美景，记录恬静的村居生活，讲述制茶的古法技艺。现在，每天都有不少粉丝和他互动，咨询购买茶叶。

随着从业人员日益增多，白云乡组织开办"白云网红学院"，对贫困户，电商创业者进行电商基础。实操技能等专题培训，目前，已举办6期短视频直播培训班，累计培训学员1400多人次，孵化出一批乡村网红，取得良好成效。网红小昭姑娘通过直播，用一周的时间帮助贫困户卖出2万斤花生，带动贫困户增收6万多元。

5G网络开通后，白云乡倾力打造5G生态果园，消费者通过扫描二维码或者远程VR就能够看到园区5G实时回传的脐橙的生长环境，通过无人机拍摄，利用AI图像识别技术自动统计果树数量，还可以通过光谱成像技术，对黄龙病等病虫害进行智能"诊断"预警，帮助果农及时止损。"现在坐在家里，拿着手机，就可以随时看到果园里的情况，光照、温度、土壤湿度都有传感器进行实时监测。只要设置好了，系统还能自动开启或关闭灌溉、施肥的设备。"果农韩干叶得意地介绍道。在5G网络助力下，从果树种植到脐橙采摘、加工制作、成品包装，全过程都可追溯。从果农到消费者，从线上到线下，5G技术让农民种植更省心，也让消费者买得更放心。

资料5

随着数字化应用在政务服务和民生领域的不断拓展，大福建的"数字化生活"正愈发便利。

网上申请，自动审批，即时办结——眼下，这种网上交材料、后台机器批的智能"秒批"模式，又在刷新福州行政审批"马上就办"的新速度。

"秒批"关键在互通——行政审批"一张网"，政务数据互联共享。如今的福建，既有覆盖省市县乡村的一体化网上政务服务平台，又有省、市两级"1+10"政务数据汇聚共享平台。共享平台累计发布居民身份证、机动车、婚姻、学籍等150多个常用数据服务接口和50多个部门定制接口，部门调用总次数达2.5亿多次，日均调用60万次。

作为福州城市移动服务总入口，如今的"e福州"已汇聚和融合了80余项公共服务、民生服务事项。"交通出行、生活缴费、看病买药、图书续借……这些日常大小事我都靠它。"近3年，"e福州"已深深融入市民纪小秋的日常生活。

进入"美丽厦门智慧健康"微信公众号，点击医院预约模块，依次选定医院、门诊科室、专家、就诊时间，提交确认……说句话的工夫，家住厦门市集美区杏林村的陈女士便完成了网络预约挂号的全部流程。

依托全省统一的预约诊疗服务入口，福建整合接入全省98家医疗卫生机构。截至目前，全省90%的三级医院能提供精确到1小时以内的分时段预约诊疗服务，83%的二级以上医院可提供网上预约服务。

资料6

高青县常家镇苏家村村民任学友很喜欢到益农信息社打听消息，当下流行哪种技术，哪类种子销得好，他都了如指掌。任学友说，"农民最想知道，春天种什么对，秋天收什么好，怎么卖收入高。以前信息相对闭塞,现在有了智能手机,但还觉得很多信息不够权威。在这里,可以掌握最全最准的农业政策法规、惠农补贴查询等公益服务信息"。此外,他还特别留意几个生产大户与合作社带头人都有啥动向。

作为益农信息社村级站负责人,孙朝霞既是管理员,又是信息员。很难想象,仅仅几十平方米的站点内,开展了多种信息服务,村民可以在此"买、卖、推、缴、代、取"。站点通过授权的电商平台帮助村民代购种子、农药、化肥、家电、衣物等物资,并发布各类供求消息;还帮助农民代缴水、电、气、电话费,代理物流配送取件等业务。

益农信息社是国家信息进村入户工程的载体,在农业农村部主导下,按照有场所、有人员、有设备、有持续运营能力等标准,为每个行政村新建或改建益农信息社,旨在以信息流带动物资流。该工程2014年在部分县试点,2017年在18个省份推进,2020年底基本实现全国行政村全覆盖。

记者了解到,益农信息社根据规模大小和功能,主要有标准型、简易型两大类。标准型提供公益服务、便民生活服务、电子商务服务和培训体验服务,一般依托村级服务中心、大型农资超市、村科技服务站建立;简易型提供便民、电子商务服务,从便民商店、小农资店发展而来。

资料7

近年来"数字乡村"已经展现出广阔前景。截至2019年10月,我国行政村通光纤和通4G比例均超过98%,贫困村通宽带比例达到99%。网络触角的延伸,跨越了崎岖小路,连通了深山沟壑。在短视频的风靡和直播间的热闹里,正宗土货和好山好水让越来越多人"种草";在数字化资源的流动过程中,村里的书屋和学校"搬"来大城市的博物馆、千里外的好课堂。今天的美丽乡村,倒映着移动互联时代的天光云影,享受着持续释放的数字红利。

缩小城乡"数字鸿沟",繁荣乡村网络文化,提升农民数字化素养,正当其时。在这一过程中,尤其要注意,数字乡村不是智慧城市的复制版,要因地制宜、精细探索不同类型乡村的数字化转型和发展方式。

我国农村地区广袤,资源禀赋、人口结构、认知水平、消费能力迥异。山高坡陡的偏远地区怎么建设?语言文字不同的少数民族地区怎么推广?这些都是摆在数字乡村面前的课题。反过来看,利用好各色各异的乡土风情,又能为数字乡村增添不同风味,最终形成共建共享、互联互通、各具特色、交相辉映的数字城乡融合发展格局。

(二)作答思路

该作文主题选取"数字乡村,乡村振兴"。

1. 题干点睛法

题干关键词:数字乡村,乡村振兴

如何打造数字乡村来推进乡村振兴?所以,我们其实可以猜测分论点主要是对策,并且题目中明确说明了写策论文,则分论点一定是对策。

2. 资料分析法

资料1:背景

材料2:对策1:结合信息技术

　　　　对策2:发展乡村网络文化

　　　　对策3:培育信息时代新农民

材料3:未体现数字乡村

材料4:对策4:加强教育管理

　　　　对策5:网络化管理,深入群众

对策6：搭建互联网医院

对策7：互联网＋产业

材料5：对策8：数字化政务，打造便民生活

材料6：对策9：益农信息社村级站，打造便民生活

材料7：对策10：完善互联网基础设施

一共10个对策，需要合并：

对策1＋对策7＋对策10＝数字化产业

对策2＋对策3＋对策4＝数字化教育

对策5＋对策6＋对策8＋对策9＝数字化政务

总论点：打造数字乡村，助力乡村振兴

分论点：

（1）"云"产业，打造"富美"乡村

（2）"云"教育，打造"智慧"乡村

（3）"云"政务，打造"便民"乡村

（三）参考范文

乡村"智""兴"乡村

"民为邦本，本固邦宁"，"民本"的治国思维是亘古不变的。反观当下，城乡经济发展步调不一、治"慧"水平不一阻碍乡村振兴的发展。从短期来看，出不了大乱子，但从长远来看，必将动摇乡村振兴大计。一言以蔽之，实现数字城乡融合发展，关键要打造数字乡村，才能按下乡村振兴的"快捷键"。

"云"产业，打造"富美"乡村。当下，乡村发展形势向好，但依然后劲不足，产业结构单一、产品品质不高、销售渠道不畅等短板，要想补齐这些短板，实现产业兴旺，就必须从"地头"搬到"云端"。一是要"溯源化"管理，给"土货"贴二维码，做到扫码知"前世今生"。明晰产品品种、生长周期、用药用肥等信息，实现从地头到餐桌的透明化。二是要"智慧管理"，借鉴武夷山"智慧茶园"、古田"智慧菌菇"等地的智能化、数字化的管理模式，做到统一经营、统一销售，实时观测，实时"诊断"，一键知晓种养殖信息；三是要"直播带货"，完善互联网基础设施，搭建电商助农平台，开设"网红学院"，培养直播能人，孵化乡村网红，并教授农户电商销售技能，做到"人不走门，货行天下"。如此，方能为数字乡村助力。

"云"教育，打造"智慧"乡村。随着城乡一体化的不断深入，城乡差距不断缩小，但受地域条件限制，乡村基础教育依旧是"堵点"，加之，劳动力流失形势不容乐观，诸多因素阻碍乡村经济发展。老话说得好"人才是发展的'金钥匙'"。所以，打造数字乡村，富美乡村，牵"教育"这个牛鼻子。一是要狠抓基础教育。开通"云教育"平台，邀请名校名师录制精品课程，实时上传云平台。此外，还要加强乡村教师云端、云教育平台的技能培训，实现城乡优质资源共享。二是要狠抓"农技"。利用微信、微博等媒介，驻派科技特派员驻村进行"手把手"农技教学，实时解决农技难题，培养一批"土专家""田秀才"。三是要加强驻村人员教育管理，依托全国党员干部现代远程教育系统，组织驻村扶贫工作队员收看"云岭先锋"夜校、"农村党员冬春训"等专题视频培训，实现数字强技，数字强村。

"云"政务，打造"便民"乡村。让民生服务更有"温度"，民生福祉更有"质感"是打造智慧型政府、服务型政府的题中要义。而做好"放管服"尤为重要。所谓"放"，就是要"放权"，审批权下放，对于惠民、

惠农的创新型中小微企业的贷款审批，注册申请等通过电子政务实现实时申请、刷脸审批、跟踪动态，为农村双创发展"提速"。所谓"管"，推广福州政务服务系统，如E福州，闽政通，打造便民服务一体化政务管理平台，开通农村代缴水电费、农村医疗异地报销、农技服务等端口。所谓"服"，发挥两委带头模范作用，转变服务观念，建群众服务、投诉等微信群，实时了解群众的民生诉求，精准定位问题，采用网格化管理模式，压实责任，确保群众一事一人一对接，一投诉一解决；同时，在每个行政村新建或改建益农信息社，提供一系列便民服务。如此，探索因地制宜，精细化、特色化管理模式。

"不遇阴雨后，岂知明月好"。打造数字乡村不能只在纸上、口号上，而要落到实处、干在实处，亦不能照搬照抄、生搬硬套而要因地制宜，探索新模式、挖掘新资源优势，走出一条特色数字乡村振兴路。总的来说，打造数字乡村，还应补齐教育、医疗、产业、文化等短板，如此才能最终形成共建共享、互联互通的数字城乡融合发展。

二、经典题目讲解二

（一）经典题目

1. 作答要求

参考给定资料，以"乡村善治"为主题，联系实际，自选角度，自拟题目，写一篇议论文（70分）。

要求：（1）正确，充实，完整，流畅；（2）参考"给定资料"，但不拘泥于"给定资料"；（3）字数800～1000字。

2. 给定资料

资料1

五年来，江西省整合资金320亿元，建成高标准农田1957万亩，全省粮食总产2017年425.4亿斤，实现"十四连丰"；主要农产品监测合格率连续5年稳定在98%以上，被农业部列为全国唯一的"绿色有机农产品示范基地试点省"；现代农业产业技术体系、智慧农业平台建设日益完善，农田基础设施水平、农业信息化率、主要农作物综合机械化率、农业科技进步贡献率等关键性指标显著提升；基本建立农业农村改革的"四梁八柱"，新主体、新业态、新模式不断涌现，农地确权登记颁证工作全面完成，承包土地经营权流转率达到40.5%；共安排新农村建设村点6.22万个，受益农户311万户1269万人；"连点成线、拓线扩面、特色突出、整片推进"建设格局初步形成；农村居民人均可支配收入13242元，增长9.1%，增速连续八年快于城镇居民人均可支配收入和GDP增速，全国排位从14位前移到11位，城乡居民收入差距持续缩小，农村农业发展呈现稳中有进、稳中向好的态势，为全省乡村善治提供了有力支撑。

资料2

近年来，除却城市出现以住房拥挤、环境恶化、交通拥堵、生活质量下降等为表征的"城市病"之外。广大农村地区也开始出现了"乡村病"。

"外面像个村，进村不见人，老屋少人住，地荒杂草生。"这首小诗形象地描绘了乡村的景况。滦水镇庄里村是有着810年历史的老村，如今坑洼不平的黄泥路积水成窝，枯黄的杂草在砖缝里飘摇，许多废弃房屋已经倒塌。村小组长介绍，800多常住人口，差不多有400人在外务工，一幢幢200多平方米的老屋仅住着祖孙三人或四人。还抱怨说："我们组织办班培训，让中青年掌握一技之长，他们外出谋生没问题。可是，让他们在家门口就业就不是村里能做到的，留守儿童、空巢老人的问题也不好解决。"与此同时，许多村庄出现了多年无人使用的宅基地。

在安置新村里，新建的楼房都是一层地下室加三层住房的户型，四至六口人的家庭均能满足需求，但仍有部分村民擅自搭建违章建筑，有的用来堆柴和放置农具，有的作临时厕所，有的作为小厨房放置煤炉，还有的放置车辆，甚至有人违章搭建经营场所，用于卖菜卖早点、销售建筑石料等，还拉起或竖立各种广告牌。村民周师傅说，搬到新房一年多了，走的都是泥巴路，"晴天一身灰，雨天一身泥"；更让周师傅一家人担心的是，他家和邻居家中间空隙处设置了化粪池，但施工方没有将低洼处填平，导致积水很深，他特别担心 5 岁的孙子会掉进水坑。不远处的农田，村民正焚烧秸秆，现场浓烟滚滚，烟气刺鼻袭人。近边的池塘厚厚地覆盖了绿色的水藻，水面上还漂浮着各种垃圾、树枝等，水质泛黄，散发出一股难闻的气味。村民们说："以前可以洗菜、洗衣服，如今拖把都不敢洗。"村道两边，尽管设立了很多垃圾桶，也新建有垃圾池，但仍然有装修垃圾和枯枝败叶等，随意堆放，无人问津。

资料 3

汉滨区双龙镇某社区外出务工人员多、外来人住户多，冬腊月集中过事不断，有的"整酒挣回报、无事找事办"，同一户主新房一层封顶过事、二层完工也要过事，某一农民借了别人一辆路虎车，对外声称说是自己买了一辆新车，随即放鞭炮、办酒席。凡过事，必收礼，也叫"份子钱"，人情往来变味异化成为钱财往来。目前农村份子钱已由过去的三五十涨到百元起步，三五百普遍，千元以上也有，有些地方农户家庭年平均送礼三十余次，年礼金支出万元左右。据紫阳县调查。年户均送礼数 34 次，最多达 110 次，年送礼支出 3 万元以上占 17%、1 至 3 万元占 78%、1 万元以内占 5%。镇坪县曙坪镇桃园村在 2017 年 2 月底以前，一般农户每年送礼支出 1.5 至 3 万元，贫困户、低保户借债送礼支出 5000 至 8000 元左右。双龙镇某村支书、村主任 2016 年送出礼金分别为 3 万元和 6 万元，二人唉声叹气地说"我们村干部都报酬每年 2.4 万元，辛苦一年还不够送礼钱"；该村副主任张某说，去年他送礼 5 万元，其中有一天送礼 24 家，忙到半夜，回家吃了一碗酸菜面；该村贫困户王某，去年在信用社贷款 2 万元，过年花销了 1 万元、送礼 1 万元，他面带苦涩地说"我们农民低头不见抬头见，没钱借钱也得送，只有开春又去打工还"。

在农村一些地方，婚丧嫁娶一般要"四比"，即比放炮、比抽烟、比喝酒、比菜品，有些尚未脱贫的人家也"打肿脸充胖子"，掏空家底甚至借钱来"撑面子"。汉滨区问卷调查显示，50.5% 的人认为人情攀比风太盛；47.7% 的人表示，不想参加又不得不参加。阜阳镇镇政府周边，婚丧嫁娶、开业庆典仅放鞭炮少则三五万，多则七八万，相互斗响比长、暗自较劲。汉阴、白河、宁陕等农村山区，结婚彩礼一般都在 5 至 10 万元，迎亲车辆少则五六辆、多则十余辆，还要花钱请婚庆公司主持、表演节目、搭过街彩门。尤其是请客者大事小事都要办宴席，而每桌费用上涨到几百元甚至千元以上，大部分菜品实际被倒掉，浪费现象十分严重。凡此种种，不一而足。既苦了自己，又累及他人，因此致贫、返贫和引发事端的案例时有发生，广大群众对此深思痛绝。

近些年来，在落实国家强农富民政策的过程中，由于配套的制约机制缺失，加之有些地方的优亲厚友，造成了"上面的钱是白给的"惯性导向，滋生了好逸恶劳、投机钻营的不良心理，先由坐等政府救济，再到争要低保政策，再到争当贫困户的现象，在一些地方有所蔓延。一些群众气愤地说"现在的好政策养了一批懒人"。宁陕县太山庙镇龙凤村、汉滨区双龙镇谢坪村、旬阳县铜钱关镇天宝寨村，目前大龄未婚的单身汉分别有 80、70、60 多个。村组干部反映，除居住条件差等客观因素外，也有部分是游手好闲、喝酒打牌造成的。旬阳县棕溪镇某村一位农民马某，三级残疾，丈夫患慢性病，两个子女在上学。镇政府通过低保、贫困学生补助、临时救助等办法给予帮扶，但马某仍多次缠闹，张口就向政府要 130 万元，虽然通过道德评议会，她放弃了无理要求，但由此也可见一斑。

该市常年外出务工达 50 多万人，伴随而来的农村"三留守"难题至今尚未得到有效破解。尤其是留守老人的赡养问题愈加突出，打工人员长期不管不顾家中老人的现象越来越多，有的子女对老人的赡养相互推诿扯皮、引发纠纷；有的子女图安逸、求享受，而家中老人还在为了生计起早贪黑干农活；有的子女把老人的"一折通"据为己有，坐收养老保险、高龄补贴；更有甚者采取拆分户口的办法，让老人当五保户、吃低保，或者挤进贫困户，把难题、矛盾推向政府。

现在到农村，无论是集镇还是村庄，麻将桌随处可见。白河县目前已登记注册的棋牌室就有198家，未登记注册的家庭棋牌室不计其数。汉滨区吉河镇某村一个有百余户的小社区，麻将馆就有3家。虽然大多数不以营利为目的，但"玩钱"越来越大，从几元到几百元，个别地方白天黑夜连入牌场，留守、陪读的家庭妇女成了参赌的"主力"。尤其是农闲和春节期间"扎堆"打牌赌博的现象更为突出，有的"外出辛苦挣一年，春节输光就几天"。因赌致贫，引发矛盾纠纷甚至悲剧的事例时有发生。前不久，岚皋县就又一人因赌负债、债主逼债而服毒自尽。此外，有的农村山区"遇事看日子、看风水、算一卦"等迷信色彩依然较浓，有的甚至修庙宇供神灵，特别是家庭老人去世，听信于算命先生，既要做道场又要择日子，致使丧事没简化，越办越复杂。

资料4

某区纪委接到群众举报，反映当地壶峤镇朱师村的党支部书记郑某，违规将其亲弟弟识别为贫困户，并办理低保金的问题。接到线索后，区纪委立即前往了解情况。经调查，镇民政所和扶贫工作站调取的低保名单以及精准扶贫名单上都出现了郑某弟弟的名字，并且他从2010年开始就享受低保，2016年12月再次被纳入了精准扶贫对象。调取的资料显示，郑某本人担任他弟弟的帮扶干部，贫困申请书也是由郑某代为填写，信息采集表上还有郑某的签字审核。据村民反映，村支书郑某有个亲弟弟在镇上的某中学当门卫，基本上住在学校不怎么回家，在镇上的中学做门卫，可以说是有了一份正式的工作，按道理应该不能再享受低保金，也不应该是贫困户的身份了，难道郑某弟弟的这个工作给的工资很低？带着疑问，办案人员前往某中学核实。经了解，早在2016年7月，郑某弟弟就开始在学校上班，一直担任门卫工作，试用期工资每月1300元，正式工资每月1600元。显然，这样的工资水平已经超过了贫困户和低保户的最低收入标准，换句话说，按道理郑某弟弟从2016年7月在学校上班开始，就不应该再领取低保金了，更不能被纳入精准扶贫的对象。区纪委工作人员立即找到郑某进行谈话，郑某也很快承认了自己违纪的事实。据郑某交代，朱师村总共有700多户村民，贫困户有40多户100多人，属于壶峤镇贫困户相对较多的村子。在2016年办理贫困户精准识别的时候，他利用手中掌握的资格审核权，偷偷将自己的弟弟纳入了精准扶贫的范围。实际上，区政府曾经多次在全区范围内开展扶贫领域问题的自查自纠工作，要求清退不符合标准的低保户和贫困户，但是郑某却始终隐瞒了情况，没有处理。郑某由于利用职务便利，违规为其弟弟办理农村低保，识别贫困户等问题，受到党内严重警告处分，被免去了朱师村党支部书记的职务。同时，郑某弟弟也退出了低保名单和精准扶贫名单，违规领取的低保金也正在追缴。

为了贯彻中央纪委扶贫领域监督执纪问责工作电视电话会议精神，针对类似朱师村的优亲厚友问题，以及贪污挪用、截留私分扶贫款等扶贫领域"微腐败"问题，省纪委要求各级纪委走出办公室，下基层、入农户、察实情，面对面收集问题线索。7月3日以来，省各级纪检监察机关共受理扶贫领域群众信访反映768件，查处问题723件1127人，其中党政纪处分297人，通报曝光389起，并对扶贫领域违纪违规问题坚持"一案双查"，问责251人。

资料5

2400多人口的长岗村共有党员39人，曾是八里畈镇有名的"软弱涣散村"。在很长一段时间里，这个人均耕地不足一亩的山区村穷得连一个办公地点也没有，村"两委"长期在乡镇街道租房办公。现任村党支部书记刘时宏说："以前村里党组织实际上处于半瘫痪状态，几乎不开党员大会、不过组织生活。"加之，村"两委"班子不团结、不办事、不公正等"三不"问题突出，进一步降低了基层党组织和村干部在群众中的威信，因而被镇党委列入集中整顿建设范围。

党的十八大以后，在全面从严治党和脱贫攻坚的新形势下，长岗村"两委"换届后，新的领导班子开始带领全体村民迈上脱贫致富的道路。2013 年，在各方支持下，总投资 46 万元、建筑面积达 400 平方米的村部落成，新村部设有办公室、会议室、计生室、图书室和文化广场等，终结了该村党员、群众多年没有活动场所的局面。

"硬件建设只是第一步，更重要的是要增强班子的整体功能，一个村庄的力量毕竟是有限的，支部联建可以形成引领脱贫攻坚的强大合力。"脱贫帮扶单位县国税局局长孔巍说。2014 年，县国税局成为长岗村的脱贫帮扶单位之一，对口帮扶该村贫困户 97 户 328 人，占贫困户总数的七成以上。为将组织优势转化为扶贫优势，县国税局注重强化支部联建的机制化建设；选派 1 名党办主任作为支部书记助理，协助市里派驻该村的第一书记工作；指定 1 名党组成员、副局长作为驻村组长，协调联络帮扶事项；发动局机关的 35 名党员，结对帮扶村里贫困户，帮助他们解决日常生活中的实际困难。

近年来，通过"联建党组织引领、党员示范带动、产业基地支撑"，长岗村脱贫工作持续推进。2014 年该村确定建档立卡贫困户 127 户 455 人，当年就脱贫 20 户，2015 年脱贫 4 户，2016 年脱贫 70 户，2017 年脱贫 30 户，截至目前仅剩贫困户 3 户 5 人，刘时宏说："要想摘掉穷帽子，关键看党组织，这两年支部的作用真是太明显了！一些群众担心脱贫后就没人管了，支部联建给大伙儿吃了'定心丸'。"

资料 6

金峨村和邵家丘村都是省级文明村、全省美丽乡村精品村，而且村民都较富裕，金峨村不少村民从事园林绿化产业，是老牌的富裕村；邵家丘村则大量种植榨菜、葡萄，村民靠此致富，不少人都住上了别墅。两个村的村支书作为省人大代表，他们利用两会的会议间隙，交流起"乡村善治"的经验与做法。

"我们花了大量精力在基层治理和乡风文明建设上。"前不久，黄宝康代表被评为全国农业劳动模范，并列席了中央农村工作会议，"会上说，乡村振兴，必须创新乡村治理体系，走乡村善治之路。我们尝试的，就是村民自治。"2016 年，邵家丘村将全村 4 平方公里 795 户村民，划分成 30 个网格，每个网格都配备了网格长。"30 名网格长基本都是党员，其中有 24 名企业主，这群人在村庄治理中发挥了巨大作用。"黄宝康说，他们都是村里的能人，又是义务劳动，在村民中威望很高。不仅如此，邵家丘村还按区域建立了 8 个前哨党支部和 2 个企业党支部，全村 161 名党员都与村民结对，"日常事务、村民矛盾，通过这些网格和党支部，都能第一时间得以解决。"

周康健代表忍不住插话道："村民直接给你打电话的多吗？""很少很少。"黄宝康打开微信说，"我们建了微信群，各网格和党支部有新情况都在群里说。去年光网格长反映、处理的问题就有 500 多起"。

"抓牢党员这支队伍确实重要，这个我们也有经验。"周康健也打开"话匣"，介绍起街道党建联合体的创新做法。2015 年 5 月，金峨村和蒋家池头、税务场等金溪河边的 5 个村，试点区域党建联合体，由金峨村牵头，带领"金溪五村"打造美丽乡村精品线。五村抱团后，联合对金溪河进行景观改造，还成功引进了漂流项目，把生态优势转化为经济优势。

"你们这种模式也很好，我得找机会去看看！""我也要带上村干部，去你们那里取取经。"聊到尽兴处，两位代表当场定下新的约定。

资料 7

经过一年多的试点实践，宁波北仑大碶全面深化农村"对账理事"工作制度。38 个村集体"亮账"，主动亮出换届当选后的履职账单，公开"承诺"2018 年重点任务账单，这既是一张张农村工作的任务账单，更是一道道治村干事的"军令状"。

大碶辖区内有 38 个建制村，农村面积约 90 平方公里。2017 年以来，该街道实施"对账理事"工作制度，以村"两委"干部为责任主体，对照"党建、发展、民生"三本账单，通过"定、履、核、结"四个环节，把上级的工作任务、村"两委会"商定的工作目标、村班子承诺事项、"村民说事"的相关问题,作为村班子年度工作任务,做到"定人、定责、定标准、定进度",推进村里大事小事落实落细。

"通过'对账理事',我们建立了'年初定账、对单履账、动态核账、年终结账'四个环节,并把年终奖、评先评优等与'结账'结果相挂钩,激发了农村干部的干事激情。"大碶街道党工委书记俞宏侃说,实现乡村振兴,关键还是要有一支担当有为、干事创业的农村干部队伍。通过创新制度,从"对账理事""村民说事""小微权力清单"三个维度,共同构成和完善乡村社会治理体系。

"对账理事",为村民办好实事难事。湖塘村村大人多,公共文化设施薄弱,村民呼声强烈。2017年,该村把文化礼堂建设纳入"账单"。2017年11月,村文化礼堂落成,紧接着便承办了大碶街道首届民俗庙会大型活动,人气爆棚。西岙村拥有300多棵四五百年金桂树,被誉为"浙江桂花第一村",可进村赏桂却没有一条像样的路。2017年。岙底桂花游步道建设纳入村子的"发展账单",村里决定建设1000多米的游步道及停车场、洗手间、赏桂亭等基础设施。目前一期250米的游步道及停车场、洗手间已经修建完成,老百姓对此纷纷点赞。

"对账理事"让新老干部掌握了"治村干事"的方法,激发全新潜能。和鸽村党支部书记张培义是个老先进,开辟停车场、慰问困难群众、台风季物资储备……他的"账簿"上,记得满满当当,城湾村党支部书记叶峰是名新书记,原先从事企业管理。通过"对账理事",他在农村工作中"按图索骥",干得风生水起。他说:"每年定好一本账,办事心中有底气,每月全程纪实,每季向老百姓亮账,是压力更是动力。"

资料8

荷兰的国土面积仅有4万多平方公里,却成为仅次于美国的世界第二大农业出口国,这与其大力推行农地整理密切相关。该国通过整合现有农村资源,充分发挥地区优势,促进了农村社会的和谐发展。早在1924年和1938年,荷兰政府就相继颁布了两版《土地整理法》,通过土地置换,规整划一等实现土地相对集中,改善农地利用,促进农业发展。这一时期,荷兰将农业利益置于首位,土地整理法案的内容包括改善水资源管理、优化土地划分和建设道路基础设计等。尽管这一时期的土地整理成功提高了农业生产效率。但由于实施目标的单一性,导致在一定程度上破坏了乡村的传统景观。1954年,荷兰颁布的第3个《土地整理法》,在解决粮食短缺问题的基础上,允许预留部分土地服务于农业生产之外的自然保护、休闲娱乐、村庄改造等。同时明确了景观规划必须作为土地整理规划的一个组成部分。自此,乡村景观规划在荷兰获得合法地位。这一时期乡村景观规划的主要目标仍然是为农业生产区分土地的使用类型,但开始涉及户外休闲、景观管理以及自然保育等方面的利益。1970年以后,荷兰政府转变了只强调农业发展的单一路径,而转向多目标体系的乡村建设,如推进可持续发展农业,提高自然环境景观质量;合法规划农地利用,推进乡村旅游和服务业发展;提高乡村生活质量,满足地方需求等。而且,通过更加科学合理的规划和管理,荷兰避免和减少了农地利用的碎片化现象,实现农地经营的规模化和完整性。1985年,荷兰政府颁布了《土地使用法案》,要求拓展乡村发展目标,协调与其他物质规划的关系,允许购买土地用于非农目标,相比以往农业优先的规划,娱乐、自然和历史景观保护被置于与农业生产同等重要的地位。

近年来,荷兰乡村建设的目标随着社会发展变得更加广泛,乡村整治任务变得越来越全面和综合。政府作为乡村重建背后的推力角色已经大大弱化,2007年版的《土地使用法案》也更加注重解决私人与政府合作开发土地过程中涉及的成本和收益问题。因此,乡村景观规划也更加注重农民、政府、社会团体等各方利益的均衡。通过农地整理,荷兰的乡村不仅环境良好、景观美丽,且农业经济发达,农民生活条件优越。在农村资源相对有限的情形下,荷兰通过对乡村精耕细作、多重精简利用的方式,达到规模化和专业化的经济社会效益。

（二）作答思路

1. 题干点睛法

（1）题干关键词：乡村善治

（2）什么是"乡村善治"：要对乡村进行良好的治理。

（3）为什么要实施乡村善治：当前乡村存在诸多问题。

（4）如何实现乡村善治：在资料中找要点。

2. 资料分析法

（1）村民自治："资料6"第二段，在主题乡村善治附近有重点。

（2）基层党组织、党员：诸多资料涉及。

（3）法律保障："资料8"荷兰，保护土地，土地法案。

3. 分论点

（1）村民自治是乡村善治的主力军。

（2）基层党建是乡村善治的领头羊。

（3）法治保障是乡村善治的定盘星。

（三）参考范文

让乡村善治在定向施策中上台阶

从红白喜事大操大办到厚葬薄养之风肆虐，从浮躁跟风到赌博迷信在部分地方依然顽固存在，以乡村治理带动乡村振兴可谓任重而道远。千里之行，始于足下。良好的治理是乡村振兴的基础，只有定向施策，在自治上下功夫，在法治上有突破，在人治上精准发力，才能让乡村善治迈上新台阶。

实现乡村善治要在乡村自治上下功夫，激发民主活力。在以往很多农村地区，村长的当选靠关系、人情，甚至是"有威望的老村长指派""搞世袭"，这极大地阻碍了农村事业的发展、影响了农民的增收，削减了政府的公信力。而通过乡村自治，可以很好地发挥乡村群众的积极性，能够解决、调解村里发生的各种问题，形成集中讨论问题的机制。邵家邱村创新式地将全村划分为30个网格，每个网格选择在村民中威望高的能人作为网格长，帮助基层干部，第一时间反映问题，处理村里的日常事务、村民矛盾；甚至还按区域建立了前哨党支部和企业党支部，最终在党员的带动下，推进了生态优势转化为经济优势。因此，只有在自治上下功夫，实行现代化的治理模式，鼓励群众参与共治，才能最终实现乡村善治。

实现乡村善治要在乡村人治上下功夫，获得群众满意。乡村振兴，离不开基层干部兢兢业业、勤勤恳恳、日复一日的辛劳。往日乡村基层党组织涣散有之、腐败有之，村里工作不闻不问，大大降低了基层党组织在群众中威信，导致群众问题难以解决。而宁波北仑大碶，他们创造性地制定了"对账理事"工作制度，以"年初定账、对单履账、动态核账、年终结账"四个环节来评价和考核干部，激发了农村干部的干事激情，同时也释放了农村基层自治的活力。如此看来，实现乡村善治，必须打造一支担当有为、干事创业的农村干部队伍，才能为农村事业发展、农民幸福生活创造更好的条件。

实现乡村善治要在乡村法治上下功夫，推进现代治理。"法不责众"等侥幸心理在乡村中依然普遍存在，赌博等乱象在部分地区仍旧根深蒂固，法治精神欠缺成为乡村发展的拦路虎。与此同时，部分乡村领导优亲厚友问题突出，贪污挪用、截留私分扶贫款等扶贫领域"微腐败"问题长期存在，极大挫伤了农民的发展积极性，败坏了党和政府在人民心中的崇高形象。只有在乡村法治上下功夫，以基层领导为重要抓手，组织纪委人员下基层、入农户、察实情，面对面收集问题线索，严厉打击基层干部违法违纪行为，才能还农村治理的一片蓝天；只有以案说法、以加强执法来带动普法，以由浅入深地讲述家庭纠纷、财产纠纷、借贷纠纷等身边案例来普及法律知识，提高乡民的法律意识，才能为农村发展扫清思想障碍。

自治才能激发民主活力，人治才能获得群众满意，法治才能推进现代治理。只要我们真抓实干，矢志不移，就一定能以乡村善治开创出乡村振兴这一伟大事业的新局面。

第八章　福建省选调生申论考试必备主题范文

下好一盘棋 为乡村振兴布局落子

农为邦本，本固邦宁。全面建设社会主义现代化国家，实现中华民族伟大复兴，最艰巨最繁重的任务在农村，最广泛最深厚的基础也在农村。各级党委政府必须安心"布局"、用心"引势"、尽心"落子"，拿出更高标准、更大力度、更实举措为乡村振兴持续助力，才能在巩固拓展脱贫攻坚新成果中乘势而上、出奇制胜。

善布"党建引领"棋局，筑牢基层党组织的战斗堡垒，安心用好"党建红"勾勒"乡村美"。"火车跑得快，全靠车头带"，"火车头"就是基层党组织，而跑得快的关键便是强化党组织的"领头"作用，在"党建＋"引领下铺就乡村振兴"快车道"。一要加强支部建设，加强对软弱涣散基层党组织的整顿，以高质量党支部建设助推乡村治理效能的升级，强化对基层治理的政治引领、组织引领、能力引领、机制引领，打通为民办实事的"最后一公里"，以标准促规范、以规范筑堡垒。二要建强两委班子，强化党组织领导把关作用，规范村"两委"换届选举，配强班子增强领导力，把稳政治过硬、本领过硬、作风过硬的硬杠杆，选出真正懂农业、爱农村、爱农民的党员干部，做到科学搭配、优化组合，发挥选派力量的最大效能。三要夯实廉政教育，党建引领乡村廉政建设正风气，充分利用"三会一课"，加强廉政教育，提升党性修养，为党员干部指明守纪律、讲规矩的方向和大势，确保做到政治立场不偏、政治方向不移、政治信仰不变，系好清正廉洁、忠诚干净的为政纽扣，用廉洁奉公的实际行动守护"战斗堡垒"的"红色旗帜"。

善借"产业引领"棋势，探索因地制宜的脱贫致富路径，用心打造"动力源"助推"乡村富"。产业振兴作为"源头活水"，在创新发展、培育特色乡村产业中激发群众脱贫的内生动力。首先，要培训新型主体。依据各地资源禀赋、区位条件、产业基础等，聚焦优势特色产业，调整优化产业布局结构，重点扶持一批龙头企业或专业合作社，集中连片形成规模，打造大型农业企业集团，使其在农业产业化发展中成为主力军。其次，要构建品牌体系，坚持因地制宜发展春小麦、青稞、蚕豆、豌豆、马铃薯等农业产业，彰显产业的比较优势和地域特色：从产业链各环节加强质量管控，健全绿色质量标准体系和可追溯体系，大力推进绿色生产、标准管控；大力打造区域公用品牌，培育一批有影响力的区域公用品牌和企业品牌，创响一批"土字号"特色产品品牌。最后，要激发创新活力。有效打通农村资源变资产的渠道，跨界配置农业和现代产业要素，形成"农业＋"多业态发展态势；积极弘扬红军长征精神、"两弹一星"精神、新精神，构建革命烈士陵园、革命历史博物馆和党旗墙等红色文化场所，吸引大批游客前来观光旅游。

善落"人才引领"棋子，集结优选配强的带头致富队伍，尽心压实"土专家"赋能"乡村强"。乡村振兴，人才是关键。全面实施乡村振兴战略的深度、广度、难度不亚于脱贫攻坚，对人才需求更为广泛。一是回引"归雁"建功，推动在外人才"凤还巢"。既要引导致富带头人，辐射带动"引凤还巢"；更要以政策红利释放人才活力，持续优化创业环境，从人才创业的平台支持、政策倾斜、发展激励等多个层面，出台一揽子优惠政策，吸引更多人才到乡村创业，为乡村产业发展、科技创新、经济建设等提供智力支撑。二是强化"鸿雁"展翅，盘活用好农村"土专家"。要发挥好种养殖能手、农民企业家、民间艺人等"土专家""田秀才"的作用，制定本土人才选拔标准、培养计划，通过学历提升、技能指导、实战实训等方式培养一批带动能力强、影响力大的家庭经营农场主、种养殖大户、农业职业经理人、农民合作社带头人等新型职业农民，充分发挥其在农村经济发展和转型升级中的骨干作用。三是力促"群雁"齐鸣，奏好乡村振兴"大合唱"。全面建立高等院校、科研院所等事业单位专业技术人才到乡村任职、挂职制度，支持专家学者、企业家及各类农业科技人员通过投资兴业、包村包项目等方式，参与到乡村振兴伟大事业中来。

唯有下好"党建、人才、产业"这一盘棋，才能推动农业农村现代化"迈上新阶"。

解读"经济高质量发展"背后的"三驾马车"

纵观历史，无论是 1998 年亚洲金融危机，还是 2008 年国际金融危机，抑或是 2020 年以来新冠疫情冲击，面对"世界变局"的屡次冲击，我国每次都能通过"扩大内需"这一有力措施从容应对、化险为夷、化危为机。当前我国经济运行面临的最突出的矛盾就是"需求不足"，只有坚持"扩大内需"这个战略基点，启动消费和投资"双引擎"，同时稳住出口这个"调节器"，才能为中国经济注入源源不断的"生机活力"。

坚定"消费优先"，激活经济发展"引擎"。消费是扩大内需的原动力和主阵地，是拉动经济增长的"主力军"。随着我国新型工业化、信息化、城镇化、农业现代化的不断推进，供给侧结构性改革的不断深化，消费逐渐成为推动经济发展的"力量之基"。各级党委、政府要深入贯彻落实中央经济工作会议对恢复和扩大消费的决策部署，把扩大消费和增加城乡居民收入、健全社会保障相统一，立足当地发展的实际，围绕促进就业、优化收入分配结构、不断扩大中等收入群体、完善社会保障，出台"一揽子"政策举措，逐步缩小城乡区域发展差距和居民生活水平差距，切实增强群众消费能力。要不断提升供给质量，既要改善消费的条件，又要创新消费的场景，让"传统消费"提质升级、"新型消费"亮点纷呈、"服务消费"扩大提升、"公共消费"平稳增长，充分释放消费的"潜力"和"活力"，着力满足个性化、多样化、高品质的消费需求。

坚持"投资拉动"，提升经济发展"动能"。投资是拉动经济增长的"三驾马车"之一，它是供给侧和需求侧两端发力的"重要引擎"，不仅带动性强、同时关联度高，是中国经济发展的"稳定器"。面对当前民间投资预期较弱的严峻形势，各级政府必须发挥好带动投资的引导作用，继续加大在打基础、利长远、补短板、调结构等领域的投资力度，加快实施"十四五"规划确定的一批重大工程，不断推进新型基础设施、新型城镇化、交通水利等重大基础设施的建设，继续开展城市更新和乡村建设行动。要加大对科技领域的投资力度，聚焦高端装备制造、新一代人工智能、新材料、新能源等战略性新兴产业和高新技术产业，聚力抢占科技制高点，加大高校、科研院所研发投入，促进科技成果的不断转化。要深化投融资体制机制的改革，不断优化投资环境，充分发挥政府投资的撬动作用，不断激发民间投资的活力，切实增强经济发展的内生动力。

稳住"出口支撑"，增强经济发展"韧性"。"出口"连接着国际和国内两个市场，是我国经济增长的重要引擎。"不拒众流，方为江海"，作为世界贸易大国，稳住"出口"，是推动高质量发展、全面建设社会主义现代化国家的应有之义。面对严峻复杂的国际形势，各级党委、政府仍然要继续坚定不移地走改革开放的道路，既要稳住对发达国家的出口，同时要扩大对新兴经济体的出口，以高水平的对外开放和营商环境的不断提升，抓住外贸机遇，拓展全球市场，实现外贸的提质增效。要统筹协调各方面的资源，不断加大创新和开放力度，勇于闯"无人区"、破"天花板"，加大服务贸易、发展数字贸易、挖掘内需潜力，不断巩固拓展新能源汽车等新产业出口优势,更好地联通国内和国际市场,不断提升核心竞争力,打造外贸发展"增长极",强化出口的支撑作用,不断增强我国经济发展的"韧性"。

习近平总书记指出:"2024年经济工作千头万绪,需要从战略全局出发,抓主要矛盾,从改善社会心理预期、提振发展信心入手,抓住重大关键环节,纲举目张做好工作。"不谋全局者,不足谋一域,各级党委、政府必须提高站位,拓宽视野,着眼全局推动"经济航船"驶向"春天里"。

"三治融合"勾画乡村治理新风景

党的二十大报告提出要"全面推进乡村振兴",乡村治理是国家治理的基石,也是乡村振兴的基础。只有以高效能乡村治理助推乡村振兴的发展思路,用党建引领这根"绣花针"穿起乡村治理的"千条线",抓住党建引领下的自治、法治、德治共同发力这个关键,才能着力勾画服务到位、管理有序、邻里和睦的乡村治理新风景。

以党建引领,建强治理"指挥部",筑牢攻坚克难"桥头堡"。村看村,户看户,核心引领看支部。党支部应以全力打造一支懂治理、能治理、善治理的乡村治理"生力军"为立足点,坚持以学为本,强化理论武装,每月制定学习计划,将习近平总书记系列讲话精神作为重点学习内容,以主题党日为载体,组织党员干部轮流讲党课,切实做到学以铸魂、学以补钙;规范三会一课、组织生活会等制度,升级改造党群服务中心,不断提升党建规范化、标准化、制度化水平;强化党员日常管理,做实党员教育关,定期组织党员干部参加各类业务培训,认真学习乡村振兴、村务管理和法律法规等知识,增强党员干部治理什么、如何治理、为谁治理的意识和能力;通过实地瞻仰、诵读红色书籍等多种形式开展红色教育,让党员干部在缅怀革命先烈、传承红色基因中接受思想洗礼,激发干事创业热情,使党支部凝聚力、向心力、战斗力得到显著提升。

以自治聚力,构筑治理"共同体",画好干群共治"同心圆"。问计于民,问需于民,才能找到治理着力点。应充分发挥"统"的功能,握指成拳、聚合力量,在村党组织领导下,设立村民议事会,通过定期召开现场议事协商会的形式,共同商讨解决群众"急难愁盼"问题,实现民意"零距离"、干群"面对面";以村小组为单位,划分20个网格,设网格员60名,由各村组理事长担任网格长,建立"周例会、月汇报、季反馈"工作制度,形成信息打捞、问题发现、协同解决、结果反馈的连贯式工作机制;严格执行四议两公开制度,以"小微权力监督一点通"平台为载体,对重要事项、重大决策等事关群众切身利益的大事、要做到大家知晓、大家商定,提高监督便利性、参与性,形成上下贯通的有效监督格局;结合村情实际修订村规民约,将村民关注度高的邻里纠纷、公共道德等内容纳入其中,做到村民自治有规可依、有章可循,不断提高村民自我管理、自我教育、自我约束能力。

以法治护航,织密治理"安全网",奏响乡村和谐"平安曲"。法者,治之端也。因此,要采取张贴宣传画、村广播等多种形式,深入开展普法宣传,引导村民办事依法、遇事找法、解决问题用法、化解矛盾靠法,开展专项普法宣传活动,在全村范围内有效营造学法懂法守法氛围;结合网格化管理成立流桥村知心守护志愿服务队,以群众需求为导向,宣讲国家法律法规,调解村民矛盾纠纷,助力法治流桥建设,努力做到把问题解决在基层、矛盾化解在基层;持续提升硬件设施,升级改造村综治中心,同步配备心理咨询室和矛盾纠纷调解室,大力推进"雪亮工程",安装监控,有效营造平安和谐治安环境,筑起法治建设的"铜墙铁壁"。

以德治凝魂,壮实治理"思想骨",打造宣德扬善"幸福圈"。德润人心,固根铸魂。流桥村着眼凝聚群众、引导群众、以文化人、淳风化俗，依托新时代文明实践站，组建理论宣讲、文化服务、勤学支教、医疗健康等志愿服务队，常态化开展志愿服务活动。今年以来，累计开展爱心帮扶、环境整治等志愿服务活动，用润物无声的方式营造出"人人为我，我为人人"的良好浓厚氛围；积极倡导新时代文明新风，深入开展移风易俗专项行动，将喜事新办、丧事简办、厚养薄葬等列入重点宣传内容，推动移风易俗宣传进农户、到农田，组织村民签订《抵制大操大办宴席承诺书》，同时建立红黑榜、典型选树机制，对在推进移风易俗中涌现出的带头人物，通过多种形式进行宣传表扬，持续引导村民崇德向善，提升村民道德素质，规范村民行为举止，让文明乡风、良好家风、淳朴民风吹遍乡间田野。

唯有抓住党建引领下的自治、法治、德治共同发力这个关键，才能勾画出服务到位、管理有序、邻里和睦的乡村治理新风景。

"三把密钥"走稳共同富裕之路

习近平总书记在党的二十大报告中指出："共同富裕是社会主义的本质要求，是中国式现代化的重要特征。"在向第二个百年奋斗目标不断迈进的新征程上，各级党委政府必须始终坚持以人民为中心的发展思想，牢牢把握"鼓腰包""富脑袋""强体魄"三把密钥，在高质量发展中推动共同富裕，让人民幸福生活可见、可感。

统筹效率和公平，让老百姓的钱袋鼓起来。共同富裕，不是少数人的富裕，而是全体人民的富裕。要坚定"一个都不能少"的信心，以扎扎实实的举措，持续为特殊困难群众精准做好兜底保障，持续完善社会救助制度，对困难残疾人家庭、低保及低保边缘、困境儿童等特殊群体，通过"提标扩面"各类政策救助、分门别类提供差别化服务等，精细做好分类帮扶，让兜底保障更有力度、扶弱帮扶更显温度。共同富裕，不是整齐划一的平均主义，而是注重在坚持高质量发展中做大蛋糕、切好蛋糕，让群众真正共享发展成果。通过出台相关政策、优化营商环境等有效措施，为企业发展搭建优质平台、创设良好环境；为人的发展拓宽向上渠道、激发人才活力，在稳就业、促发展、惠民生中，推动地方经济社会高质量发展。

坚持"铸魂"和"化人"，让老百姓的脑袋富起来。共同富裕的道路，是一条既要家家"仓廪实衣食足"，也要人人"知礼节明荣辱"的物质、精神双奔赴的道路。如果只鼓腰包、却瘪了脑袋，精神就会缺"钙"，就会得"软骨病"。以信念铸魂、以文化人，是解开共同富裕的精神密码。要坚持不懈用党的创新理论武装头脑，通过开展形式多样又富有成效的主题教育，让党的政策宣讲"飞入寻常百姓家"，推动理论学习入脑、入心，筑牢理想信念根基。要聚焦人民所需，坚持文艺工作从"人民中来、到人民中去"，牢牢把握文艺创作的"人民性"，让文艺作品件件"沾泥土""带露珠"，创作出更多老百姓受用的精品节目，在文艺作品的创作、交流中凝聚共识和力量，向共同富裕道路迈出坚实步伐。

注重优质和均衡，让老百姓的体魄强起来。逐梦共同富裕的漫漫道路，光以头脑"壮筋骨"还不够，还需要以强健的体魄砥砺向未来，方能行稳致远。推进基本公共服务优质均衡，是人民美好生活的题中应有之义。要注重均衡、科学统筹规划，建设一批真正惠及群众、使老百姓受益的体育公园；因地制宜、系统整合现有资源，在已有的公共设施基础上，精细打造小游园、健身步道，精准投放健身路径和配套休闲设施等，构建群众身边的10分钟"健身圈"。要深入推进全民健身，结合各地文化特色和非遗项目，打造一批群众参与度高、适用范围广的全民健身活动，让全民健身的悦耳韵律不断在机关、企业、校园、社区、农村奏响，推动全民健身与全民健康深度融合，在切实提升群众获得感和幸福感中，朝着共同富裕方向稳步前进。

扎实推动共同富裕是各级党委、政府党为中国人民谋幸福的初心使命。新阶段，各级党委、政府要把促进全体人民共同富裕作为为人民谋幸福的着力点，牢牢把握"三把密钥"，不断增强人民的幸福感、获得感和安全感。

落实惠民工程　提升幸福指数

总书记多次在基层走访和考察中强调，惠民政策的出发点和落脚点一定要坚持以人为本，做到为民服务。然而，惠民工程在落实中却存在诸多问题，如监管不力、群众不配合、政策"一刀切"等。"百姓之事无小事。"各级政府必须将落实惠民政策作为一项重大工程，使全体人民在共建共享发展中有更多获得感和幸福感。

落实惠民工程需要加强宣传引导。近年来，国家相继出台了一系列的惠民政策，但有一些基层群众对新出台的政策并不了解，甚至是一无所知，导致政策不受百姓欢迎，遇到阻力。在推进农村改厕工作中，部分村民因节约水费、不适应抽水马桶等原因，导致心中不满意，甚至拆除厕所。群众不配合的根本原因在于思想陈旧，未意识到改厕的艰巨性、重要性，从而导致农村改厕的"返潮问题"。这就需要政府部门在进行具体实施工程前做好群众思想转变工作，加大宣传引导力度，提升群众对惠民工程的支持率和参与率。宣传力度上去了，百姓了解了惠民政策，才能更好地利用和享受它。

落实惠民工程需要关注民生实际。切实满足百姓需求，将百姓需求深放于心，方可实现民之所愿。港区养老中心顺应养老社会化需求，变革养老服务，提高养老保障水平；在社会发展与物价上涨的背景下，河南平顶山提高低保标准，满足人民日益增加的需求；随着群众生活追求转变，各省进行公共文化基础服务建设，丰富群众文化生活。不论是养老模式的更新，还是低保额度的提高，抑或是文化设施的建设，均体现政府在社会进程中时刻关注民意、听到民声，并不断改进惠民工程内容，切实将"民有所呼、我有所用"精神贯彻落实，满足群众愿望。惠民没有终点，只有连续不断的新起点。

落实惠民工程需要加强权力监督。权力不受监督，就像失去了缰绳的野马，最终害人害己。由于内部管理机制失之于宽、失之于松，外部监督形同虚设、毫无实效，导致惠民工程面临"最后一公里"的困境。例如：云南省出台对中小学代课老师的补助政策，因为基层干部在执行中对待年迈代课老师使用侮辱性语言、态度恶劣，最终导致这项惠民政策无法落实到位。其原因在于内部监管机制的懈怠、对后续服务以及指导不到位，让政策成了烂尾工程。为确保好政策精准落实，拉近政策与民众之间的距离，需要基层干部拿出决心，切实采取措施，做好服务工作，切实做到"言必信、行必果"。

党的十九大报告指出："增进民生福祉必须多谋民生之利、多解民生之忧。"我们要始终把各族人民利益摆在至高无上的地位，通过持续推进"九大惠民工程"，让改革发展成果更多更公平惠及各族市民，使人民的获得感、幸福感、安全感更加充实、更有保障、更可持续。

以中国话语　讲好中国故事

党的二十大报告指出："加快构建中国话语和中国叙事体系，讲好中国故事、传播好中国声音，展现可信、可爱、可敬的中国形象。"中华民族有着五千多年的文明史，中国综合国力和国际地位不断提升，我们增强国际话语权有信心和底气。促使世界读懂中国、读懂中国人民、读懂中国共产党、读懂中华民族，让世界更多的人了解、理解并共享中国精神、中国价值，将有效提升我国文化软实力、彰显中华文化影响力，从而为人类文明进步作出新的更大贡献。

贯穿思想指引，构建中国话语体系。话语是一定观念、理论、文化等的表达，话语的背后是思想，是"道"。话语体系则是一定思想理论体系的外在表达形式，是系统的理论、思想等通过相关概念和表达方式作出的阐释。构建中国话语体系，必须以习近平新时代中国特色社会主义思想为指导，用中国理论阐释中国实践，用中国实践升华中国理论，打造融通中外的新概念、新范畴、新表述，让中国方案、中国主张、中国文化更加深入人心。

聚焦伟大事业，构建中国叙事体系。叙事体系包含多个层面，如叙事主体、叙事文本、叙事技巧、叙事逻辑等。其中最重要的，一是精彩的叙事文本，对应着现实中的好故事；二是叙事逻辑，就是故事背后的"道"。新时代十年党和国家事业取得历史性成就、发生历史性变革，为构建中国叙事体系提供了现实基础，为讲好中国故事提供了丰富的资源。同时，"不要为了讲故事而讲故事，要把'道'贯通于故事之中"，要深刻阐明中国故事蕴含的中国道理，帮助国外受众了解中国共产党为什么能、马克思主义为什么行、中国特色社会主义为什么好，引导国际社会形成正确的中共观、中国观。

着眼人民实践，讲好鲜活中国故事。普通人的故事最能打动人心。成千上万中国人靠勤劳双手、创新智慧、创业勇气成就属于自己的人生精彩，这其中有许多生动感人的中国故事，以及中国故事所反映出的中国精神。要树立以人民为中心的传播理念，植根人民生动实践，讲好中国人的奋斗追梦故事，提升共情感、同理心、亲和力，让可信、可爱、可敬的中国形象更加深入人心。同时要努力创新话语表达、提升叙事技巧，认真研究不同国家和地区受众的文化传统、思维方式、审美情趣，针对不同国家和地区的民众、不同的文化群体，精准施策，精准传播，以普通人听得懂、易接受的方式，讲好鲜活中国故事，展示美好中国形象，实现良好传播效果。

坚持胸怀天下，传播正义中国声音。中国共产党是为中国人民谋幸福、为中华民族谋复兴的党，也是为人类谋进步、为世界谋大同的党。我们要拓展世界眼光，秉持全球视野去讲好中国故事，通过中国话语、中国叙事全面阐述我国的发展观、文明观、安全观、人权观、生态观、国际秩序观和全球治理观；要传播好中国声音，深刻洞察人类发展进步潮流，积极回应各国人民普遍关切，以中国话语、中国叙事关注全球性问题，表明中国态度、中国立场，宣介中国理念、中国主张，提供中国智慧、中国方案，为解决人类共同问题作出贡献，推动构建人类命运共同体。

中国有着悠久灿烂的文明，同时开创了人类历史上最为波澜壮阔的现代化进程，中国故事精彩非凡、激动人心，也需要精彩讲述、更好传播。以中国话语讲好中国故事，以中国叙事体系传播好中国声音，就一定能形成同我国综合国力和国际地位相匹配的国际话语权，推动中华文化更好走向世界。

立足人民需求 完善政务服务

为中国人民谋幸福，为中华民族谋复兴，永远是我国政务的初心和使命。权为民所用，情为民所系，利为民所谋，是我国政府不懈奋斗的目标。在数字化飞速发展的今天，政务服务必须紧跟时代潮流，在充分利用互联网技术的同时，根植于基层，与群众进行有效沟通，才能保证政务服务立足人民需求，保持政府执政兴国的核心生命力。

应用互联网技术是政府服务立足人民需求的重要媒介。马克思主义的唯物史告诉我们，经济发展是政治建设的基石。互联网技术兴起于第三次技术革命，在收集信息、分析数据等方面具有传统媒介无法比拟的优势。利用互联网技术的便捷高效，政府部门可以为民众提供信息公示，提供网上一站式便捷服务，并针对民众对于各种政务服务的需求程度对服务内容进行调整，实现更加准确的群众需求服务。时代的变化要求政务服务也必须跟上技术发展的步伐。因此只有充分发挥互联网技术优势，是实现"互联网＋政务"服务的工作目标，才能算是立足于人民群众的现实需求，才能从根本意义上做到为人民服务。

进行有效沟通是政务服务立足人民需求的核心方式。政务服务从本质上来说是政府与人民群众的直接对话，以朋友的视角看待群众，用群众听得懂的语言是政务服务的基本要求。同时，有效的沟通应该重视具体的行动，群众反映的问题如果不用实际行动进行处理，那么也没有达到为民服务的目标。除此之外，线上服务产品也需要做好自身的功能升级与更新，以便于更好与群众沟通，发挥其有效性，真正做到政务服务立足于人民需求。

扎根百姓生活是政务服务立足于人民需求的重中之重。明宣宗微服私访，亲自与百姓对话，方知农民生活艰辛，赋税繁重，才能体察民情，爱惜民力；总书记深入浙江安吉的当地产业发展，才提出"绿水青山就是金山银山"的伟大论断。俄国沙皇时期叶卡捷琳娜"为解决粮食危机，亲自前往西比利亚偏远地带的农奴庄园，才发现土豆作为粮食的优点所在，从而解决了国内危机。"由此可见，古今中外的治理者都深刻明白扎根基层了解百姓生活的重要意义，政务服务是政府治理的基本形式，只有深入群众，才能真正了解群众的诉求，才能有计划性地立足于人民需求，使政务服务更加完善。

古人云："水能载舟，亦能覆舟"。政务服务是我国政府执政为民理念基本的表现形式。要使我国政府执政能力得到进一步的提升，让国家发展的帆船高速前行，就必须要顺应流水的方向，倾听民众的声音，从利用互联网技术、进行有效沟通、扎根百姓生活三个方面着手，发展完善政务服务，才能让其充分立足人民需求，建设一个行政能力强、社会公信力高的政府。

筑牢文化自信　彰显中华魅力

从故宫文创"华饰等风来"，以古画创作为灵感，借传统元素体现衣着服饰的艺术美；到科幻新作《流浪地球》，以宇宙灾难为基调，借特效动作展现留恋故土的文化美；再到出海网剧《白夜追凶》，凭正能量传播为蓝本，借曲折剧情突出英雄人物的价值美。在一部部现代文化作品火爆的背后，是文化供给侧改革的大胆尝试，是文化自信的别样体现。因此，牢筑文化自信，让文化因创新而生机，因交流而丰富，因互鉴而发展。

更基础的文化自信，始于传统文化底蕴。梁启超曾言"惟进取也故日新"，传统文化正借着当下流行，推陈出新，焕发生机。一幕"客堂清话，水车磨粮"的生活实景，一卷"雨霁归帆，长桥卧波"的山河壮丽，在一曲《丹青千里》的歌曲中徐徐展现。由故宫博物院携手腾讯，举办的"古画会唱歌"比赛，选取了十幅经典古画，是集绘画、音乐、科技的统一展示。挖掘并创作更多高水准、高制作的文化产品，让传统借流行燃起燎原之势，让文化借创新始终赓续传递。因此，展现传统文化底蕴，用文化发展的力量，夯实文化自信的基石。

更广泛的文化自信，源于扩大对外交流。中国文化走出去，是文化自信的必经之路。根据《外国人对中国文化认知调查报告》的结果显示，外国青年群体渴望学习中国文化，对文化传播的渠道和方式有着改进的诉求。他们通过旅游、交往等途径，用自身经历去接触和拥抱传统文化，通过他们的逐渐清晰的认知，去揭开中国文化的神秘面纱。这就需要我们创新文化传播的交流渠道和方式，去搭建更广泛的"汉语桥"，改变中国文化走出去的产品策略。故此，重视文化对外交流，让文化自信成为对外交流的前提保障。

更深厚的文化自信,归于创新传播方式。"忽如一夜春风来,千树万树梨花开""不知细叶谁裁出,二月春风似剪刀"在以"春"为命题的"飞花令"中,选手尽显飞花摘叶、重剑无锋般的诗词底蕴,一句句应接不暇的诗词接龙展现出一场场酣畅淋漓的诗词竞技。近年来,文化类综艺节目成为新网红,让我们感受到传统诗词的意境美。创新文化的传播方式,要主动了解当下年轻人的欣赏口味,去传播出传统文化的内涵美,去展示更深厚的文化自信。

"不谋万世者,不足谋一时;不谋全局者,不足谋一域",下好文化振兴这盘"大棋",就要走出文化自信之路,让传统文化为自信增一分底色,让对外交流为自信增一分亮色,让传播方式为自信增一分特色,才能筑牢文化自信,彰显中华文化魅力。

发展生态农业 构筑美丽乡村

40年砥砺奋进,40年艰苦创业,我国各项事业取得瞩目成就,农业发展亦是突飞猛进,实现了从温饱不足到全面小康的伟大飞跃。然而,其中"既有繁花,亦生稗草":当前我国的农村土地污染、耕地质量下降、地下水超采等破坏农业生态环境问题日益突出,严重影响了我国经济社会可持续健康发展。因此,发展生态农业,加强农业环境治理,犹如箭在弦上,是现实之需,势在必行。

建章立制,为生态农业"保驾护航"。"立善法于天下,则天下治;立善法于一国,则一国治。"自古以来,法律一直是社会发展、国家兴盛的必要保障。善法能够把各项事业纳入正轨,对于生态农业发展亦是如此。生态农业作为一个新生事物,在发展的过程中难免伴随着新的问题不断产生,若不加以解决,尤其是法律制度远远滞后于发展的速度,那么,不仅不能保障其健康成长、为"三农"助力,甚至会危及农业之本,动摇农村发展的百年根基。因此,只有加强立法,弥补法律空白,保障生态农业的运行规则,方能使其行稳致远。

科技创新,为生态农业"铸魂蓄力"。正如总书记所言,当今世界正处于百年未有之大变局,其中危与机同生并存。当此之际,唯有不拒众流方为江海,抓住时代给予的机会,善用新兴力量为生活与生产带去助力。例如科技手段监测生产环境、把控生产流程、创新工作方式,既减少了人力成本,又提高了生产效能。此外,不仅可以用在生产环节,销售渠道也可以借此打通。当信息壁垒被打破,不仅生产能得到科学规划,市场信息也能相对充分地传递,进而促进合理定价,拓宽物流与商超合作的空间,打通城市和乡村的隔阂,使得城市反哺农村不再沦为空想。

社会合力,为生态农业"强身健体"。"水能载舟,亦能覆舟。"百姓是民生发展、国家富强的根基,这也是为什么我们要高度重视"一切为了人民,一切依靠人民,一切发展成果人民共享"的原因。但是,单丝不成线,独木不成林,任何事业的发展,单靠个人力量是不足以成事的,农业生态亦是如此。单靠农民个人单打独斗,势微力薄,难以形成规模,唯有多方合力,调动企业、公益组织等多种主体积极性,形成合力,方能发挥"众人拾柴火焰高"的作用,将农业生态形成规模效应和产业化运营模式,从而实现可持续发展的根本目的。

"惟其艰难,更显勇毅,惟其笃行,更弥足珍贵"。农业发展与环境治理的问题艰巨而复杂,既不能盲目追求"毕其功于一役",又需坚持"小步走、快步走、不停走"的毅力,既要发挥制度的保障作用,又要运用科技新兴力量,形成社会共识,最终积小胜为大胜,积跬步致千里,走好生态农业发展之路,成就乡村万紫千红之美好局面。

团结奋斗办好福建的事情

"社会主义是干出来的，新时代是奋斗出来的。"党的二十大就新时代新征程党和国家事业发展制定了大政方针和战略部署。学习宣传贯彻党的二十大精神要联系实际、务求实效，对各项任务进行细化，真抓实干，狠抓落实，团结奋斗办好福建的事情。

团结奋斗办好福建的事情，要紧扣福建实际，发挥特色优势，全面抓好落实。习近平总书记亲自擘画了建设新福建宏伟蓝图，提出了"四个更大"重要要求，为福建发展指明了前进方向，提供了根本遵循。我们要把学习宣传贯彻党的二十大精神，与深入学习贯彻习近平总书记对福建工作的一系列重要讲话重要指示批示精神，与贯彻落实省第十一次党代会部署要求紧密结合起来，严格对照党的二十大提出的重要思想、重要观点、重大战略、重大举措，找准福建工作的切入点、着力点、落脚点。要充分发挥我省独特的区位优势和政策叠加优势，结合省情实际对各项目标任务进行细化，以全方位推进高质量发展的具体成果，检验学习宣传贯彻党的二十大精神的实际成效。

团结奋斗办好福建的事情，要注重统筹兼顾，做到"十个指头弹钢琴"。统筹兼顾是我们党的一个科学方法论。要切实统筹"两个大局"，把福建工作放在党和国家事业发展全局的高度来谋划和推进，准确认识新时代新征程新福建建设的历史方位，推动各项工作更好体现时代性、把握规律性、富于创造性，为推进中国式现代化作出福建贡献。要把党的二十大精神转化为指导实践、推动工作的强大力量，紧紧抓住解决不平衡不充分的发展问题，高效统筹疫情防控和经济社会发展，统筹发展和安全，着力在补短板、强弱项、固底板、扬优势上下功夫，不断提高效率、提升效能、提增效益，推动经济社会持续健康发展。

团结奋斗办好福建的事情，党员干部要敢担当、善作为。敢担当才能勇挑重担，善作为才能出实效。全省党员干部要始终保持自信果敢、自强不息的精神风貌和永不懈怠、锐意进取的奋斗姿态，不信邪、不怕鬼、不怕压，知难而进、迎难而上，全力战胜前进道路上各种困难和挑战。要加强斗争精神和斗争本领养成，着力增强防风险、迎挑战、抗打压能力，依靠顽强斗争打开事业发展新天地。要始终秉承"敢为人先、爱拼会赢"的精神特质，弘扬"马上就办、真抓实干"的优良作风，一步一个脚印把党的二十大作出的重大决策部署付诸行动、见之于成效。

奋进新征程，扬帆正当时。让我们更加紧密地团结在以习近平同志为核心的党中央周围，把思想和行动统一到党的二十大精神上来，撸起袖子加油干，奋力谱写全面建设社会主义现代化国家福建篇章，创造无愧于党、无愧于人民、无愧于时代的新业绩，赢得更加伟大的胜利和荣光！

践行绿色发展　助力美丽中国

良好生态环境的向往。"落霞与孤鹜齐飞，秋水共长天一色"这是王勃眼中的美景；"稻花香里说丰年，听取蛙声一片"这是辛弃疾眼中的美景；"接天莲叶无穷碧，映日荷花别样红"这是杨万里眼中的美景。可是现在我们有雾霾笼罩，资源困境等问题，不仅延缓了中国的发展，而且也使民众的生活受到影响。因此，践行绿色发展，方能推动美丽中国建设。

走绿色发展之路，需要树立生态环保理念。习近平总书记说"绿水青山就是金山银山"，意思就是要坚持保护生态环境的发展理念。良好的生态环境不仅满足群众对美好生活环境的需求，还可以发展旅游观光产业，拓展产业链，提升发展质量与水平，增加居民收入，实现经济效益与生态效益之间的良性循环。只有牢固树立生态环保的观念，才能使个人改掉乱扔垃圾的习惯，才能让企业发展中认真做好节能减排，才能让追求"绿色"成为全社会的时尚。因此走绿色发展之路，树立生态环保理念必不可少。

走绿色发展之路，需要大力发展循环经济。丹麦政府利用发电废水供热、大力发展风能，增加新能源技术研究投入，鼓励工业和生活节能等。此外，在政府的支持下，生物质能利用也得到了较快发展。这些发展循环经济之举，让丹麦于2014~2020年间创造能效投资2600亿欧元，节省能源成本5000亿欧元。发展循环经济，不仅加强大气保护，推进水污染防治，还可以在推进固体废弃物处理，加强重金属污染综合治理的同时，实现经济效益与社会效益的双赢。使用新能源，发展循环经济，实现绿色发展。

走绿色发展之路，需要完善制度监督引导。著名管理学原理木桶法则是指：木桶的盛水量取决木桶最短的木板，而非最长的木板。此原理告诉我们要下狠功夫抓薄弱环节，才能提升整体实力。此原理同样适用于走绿色发展道路之中。正是由于环保法规的缺失，就使得一些地方、一些企业钻法律漏洞，行肥自我发展、损环境破坏不义之事；抑或由于非法成本较小、缺乏执法效果而致使损害环境的行为屡禁不止。因此，在绿色发展道路上，需要环境保护完善制度细则，加大监督监管力度，引领企业科学发展。

"一水护田将绿绕，两山排闼送青来"，这样良好的生态环境美景我们谁都不愿破坏，而且谁也不能破坏。在发展中，也寻找环境保护与经济增长之间的平衡，深入贯彻落实科学发展观，践行绿色发展理念，早日实现"山青、水绿、天蓝、土净"的美好目标！

激活乡村振兴"组织动能"

组织兴，则乡村兴；组织强，则乡村强。推动乡村全面振兴离不开组织振兴，组织力量是推动乡村发展最强有力的保障。面对新时期的新任务、新考验，推动乡村振兴事业需在基层党组织建设上久久为功、绵绵用力，夯实组织基础、提振发展动能，以基层党组织战斗力、凝聚力、创造力的提升为乡村振兴的发展注入持久力量。

以"制度建设"画好乡村振兴发展的"程序框图"。"农村富不富，关键看支部。"在乡村振兴发展的赶考路上，必须加强农村基层党组织的领导核心作用，加强制度建设、提升组织保障，以组织领导提升干事创效，以组织保障树立鲜明导向。"抓基层就是抓发展，强基层就是强未来"，这是干事创业的主旋律，也是推动发展的最强音，必须对软弱涣散村组织加强整顿，重塑其筋骨、锻强其力量；一以贯之地推进标准化规范化体系建设，充分发挥党建考核的指挥棒与助推器作用，画好环环相扣的程序框图，得出最优结果，不断把组织建设成为新时代坚强的战斗堡垒。

以"选好头羊"建强乡村振兴发展的"战斗堡垒"。"支部强不强，关键靠头羊。"加强农村基层党组织建设，关键在选好支部书记这个头羊。"头羊不强，群众瞎忙"，头羊要充满干劲、笃定奋斗，在群众中有威望，在工作上能出彩，在能力素质和德行修养上全面过硬。要以选育培养激励头羊干事担当，在乡村振兴的赛道上能以上率下，跑出发展"加速度"。要贴合实际、务求实效，重点对方针政策、项目规划、致富本领等方面进行培训，着力提升农村"两委"干部带头人在政策落实、产业谋划和带富上的能力水平；要强化监督、严管厚爱，在落实管理监督机制上"一篙不松"。

以"为民服务"凝聚乡村振兴发展的"传动力量"。"干群肩并肩，力量大于天。"面对乡村振兴道路上难啃的硬骨头，干群一心，必将凝聚起攻无不克的最大合力。因此，组织部门要充分发挥青年干部的先锋模范带头作用，立足岗位实践，自觉攻坚克难，不断增强为民服务的积极性、主动性和创造性；要扎实发动群众、密切联系群众、紧紧依靠群众，实现一格多员，精细治理，将疫情防控、治安管理等纳入农村网格化管理，不断提升为民服务的温度；要办好群众的一件件实事，依托议事协商、共建共治等多元载体，让"小事不出屯，大事不出村"，以组织力量夯实基层治理的基石。

　　组织振兴既是乡村振兴的牛鼻子也是乡村振兴的保障。只有不断强化农村党组织的战斗力、凝聚力、创造力、执行力，才能真正激发乡村振兴的组织动能。

第九章　福建省选调生申论考试必备理论政策

第一节　中共中央 国务院关于进一步深化农村改革扎实推进乡村全面振兴的意见

（2025 年 1 月 1 日）

实现中国式现代化，必须加快推进乡村全面振兴。当前，农业再获丰收，农村和谐稳定，同时国际环境复杂严峻，我国发展面临的不确定难预料因素增多。越是应对风险挑战，越要夯实"三农"工作基础。做好 2025 年及今后一个时期"三农"工作，要坚持以习近平新时代中国特色社会主义思想为指导，全面贯彻落实党的二十大和二十届二中、三中全会精神，深入贯彻落实习近平总书记关于"三农"工作的重要论述和重要指示精神，坚持和加强党对"三农"工作的全面领导，完整准确全面贯彻新发展理念，坚持稳中求进工作总基调，坚持农业农村优先发展，坚持城乡融合发展，坚持守正创新，锚定推进乡村全面振兴、建设农业强国目标，以改革开放和科技创新为动力，巩固和完善农村基本经营制度，深入学习运用"千万工程"经验，确保国家粮食安全，确保不发生规模性返贫致贫，提升乡村产业发展水平、乡村建设水平、乡村治理水平，千方百计推动农业增效益、农村增活力、农民增收入，为推进中国式现代化提供基础支撑。

一、持续增强粮食等重要农产品供给保障能力

（一）深入推进粮油作物大面积单产提升行动。稳定粮食播种面积，主攻单产和品质提升，确保粮食稳产丰产。进一步扩大粮食单产提升工程实施规模，加大高产高效模式集成推广力度，推进水肥一体化，促进大面积增产。加力落实新一轮千亿斤粮食产能提升任务。多措并举巩固大豆扩种成果，挖掘油菜、花生扩种潜力，支持发展油茶等木本油料。推动棉花、糖料、天然橡胶等稳产提质。

（二）扶持畜牧业稳定发展。做好生猪产能监测和调控，促进平稳发展。推进肉牛、奶牛产业纾困，稳定基础产能。落实灭菌乳国家标准，支持以家庭农场和农民合作社为主体的奶业养殖加工一体化发展。严格生猪屠宰检疫执法监管，强化重大动物疫病和重点人畜共患病防控。提升饲草生产能力，加快草原畜牧业转型升级。

（三）强化耕地保护和质量提升。严格耕地总量管控和"以补定占"，将各类耕地占用纳入占补平衡统一管理，确保省域内年度耕地总量动态平衡。完善补充耕地质量评价和验收标准。持续整治"大棚房"、侵占耕地"挖湖造景"、乱占耕地建房等问题，坚决遏制破坏耕地违法行为。制定基本农作物目录，建立耕地种植用途监测体系。分类有序做好耕地"非粮化"整改，结合产业发展实际、作物生长周期等设置必要的过渡期。高质量推进高标准农田建设，优化建设内容，完善农民全过程参与项目实施机制，强化工程质量全流程监管。稳步推进盐碱地综合利用试点，加强东北黑土区侵蚀沟、南方酸化退化耕地治理。分类推

进撂荒地复垦利用。在确保省域内耕地保护任务不降低前提下,稳妥有序退出河道内影响行洪安全等的不稳定耕地。加强传统梯田保护。

(四)推进农业科技力量协同攻关。 以科技创新引领先进生产要素集聚,因地制宜发展农业新质生产力。瞄准加快突破关键核心技术,强化农业科研资源力量统筹,培育农业科技领军企业。深入实施种业振兴行动,发挥"南繁硅谷"等重大农业科研平台作用,加快攻克一批突破性品种。继续推进生物育种产业化。推动农机装备高质量发展,加快国产先进适用农机装备等研发应用,推进老旧农机报废更新。支持发展智慧农业,拓展人工智能、数据、低空等技术应用场景。

(五)加强农业防灾减灾能力建设。 强化气象为农服务,加强灾害风险监测预警预报,用好区域农业社会化服务中心等力量,最大程度减轻灾害损失。建设现代化防洪减灾体系,全面开展病险水库除险加固,加强中小河流治理和大中型灌区建设改造,推进蓄滞洪区关键设施建设和管理机制改革。加强平原涝区治理,推进农田水利设施建设和沟渠整治,加快修复灾毁农田及灌排设施。加强农田防护林建设。做好农作物病虫害监测预警和统防统治。提升森林草原防灭火能力。

(六)健全粮食生产支持政策体系。 落实稻谷、小麦最低收购价政策,完善玉米大豆生产者补贴、稻谷补贴政策,稳定耕地地力保护补贴政策。降低产粮大县农业保险县级保费补贴承担比例,推动扩大稻谷、小麦、玉米、大豆完全成本保险和种植收入保险投保面积。鼓励地方开展粮油种植专项贷款贴息试点。健全粮食主产区奖补激励制度,加大对产粮大县支持。启动实施中央统筹下的粮食产销区省际横向利益补偿,做好资金筹集和分配。逐步扩大产粮大县公共服务能力提升行动实施范围。

(七)完善农产品贸易与生产协调机制。 综合施策推动粮食等重要农产品价格保持在合理水平,稳定市场供需,保护种粮农民积极性,维护好农民利益。严厉打击农产品走私等违法行为。加强口岸生物安全体系建设。健全农产品产业损害预警体系。有序做好粮食收购,强化储备粮监管。加强农产品市场信息发布和预期引导。

(八)构建多元化食物供给体系。 践行大农业观、大食物观,全方位多途径开发食物资源。加强蔬菜应急保供基地建设,实施大中城市周边现代设施农业更新工程。促进渔业高质量发展,支持发展深远海养殖,建设海上牧场。发展森林食品,丰富"森林粮库"。推动食用菌产业提质增效,促进藻类食物开发。培育发展生物农业,开拓新型食品资源。加快建立粮食和大食物统计监测体系。强化食品安全和农产品质量安全监管,深化农产品药物残留治理,推进兽用抗菌药减量使用。

(九)健全粮食和食物节约长效机制。 扎实推进粮食节约和反食品浪费行动,建立健全激励约束机制。大力提倡健康饮食,加强公共食堂、餐饮机构等用油指导,推广减油减盐减糖和全谷物等膳食。推动粮食机收减损、适度加工和科学储存。

二、持续巩固拓展脱贫攻坚成果

(十)守牢不发生规模性返贫致贫底线。 持续巩固提升"三保障"和饮水安全保障成果,加强易地搬迁后续扶持,防止思想松懈、工作松劲。提升防止返贫致贫监测帮扶效能,及时将存在返贫致贫风险的农户纳入帮扶。深入开展防止返贫就业攻坚行动,增强帮扶车间就业吸纳能力,稳定脱贫人口务工规模和收入。按照巩固、升级、盘活、调整原则,分类推进帮扶产业提质增效。深入开展科技、医疗、教育干部人才"组团式"帮扶。加强消费帮扶平台企业和产品管理。

(十一)统筹建立农村防止返贫致贫机制和低收入人口、欠发达地区分层分类帮扶制度。 开展巩固拓展脱贫攻坚成果同乡村振兴有效衔接总体评估,研究制定过渡期后帮扶政策体系。统筹开展农村低收入人口及防止返贫致贫对象的识别认定。注重激发内生动力,强化对有劳动能力的农村低收入人口的开发式帮扶,加强社会救助兜底保障,支持欠发达地区振兴发展,建立分层分类帮扶制度,通过东西部协作、定点帮扶等机制给予差异化支持。

（十二）健全脱贫攻坚国家投入形成资产的长效管理机制。 全面清查脱贫攻坚国家投入形成资产,建立统一的资产登记管理台账。制定帮扶项目资产管理办法,健全资产形成、确权移交、管护运营、收益分配等全程监管制度,推动经营性资产保值增效、公益性资产持续发挥作用。完善资产分类处置制度,支持各地盘活低效闲置资产。

三、着力壮大县域富民产业

（十三）发展乡村特色产业。 坚持按市场规律办事,大力发展绿色、特色农产品种养,推进农产品加工业转型升级,实施农业品牌精品培育计划,打造特色农业产业集群,提升农业产业化水平。深入实施农村产业融合发展项目,培育乡村新产业新业态。推进乡村文化和旅游深度融合,开展文化产业赋能乡村振兴试点,提升乡村旅游特色化、精品化、规范化水平。加快构建农产品和农资现代流通网络,支持各类主体协同共建供应链。推动农村电商高质量发展。

（十四）完善联农带农机制。 健全新型农业经营主体扶持政策同带动农户增收挂钩机制,将联农带农作为政策倾斜的重要依据。引导企业、农民合作社、家庭农场与农户等紧密联合与合作,通过保底分红、入股参股、服务带动等方式,让农民更多分享产业增值收益。规范和引导农业农村领域社会投资,健全风险防范机制。

（十五）拓宽农民增收渠道。 引导农民发展适合家庭经营的产业项目,因地制宜发展庭院经济、林下经济、民宿经济。加大稳岗就业政策支持力度,强化就业服务和劳务协作,培育推介特色劳务品牌。推进家政兴农行动。加强大龄农民工就业扶持。推动农民工工资支付保障制度全面覆盖和有效运转,依法纠治各类欠薪问题。发展各具特色的县域经济,支持发展就业容量大的富民产业,促进农民就近就业增收。实施数字乡村强农惠农富农专项行动。扩大以工代赈项目实施规模,在重点工程项目和农业农村基础设施建设领域推广以工代赈。

四、着力推进乡村建设

（十六）统筹县域城乡规划布局。 顺应人口变化趋势,推动乡村全面振兴与新型城镇化有机结合,发挥县乡国土空间规划的空间统筹和要素保障作用,促进城乡产业发展、基础设施、公共服务一体化。提高村庄规划编制质量和实效,不得要求村庄规划编制全覆盖,对不需要编制的可在县乡国土空间规划中管控引导或出台通则式管理规定。合理确定村庄建设重点和优先序,统筹建设和管护,探索具有地域特色的乡村建设模式。在耕地总量不减少、永久基本农田布局基本稳定的前提下,开展以县域为统筹单元、以乡镇为基本实施单元的全域土地综合整治。

（十七）推动基础设施向农村延伸。 分类推进城乡供水一体化、集中供水规模化、小型供水规范化建设,有条件的地方可推行农村供水县域统管和专业化管护。实施好新一轮农村公路提升行动,开展农村公路及桥梁隧道风险隐患排查和整治,持续推动"四好农村路"高质量发展。巩固具备条件的乡镇和建制村通客车成果,改善农村水路交通出行条件,推进农村客货邮融合发展。深化快递进村,加强村级寄递物流综合服务站建设。深化县域商业体系建设,支持连锁经营布局县域市场,推动冷链配送和即时零售向乡镇延伸。推动农村消费品以旧换新,完善废旧家电等回收网络。巩固提升农村电力保障水平,加强农村分布式可再生能源开发利用,鼓励有条件的地方建设公共充换电设施。提升农村地区电信普遍服务水平。继续实施农村危房改造和农房抗震改造,做好受灾地区因灾倒损住房恢复重建。

(十八)提高农村基本公共服务水平。优化区域教育资源配置,提升寄宿制学校办学条件和消防、安全等管理水平,办好必要的乡村小规模学校。全面加强农村义务教育学生营养改善计划管理,确保食品安全和资金规范使用。以人员下沉为重点推进紧密型县域医共体建设,提升中心乡镇卫生院服务能力,推动远程医疗服务体系建设。加强农村传染病防控和应急处置能力建设,深入开展全民健身和爱国卫生运动。健全基本医保参保长效机制,对连续参保和当年零报销的农村居民,提高次年大病保险最高支付限额。逐步提高城乡居民基本养老保险基础养老金。健全县乡村三级养老服务网络,开展县域养老服务体系创新试点,鼓励开展村级互助性养老服务。发展农村婴幼儿照护服务。扩大未成年人救助保护机构覆盖面,提升留守儿童和困境儿童关爱服务质量。加强残疾人保障和康复救助。

(十九)加强农村生态环境治理。深入打好农业农村污染治理攻坚战,持续推进农村人居环境整治提升,建设美丽乡村。健全农村改厕实施机制,完善社会化管护和服务体系。因地制宜选择农村生活污水治理模式,推动厕所粪污和生活污水协同治理,基本消除农村较大面积黑臭水体。推动农村生活垃圾源头减量、就地就近处理和资源化利用。强化农业面源污染突出区域系统治理,加强畜禽粪污资源化利用和水产养殖尾水处理。推进受污染耕地安全利用,加强农用地土壤重金属污染溯源和整治。支持秸秆综合利用,精准划定禁烧范围,依法依规落实禁烧管控要求。大力推进"三北"工程,强化资源协同和联防联治,提升防沙治沙综合治理效果。加强草原生态保护修复。推进生态清洁小流域建设。坚定推进长江十年禁渔,强化长江珍稀濒危物种拯救和重要栖息地生态修复。

五、着力健全乡村治理体系

(二十)加强农村基层党组织建设。深入推进抓党建促乡村振兴,坚持以党建引领基层治理,提高基层党组织领导能力。保持县级党政领导班子成员任期稳定,持续加强乡镇领导班子和干部队伍建设,着力解决部分年轻干部在农村基层"水土不服"问题。做好全国村"两委"换届,集中整顿软弱涣散村党组织,推动驻村第一书记和工作队担当作为。加强农村党员、干部教育培训。完善基层监督体系,严格村干部特别是"一肩挑"人员管理监督。进一步完善村务公开和民主议事制度,支持农民群众多渠道参与村级议事协商。持续深化整治乡村振兴领域不正之风和腐败问题,扎实开展对村巡察,细化完善新时代农村基层干部廉洁履行职责规范。

(二十一)持续整治形式主义为基层减负。全面建立乡镇(街道)履行职责事项清单,强化执行情况监督评估,健全动态调整机制。健全从县乡借调工作人员从严管控长效机制。严格控制对基层开展督查检查考核,精简优化涉农考核。巩固"一票否决"和签订责任状事项清理成果。清理整合面向基层的政务应用程序,持续深化整治"指尖上的形式主义"。推进农村基层网格化治理"多格合一"。通过"减上补下"等方式推动编制资源向乡镇(街道)倾斜,加强分类管理、统筹使用。

(二十二)加强文明乡风建设。进一步加强新时代农村精神文明建设,强化思想政治引领,实施文明乡风建设工程,推动党的创新理论更加深入人心、社会主义核心价值观广泛践行。培育时代新风新貌,深化"我为群众办实事"等实践活动,推进和睦家庭与和谐邻里建设。加强民族团结进步宣传教育,铸牢中华民族共同体意识。建立优质文化资源直达基层机制,丰富农村文化服务和产品供给,创新开展"戏曲进乡村"等文化惠民活动,加强乡土文化能人扶持,引导群众性文体活动健康发展。推进传统村落特色保护区建设,加强乡村文化遗产保护传承和活化利用,深入实施乡村文物保护工程。

(二十三)推进农村移风易俗。推进农村高额彩礼问题综合治理,发挥妇联、共青团等组织作用,加强对农村适婚群体的公益性婚恋服务和关心关爱。加大对婚托婚骗等违法行为的打击力度。加强宗祠规范管理。深化殡葬改革，推进公益性生态安葬设施建设。持续整治人情攀比、大操大办、厚葬薄养、散埋乱葬等突出问题，完善约束性规范和倡导性标准。规范农村演出市场，深入整治低俗表演活动。加强农村科普阵地建设，反对封建迷信。

（二十四）维护农村稳定安宁。坚持和发展新时代"枫桥经验"，强化农村矛盾纠纷排查化解，完善信息共享、协同解决机制，营造积极健康的社会氛围。健全农村地区扫黑除恶常态化机制，防范遏制"村霸"、家族宗族黑恶势力滋生蔓延。加强农村宗教事务管理。深入打击整治农村赌博，筑牢农村禁毒防线，严厉打击涉农领域传销、诈骗等经济犯罪。健全农村应急管理组织体系，强化农村道路交通、燃气、消防、自建房等领域安全风险源头管控和排查整治。

六、着力健全要素保障和优化配置体制机制

（二十五）稳定和完善农村土地承包关系。坚持"大稳定、小调整"，有序推进第二轮土地承包到期后再延长三十年试点，扩大整省试点范围，妥善化解延包中的矛盾纠纷，确保绝大多数农户承包地总体顺延、保持稳定。健全承包地经营权流转管理服务制度，不得通过下指标、定任务等方式推动土地流转。鼓励通过发布流转价格指数、实物计租等方式，推动流转费用稳定在合理水平。培育新型农业经营主体，提高农业社会化服务质效，增强带动农户能力。

（二十六）管好用好农村资源资产。扎实做好房地一体宅基地确权登记颁证。探索农户合法拥有的住房通过出租、入股、合作等方式盘活利用的有效实现形式。不允许城镇居民到农村购买农房、宅基地，不允许退休干部到农村占地建房。有序推进农村集体经营性建设用地入市改革，健全收益分配和权益保护机制。因地制宜发展新型农村集体经济，不对集体收入提硬性目标，严控集体经营风险和债务。持续深化农村集体资金、资产和资源管理专项治理。推进新增耕地规范管理和合理利用。

（二十七）创新乡村振兴投融资机制。优先保障农业农村领域一般公共预算投入，强化绩效管理激励约束。加大中央预算内投资、超长期特别国债和地方政府专项债券对农业农村领域重大项目建设的支持力度。运用再贷款、再贴现、差别化存款准备金率等货币政策工具，推动金融机构加大对乡村振兴领域资金投放。支持金融机构发行"三农"专项金融债券。鼓励符合条件的企业发行乡村振兴债券。深入推进农村信用体系建设，加强涉农信用信息归集共享。推广畜禽活体、农业设施等抵押融资贷款。坚持农村中小银行支农支小定位，"一省一策"加快农村信用社改革，稳妥有序推进村镇银行改革重组。健全多层次农业保险体系，支持发展特色农产品保险。严厉打击农村各类非法金融活动。加强涉农资金项目全过程监管，着力整治骗取套取、截留挪用惠农资金等问题。

（二十八）完善乡村人才培育和发展机制。实施乡村振兴人才支持计划，加强农民技术技能培训，壮大农村各类专业人才和实用人才队伍。推进乡村工匠培育工程。以产业需求为导向，优化调整涉农学科专业。提升涉农职业教育水平，鼓励职业学校与农业企业等组建产教联合体。扎实推进"三支一扶"计划、科技特派员、特岗计划、大学生志愿服务西部计划等基层服务项目。深入实施乡村巾帼追梦人计划和乡村振兴青春建功行动。支持科技小院扎根农村助农惠农。继续实施大学生乡村医生专项计划。鼓励和引导城市人才服务乡村，健全评聘激励机制。

（二十九）统筹推进林业、农垦和供销社等改革。深化集体林权制度改革，调整优化林木采伐管理制度，赋予权利人更加充分的林木处置权和收益权。深化农垦改革，健全资产监管和公司治理等体制机制。完善国有农用地权利体系，促进规范管理利用。推进供销社综合改革。深化农业水价综合改革和用水权改革，加强取用水管理，持续推进地下水超采治理，推广运用节水灌溉技术。

（三十）健全农业转移人口市民化机制。推动转移支付、新增建设用地指标、基础设施建设投资等与

农业转移人口市民化挂钩。完善全国公开统一的户籍管理政务服务平台，推行由常住地登记户口提供基本公共服务制度。鼓励有条件的城市逐步将稳定就业生活的农业转移人口纳入城市住房保障政策范围。进一步提高农业转移人口义务教育阶段随迁子女在流入地公办学校就读比例。全面取消在就业地参保户籍限制。依法维护进城落户农民的土地承包权、宅基地使用权、集体收益分配权，探索建立自愿有偿退出的办法。

办好农村的事，实现乡村全面振兴，关键在党。必须坚持不懈把解决好"三农"问题作为全党工作重中之重，夯实五级书记抓乡村振兴政治责任，完善城乡融合发展体制机制，完善强农惠农富农支持制度，推动学习运用"千万工程"经验走深走实，健全推进乡村全面振兴长效机制。保持历史耐心，尽力而为、量力而行，集中力量抓好办成一批重点实事，让农民群众可感可及、得到实惠。全面落实"四下基层"制度，走好新时代党的群众路线，密切党群干群关系。坚持从农村实际出发，充分尊重农民意愿，改进工作方式方法，防止政策执行简单化和"一刀切"。鼓励各地实践探索和改革创新，充分调动广大党员干部和农民群众积极性，激发乡村全面振兴动力活力。

让我们更加紧密团结在以习近平同志为核心的党中央周围，坚定信心、攻坚克难，真抓实干、久久为功，加快农业农村现代化步伐，推动农业基础更加稳固、农村地区更加繁荣、农民生活更加红火，朝着建设农业强国目标扎实迈进。

第二节 中共福建省委 福建省人民政府关于进一步深化农村改革扎实推进乡村全面振兴的实施意见

（2025 年 1 月 27 日）

做好 2025 年及今后一个时期"三农"工作，要坚持以习近平新时代中国特色社会主义思想为指导，全面贯彻落实党的二十大和二十届二中、三中全会精神，深入贯彻落实习近平总书记关于"三农"工作的重要论述和在福建考察时的重要讲话精神，坚持和加强党对"三农"工作的全面领导，坚持稳中求进工作总基调，坚持农业农村优先发展，坚持区域协调发展和城乡融合发展，坚持守正创新，以改革开放和科技创新为动力，深入学习运用"千万工程"经验，深入实施"千村示范引领、万村共富共美"工程，确保粮食安全，确保不发生规模性返贫致贫，提升乡村产业发展水平、乡村建设水平、乡村治理水平，全力推动农业增效益、农村增活力、农民增收入，加快走具有福建特色的乡村振兴之路，为全省奋勇争先、再上台阶贡献"三农"力量。

一、巩固提升粮食产能，确保粮食稳定安全供给

（一）切实稳定粮食生产。严格落实各级党委和政府耕地保护和粮食安全责任制，确保粮食播种面积稳定、产量持续增长。落实新一轮粮食产能提升任务，到 2030 年全省新增粮食产能 20 万吨。扩大再生稻和早稻种植，推广水旱粮经轮作，深化烟稻双优基地建设，挖掘马铃薯、大豆等旱粮生产潜力，发展鲜食玉

米、专用型甘薯等特色旱粮，继续开展耕地认领种粮等活动。实施粮食单产提升工程，推广优质高产品种，集成推广稳产高产技术，促进大面积单产提升。巩固油菜扩种成果，稳定花生种植面积，扩大油茶种植面积。健全种粮农民收益保障机制，落实粮油规模种植主体补贴政策，继续实行籼稻谷最低收购价政策，统筹做好市场化和政策性收购，完善农资保供稳价应对机制。降低产粮大县农业保险县级保费补贴承担比例，全面实施稻谷、玉米完全成本保险政策。推进产粮大县公共服务能力提升行动。

（二）强化粮食储备和节粮减损。落实地方粮食储备任务，强化储备粮监管，实施粮食绿色仓储提升行动，巩固拓展粮食产销合作渠道，加快福州、厦门—漳州粮食物流核心枢纽建设，提升粮食应急保障能力。推进粮食节约和反食品浪费行动，建立健全激励约束机制。大力倡导健康饮食，加强公共食堂、餐饮机构等用油指导。推动粮食机收减损、适度加工和科学储存。

（三）加强耕地保护和质量提升。严格耕地总量管控和"以补定占"，将各类耕地占用纳入占补平衡统一管理，确保全省年度耕地总量动态平衡。持续整治"大棚房"、侵占耕地"挖湖造景"、乱占耕地建房等问题，坚决遏制破坏耕地违法行为。探索建立耕地种植用途管控机制，落实耕地利用优先序。分类有序做好耕地"非粮化"整改，结合地块实际，充分尊重群众意愿，对果树处于盛果期、林木处于生长期、鱼塘处于收获季的，要留出合理过渡期，坚决防止简单化、"一刀切"。稳慎分类开展撂荒耕地治理利用，推进耕地流出问题整改，稳妥推进耕地恢复。在耕地总量不减少、永久基本农田布局基本稳定的前提下，统筹实施土地综合整治、生态修复等，拓展补充耕地途径。完善补充耕地质量验收机制。推进新增耕地规范管理和合理利用。在确保耕地保护任务不降低前提下，稳妥有序退出河道内影响行洪安全等的不稳定耕地。加强传统梯田保护。完成第三次全国土壤普查任务。

（四）加快农田水利和高标准农田建设。实施大中型灌区现代化改造9万亩，配套完善灌排工程体系。高质量推进高标准农田建设，优化建设内容，强化工程质量全流程监管，鼓励农民群众、新型农业经营主体、农村集体经济组织等参与高标准农田建设管护。分类分区推进沟渠整治，加快修复灾毁农田及灌排设施，推广农田设施灾损保险管理模式。实施耕地有机质提升行动。开展酸化耕地治理，推进盐碱地改造利用。

（五）推进农业科技创新发展新质生产力。深入实施种业振兴行动，加快建设福建海南南繁科研育种基地、国家东南沿海水产种质资源保护中心。推进种业创新与产业化工程，提升全省杂交水稻制种基地建设水平，推进生物育种产业化。推进农业关键核心技术攻关，支持农业领域科技创新平台建设，加强现代农业产业技术体系建设，加快农业科技创新与产业化应用，培育农业科技领军企业。开展基层农技推广人员能力提升培训，实施基层农技推广人员"双百"计划。深化科技特派员服务团工作机制，推进科技村落、科技小站、科技小院等建设。

（六）加强农业防灾减灾能力建设。优化农业气象观测站网，构建高标准农田自动气象观测体系，提升农业气象灾害精细化监测和预报预警能力，完善气象灾害防御应对机制。推进大水网、大水缸、大供水、大安全"四大"工程建设，提升小流域山洪灾害预报、预警、预演、预案"四预"能力，完善"千库联调"平台，开展病险水库除险加固，加快构建山区沿海协调发展的福建水网。有效防治主要农作物病虫害，加强重大动物疫病和重点人畜共患病防控。加强森林防火体系建设，推进松材线虫病疫情防控。深入实施沿海防护林工程，开展互花米草复萌防治和生态修复，维护滨海湿地生物多样性和生态系统安全。加强进境粮食、植物繁殖材料检疫监管，防控非洲大蜗牛等外来入侵物种。健全农村应急管理组织体系，强化农业重点行业领域安全生产，开展农村道路交通、燃气、消防、自建房等领域安全风险源头管控和排查整治。推进"千个避灾点提升工程"建设，落实应急救灾物资储备。

二、推动巩固拓展脱贫攻坚成果同乡村振兴有效衔接，加快城乡融合发展

（七）**巩固拓展脱贫攻坚成果。** 提升防止返贫致贫监测帮扶效能，及时将存在返贫致贫风险的农户纳入帮扶。加强易地搬迁后续帮扶。开展防止返贫就业攻坚行动。分类推进帮扶产业提质增效，落实财政、金融、消费帮扶等政策措施，促进脱贫人口持续稳定增收。深入开展科技、医疗、教育干部人才"组团式"帮扶。按照国家统一部署开展农村低收入人口及防止返贫对象的识别认定，推动防止返贫帮扶政策与农村低收入人口常态化帮扶政策衔接并轨。强化对有劳动能力的农村低收入人口的开发式帮扶，健全分层分类社会救助体系，完善最低生活保障标准动态调整机制，落实兜底保障政策措施。健全脱贫攻坚国家投入形成资产的长效管理机制，全面清查脱贫攻坚国家投入形成资产，建立统一的资产登记管理台账。加强帮扶项目资产管理和监督，实行分类管护、规范处置。开展五年过渡期总体评估，研究制定过渡期后帮扶政策。

（八）**统筹县域城乡规划布局。** 推动乡村全面振兴与新型城镇化有机结合，发挥县乡国土空间规划的空间统筹和要素保障作用。优化县域产业结构，壮大县域富民产业，促进城乡产业融合发展。坚持基础设施围绕人口配、公共服务跟着人口走，统筹城乡基础设施和公共服务一体化建设发展。分类推进做大做强县城，强化公共服务供给，促进县乡村功能互补，提升县城综合承载能力。因地制宜推进乡镇建设，合理优化乡镇（街道）行政区域格局，有序推进县域乡镇片区联建、村庄联建。强化村庄分类结果运用，合理确定村庄建设重点和优先序，统筹建设和管护，依法有序开展村庄搬迁撤并，因地制宜探索具有地域特色的乡村建设模式。

（九）**健全推进新型城镇化体制机制。** 完善农业转移人口市民化机制，推动转移支付、新增建设用地指标、基础设施建设投资等与农业转移人口市民化挂钩。探索开展潜力地区新型城镇化试点。推进城镇基本公共服务常住人口全覆盖，加大对符合条件的农业转移人口住房保障力度，进一步推进农业转移人口随迁子女在流入地公办学校就近就读，全面取消在就业地参保户籍限制。依法保障进城落户农民合法土地权益，探索建立进城落户农民的土地承包权、宅基地使用权、集体收益分配权依法自愿有偿退出的办法。统筹城乡机构设置，创新基层管理体制，推进人口小县优化职责体系和组织架构，探索精简高效县域治理新模式。推动经济强镇扩权赋能，鼓励具备条件的片区率先开展行政区划调整。

（十）**推进新时代山海协作。** 加大乡村振兴重点县及欠发达老区苏区县交通、水利、能源等基础设施建设力度，提升教育、医疗卫生、社会保障等基本公共服务水平。推进山海协作共建产业园，大力发展"飞地经济"，打造优势互补的山海协作产业集群。推进广龙、沪明对口合作，加快闽西革命老区高质量发展示范区建设。深化闽宁协作，持续加大人才交流、产业合作、劳务协作、消费帮扶力度，建设闽宁产业孵化联盟，提升闽宁镇、闽宁乡村振兴样板村、闽宁产业园建设水平。扎实做好援疆援藏援三峡等工作。

三、践行大农业观大食物观，加快建设特色现代农业

（十一）**全面开发食物资源。** 坚持山海田一起抓，构建粮经统筹、农林牧渔结合、植物动物微生物并举的多元化食物供给体系。巩固生猪产能，做强做优肉鸡产业，支持禽蛋产业集聚发展，加强奶源生产能力建设，推进地方特色畜禽养殖产业化。扩大冬春上市优势蔬菜种植面积，大力发展夏秋高山蔬菜，加强蔬菜应急保供基地建设。调优水果生产布局和熟期结构，因地制宜发展特色水果。推进"三茶"统筹发展，建设生态茶园，推广新式茶饮，深挖茶文化内涵，推进茶旅融合。发展笋竹产业，规范发展林药、林菌、林蜂、林禽等林下种养，创新发展药食同源产业，打造"森林粮库"。推进粮食和大食物统计监测体系建设。

（十二）**建设现代化"福海粮仓"。** 推进海洋渔业七个专项行动计划，建设福建特色现代海洋牧场，打

造一批宜居、宜业、宜游的现代新渔村。优化近岸水产养殖空间布局，加快发展深远海养殖，支持远洋渔业稳健发展。实施水产绿色健康养殖技术推广及尾水处理"五大行动"。深化海洋渔船北斗定位、宽带卫星等终端应用，推进乡镇船舶管理站标准化规范化建设，加强渔业船舶管理。推进福州、厦门国家海洋经济发展示范区建设，加快现代渔港和国家级沿海渔港经济区建设，建设福州（连江）国家远洋渔业基地。构建覆盖全省海洋经济活动、海洋资源开发利用、海上安全指挥、海洋生态保护一体化大融合"海上福建"总平台。

（十三）**提升农业设施装备水平**。开展农作物全程机械化推进行动，实施新一轮农机购置与应用补贴政策，推广高效作业机具和适合丘陵山区及特色作物生产的小型、智能机械，因地制宜提升粮食产地烘干能力，推进老旧农机报废更新。推进农产品精深加工装备研发制造，发展茶叶、食用菌、深远海渔业养殖等优势装备，鼓励研发首台（套）农机装备。集中连片推进老旧农业设施改造提升，建设植物工厂，加快建设水稻集中育秧中心和蔬菜集约化育苗中心。发展食用菌高层、多层、立体式集约化栽培，推广移动智慧菇房、光伏菇棚等模式。推进畜禽标准化设施化规模养殖。支持发展智慧农业，实施"农业云131"工程，推进数字农田建设，培育一批智慧农场，拓展人工智能、数据、低空等技术应用场景。

（十四）**推进乡村特色产业提质增效**。优化农业区域布局，做强做优临海蓝色、闽西北绿色、闽东南高优三大特色农业产业带，做好"土特产"文章。深入实施特色现代农业高质量发展"3212"工程，培育壮大农业产业化龙头企业，做大做强特色农业产业集群。推进农产品加工业转型升级，发展农产品智能化、清洁化初加工和精深加工。开发休闲食品、功能食品、调味用品、保健饮品、生态食品，推行中央厨房、现代加工仓储模式，统筹推进预制菜产业高质量发展。支持县城、重点乡镇建设一批农产品产地冷链集配中心，改造提升特色产业产地批发市场、田头市场，持续实施"互联网＋"农产品出村进城工程。加强农产品市场信息发布和预期引导。实施农村产业融合发展项目，培育乡村新产业新业态。加快农文旅融合，开展文化产业赋能乡村振兴试点，创新拓展乡村文旅消费场景，推出一批乡村旅游精品线路，推介全国休闲农业重点县、省级以上美丽休闲乡村。

（十五）**加强"福农优品"品牌建设**。实施农业生产和农产品"三品一标"行动，加强农产品质量安全标准制修订。实施农业品牌精品培育计划，评定一批福建农产品区域公用品牌、福建名牌农产品，加快打造"福农优品"品牌矩阵。强化农产品质量安全监管，健全食用农产品承诺达标合格证与"一品一码"追溯并行制度。严格落实农兽药经营门店购销台账记录制度和限制使用农药实名购买制度。深化重点农产品药物残留治理，推进兽用抗菌药减量使用，加强动物及产品检验检疫执法监管。

（十六）**积极探索海峡两岸农业融合发展新路**。拓宽台湾农渔业和中小企业在闽发展路径，打造福建台湾农民创业园品牌，提升闽台农业融合发展产业园建设水平。以闽台农业融合发展推广县和推广基地为载体，引进推广一批台湾新品种新技术新机具。加快建设闽台农业良种研发与繁育中心，支持闽台种业企业开展联合育种攻关和商业化育种。深化闽台基层交流，持续开展两岸特色乡镇交流对接活动。

（十七）**深化高水平农业对外开放合作**。密切与区域全面经济伙伴关系协定（RCEP）有关成员国农业领域合作，培育农业国际贸易优势主体。深化"闽茶海丝行"等特色农产品宣传推介活动，加强与共建"一带一路"国家合作，拓展南美、中亚、中东等新兴市场。鼓励发展跨境电商、海外仓等新业态。严厉打击农产品走私等违法行为。加强菌草技术援外培训和推广，深化水稻、白羽肉鸡育种等领域对外合作，推动水产养殖"技术出海"，打造农业技术国际合作品牌。

（十八）**推动小农户与现代农业有机衔接**。实施新型农业经营主体提质强能整县推进行动，鼓励新型农业经营主体与小农户建立紧密型利益联结机制，将联农带农成效作为政策扶持项目倾斜的重要依据。提高农业社会化服务质效，推广丘陵山区农业生产托管、"供销农场"等模式。加强农村转移就业人员就业技能培训,深化就业服务和劳务协作,维护好超龄农民工就业权益。推进家政兴农行动。推动农民工工资支付保障制度全面覆盖和有效运转,依法纠治各类欠薪问题。扩大以工代赈项目实施规模,优先吸纳符合条件的农民就业。

四、推进乡村建设行动,建设和美乡村

(十九)加强农村基础设施建设。分类推进城乡供水一体化、集中供水规模化、小型供水规范化建设,积极推行农村供水县域统管和专业化管护,加快补齐单村供水设施短板。实施新一轮农村公路提升行动,推进"邻县高速通"工程、"乡镇便捷通"工程,加强"四好农村路"建设,全面推行交通事故隐患点"微改造"。改善农村水路交通出行条件。加快农村客货邮融合发展,完善县乡村三级物流配送体系。深化县域商业体系建设,支持连锁经营布局县域市场,推动冷链配送和即时零售向乡镇延伸。推动农村消费品以旧换新,完善废旧家电等回收利用网络。推进农村配电网建设改造升级,加强农村分布式可再生能源开发利用,鼓励有条件的地方建设公共充换电设施。推进农村危房改造和农房抗震改造,做好受灾地区因灾倒损住房恢复重建。推动千兆光网和5G网络向乡村延伸覆盖,对偏远地区进行网络覆盖补强。推进智慧广电乡村建设,完善基层广播电视公共服务网络。加快数字乡村先行区建设,开展数字乡村强农惠农富农专项行动,推动"5G+智慧农村"融合发展。

(二十)提升农村基本公共服务水平。办好必要的乡村小规模学校,推进县域高中建设和内涵提升,提升寄宿制学校办学条件和消防、安全等管理水平。全面加强农村义务教育学生营养改善计划管理,确保食品安全和资金规范使用。加大紧密型县域医疗卫生共同体建设力度,加强基层医疗卫生机构服务能力提升,推动远程医疗服务体系建设。加强农村传染病防控和应急处置能力建设。深入开展全民健身和爱国卫生运动。健全基本医保参保长效机制,对连续参保和当年零报销的农村居民,提高次年大病保险最高支付限额。健全县乡村三级养老服务网络,开展县域养老服务体系创新试点,推动符合条件的乡镇敬老院转型升级为区域性养老服务中心,积极发展老年人助餐服务。逐步提高城乡居民基本养老保险基础养老金。支持发展农村婴幼儿普惠托育服务,提升未成年人救助保护机构服务能力,关心关爱留守儿童、困境儿童,加强残疾人社会保障和关爱服务。加快建设符合农民需要的全民健身场地设施。

(二十一)接续推进农村人居环境整治提升。强化乡村规划建设引导,实施乡村建设品质提升工程,围绕人居环境、村庄风貌、基础设施等建设一批重点项目。深化拓展和美乡村"五个美丽"建设,深入开展村庄清洁行动。统筹推进农村生活污水与黑臭水体等治理,推动厕所粪污和生活污水协同治理,推动一批乡镇消除生活污水收集管网空白区。完善农村生活垃圾治理模式,推动源头减量、就地就近处理和资源化利用,推进乡镇全镇域落实农村生活垃圾分类机制。推动以县域为单位,将村庄保洁、垃圾转运和公厕管护"打包"进行市场化运营管理。

(二十二)加强农村生态环境治理。加快农业发展全面绿色转型,推广节地、节水、节肥、节药、节能和发展高效生态循环农业"五节一循环"等绿色发展模式。实施森林质量精准提升工程,开展重点区域林相改善行动,推进造林绿化。高标准推进以武夷山国家公园为主体的自然保护地体系建设,实施闽西北、闽西南山地丘陵生物多样性保护项目,开展珍贵濒危物种拯救保护行动,抢救复壮古树名木。加强近岸海域生态环境分区管控,强化河湖生态系统建设,推进生态清洁小流域建设,开展湿地生态保护修复,治理水土流失。打好农业农村污染治理攻坚战,强化农业面源污染突出区域系统治理。推进化肥农药减量增效,实施畜禽粪污资源化利用工程,完善农业废弃物综合利用机制。精准划定秸秆禁烧范围,依法依规落实禁烧管控要求。加强农产品产地环境监测国控点、省控点建设,推进农用地土壤重金属污染溯源和整治。

五、加强和改善乡村治理，建设善治乡村

（二十三）**加强农村基层党组织建设**。推进抓党建促乡村振兴，坚持以党建引领基层治理，健全完善县乡村三级联动争创先进、整顿后进机制，深化运用基层小微权力监督平台，强化县级党委抓乡促村责任。健全乡镇党委统一指挥和统筹协调机制，完善领导干部包乡走村入户制度。保持县级党政领导班子成员任期稳定，持续加强乡镇领导班子和干部队伍建设。实施乡村振兴干部能力提升计划，深化乡村振兴专题培训，办好村主干"头雁强·产业兴"专题培训班，着力解决部分年轻干部在农村基层"水土不服"问题。实施村党组织书记后备力量培育储备三年行动，加大对农村青年后备干部的培养培训力度，为2026年村"两委"换届做好准备，常态化整顿软弱涣散村党组织。完善基层监督体系，落实村党组织书记县级党委组织部门备案管理制度，健全村"两委"成员资格县级联审常态化机制，严格村干部特别是"一肩挑"人员的管理监督。健全党组织领导下的村民自治机制，规范完善村级权责清单，全面推行"四议两公开"、"六要"群众工作法及村级议事协商目录制度。发挥村规民约、红白理事会、村民议事会等作用，提高村民自治和乡村治理服务水平。

（二十四）**持续整治形式主义为基层减负**。压茬推进全省乡镇（街道）建立履行职责事项清单，健全动态调整机制，破解基层治理"小马拉大车"问题。健全从县乡借调工作人员从严管控长效机制。完善乡镇、村党群服务中心阵地建设。严格控制对基层开展督查检查考核。精简优化涉农基层考核。巩固"一票否决"和签订责任状事项清理成果。统筹为基层减负和赋能，进一步规范政务移动互联网应用程序管理，持续深化整治"指尖上的形式主义"。推进农村基层网格化治理"多格合一"。通过"减上补下"等方式推动编制资源向乡镇（街道）倾斜，加强分类管理、统筹使用。持续深化整治乡村振兴领域不正之风和腐败问题，开展对村巡察，落实新时代农村基层干部廉洁履行职责规范。坚持过紧日子，坚决刹住超标准建设之风向基层蔓延。

（二十五）**加强文明乡风建设**。深化拓展城乡精神文明建设融合发展、"循迹再奋进"新时代文明实践提质培优工程，强化思想政治引领，实施文明乡风建设工程，推动社会主义核心价值观深入践行，铸牢中华民族共同体意识。大力开展志愿服务，深化"我为群众办实事"等实践活动，推进和睦家庭与和谐邻里建设。弘扬红色文化，传承提升八闽优秀乡土文化和地域文化、特色文化，加强历史文化名镇名村、传统村落、重要农业文化遗产保护和利用。发挥乡村慈善力量，推动乡村文明风尚养成。建立优质文化资源直达基层机制，实施文化惠民项目，加强乡土文化能人扶持。鼓励开展"四季村晚"等群众性文化活动，举办"村BA"等"村"字头体育赛事，组织富有农耕农趣农味的民俗活动，办好中国农民丰收节系列庆祝活动。

（二十六）**推进农村移风易俗**。发挥妇联、共青团等组织作用，加强对农村适婚群体的公益性婚恋服务和关心关爱。推进农村高额彩礼问题综合治理。加强宗祠规范管理。深化殡葬改革，推广文明简约治丧模式，落实遗体火化和节地生态安葬有关政策。持续整治人情攀比、大操大办、厚葬薄养、散埋乱葬等突出问题，因地制宜完善约束性规范和倡导性标准。规范农村演出市场。加强农村科普阵地建设，反对封建迷信。

（二十七）**维护农村稳定安宁**。深化法治乡村建设，开展"蒲公英在八闽"法治宣传，培育"法律明白人"，深化民主法治示范村（社区）创建。推进综治中心规范化建设，加强农村社会治安防控体系建设，强化集镇人员密集场所防控，组建壮大农村社区警务工作团队。健全农村地区扫黑除恶常态化机制，防范遏制"村霸"、家族宗族黑恶势力滋生蔓延。完善社会心理服务体系，加强重点人员服务管理和帮扶。打击整治农村赌博违法犯罪，开展"无毒乡村"守护行动。严厉打击涉农领域传销、诈骗等经济犯罪。加强农村宗教事务管理。坚持和发展新时代"枫桥经验"，常态化开展"信访接待下基层"，深入开展"化解矛盾风险、维护社会稳定"专项治理工作，完善信息共享、协同解决机制，推动矛盾纠纷排查化解常态长效。

六、健全要素保障和优化配置体制机制，厚植农村发展新动能

（二十八）**稳定和完善农村基本经营制度**。推进泉州洛江区第二轮土地承包到期后再延长 30 年整县试点。按照依法、自愿、有偿原则，引导承包地经营权规范有序流转，健全土地流转服务管理制度，发展农业适度规模经营。加强对工商企业等社会资本通过流转取得农村土地经营权的资格审查、项目审核和风险防范。完善土地经营权流转价格形成机制，推动流转费用稳定在合理水平。

（二十九）**管好用好农村资源资产**。巩固提升农村集体产权制度改革成果，开展集体收益分配权抵押担保试点。推动实施新一轮发展新型农村集体经济和红色美丽村庄建设两个专项。建设省级农村集体资产监督管理平台，完善农村产权流转交易市场。加快推进房地一体宅基地确权登记颁证工作。通过出租、入股、合作等方式，探索农户合法拥有的住房盘活利用有效实现形式。不允许城镇居民到农村购买农房、宅基地，不允许退休干部到农村占地建房。有序推进农村集体经营性建设用地入市改革，完善土地增值收益分配机制。

（三十）**统筹推进林业、农垦、供销合作社和水价等改革**。推进全国深化集体林权制度改革先行区建设，完善分类经营、分区施策的森林经营制度，调整优化林木采伐管理制度，开展林下经济不动产登记，推动林业金融创新，发展林业碳汇，推广林票、森林生态运营中心等做法，探索林业生态产品价值实现机制，推进集体林权制度"多方得益、多式联营、多重服务"改革试点。深化农垦改革，健全完善农垦经营管理体制机制。深化供销合作社综合改革。深化农业水价综合改革和用水权改革，加强取用水管理，推广运用节水灌溉技术。

（三十一）**创新乡村振兴投融资机制**。优先保障农业农村领域一般公共预算投入，强化绩效管理激励约束。调整完善土地出让收入使用范围，提高土地出让收入用于农业农村比例。积极争取超长期特别国债支持农业农村重大工程项目。积极支持符合条件的农业农村重大工程项目申报地方政府专项债券资金。支持金融机构发行"三农"专项金融债券。鼓励符合条件的企业发行乡村振兴债券。推动金融机构创新产品和服务，在依法合规、风险可控前提下，积极拓展抵质押物范围，按照市场化原则探索推广畜禽活体、农业设施等抵押融资贷款。发挥农业担保公司作用，推进担保费补助、业务风险补偿等措施，健全涉农信贷投放考核激励机制，推动金融机构加大对乡村振兴领域资金投放。实施农村地区金融信用提升工程。稳妥有序推进农村信用社改革及村镇银行优化重组。推动农业保险扩面、增品、提标，完善农业再保险和大灾风险分散机制，支持发展特色农产品保险。规范和引导农业农村领域社会投资，健全风险防范机制。加强涉农资金项目全过程监管，着力整治骗取套取、截留挪用惠农资金等问题。

（三十二）**完善乡村人才培育和发展机制**。派强用好驻村第一书记和工作队，深入实施科技特派员、乡村振兴指导员、金融助理员等制度。持续实施乡村振兴人才专项，统筹推进农业生产经营、产业发展、乡村公共服务等人才队伍建设。优化调整涉农学科专业，提升涉农职业教育水平，鼓励职业学校与农业企业深度开展产教融合、校企合作。推进"三支一扶"计划、大学生志愿服务乡村振兴计划等基层服务项目，实施八闽乡村巾帼追梦人计划和乡村振兴青春建功行动。实施大学生乡村医生专项计划。鼓励和引导城市人才服务乡村，健全评聘激励机制。深化闽台乡建乡创合作，支持台湾建筑师、文创团队参与乡村建设和治理，打造两岸融合"师带徒"乡村振兴帮扶品牌。搭建"新农人"培育平台，引导各类人才返乡下乡创业创新。

办好农村的事，实现乡村全面振兴，关键在党。必须坚持不懈把解决好"三农"问题摆在重中之重位置，夯实五级书记抓乡村振兴政治责任，完善城乡融合发展体制机制，完善强农惠农富农支持制度，推动学习运用"千万工程"经验走深走实，健全推进乡村全面振兴长效机制。统筹开展推进乡村振兴战略实绩考

核。保持历史耐心，尽力而为、量力而行，集中力量抓好办成一批群众可感可及的实事。全面落实"四下基层"制度，走好新时代党的群众路线，密切党群干群关系。坚持从农村实际出发，充分尊重农民意愿，改进工作方式方法，鼓励各地实践探索和改革创新，调动广大党员干部和农民群众积极性，激发乡村全面振兴动力活力。